Curso de Direito da Criança e do Adolescente

3ª Edição

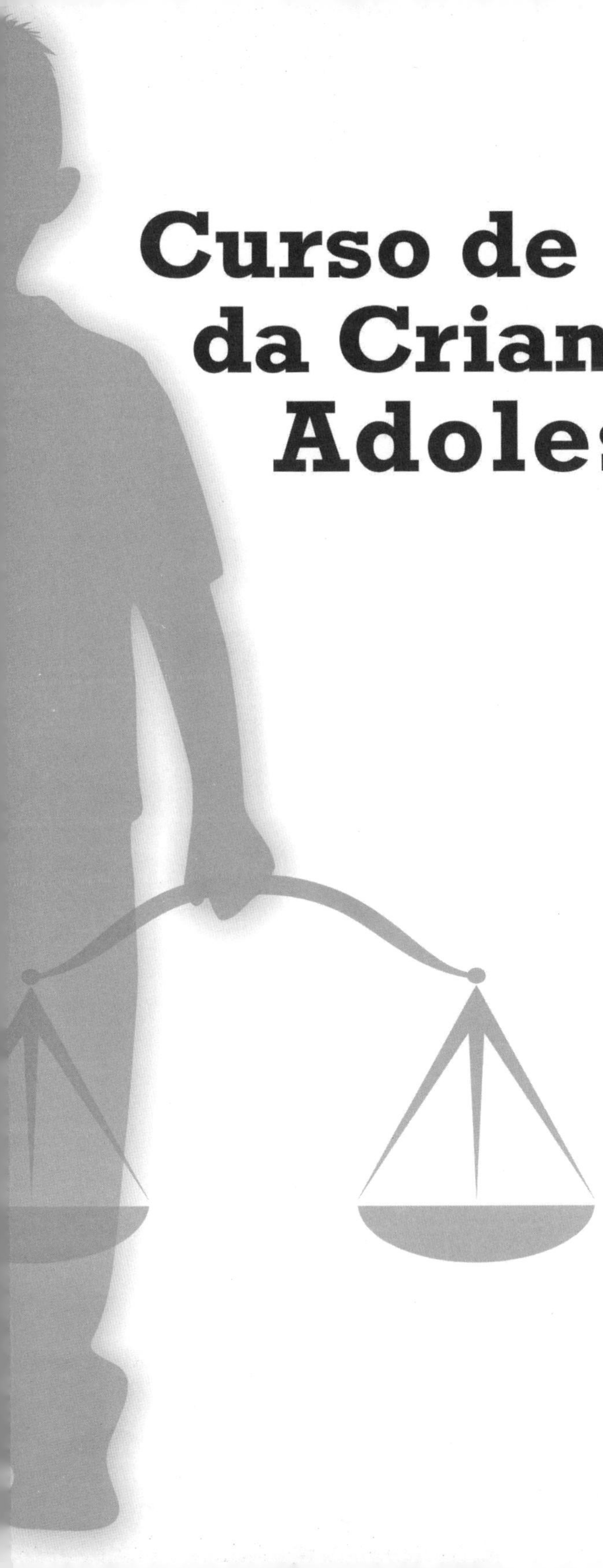

Cristiane Dupret

Curso de Direito da Criança e do Adolescente

Abordagem dos aspectos cíveis e criminais, da normativa nacional e internacional. Jurisprudência dos Tribunais Superiores e questões de concursos com gabarito.

Atualizado pelas leis 12.955/14
12.962/14
13.010/14
13.046/14

3ª Edição

Editora
LETRAMENTO

2015

EDITOR

Gustavo Abreu

FICHA TÉCNICA

Produção Editorial
Editora Letramento

Projeto Gráfico, Diagramação e Capa
Estúdio de Criação / João Gabriel Moreira
www.estudiodc.com.br

Revisão
Cláudio Lúcio Firmo da Silveira

Este livro foi editado respeitando as novas regras ortográficas.

D929c
Dupret, Cristiane
Curso de direito da criança e do adolescente / Cristiane Dupret. – 3. ed. – Belo Horizonte: Letramento, 2015.
488 p.

Atualizado pelas Leis 12696/12, 12955, 12962 e 13010/14.
Anexos com Convenções, Instruções Normativas, Decretos, Portarias e Resoluções. Jurisprudência dos Tribunais Superiores e Questões de Concurso. Tratamento detalhado acerca do adolescente trabalhador.
ISBN: 978-85-68275-14-6

1. Direitos da criança. 2. Crianças – Leis. 3. Adolescentes – Leis. 4. Menores. I. Título.

CDU: 347.157

Ficha elaborada por Leandro Ribeiro Negreiros – Bibliotecário – CRB 6/2345

Avenida Mário Werneck, 2900 – Sala 110 – Bairro Buriti - Belo Horizonte, Minas Gerais.
Tel.: (31) 3912.6625 - E-mail: contato@editoraletramento.com.br
www.editoraletramento.com.br

Editora
LETRAMENTO

"De tudo ficaram três coisas: A certeza de que estamos sempre recomeçando... A certeza de que precisamos continuar... A certeza de que seremos interrompidos antes de terminar... Portanto devemos fazer da interrupção um caminho novo... Da queda, um passo de dança... Do medo, uma escada... Do sonho, uma ponte... Da procura, um encontro..."

(Fernando Pessoa)"

A Deus, pela constante bênção de fazer dar certo tudo aquilo a que me proponho.

À minha mãe Edyr Dupret, a quem tenho o orgulho de agradecer pela publicação da terceira edição, por ser uma pessoa espetacular e que me surpreende com sua força inesgotável, seu amor sem limites e sua infinita capacidade de se doar.

Aos meus amigos e familiares, pelo longo período de compreensão pelas minhas ausências e silêncio, que me permitiram dedicação a esta obra, especialmente Maurícia e Thamyres. Meu agradecimento especial à minha avó Jandira, à minha madrinha Nádia, À minha afilhada Renata e à minha tia Léa, que me acompanharam tão de perto na infância e que me deram o carinho diário de que toda criança é merecedora.

Aos meus alunos, sempre me instigando a questionar mais, refletir mais. Quantas indagações acabaram-se tornando trechos deste livro...

SOBRE A AUTORA

Cristiane Dupret é professora de Direito da Criança e Adolescente, Direito Penal Clássico e Econômico e advogada atuante, foi membro da Banca Examinadora da OAB. Pós Graduada em Direito Penal e Direito da Criança e do Adolescente, Especializada em Direito Penal Econômico pela Universidade de Coimbra, Mestranda em Poder Judiciário na Fundação Getúlio Vargas, iniciou o magistério em Direito da Criança e do Adolescente na Universidade Estácio de Sá no ano de 2004, onde é conteudista e professora on line das disciplinas Direito da Criança e do Adolescente, Criminologia e Direito Penal Econômico. Atualmente ministra aulas em Escolas Oficiais, a exemplo da Escola da Magistratura do Estado do Rio de Janeiro (EMERJ) e Fundação Escola do Ministério Público do Rio de Janeiro (FEMPERJ), além de cursos preparatórios de carreiras nas áreas de Magistratura, Ministério Público, Defensoria, Polícia Civil e Federal, Tribunais, nos Estados do Rio de Janeiro, Minas Gerais, Bahia, Espírito Santo e Pernambuco. É professora nos cursos Complexo de Ensino Renato Saraiva, Curso Forum (RJ), Curso Lexus (RJ), CEPAD – Complexo Educacional Damasio de Jesus, Curso Foco (RJ), Curso Ideia (Niterói – RJ), Curso Alcance – CEAP, Curso Iuris, Curso IDS (Niterói), Curso Ênfase, Curso CEP (Vitória – ES), Curso CEJUS (Salvador – BA). Autora dos livros Leis Penais Especiais - Direito Penal Econômico (Ius Editora), Direito Penal Sistematizado (Ed. Forense), co-autora do livro Mais de Mil dicas para OAB - 1a. fase.

A autora administra os sites educacionais de conteúdo ao estudante de direito:

www.cristianedupret.com.br
www.direitocriancaeadolescente.com.br

Todos com material de apoio ao aluno.

SUMÁRIO

APRESENTAÇÃO

Iniciei este projeto alguns anos atrás, especificamente em 2004, quando comecei a colher materiais sobre o tema, ao iniciar o Magistério em Direito da Criança e do Adolescente na graduação da Universidade Estácio de Sá. Lembro que, na época, o que mais me chamou atenção frente à nossa legislação menorista foi a absoluta negligência do Estado e da sociedade com as previsões contidas na Lei 8.069/1990, que é apontada internacionalmente como uma das leis menoristas mais desenvolvidas do mundo.

Em uma conversa com um grande e admirável amigo, Dr. José Teixeira, ex-conselheiro da Infância e Juventude, médico, advogado e perito judicial, ficou em minha mente algo que me foi dito: que era triste olhar o Estatuto, a política, e perceber a figura lendária do Curupira, indiozinho com os pés voltados para trás, que, ao deixar suas pegadas, parece estar voltando, quando na verdade está indo. É o que acontece com o discurso político em comparação com as normas progressistas do ECA – estão em sentido contrário. Disse-me esse amigo que o pior é quando verificamos a figura do Caipora, que tem os pés tortos e nem conseguimos identificar para onde vai. Infelizmente, sou obrigada a concordar com tal metáfora – a política e o Estatuto da Criança e do Adolescente estão em sentido contrário. Muita evolução, investimento em educação, anos e anos poderão trazer uma solução em longo prazo. Situação em curto prazo não existe para a caótica situação da infância e da juventude no Brasil.

Para interpretarmos o Estatuto corretamente, para entendermos o espírito da lei, temos de despojar-nos de uma visão preconceituosa, dos mitos que impedem a correta compreensão; temos de afastar-nos da visão tradicional da sociedade leiga para entender que os jovens representam o futuro, que eles estão em formação, que não se pode afirmar que são irrecuperáveis. É preciso acabar com a crise de interpretação do Estatuto da Criança e do Adolescente.

Quantos de nós, criados no seio de nossa família, com conforto, com educação, com lições de Moral e Cívica, fizemos muitas coisas na adolescência das quais nos arrependemos, não é verdade? Às vezes por teimosia, outras por desconhecimento, por falta de maturidade. Com a ajuda de pessoas mais experientes: familiares, amigos, educadores, tivemos a chance de aprender e de evoluir.

Imaginem aquele que não recebe o mínimo existencial do Estado, aquele que não recebe educação e apoio de sua família, porque esta não pode passar algo que não teve. Aquele que não recebe saúde (dever do Estado e direito de todos). Aquele que não teve os Ensinos Fundamental e Médio, ou, quando teve, estes foram insuficientes e desprestigiados, porque nossos professores, bases da sociedade, muitas vezes são desvalorizados, mal pagos e, por mais que possuam o dom de ensinar, é da essência do ser humano desmotivar-se ao não receber reconhecimento. O que dizer da situação dos educadores de algumas escolas públicas, da falta de estrutura para se desenvolver um bom trabalho? Qual é a preocupação com a educação? Qual é o interesse político em assistir ao povo, que, bem orientado, saberia quem deve eleger?

Quando o saudoso Professor Darcy Ribeiro desenvolveu a ideia dos Centros Integrados de Educação Pública (CIEP), com certeza imaginou o fornecimento pelo Estado de uma educação em sentido amplo, abrangendo noções de cidadania, artes, conhecimentos básicos, esportes para a infância e a juventude, que poderia inclusive levar esses conhecimentos aos pais, aos familiares, à comunidade. E hoje em dia esses Centros Integrados estão abandonados, sem exercer o grande papel social que baseou sua origem.

A introdução e apresentação desta obra acabou tornando-se uma grande crítica; desculpem-me os leitores, mas não há como falar no Direito da Criança e do Adolescente sem despertar esse disparar de coração, essa revolta, essa absoluta incredulidade diante de uma lei tão apta a melhorar a infância e de uma política tão disposta a destrui-la. É assim que me sinto desde as primeiras aulas da disciplina. A perplexidade me faz querer mostrar aos estudantes que nem tudo está perdido; que, com boa vontade, com a força da sociedade, com a conscientização do verdadeiro objetivo da lei menorista, os jovens, ainda que infratores, podem ser recuperados. Àqueles que me dizem que alguns são irrecuperáveis, eu aproveito para citar uma história de que gosto muito e que desconheço a autoria:

> Era uma vez... um escritor, que morava numa praia tranquila, junto a uma colônia de pescadores. Todas as manhãs ele passeava à beira-mar, para se inspirar e, de tarde, ficava escrevendo.
>
> Um dia, caminhando na praia, ele viu um vulto que parecia dançar. Quando chegou perto, era um jovem pegando na areia as estrelas-do-mar, uma por uma, e jogando novamente de volta ao oceano.
>
> - Por que você está fazendo isso? - perguntou o escritor.
>
> - Você não vê? - disse o jovem. - A maré está baixa e o sol está brilhando. Elas vão secar ao sol e morrer, se ficarem aqui na areia.
>
> - Meu jovem, existem milhares de quilômetros de praias

por este mundo afora, e centenas de milhares de estrelas-do-mar, espalhadas pelas praias. Que diferença faz? Você joga umas poucas de volta ao oceano. A maioria vai perecer de qualquer maneira.

O jovem pegou mais uma estrela na areia, jogou de volta ao oceano, olhou para o escritor e disse:

- Para essa, eu fiz diferença.

Naquela noite o escritor não conseguiu dormir, nem sequer conseguiu escrever. De manhãzinha foi para a praia. Reuniu-se ao jovem e juntos começaram a jogar estrelas-do-mar de volta ao oceano.

Meu convite ao leitor é que se despoje dos preconceitos construídos até hoje, que imagine em cada ser humano uma criança com necessidades, com sonhos muitas vezes destruídos, mas que podem ser reconstruídos. Gosto muito de um dizer de Paulo Freire, de que a educação não transforma o mundo. A educação muda as pessoas, as pessoas transformam o mundo. Se cada um de nós passar a exigir ativamente do Estado a educação de nossos jovens, se cada um de nós se preocupar mais ativamente com os jovens próximos a nós, se cada um de nós jogar pelo menos uma estrela de volta ao mar, daqui a alguns anos, juntos teremos feito a diferença, e o mundo provavelmente será melhor.

Entrego ao público algumas noções básicas sobre o Direito da Criança e do Adolescente, Lei 8.069/1990, com a interpretação dos Tribunais Superiores e com um pedido: ajude na aplicação do Estatuto, de coração e mente abertos! Citando as palavras do Ministro Gilmar Mendes durante a assinatura de dois termos de cooperação técnica voltados para a promoção dos direitos das crianças e adolescentes, na abertura da sessão plenária do Conselho Nacional de Justiça: "Esse é um tema extremamente complexo num país tão desigual e carente de desenvolvimento. Cabe a nós, portanto, colaborar no trabalho de planejamento e coordenação de ações".

Será um prazer receber as críticas e sugestões dos leitores pelo site www.cristianedupret.com.br

Boa leitura! Espero que gostem!

NOTA À 2ª. EDIÇÃO

Durante a divulgação da 1ª. Edição desta obra, as minhas pesquisas continuaram, os questionamentos dos alunos surgiram, novas aulas foram ministradas sobre o tema.

Com isso, ao preparar a 2ª. Edição, não apenas atualizei a mesma com as leis nº 12.415/11 e Lei 12.594/12, esta última alterando substancialmente a execução das medidas socioeducativas, dentre outras alterações no ECA e em outras leis especiais, além de passar a constituir uma lei que deverá ser trabalhada em conjunto como Estatuto na normativa do Direito da Criança e do Adolescente.

Sendo assim, além da atualização legislativa, enriqueci a obra com novos temas, como novos procedimentos que não eram tratados na edição anterior, a citar o procedimento de apuração de infrações administrativas. O tema referente ao Direito à profissionalização e proteção ao trabalho foi substancialmente enriquecido, passando a ser tratado não somente sob a ótica do Estatuto, mas também da CLT, Convenções da Organização Internacional do Trabalho, Portarias, Decretos, Leis Especiais, Instruções Normativas e Leis Especiais, além de ampla jurisprudência sobre o tema.

A abordagem do tema adoção também foi ampliado, com análise de controvérsias e aspectos ligados ao reconhecimento da união homo afetiva pelos nossos Tribunais Superiores.

Também abordamos de maneira mais profunda a síndrome da alienação parental, à luz da Lei 12.318/10.

Acrescentamos ampla jurisprudência relacionada ao Estado de filiação, com abordagem da filiação socioafetiva.

Também foi desenvolvido o tema Conselho Tutelar, com análise da Resolução 139 do CONANDA, de 17 de março de 2010.

Além de aprofundarmos a análise de vários temas, demos importância destacada à execução das medidas socioeducativas, tema de destaque introduzido pela Lei 12.594/12.

A obra passa ainda a contar com Anexos de extrema importância, de maneira a facilitar o estudo do leitor.

Reforço que estaremos à disposição para dúvidas, críticas que sempre são aptas para colaborar em futuras edições.

cristianedupret@yahoo.com.br

Não deixem de fazer o cadastro em nosso site para receber atualizações e informações importantes sobre a obra:

www.cristianedupret.com.br

Conheça e se inscreva também no nosso site:

www.diretocriancaeadolescente.com.br

Esperamos que gostem da leitura!

NOTA A 3ª. EDIÇÃO

De 2012 até os dias atuais, o Estatuto da Criança e do Adolescente sofreu importantes alterações. Dentre elas, podemos citar a Lei 12696/12, que altera aspectos essenciais acerca do Conselho Tutelar. Em 2014, tivemos as leis 12955, 12962, 13010 e 13046, que também serão abordadas ao longo da presente edição.

Nesta edição, algumas questões práticas foram incluídas, alguns pontos desenvolvidos e tivemos algumas mudanças de posicionamentos. Além disso, incluímos questões de concursos públicos recentes, em sua maioria com justificativa do gabarito, sempre posicionadas dentro do tópico que cuida do tema atinente.

A jurisprudência foi substancialmente ampliada, com inclusão de posicionamentos recentes dos Tribunais Superiores em quase todos os capítulos.

A obra continua se voltando aos cursos de graduação e pós graduação, assim como para aqueles que atuam na área ou que se preparam para os concursos públicos que abordam o Direito da Criança e do Adolescente.

Reforço que estaremos à disposição para dúvidas, críticas que sempre são aptas para colaborar em futuras edições.

cristianedupret@yahoo.com.br

Conheçam e se inscrevam também nos nossos sites:
www.diretocriancaeadolescente.com.br
www.direitopenalbrasileiro.com.br

Esperamos que gostem da leitura!

SIGLAS UTILIZADAS

ECA – Estatuto da Criança e do Adolescente

CONANDA – Conselho Nacional dos Direitos da Criança e do Adolescente

OIT – Organização Internacional do Trabalho

DL – Decreto Lei

D – Decreto

PL – Projeto de Lei

ONU – Organização das Nações Unidas

UNICEF[1] - Fundo das Nações Unidas para a Infância. Em inglês: "United Nations Children's Fund"

1 A UNICEF é uma agência das Nações Unidas que tem como objetivo promover a defesa dos direitos das crianças, ajudar a dar resposta às suas necessidades básicas e contribuir para o seu pleno desenvolvimento. A UNICEF rege-se pela Convenção Internacional dos Direitos da Criança (Fonte: http://www.unicef.org.br)

1 - INTRODUÇÃO AO ESTUDO DO DIREITO DA CRIANÇA E DO ADOLESCENTE E O ESTATUTO DA CRIANÇA E DO ADOLESCENTE Lei 8.069/90

O Direito da Criança e do Adolescente vem tornando-se um ramo autônomo, formado por uma rede de proteção com variados diplomas legais e normativos em geral. O Estatuto da Criança e do Adolescente é um dos diplomas mais expressivos desse Direito, formado ainda pela Constituição Federal, pela Convenção Internacional dos Direitos da Criança, por várias Convenções de extrema importância no tratamento da garantia desses direitos, pela Declaração dos Direitos da Criança, pela CLT e por leis especiais no que tange à proteção e profissionalização do trabalho do menor e por várias Portarias e Resoluções que dispõem sobre variados assuntos que visam à proteção do menor de dezoito anos.

Vejamos abaixo um quadro esquemático para ajudar no entendimento da formação do Direito da Criança e do Adolescente, frente à normativa Nacional e Internacional:

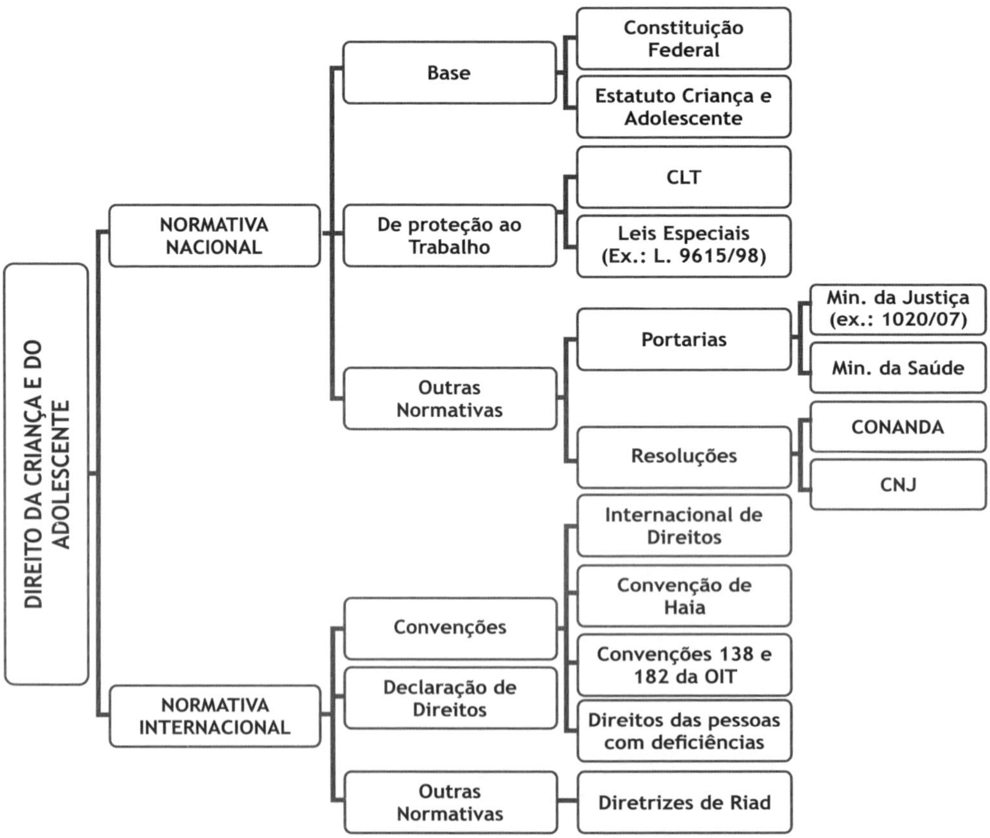

O quadro acima é apenas exemplificativo. São inúmeros os diplomas que compõem a proteção integral à criança e ao adolescente.

Vejamos, em síntese, qual é o tema de alguns desses diplomas, alguns dos quais trazemos em anexo da presente obra para facilitar a consulta do leitor:

O Estatuto da Criança e do Adolescente (ECA – Lei 8.069/1990) foi sancionado em 13 de julho de 1990, tendo sido publicado no Diário Oficial da União (DOU) em 16 de julho do mesmo ano. Seu período de vacatio legis foi de 90 dias.

O ECA se divide em duas partes: Geral e Especial. A Parte Geral (artigos 1º a 85) se divide em três títulos: Disposições Preliminares, Direitos Fundamentais e Prevenção. A parte especial se divide em sete títulos: Política de Atendimento, Medidas de Proteção, Prática de Ato Infracional, Medidas Pertinentes aos Pais ou Responsável, Conselho Tutelar, Acesso à Justiça, Crimes e Infrações Administrativas.

A **Convenção Internacional dos Direitos da Criança** foi adotada em Assembleia Geral das Nações Unidas em 20 de novembro de 1989 e foi ratificada pelo Brasil em em 20 de setembro de 1990, após a publicação do ECA, mas antes de sua entrada em vigor. O Decreto 99.710, de 21 de novembro de 1990, promulgou no Brasil a Convenção. O ECA já foi elaborado, no entanto, sobre as diretrizes e princípios da Convenção. No que tange ao seu conteúdo, considera criança todo ser humano com menos de dezoito anos de idade, a não ser que, em conformidade com a lei aplicável à criança, a maioridade seja alcançada antes. Consagra em seu artigo 3º o princípio do superior interesse do menor[2] , estabelece a obrigação dos Estados partes de adotar medidas contra a discriminação ou castigo por causa da condição, das atividades, das opiniões manifestadas ou das crenças de seus pais, representantes legais ou familiares, estabelece um maior cuidado por parte dos Estados partes acerca das instituições, serviços e estabelecimentos encarregados do cuidado ou da proteção das crianças, já mencionava a família ampliada, conceito adotado pelo ECA apenas em 2009, menciona expressamente a garantia a vários Direitos Fundamentais, como vida, saúde, liberdade, respeito, convivência familiar, personalidade, ciência a sua origem (direito este garantido pelo ECA em 2009, por meio da Lei 12.010), oitiva processual, religião, dispõe diretrizes acerca dos meios de comunicação, estabelece a necessidade de adoção de medidas contra violência, abusos, maus tratos, procedimentos para a elaboração de programas sociais, estabelece a necessidade de cooperação internacional para a criança e sua família na condição de refugiada, proteção aos portadores de deficiência físicas e mentais, direito à saúde e inter-

2 Muito embora mencione criança, vimos que a convenção trata como criança o menor de 18 anos.

nação para tratamento, nível de vida adequado ao desenvolvimento, educação, estabelece a necessidade de adoção de diretrizes quanto ao trabalho, apuração e regras de proteção aos que infrinjam as leis penais, menciona claramente a preponderância da lei interna de cada Estado parte naquilo que beneficie a criança.

A **Convenção de Haia** foi realizada em 29 de maio de 1993, **é relativa a proteção das crianças e a cooperação em matéria de adoção internacional** e foi aprovada pelo DL 63, de 19 de abril de 1995 e Promulgada pelo Decreto 3.087 de 21 de junho de 1999. A Convenção tem como objetivo "estabelecer garantias para que as adoções internacionais sejam feitas segundo o interesse superior da criança e com respeito aos direitos fundamentais que lhe reconhece o direito internacional; instaurar um sistema de cooperação entre os Estados Contratantes que assegure o respeito às mencionadas garantias e, em consequência previna o sequestro, a venda ou o tráfico de crianças e assegurar o reconhecimento nos Estados Contratantes das adoções realizadas segundo a Convenção" e será aplicada "quando uma criança com residência habitual em um Estado Contratante (o Estado de origem) tiver sido, for, ou deva ser deslocada para outro Estado Contratante (o Estado de acolhida), quer após sua adoção no Estado de origem pôr cônjuges ou pôr uma pessoa residente habitualmente no Estado de acolhida, quer para que essa adoção seja realizada, no Estado de acolhida ou no Estado de origem."[3]

Também temos a **Convenção de Haia**, realizada em 25 de outubro de 1980, **sobre os aspectos civis do sequestro internacional de crianças**, promulgada no Brasil, pelo Decreto 3.413, de 14 de abril de 2000. A presente Convenção somente tem aplicação até a idade de dezesseis anos. A Convenção tem por objetivo:

> *"a) assegurar o retorno imediato de crianças ilicitamente transferidas para qualquer Estado Contratante ou nele retidas indevidamente;*
>
> *b) fazer respeitar de maneira efetiva nos outros Estados Contratantes os direitos de guarda e de visita existentes num Estado Contratante.*
>
> *De acordo com o diploma internacional, A transferência ou a retenção de uma criança é considerada ilícita quando:*
>
> *a) tenha havido violação a direito de guarda atribuído a pessoa ou a instituição ou a qualquer outro organismo, individual ou conjuntamente, pela lei do Estado onde a criança tivesse sua residência habitual imediatamente antes de sua transferên-*

3 Trechos retirados dos artigos 1º e 2º da Convenção

cia ou da sua retenção; e

b) esse direito estivesse sendo exercido de maneira efetiva, individual ou em conjuntamente, no momento da transferência ou da retenção, ou devesse está-lo sendo se tais acontecimentos não tivessem ocorrido.

O direito de guarda referido na alínea a) pode resultar de uma atribuição de pleno direito, de uma decisão judicial ou administrativa ou de um acordo vigente segundo o direito desse Estado.

A Convenção aplica-se a qualquer criança que tenha residência habitual num Estado Contratante, imediatamente antes da violação do direito de guarda ou de visita. A aplicação da Convenção cessa quando a criança atingir a idade de dezesseis anos.

Estabelece normas diferencias quanto ao tempo de permanência da criança em outro estado parte, com desrespeito ao direito de guarda:

Quando uma criança tiver sido ilicitamente transferida ou retida nos termos do Artigo 3 e tenha decorrido um período de menos de 1 ano entre a data da transferência ou da retenção indevidas e a data do início do processo perante a autoridade judicial ou administrativa do Estado Contratante onde a criança se encontrar, a autoridade respectiva deverá ordenar o retomo imediato da criança.

A autoridade judicial ou administrativa respectiva, mesmo após expirado o período de uma ano referido no parágrafo anterior, deverá ordenar o retorno da criança, salvo quando for provado que a criança já se encontra integrada no seu novo meio.[4]"

Essas são apenas algumas das disposições da referida Convenção, que pode ser encontrada na íntegra no Anexo.

As **Convenções 138 e 182 da OIT, aperfeiçoadas respectivamente pelas Recomendações 146 e 190**, tratam de aspectos que se relacionam à proteção ao trabalho, dispondo respectivamente acerca da idade mínima para admissão ao emprego e das proibição das piores formas do trabalho infantil. Essas Convenções serão tratadas detalhadamente quando estudarmos o direito à profissionalização e ao trabalho.

4 Trechos retirados da Convenção

As **diretrizes de RIAD estabelecem os Princípios orientadores das Nações Unidas para a Prevenção da Delinquência Juvenil** resultaram da 68ª. Sessão Plenária, em 14 de Dezembro de 1990. Abaixo, citaremos alguns trechos das Diretrizes de RIAD, que podem ser consultadas na Íntegra em anexo na Obra. Dentre outros aspectos, as diretrizes apontam que:

> *"na opinião predominante dos peritos, rotular um jovem como desviante, delinquente ou pré-delinquente contribui muitas vezes, para o desenvolvimento pelos jovens de um padrão consistente de comportamento indesejável".*

Estabelecendo vários conjuntos de princípios, estabelece que:

> *"Devem ser criados os serviços e programas de base comunitária para a prevenção da delinquência juvenil. Deve ser dada importância às políticas preventivas que facilitem uma socialização e integração bem sucedida de todas as crianças e jovens, em especial através da família, da comunidade, dos grupos de jovens, das escolas, da formação profissional e do desenvolvimento pessoal próprio das crianças e dos jovens, devendo estes ser integralmente aceites como parceiros iguais nos processos de socialização e integração. Dado que a família é a unidade central responsável pela socialização primária da criança, devem ser feitos esforços pelos poderes públicos e organismos sociais para preservar a integridade da família, inclusive da família alargada. Quando por um lado, não existir um ambiente familiar estável e seguro e, por outro lado, os esforços da comunidade para ajudar os pais falharam e a família alargada não conseguir preencher este papel, devem considerar-se colocações alternativas, incluindo o acolhimento familiar e a adoção. Deve dar-se atenção especial às crianças afetadas por problemas gerados por uma rápida e irregular mudança econômica, social e cultural, em especial às crianças de famílias de minorias autóctones, migrantes ou refugiadas."*[5]

5 Os trechos mencionados não compõem a integralidade dos princípios que se referem à importância da família na prevenção da delinquência juvenil

Além de demonstrar à importância que deve ser dada ao aspecto familiar na prevenção à delinquência, as diretrizes demonstram a importância da **educação** na prevenção:

> *"Os Governos têm a obrigação de tornar a educação pública acessível a todos os jovens. Os sistemas de educação devem, além de atividades de formação acadêmica e profissional, consagrar especial atenção ao seguinte:*
>
> *a) Ensino dos valores fundamentais e desenvolvimento do respeito pela identidade e tradições culturais da criança, pelos valores sociais do país em que a criança vive, pelas civilizações diferentes das da criança e pelos direitos e liberdades fundamentais do homem;*
>
> *b) Promoção e desenvolvimento da personalidade, aptidões e capacidades físicas e mentais dos jovens;*
>
> *c) Envolvimento dos jovens como participantes ativos e efetivos, em vez de meros objetos, no processo educativo;*
>
> *d) Promoção de atividades que imprimam um sentimento de identificação e de pertença à escola e à comunidade;*
>
> *e) Encorajamento da compreensão e respeito pelos jovens dos diversos pontos de vista e opiniões, assim como de diferenças culturais e outras;*
>
> *f) Prestação de informação e orientação em relação à formação profissional, oportunidades de emprego e perspectivas de carreira;*
>
> *g) Prestação de apoio positivo emocional aos jovens, evitando maus tratos psicológicos;*
>
> *h) Evitar medidas disciplinares duras, em especial os castigos corporais.*
>
> *Os jovens e as suas famílias devem ser informados sobre a lei e os seus direitos e responsabilidades face à lei, assim como do sistema de valores universal, incluindo os instrumentos das Nações Unidas. Os sistemas educativos devem preocupar-se especialmente com os jovens em situação de risco social. Com este fim deverão elaborar-se e utilizar-se plenamente programas, abordagens e materiais pedagógicos de prevenção especialmente adaptados. Os sistemas escolares devem planear, desenvolver e implementar atividades extracurriculares com interesse para*

os jovens, em cooperação com os grupos da comunidade. Deve ser dada especial atenção às crianças e jovens que têm dificuldade em cumprir as regras de assiduidade, assim como àqueles que abandonaram os estudos.[6]*"*

A terceira diretriz adotada diz respeito à c**omunidade na prevenção da delinquência** e dentre outros aspectos, fica estabelecido que:

"As comunidades devem adotar, ou reforçar, onde já existam, uma larga gana de medidas de apoio comunitário aos jovens, incluindo o estabelecimento de centros de desenvolvimento comunitário, instalações e serviços recreativos para responderem aos problemas especiais das crianças que se encontram em risco social. Ao promover estas medidas de auxílio, devem assegurar o respeito pelos direitos individuais. Deve ser estabelecida uma gama de serviços e de medidas de auxílio para lidar com as dificuldades experimentadas pelos jovens na sua transição para a idade adulta. Estes serviços devem incluir programas especiais para os jovens toxicômanos, com ênfase nas intervenções orientadas para o tratamento, aconselhamento, assistência e terapia. As organizações de voluntários que se ocupam da juventude devem receber auxílio financeiro e outro dos Governos e de outras instituições. As entidades governamentais devem assumir uma responsabilidade especial em relação às crianças sem casa ou crianças da rua assegurando-lhes os serviços necessários devem ser prontamente postas à disposição dos jovens informações sobre instalações, alojamento, emprego e outras formas de fontes de assistência.[7]*"*

A quarta diretriz aponta para os **meios de comunicação social**:

"Os meios de comunicação social devem ser encorajados a assegurar o acesso à informação e material informativo, provenientes de diversas fontes nacionais e internacionais, por parte dos jovens. Os meios de comunicação social, em geral, e a televisão e o cinema, em especial, devem ser encorajados a

6 Os trechos mencionados não compõem a integralidade dos princípios que se referem à importância da educação dada ao menor na prevenção da delinquência juvenil

7 idem

> *reduzir o nível de pornografia, droga e violência retratados e a apresentar desfavoravelmente a violência e exploração, assim como evitar apresentações de cenas humilhantes e degradantes, especialmente no que se refere às crianças, mulheres e relações interpessoais, e a promover princípios de igualdade e os modelos igualitários. Os meios de comunicação social devem Ter a consciência do seu papel e responsabilidade sociais, assim como da influência das suas mensagens relacionadas com o abuso de drogas e do álcool pelos jovens. Devem usar o seu poder para a prevenção do abuso de drogas, transmitindo mensagens coerentes e equilibradas. Devem ser promovidas campanhas a todos os níveis, sobre a periculosidade da droga."*

A quinta diretriz aponta para as **políticas sociais**, estabelecendo, dentre outros aspectos:

> *"As entidades governamentais devem conferir uma importância primordial aos planos e programas destinados aos jovens e prever fundos suficientes e outros recursos para o financiamento de serviços, instalações e pessoal necessários em matéria de cuidados médicos e mentais adequados, alimentação, habitação e outros serviços relevantes, incluindo a prevenção do abuso de drogas e de álcool e o tratamento dos toxicômanos, velando para que estes fundos revertam- se efetivamente a favor dos jovens.*
>
> *A colocação dos jovens em instituições deve ser uma medida de último recurso que deve durar o mínimo necessário, devendo o interesse do jovem ser o fator de consideração essencial. Os critérios autorizando uma intervenção formal deste tipo devem ser estritamente definidos e limitados.*
>
> *a) Quando a criança ou o jovem sofreu maus tratos infligidos pelos pais ou tutores;*
>
> *b) Quando a criança ou o jovem foi vítima de violências sexuais, físicas ou emocionais pelos pais ou tutores;*
>
> *c) Quando a criança ou o jovem foi negligenciado, abandonado ou explorado pelos pais ou tutores;*
>
> *d) Quando a criança ou o jovem está ameaçado por um perigo físico ou psicológico, devido ao comportamento dos pais ou tutores;*

> *e) Quando a criança ou o adolescente está exposta a um grave perigo físico ou psicológico em virtude do seu próprio comportamento e nem ele próprio, nem os eus pais ou tutores, nem os serviços comunitários fora da instituição podem fazer face a esse perigo por outros meios que não sejam a colocação em instituição."*

Os dois últimos conjuntos de diretrizes se ligam à **legislação e Administração da Justiça de menores e à investigação, elaboração de políticas e coordenação**.

O **Pacto de San José da Costa Rica** (Declaração Americana sobre Direitos Humanos), em seu artigo 19, estabelece que "toda criança tem direito às medidas de proteção que a sua condição de menor requer por parte da sua família, da sociedade e do Estado".

Ao longo da obra, trataremos de outras Convenções nos temas específicos aos quais elas se referem, mas indicaremos abaixo esses temas. Mencionaremos ainda no estudo da disciplina, as Portarias e Resoluções que apresentam importância para a proteção efetiva ao Direito da Criança e do Adolescente.

Vejamos, então, a síntese indicativa, de alguns dos muitos diplomas que formam esse ramo do Direito:

Declaração Universal Dos Direitos Das Crianças – pela UNICEF em 20 de Novembro de 1959;

Declaração de Estocolmo - realizado em Estocolmo, em 1998 - Como resultado do Congresso Mundial sobre Exploração Sexual de Crianças e Adolescentes;

Regras Mínimas Das Nações Unidas Para A Administração Da Justiça, Da Infância E Da Juventude. Regras De Beijing[8] – UNICEF – 29 de novembro de 1985;

Regras Mínimas para a Proteção dos Jovens Privados de Liberdade – Regras estabelecidas pela ONU, de 14 de dezembro de 1990;

Declaração Sobre Os Princípios Sociais E Jurídicos Relativos À Proteção E Ao Bem-Estar Das Crianças – pela ONU, em 03 de dezembro de 1986;

Convenção Relativa À Luta Contra A Discriminação No Campo Do Ensino – Realizada em Paris, em 14 de dezembro de 1960. Promulgada no Brasil pelo Decreto 63.223, de 6 de setembro de 1968

Declaração Mundial Sobre A Sobrevivência, A Proteção E Desenvol-

8 Estas Regras foram publicadas pela primeira vez, em português, pela FUNABEM em 1988, consoante informação disponível em http://www.mp.rs.gov.br/infancia/documentos_internacionais/id102.htm

vimento Da Criança - compromisso assumido por 71 presidentes e chefes de Estado, além de representantes de 80 países durante o Encontro Mundial de Cúpula pela Criança, realizado dias 28 e 29 de setembro de 1990, na sede das Nações Unidas, em Nova Iorque. Aprovada pelo Congresso Nacional por meio do DL 186, de 9 de julho de 2008 e promulgada pelo Decreto do Poder Executivo 6.949, de 25 de agosto de 2009;

Convenção Interamericana sobre Tráfico Internacional de Menores – Assinada no México, em 18 de março de 1994. Foi ratificada pelo Brasil pelo Decreto 2.740, de 20 de agosto de 1998.

Ao longo de décadas, portanto, as diversas Nações vêm se preocupando com os Direitos Fundamentais das crianças e adolescentes, contribuindo na formação de um cenário de proteção que se desenvolve desde a Declaração Universal dos Direitos da Criança. Foi através de seus dois primeiros princípios, que ela fundou a base para toda a gama protetiva que se desenvolve atualmente quando há mais de cinco décadas estabeleceu:

> *"A criança desfrutará de todos os direitos enunciados nesta Declaração. Estes direitos serão outorgados a todas as crianças, sem qualquer exceção, distinção ou discriminação por motivos de raça, cor, sexo, idioma, religião, opiniões políticas ou de outra natureza, nacionalidade ou origem social, posição econômica, nascimento ou outra condição, seja inerente à própria criança ou à sua família.*
>
> *A criança gozará de proteção especial e disporá de oportunidade e serviços, a serem estabelecidos em lei por outros meios, de modo que possa desenvolver-se física, mental, moral, espiritual e socialmente de forma saudável e normal, assim como em condições de liberdade e dignidade . Ao promulgar leis com este fim, a consideração fundamental a que se atenderá será o interesse superior da criança."*

E naquele momento então, davam seus primeiros passos a Doutrina da Proteção Integral e o Princípio do Melhor Interesse do Menor.

As Convenções Internacionais, muitas vezes, são objeto de questionamento em concursos públicos.

APLICAÇÃO EM CONCURSO

01 - A Convenção Internacional sobre os Direitos da Criança prevê, dentre suas disposições, o direito (FCC - 2014 - TJ-CE - Juiz)

a) à adoção internacional como meio de cuidado de crianças, não a condicionando à ausência de atendimento adequado em seu país de origem.

b) à concessão de benefícios pertinentes, exceto quando relativos à previdência social.

c) de incentivo aos órgãos de comunicação a levar em conta as necessidades linguísticas da criança que pertencer à minoria, salvo as indígenas, que têm regramento internacional próprio.

d) de ser considerada criança, para aplicação da norma internacional, pessoa até os 21 (vinte e um) anos de idade.

e) de liberdade de reunião pacífica, inclusive da liberdade de associação.

Gabarito: E

Os Itens 1, 15, 17, 21 e 26 tratam dos temas mencionados na presente questão.

02 - Analise as afirmações abaixo sobre a proteção jurídica da criança e do adolescente com deficiência.

I. A Convenção Internacional sobre os Direitos das Pessoas com Deficiência prevê que os Estados Partes reconhecem que as mulheres e meninas com deficiência estão sujeitas a múltiplas formas de discriminação e, portanto, tomarão medidas para assegurar às mulheres e meninas com deficiência o pleno e igual exercício de todos os direitos humanos e liberdades fundamentais.

II. Na Convenção sobre os Direitos da Criança, os Estados Partes reconhecem o direito da criança deficiente de receber cuidados especiais e, de acordo com os recursos disponíveis e sempre que a criança ou seus responsáveis reúnam as condições requeridas, estimularão e assegurarão a prestação da assistência solicitada, que seja adequada ao estado da criança e às circunstâncias de seus pais ou das pessoas encarregadas de seus cuidados.

III. A Emenda Constitucional no 65 incluiu, no artigo 227, a previsão de criação de programas de prevenção e atendimento especializado para as pessoas portadoras de deficiência física, sensorial ou mental, bem como de integração social do adolescente e do jovem portador de deficiência, mediante o treinamento para o trabalho e a convivência, e a facilitação do acesso aos bens e serviços coletivos, com a eliminação de obstáculos arquitetônicos e de todas as formas de discriminação.

Está correto o que se afirma em

a) I e II, apenas.
b) II e III, apenas.
c) I e III, apenas
d) I, apenas.
e) I, II e III.

Gabarito: E

O Decreto 6949/09 promulgou a Convenção Internacional sobre os direitos das pessoas com deficiência e seu protocolo facultativo, assinado em Nova York em março de 2007. Em seu preâmbulo prevê que os Estados Partes reconhecem que as mulheres e meninas com deficiência estão sujeitas a múltiplas formas de discriminação e, portanto, tomarão medidas para assegurar às mulheres e meninas com deficiência o pleno e igual exercício de todos os direitos humanos e liberdades fundamentais

Já o Decreto 99710 de 1990 promulga a Convenção Internacional dos Direitos da Criança, em seu artigo 23, item 2, prevê que os Estados Partes reconhecem o direito da criança deficiente de receber cuidados especiais e, de acordo com os recursos disponíveis e sempre que a criança ou seus responsáveis reúnam as condições requeridas, estimularão e assegurarão a prestação da assistência solicitada, que seja adequada ao estado da criança e às circunstâncias de seus pais ou das pessoas encarregadas de seus cuidados

O Item III se refere a nova redação do artigo 227 da Constituição Federal, alterado pela EC 65/2010.

CONTEXTUALIZAÇÃO

Alterações Recentes

Lei 13.046/14 – Inclui os artigos 70B e 94ª, além de alterar o artigo 136, para inclusão do inciso XII, para obrigar entidades a terem, em seus quadros, pessoal capacitado para reconhecer e reportar maus-tratos de crianças e adolescentes

Lei 13.010/14 – Dispõe sobre o direito da criança e do adolescente de serem educados e cuidados sem o uso de castigos físicos ou de tratamento cruel ou degradante, e altera a Lei no 9.394, de 20 de dezembro de 1996

Lei 12.962/14 - Assegura a convivência da criança e do adolescente com os pais privados de liberdade.

Lei 12.955/14 - Estabelece prioridade de tramitação aos processos de adoção em que o adotando for criança ou adolescente com deficiência ou com doença crônica.

Lei 12.696/12 - Dispõe sobre os Conselhos Tutelares

Lei 12.594/12 - Institui o Sistema Nacional de Atendimento Socioeducativo (SINASE), regulamenta a execução das medidas socioeducativas destinadas a adolescente que pratique ato infracional, altera o ECA (Lei 8.069/90) e outras leis, no que tange ao Direito da Criança e do Adolescente.

Lei 12.415/11 – Inclui o parágrafo único no artigo 130, possibilitando ao Juiz fixar alimentos provisórios na cautelar que afasta da moradia comum o agressor

Lei 12.010/09 – A lei dispõe sobre o aperfeiçoamento da sistemática de garantia ao direito ao convívio familiar.

Lei 12.015/09 – Incluiu o artigo 244-B, que dispõe acerca da corrupção de menores para a prática de atos infracionais, tendo sido revogada a Lei 2.252/1954.

Lei 12.038/09 – Altera o artigo 250.

Lei 11.829/08 – Alterou os artigos 240 e 241. Incluiu os artigos 241-A, 241-B, 241-C, 241-D e 241-E.

PARTE GERAL
2 - DOUTRINA DA PROTEÇÃO INTEGRAL E A RELEITURA DO PRINCÍPIO DO SUPERIOR INTERESSE DO MENOR

Ao longo do tempo, várias Escolas ou etapas se formaram a fim de definir a situação do menor no contexto nacional. São três etapas que podem ser identificadas na história e que acabam se voltando especificamente à possibilidade ou não de responsabilidade penal do menor: Direito penal indiferenciado (ou direito penal do menor), doutrina da situação irregular e doutrina da proteção integral.

Nas legislações dos Séculos passados foi adotada a doutrina do Direito Penal do Menor, que influenciou, por exemplo, o Código Criminal do Império e o primeiro Código de Menores, de 1927.

Emílio Garcia Méndez denomina a doutrina do direito penal do menor, como " la etapa del tratamiento penal indiferenciado:

> *" Una primera etapa que puede denominarse de carácter penal indiferenciado, que se extiende desde el nacimento de los códigos penales de corte netamente retribucionista del siglo XIX, hasta 1919 . La etapa del tratamento penal indiferenciado se caracteriza por considerar a los menores de edad práticamente de la misma forma que a los adultos. Com la única excepción de los menores de siete años, que se consideraban, tal como em la vieja tradición del derecho romano, absolutamente incapaces e cuios actos eran equiparados a los de los animales, lá única diferenciacion para los menores de 7 a 18 años consistia generalmente em la disminnucion de la pena em um tercio em relacion com los adultos".*

O Código Criminal do Império adotou o Sistema do discernimento, possibilitando a responsabilidade criminal, a princípio, do maior de 14 anos, prevendo no entanto que se o menor de quatorze anos obrasse com discernimento, seria possível sua responsabilidade. O sistema de discernimento era, desta forma, biopsicológico, possibilitando a responsabilidade criminal entre sete e quatorze anos. Apenas haveria imputabilidade penal plena para os maiores de quatorze anos (neste caso, o critério era objetivo). Como naquela época ainda não havia estudos científicos acerca das especificidades da infância e juventude, o menor a partir dos sete anos era, de certa forma, tratado como um adulto em miniatura. A pena cumprida pelo menor era a mesma do adulto, sofrendo apenas uma diminuição.

O Código Penal Republicano de 1890 determinava a inimputabilidade aos menores de nove anos completos; aumentando o marco anteriormente adotado, que era de sete anos. Para os maiores de nove e menores de quinze, era verificado o discernimento para se aferir a possibilidade ou não de responsabilidade criminal.

Apenas no início do Século XX se iniciaram as pesquisas científicas , as Convenções Sociais, com vistas a afastar o menor do sistema penal. Em 1911, em Paris, foi realizado o primeiro Congresso Internacional sobre os Direitos dos menores. No final do Século XIX surgiu um grande movimento nos EUA para especializar a justiça de menores, com criação de reformatórios, evitando o cumprimento de penas de forma conjunta por adultos e menores. Nesta época começa a se lançar as primeiras sementes da doutrina da situação irregular.

Como bem ressalta Marcos Bandeira[9], em uma análise histórica:

> *"No Brasil, em 1902 o Senador Lopes Trovão apresenta o primeiro projeto defendendo interesses de menores, sendo seguido por Alcindo Guanabara, que apresentou um projeto voltado para os menores em 1906. O mesmo Senador apresentou outro projeto em 1917 considerando inimputáveis os maiores de 12 e menores de 17 anos. Começava a ganhar espaço a ideia de que os menores deveriam receber uma proteção especial do Estado, aproximando a Justiça da Assistência Social."*

Em 1921, a Lei 4242 revogou o dispositivo que tratava da responsabilidade penal dos menores, abandonando o critério biopsicológico e passando a adotar um critério puramente biológico. Essa lei representou o marco diferencial de tratamento do menor na legislação brasileira, passando a impossibilitar que o mesmo viesse a ser tratado no mesmo patamar de um adulto.

O primeiro Código de Menores do Brasil, ficou conhecido como Código Mello Mattos, instituído pelo Decreto 17.943-A de 12 de outubro de 1927, que consolidou todas as leis que à época assistiam e protegiam os menores. O segundo Código de menores foi instituído pela Lei 6697, em 1979, representando o ápice da adoção da doutrina da situação irregular.

É possível perceber, portanto, que o Código Penal de 1940 ampliou sobre-

9 Do direito penal do menor à doutrina da proteção integral, in http://marcosbandeirablog.blogspot.com.br/2010/09/do-direito-penal-do-menor-doutrina-da.html, acessado em 16/12/2014, 10:30

maneira a irresponsabilidade penal baseada no critério biológico etário. Após o Código Penal de 1940 (Decreto-Lei n° 2.848, de 7 de dezembro de 1940) fixar a imputabilidade penal aos 18 anos de idade, adotando o critério puramente biológico, o Código de menores tratava de maneira igual os "menores infratores", assim denominados à época, e a população infanto-juvenil pobre, que ocupavam as mesmas instituições, o que fazia com que aqueles que jamais tinham praticados atos contrários às leis, acabassem por aprender o caminho da delinquência, tornando-se alunos dos menores naquelas situações, o que estimulava e aumentava a delinquência infanto-juvenil.

A medida de internação acabava por ser sempre comum à época, o que aumentava a referida delinquência. Esta internação se dava por um prazo indeterminado. As instituições não se constituíam ou se mantinham em moldes que atendessem à condição de pessoa em desenvolvimento e não havia uma especial norma de proteção e ressocialização adequada, o que fazia com que fosse premente a reestruturação legislativa, nos moldes das premissas internacionais, fazendo com que o Brasil se adequasse às normativas internacionais às quais já aderia, protegendo integralmente tanto aqueles que se mostravam em conflito com a lei, como também crianças e adolescentes em outras situações, prevendo formas distintas de proteção e assistência, assim como um maior controle sobre as instituições de atendimento.

Não havia à época uma previsão e por consequência respeito aos direitos fundamentais da criança ou adolescente. A ausência de previsão possibilitava, desta forma, o desrespeito, sem que os juízes pudessem, em muitos casos, efetivas a busca dos princípios com fundamento à época apenas na normativa internacional, de proteção a tais direitos. A adoção da denominada "doutrina da situação irregular" não era, sem sombra de dúvidas, o melhor caminho para a garantia de qualquer direito infanto-juvenil. A vivência de um cenário globalizado de proteção, a existência de normas internacionais, da mais variada gama de convenções, não mais podia permitir a manutenção no Brasil da referida doutrina e da legislação existente, o então Código de menores.

Não se quer dizer com isso que o objetivo na elaboração do Código tenha sido escuso. Não estamos apenas a criticar sua elaboração, mas apenas a esclarecer as lacunas existentes e a ausência de adequação à normativa internacional. Alguns pontos muito positivos existiam naquela legislação. Mello Matos era um Magistrado extremamente preocupado com alguns fatores que atingiam o cenário Infanto-juvenil. Preocupava-se, por exemplo, com a coibição da utilização da mão de obra de menores.

Como dissemos, era geral a observância de que o tratamento era unificado à população infanto-juvenil incluindo crianças e adolescentes no sistema de internação, à época no sistema FEBEM (Fundação Estadual para o Bem Estar do Menor), que acolhia os "menores" em situação de pobreza, mas que acabava também, muito embora esta não fosse sua ideia ou previsão amparada por lei, por acolher os menores que acabavam por ter praticado atos infracionais. De forma muito esclarecedora, a Doutora Janine Borges Soares, do Ministério Público do Rio Grande do Sul, discorre:

> *"Neste tempo, de vigência do Código de Menores, a grande maioria da população infanto-juvenil recolhida às entidades de internação do sistema FEBEM no Brasil, na ordem de 80%, era formada por crianças e adolescentes, "menores", que não eram autores de fatos definidos como crime na legislação penal brasileira. Estava consolidado um sistema de controle da pobreza, que Emílio Garcia Mendez define como sociopenal, na medida em que se aplicavam sanções de privação de liberdade a situações não tipificadas como delito, subtraindo-se garantias processuais.*
>
> *Com a Doutrina da Situação Irregular, os menores passam a ser objeto da norma, por apresentarem uma "patologia social", por não se ajustarem ao padrão social estabelecido. Surgiu uma clara diferenciação entre as crianças das classes burguesas e aquelas em "situação irregular", distinguindo-se criança de menor, sendo comuns expressões como "menor mata criança".*
>
> *A situação irregular abrangia Situação Irregular, que abrangia os casos de abandono, a prática de infração penal, desvio de conduta, falta de assistência ou representação legal. A lei de menores cuidava somente do conflito instalado e não da prevenção. Era instrumento de controle social da infância e do adolescente, vítimas de omissões da família, da sociedade e do Estado em seus direitos básicos. Portanto, crianças e adolescentes não eram sujeitos de direitos, mas sim objeto de medidas judiciais.[10]"*

---

10 SOARES, Janine Borges. O garantismo nos sistema infanto-juvenil, in http://www.mp.rs.gov.br/infancia/doutrina/id214.htm

O ECA (Lei 8.069/90) retratou a preocupação internacional com os direitos fundamentais das crianças e dos adolescentes. Logo em sua parte inicial, especificamente nos artigos 1º e 4º, o legislador incorporou à legislação menorista a doutrina da proteção integral, assim como a necessidade da garantia aos direitos pela família, pelo Estado e pela sociedade, com absoluta prioridade.

A **doutrina da proteção** integral foi adotada no lugar da antiga e ultrapassada doutrina da situação irregular, que era o parâmetro do antigo Código de Menores (Lei 6.697/1979). O objetivo da antiga Lei era tratar apenas das situações dos menores infratores, principalmente para afastá-los da sociedade. Naquela época, os menores eram tão-somente objeto de imposição de medidas de caráter indeterminado. Com a revogação dessa Lei e com a entrada em vigor do ECA, implementou-se, no Brasil, a adoção da doutrina da proteção integral, passando a criança e o adolescente a serem verdadeiramente reconhecidos como sujeitos de direitos. O ECA dirige-se a toda e qualquer criança e adolescente em situação regular ou situações de risco, garantindo a elas, em conjunto, todos os direitos especiais à sua condição de pessoa em desenvolvimento. No antigo Código de menores, a expressão situação irregular era utilizada para expressar qualquer situação que fugisse ao padrão normal da sociedade.

A doutrina da proteção integral foi adotada pelo Brasil com base, principalmente, na Convenção Internacional dos Direitos da Criança, tendo como origem a Declaração dos Direitos da Criança. A seguir, citamos trecho de artigo de Sérgio Augusto G. Pereira de Souza:[11]

> *"A Convenção sobre os Direitos da Criança foi adotada por unanimidade, pela Assembleia Geral das Nações Unidas, em 20 de novembro de 1989. Tal ato foi um marco em relação aos esforços que se realizam no plano internacional para fortalecer a justiça, a paz e a liberdade em todo o mundo mediante a promoção e a proteção dos direitos humanos.*
>
> *(...)*
>
> *Assim, a Convenção surge como instrumento complementador da Declaração, não substituto, tomando os princípios de jus cogens dessa última como referência para o estabelecimento de compromissos e obrigações específicas que adquirem caráter coercitivo em relação aos Países que a ratificam.*

11 Procurador da Fazenda Nacional, mestre em Direito Internacional pela Universidade de São Paulo, doutorando em Estudos Internacionais pela Faculdade de Direito da Universidade de Barcelona (Espanha). Texto disponível em <http://jus2.uol.com.br/doutrina/texto.asp?id=2568>. Acessado em 26/12/2009, 22h03.

> *Verifica-se, pois, a preocupação de dar-se à Convenção um caráter de efetividade imediata. Os Estados Partes aceitam sujeitar-se a normas que até então tinham um sentido mais moral que obrigacional, comprometendo-se a realizar mudanças administrativas e legislativas no plano interno.*
>
> *(...)*
>
> *Tal objetivo leva à consolidação de uma nova doutrina a ser encampada pelos Estados Partes, a "doutrina da proteção integral da criança".*
>
> *A origem de tal doutrina, sem dúvida, é a Declaração Universal dos Direitos da Criança, já mencionada anteriormente.*
>
> *(...)*

Consoante Emílio Garcia Mendes[12], a doutrina da proteção integral influenciaria diretamente, nos aspectos dos jovens privados da liberdade, na normativa internacional, englobando quatro diplomas internacionais:

> *"A incorporação do problema da privação da liberdade na normativa de caráter internacional é muito recente. Ela abriga uma mudança na sensibilidade social, porém, muito mais, constitui o motor das transformações desejadas.*
>
> *Em outras palavras, esta história é a história das transformações da menoridade como objeto da compaixão-repressão à infanto-adolescência como sujeito pleno de direito.*
>
> *Sob estas premissas histórico-metodológicas, quero analisar, de forma sintética e esquemática, os quatro instrumentos de caráter internacional mais relevantes nesta área.*
>
> *São eles:*
>
> *1) As Regras Mínimas das Nações Unidas para a Administração da Justiça de Jovens, adotadas pela Assembleia Geral na sua resolução 40/33 de 29 de novembro de 1985 (que serão mencionadas como "Regras de Beijing");*
>
> *2) A Convenção das Nações Unidas sobre os Direitos da Criança, aprovada pela Assembleia Geral das Nações Unidas, em 20 de novembro de 1989 (que será chamada de "Convenção das Nações Unidas");*
>
> *3) As Diretrizes das Nações Unidas para a prevenção da*

12 Das necessidades aos direitos. In http://www.abmp.org.br/textos/5.htm

delinquência juvenil (citados doravante como "Diretrizes");

4) As Regras Mínimas das Nações Unidas para a proteção dos jovens privados de liberdade (citados daqui por diante como "Regras Mínimas").

Dos quatro instrumentos mencionados, três são de caráter específico e o quarto (A Convenção das Nações Unidas) constitui um documento geral de proteção da infanto-adolescência com disposições específicas sobre o tema da privação da liberdade.

Esse conjunto de disposições internacionais tem força de lei interna para os países signatários, entre eles o Brasil."

Muito cuidado deve-se tomar ao interpretar a nova doutrina em conjunto com o princípio do superior interesse do menor, pois este já era citado na legislação menorista de 1979. No entanto, a ótica do superior interesse do menor permitiu, por muitos anos, que situações absurdas fossem impostas principalmente aos adolescentes em conflito com a lei, sob a justificativa de que determinadas medidas que não possuíam a natureza de pena seriam impostas para o bem do menor, sempre com o argumento de que o adulto, em especial o julgador, saberia exatamente o que seria o superior interesse do menor.

O professor universitário e Juiz da Infância e Juventude João Batista Costa Saraiva, em artigo intitulado "A Quebra do Paradigma da Incapacidade e o Princípio do Superior Interesse da Criança – O 'Cavalo de Troia' do Menorismo",[13] faz uma metáfora bastante interessante entre a figura do Cavalo de Troia e o princípio do superior interesse do menor. Alerta o Professor para o cuidado que se deve tomar não se permitindo que esse princípio, erroneamente interpretado, traga dentro de si a antiga doutrina da situação irregular, apenas travestida da nova doutrina da proteção integral. Um dos principais fatores da doutrina da proteção integral é permitir que, como sujeito de direitos, a opinião da criança e do adolescente seja considerada. O consentimento a partir dos 12 anos, por exemplo, que já era previsto para a adoção, passa a ser previsto com a Lei 12.010/2009 para todas as modalidades de colocação em família substituta.

Vejamos um trecho do artigo citado:

"O chamado Princípio do Superior Interesse da Criança, expresso no revogado Código de Menores de 1979, em seu artigo

13 Disponível em < http://jij.tjrs.jus.br/paginas/material-de-apoio/edicoes-03-e-04-parte-1.pdf >. Acessado em 03/12/2014,14:08

quinto, e mantido na Convenção das Nações Unidas de Direitos da Criança, que o menciona em diversos dispositivos, tem produzido, em nome do amor, graves situações de injustiça. Dado o contexto original em que surgiu este princípio e a indeterminação quanto a seu conteúdo, muitos estimam que sua utilidade prática seja nula ou mínima no contexto atual de reconhecimento de direitos específicos para as crianças e os adolescentes e, em consequência, chegam a manifestar que havia sido preferível não incluí-lo no texto da Convenção. De fato, é fácil encontrar no funcionamento concreto dos chamados sistemas tutelares de menores alusões pseudo-doutrinárias a um intangível interesse ou bem-estar do menor, que se invoca como justificação última de todo tipo de decisão.

A aplicação ilimitada deste recurso se sustenta exatamente sobre a lógica da incapacidade do menor, subtraindo-lhe a condição de sujeito, pessoa em peculiar condição de desenvolvimento, titular de direitos e de certas obrigações.

Como ensina com propriedade Miguel Cillero, em face da superação do paradigma da incapacidade, substituído pela "condição peculiar de pessoa em desenvolvimento", todo interesse superior passa a estar mediado por referir-se estritamente ao direito declarado , somente o que é considerado direito pode ser interesse superior" .

O'Donnell, citado por Cillero, em um clássico artigo intitulado "La Convención sobre los Derechos del Niño: estructura y contenido", já fazia referência a posições críticas que destacavam que tal princípio debilitava a força da Convenção enquanto afirmação da qualidade de sujeito de direitos da criança, uma vez que condicionava o gozo e exercício dos direitos consagrados a eventuais conflitos com este interesse superior.

A leitura deste princípio, ante a condição de sujeito de direitos conquistada por crianças e adolescentes, só pode ser feita à luz do conjunto das garantias constitucionais e processuais expressamente reconhecidas, sob pena de se ressuscitar a velha doutrina travestida de nova. Somente para exemplificar basta ver o disposto no parágrafo primeiro do art. 28 do Estatuto da Criança e do Adolescente, onde é atribuída relevância total à palavra da criança e do adolescente na solução da lide, dando vigência ao disposto no art. 12 da Convenção de Direitos da Criança e do Adolescente. No mesmo sentido o dispositivo do Estatuto da Criança e do Adolescente relativo ao consentimento do adolescente nos casos de adoção, reproduzido no texto do Código Civil.

Embora resulte evidente do contexto a necessidade de limitação de tal princípio aos direitos afirmados, por conta da manutenção de conceitos de incapacidade em detrimento ao de sujeito de direito, o chamado princípio do superior interesse da criança acaba sendo operado no atual sistema como um verdadeiro Cavalo de Troia da doutrina tutelar, servindo para fundamentar decisões à margem dos direitos expressamente reconhecidos pela Convenção, adotados por adultos que sabem o que é o melhor para a criança, desprezando totalmente a vontade do principal interessado. Daí porque ainda se determina a internação de adolescentes em conflito com a Lei, em circunstâncias em que a um adulto não se imporia privação de liberdade, sob o pífio argumento de que não sendo pena, isso lhe será um bem, em nome do superior interesse, ignorando um conjunto de garantias instituídas."

A partir de todo o histórico da Doutrina da Proteção Integral e do Princípio do Superior Interesse do Menor, podemos perceber nitidamente sua evolução ao longo das cinco décadas entre a fixação de suas premissas na Declaração Universal dos Direitos da Criança, seu histórico desenvolvimento com a Convenção Internacional dos Direitos da Criança e principalmente a partir daí, notadamente no contexto normativo nacional, a necessidade de sua releitura, nos novos moldes principiológicos traçados nas várias Convenções ratificadas pelo Brasil, nas Regras de Direito Internacional e no próprio comprometimento interno que é percebido por meio das recentes alterações legislativas ligadas à Infância e Juventude, sempre demonstrando um nítido caráter protetivo. Recentemente, tivemos a inclusão de novo termo inicial da prescrição no artigo 111 do Código Penal, pela denominada Lei Joanna Maranhão (Lei 12.650/12), que estabelece que em caso de crimes praticados contra a dignidade sexual de criança ou adolescente, cuja previsão esteja no Código Penal ou em leis especiais, o termo inicial da prescrição será a data em que a vítima completa dezoito anos, salvo se a esse tempo já se iniciou a ação penal.

É justamente com base em todo esse panorama que percebemos a constante evolução dessa dupla base que informa o tratamento mundial da Infância e Juventude. A Doutrina da Proteção Integral e o Princípio do Superior Interesse do Menor estão sempre sendo relidos, reinterpretados e enriquecidos em cooperação internacional crescente, tornando-se cada vez maior a necessidade da contribuição dos vários setores da sociedade.

A doutrina da proteção integral serve como parâmetro para a observância de vários temas ligados ao direito da criança e do adolescente e por isso se pode perceber sua menção em vários julgados de nossos Tribunais Superiores.

Vejamos:

> Na espécie, o conteúdo da declaração prestada pela mãe biológica da adotanda, apesar de não autenticada ou ratificada em audiência, elucida o consentimento e a intenção de entregar a infante aos cuidados dos recorridos. Os depoimentos das testemunhas, igualmente, esclarecem que a genitora da menor não possuía condições para criá-la. O relatório social atesta a regularidade da situação de fato, bem como o carinho e amor dispensados pelos adotantes à criança. Além disso, a mãe biológica da infante foi pessoalmente citada e deixou de comparecer em juízo ou de questionar o termo de anuência por ela assinado. Assim, sobejamente demonstrado o vínculo afetivo criado entre a criança e os recorridos, sendo todas as circunstâncias favoráveis à manutenção da menor na companhia da família que a acolheu, a interpretação literal da norma violaria, acima de tudo, a doutrina da proteção integral e, como tal, encontrar-se-ia na contramão da melhor dogmática processual. (STJ – REsp 1423640 / CE - Terceira Turma – 2014)
>
> 1. Não se viabiliza a expulsão de estrangeiro quando comprovado tratar-se de pai de criança brasileira, que se encontre sob sua guarda e dependência financeira.
>
> 2. Revela-se desinfluente a circunstância de o nascimento do filho ter ocorrido após o fato gerador do decreto de expulsão. Precedentes.
>
> 3. O princípio da prioridade absoluta no atendimento dos direitos fundamentais concernentes à criança e ao adolescente, em cujo rol se inscreve o direito à convivência familiar (art. 227 da CF), direciona, in casu, para solução que privilegie a permanência do genitor em território brasileiro, em harmonia, ademais, com a doutrina da proteção integral (art. 1º do ECA).

4. Habeas Corpus concedido, com a consequente revogação da portaria
de expulsão. (STJ - HC 293634 / DF – Primeira Seção – 2014)

Com o advento da Convenção Internacional sobre os Direitos da Criança, que adotou a doutrina da proteção integral, foram modificados profundamente os paradigmas orientadores acerca dos fatores a serem considerados quando da prolação de decisões que envolvem temáticas referentes à infância e juventude, adotando-se, a partir de então, o princípio do melhor interesse da criança. 6.1 Dessa forma, referido princípio - do melhor interesse da criança - tornou-se tanto orientador para o legislador, como para o aplicador da norma jurídica, já que estabelece a primazia das necessidades infanto-juvenis como critério de interpretação da norma jurídica e de elaboração da decisão que venha a solucionar demandas na área alcançada pela temática da infância e juventude. (STJ - REsp 1449560 / RJ – Quarta Turma – 2014)

APLICAÇÃO EM CONCURSO

Entre as características da doutrina da proteção integral pode-se destacar:

a) medida sócio-educativa de internação restrita a casos de ato infracional grave ou severo desvio de conduta.

b) desjudicialização do atendimento.

c) consideração da criança e do adolescente como objetos de tutela da família, sociedade e Estado.

d) adoção do princípio da completude institucional.

e) oferta de condições para a conquista de cidadania futura por crianças e adolescentes.

Gabarito: B

3 - DEFINIÇÃO DE CRIANÇA E ADOLESCENTE E APLICAÇÃO DO ECA AO MAIOR DE 18 ANOS

> *Art. 2º Considera-se criança, para os efeitos desta Lei, a pessoa até doze anos de idade incompletos, e adolescente aquela entre doze e dezoito anos de idade.*
>
> *Parágrafo único. Nos casos expressos em lei, aplica-se excepcionalmente este Estatuto às pessoas entre dezoito e vinte e um anos de idade.*

O artigo 2º define criança como a pessoa que tem até 12 anos incompletos e adolescente quem tem entre 12 e 18 anos de idade. Esses 18 anos de idade devem ser lidos como incompletos, pois, a partir do momento em que a pessoa completa 18 anos, ela é considerada adulta. Aquele que completa 18 anos passa a ter plena capacidade tanto na esfera cível quanto na penal, podendo ser considerado imputável.

No entanto, **há casos em que o ECA se aplica ao maior de 18 anos**. O próprio parágrafo único do artigo 2º traz tal disposição. À época da entrada em vigor do ECA, poder-se-ia apontar três artigos em que a Lei 8.069/1990 se aplicava até os 21 anos de idade incompletos:

1) Art. 36 – tutela,
2) Art. 42 – adoção,
3) Art. 121, § . 5º - internação.

Com a entrada em vigor do novo Código Civil, a capacidade plena passou a ser adquirida aos 18 anos. Logo, não se poderia falar em tutela para alguém maior de 18 anos. Também não havia razão para impedir a adoção por aqueles que tivessem entre 18 e 21 anos. Ou seja, os limites antes previstos nos artigos 36 e 42 do ECA foram tacitamente alterados pelo Código Civil. **Com o advento da Lei 12.010/09, os artigos 36 e 42 foram expressamente alterados, passando a neles constar a idade de 18 anos**:

> *Art. 36. A tutela será deferida, nos termos da lei civil, a pessoa de até 18 (dezoito) anos incompletos.*
>
> *Art. 42. Podem adotar os maiores de 18 (dezoito) anos, independentemente do estado civil.*

Quanto ao limite máximo de idade para perdurar a internação, esse permanece sendo o de 21 anos. Tal limitação em nada se relaciona à antiga maioridade civil, mas sim ao limite máximo que um adolescente poderia permanecer internado: três anos. Dessa forma, se pensarmos em um adolescente que deixa para praticar o ato infracional no último momento de sua menoridade, calculando que seja possível uma internação por um prazo máximo de três anos, poderia ele ficar internado até praticamente os 21 anos, quando sua desinternação é compulsória:

> *Art. 121. A internação constitui medida privativa da liberdade, sujeita aos princípios de brevidade, excepcionalidade e respeito à condição peculiar de pessoa em desenvolvimento.*
>
> *(...)*
>
> *§ 3º Em nenhuma hipótese o período máximo de internação excederá a três anos.*
>
> *(...)*
>
> *§ 5º A liberação será compulsória aos vinte e um anos de idade.*

- Proteção do nascituro e alimentos gravídicos

É importante destacar que o ECA também protege o nascituro, pois garante vários direitos à gestante, conforme se depreende do artigo 9º. Dessa forma, faremos uma breve exposição para entendermos a proteção aplicada também ao nascituro.

Basicamente, duas doutrinas se destacam ao analisar o início da personalidade e se o nascituro seria sujeito de direitos. A doutrina natalista não considera o nascituro como pessoa, conferindo-lhe tão-somente uma expectativa de direitos, ou seja, sua personalidade é subordinada ao nascimento com vida (evento futuro e certo). Ao contrário, a doutrina concepcionista afirma que a personalidade do homem começa a partir da concepção, sendo que, desde tal momento, o nascituro é considerado pessoa.

No artigo 2º do Código Civil, o legislador deixa claro que a personalidade se inicia com o nascimento com vida, mas a lei põe a salvo desde a concepção os direitos do nascituro. Tal disposição deu margem ao surgimento de uma teoria mista. Dessa forma, temos como regra a existência de direitos subjetivos (facultas agendi), em regra, a partir do nascimento, mas o nascituro tem assegurados por lei determinados direitos, como o direito à vida e à saúde, o que possibilita que ele figure, como exemplo, no polo ativo de uma ação de alimentos. O nascituro será representado na ação de alimentos pelo pai ou pela mãe ou, na falta desses, pelo curador.

A Lei 11.804/09, que entrou em vigor no dia 08 de novembro de 2008, instituiu o direito aos alimentos gravídicos, que são os alimentos a que tem direito a mulher gestante. Estabelece o artigo 2º.:

> *Os alimentos de que trata esta Lei compreenderão os valores suficientes para cobrir as despesas adicionais do período de gravidez e que sejam dela decorrentes, da concepção ao parto, inclusive as referentes à alimentação especial, assistência médica e psicológica, exames complementares, internações, parto, medicamentos e demais prescrições preventivas e terapêuticas indispensáveis, a juízo do médico, além de outras que o juiz considere pertinentes.*
>
> *Parágrafo único. Os alimentos de que trata este artigo referem-se à parte das despesas que deverá ser custeada pelo futuro pai, considerando-se a contribuição que também deverá ser dada pela mulher grávida, na proporção dos recursos de ambos.*

Esta lei acaba complementando o direito à proteção do nascituro, pois, ao garantir os alimentos durante a gestação, garante que o nascituro se desenvolva com saúde, o que permitirá o nascimento com vida e de forma saudável.

Os alimentos gravídicos perduram até o nascimento da criança, devendo ser fixado pelo Juiz desde que haja indícios da paternidade. Após o nascimento com vida, os alimentos gravídicos se convertem em pensão alimentícia para a criança, até que uma das partes solicite sua revisão.

Muito embora os alimentos gravídicos sejam percebidos pela gestante, eles são, na verdade, devidos ao nascituro. A Lei de Alimentos (Lei 5.478/68) apresentava um óbice à fixação de alimentos ao nascituro, tendo em vista a exigência, no seu artigo 2º, da comprovação do vínculo de parentesco ou da obrigação alimentar. No entanto, parte considerável da doutrina já entendia pela possibilidade de concessão de alimentos ao nascituro. Neste sentido, Caio Mario:

> *"Se a lei põe a salvo os direitos do nascituro desde a concepção, é de se considerar que o seu principal direito consiste no direito à própria vida e estar seria comprometida se à mão necessitada fossem recusados os recursos primários à sobrevivência do ente em formação em seu ventre."*
>
> *... Na hipótese de reconhecimento anterior ao nascimento autorizada pelo parágrafo único do art. 1.609 do Código Ci-*

vil, não se pode excluir a legitimidade do nascituro para a ação de alimentos."[14]

Essa lei possui aspecto nitidamente protecionista, complementando a rede de proteção infantil. O legislador adotou a teoria concepcionista, que estudaremos mais adiante e tornou inquestionável a responsabilidade parental desde a concepção.

A questão é analisada pelos nossos Tribunais:

> 1. A despeito da literalidade do art. 2º do Código Civil - que condiciona a aquisição de personalidade jurídica ao nascimento -, o ordenamento jurídico pátrio aponta sinais de que não há essa indissolúvel vinculação entre o nascimento com vida e o conceito de pessoa, de personalidade jurídica e de titularização de direitos, como pode aparentar a leitura mais simplificada da lei.
>
> 2. Entre outros, registram-se como indicativos de que o direito brasileiro confere ao nascituro a condição de pessoa, titular de direitos: exegese sistemática dos arts. 1º, 2º, 6º e 45, *caput*, do Código Civil; direito do nascituro de receber doação, herança e de ser curatelado (arts. 542, 1.779 e 1.798 do Código Civil); a especial proteção conferida à gestante, assegurando-se-lhe atendimento pré-natal (art. 8º do ECA, o qual, ao fim e ao cabo, visa a garantir o direito à vida e à saúde do nascituro); alimentos gravídicos, cuja titularidade é, na verdade, do nascituro e não da mãe (Lei n. 11.804/2008); no direito penal a condição de pessoa viva do nascituro - embora não nascida - é afirmada sem a menor cerimônia, pois o crime de aborto (arts. 124 a 127 do CP) sempre esteve alocado no título referente a "crimes contra a pessoa" e especificamente no capítulo "dos crimes contra a vida" - tutela da vida humana em formação, a chamada vida intrauterina (MIRABETE, Julio Fabbrini. Manual de direito penal, volume II. 25 ed. São Paulo: Atlas, 2007, p. 62-63; NUCCI, Guilherme de Souza. Manual de direito penal. 8 ed. São Paulo: Revista dos Tribunais, 2012, p. 658).
>
> 3. As teorias mais restritivas dos direitos do nascituro - natalista e da personalidade condicional - fincam raízes na ordem jurídica superada pela Constituição Federal de 1988 e pelo Código Civil de 2002. O paradigma no qual foram edificadas transitava, essencialmente, dentro

14 PEREIRA, Caio Mário da Silva. Instituições de Direito Civil - Direito de Família. vol. V. 16ª ed. Rio de Janeiro : Forense, 2006, p. 517-519.

da órbita dos direitos patrimoniais. Porém, atualmente isso não mais se sustenta. Reconhecem-se, corriqueiramente, amplos catálogos de direitos não patrimoniais ou de bens imateriais da pessoa - como a honra, o nome, imagem, integridade moral e psíquica, entre outros.

4. Ademais, hoje, mesmo que se adote qualquer das outras duas teorias restritivas, há de se reconhecer a titularidade de direitos da personalidade ao nascituro, dos quais o direito à vida é o mais importante.

Garantir ao nascituro expectativas de direitos, ou mesmo direitos condicionados ao nascimento, só faz sentido se lhe for garantido também o direito de nascer, o direito à vida, que é direito pressuposto a todos os demais.

5. Portanto, é procedente o pedido de indenização referente ao seguro DPVAT, com base no que dispõe o art. 3º da Lei n. 6.194/1974. Se o preceito legal garante indenização por morte, o aborto causado pelo acidente subsume-se à perfeição ao comando normativo, haja vista que outra coisa não ocorreu, senão a morte do nascituro, ou o perecimento de uma vida intrauterina.

6. Recurso especial provido. (STJ - REsp 1415727 / SC – Quarta Turma – 2014)

- Proteção ao embrião, o aborto de feto anencéfalo e as pesquisas com o embrião excedentário

ADPF 54 e ADI 3510

Não há dúvidas acerca da proteção ao embrião dentro do útero materno. Vimos, acima, a possibilidade de alimentos gravídicos. Sabemos que, de regra, o Direito Penal pune o aborto, salvo nos casos previstos no artigo 128 do CP, quando o aborto é praticado por médico: para salvar a vida da gestante e quando a gravidez é decorrente de estupro, sendo, neste último caso, necessário o consentimento da gestante ou de seu representante legal.

Recentemente, o STF reconheceu, no julgamento da ADPF 54, no dia 12 de abril de 2012, a atipicidade do aborto de feto anencéfalo, denominado de antecipação terapêutica do parto de feto anencéfalo.

Quanto ao embrião excedentário, em caso de fertilização in vitro, o STF julgou a ADI 3.510, decidindo pela constitucionalidade da lei de biossegurança em seu artigo 5º.:

O Min. Gilmar Mendes, Presidente, julgou improcedente a ação, para declarar a constitucionalidade do art. 5º, seus incisos e parágrafos, da Lei 11.105/2005, desde que seja interpretado no sentido de que a permissão da pesquisa e terapia com células-tronco embrionárias, obtidas de embriões humanos produzidos por fertilização in vitro, deve ser condicionada à prévia autorização e aprovação por Comitê (Órgão) Central de Ética e Pesquisa, vinculado ao Ministério da Saúde. ADI 3510/DF, rel. Min. Carlos Britto, 28 e 29.5.2008. (ADI-3510) – INFORMATIVO 508

4 - INTERPRETAÇÃO DO ECA

Art. 6º. Na interpretação desta Lei levar-se-ão em conta os fins sociais a que ela se dirige, as exigências do bem comum, os direitos e deveres individuais e coletivos, e a condição peculiar da criança e do adolescente como pessoas em desenvolvimento. (grifos nossos)

Uma determinada disposição do ECA não pode ser utilizada, no caso concreto, para prejudicar os interesses da criança ou do adolescente. Levando em conta que o objetivo princípio da lei é proteger de forma integral, assegurando com absoluta prioridade a efetivação de todos os direitos da pessoa humana e ainda os inerentes à condição peculiar de pessoa em desenvolvimento, todos os dispositivos devem ser interpretados em favor do superior interesse do menor, em apreço à doutrina da proteção integral.

Dessa forma, o legislador deixou claro, no artigo 6º, que a interpretação do ECA deve levar em conta os fins sociais aos quais ela se dirige, às exigências do bem comum, os direitos e deveres individuais e coletivos e à condição peculiar do menor de 18 anos de pessoa em desenvolvimento. Trata-se de interpretação dirigida aos objetivos traçados pelo legislador, que demonstram o compromisso firmado pelo Brasil de garantir a efetivação de todos os direitos previstos na Convenção Internacional dos Direitos da Criança.[15]

O artigo 6º do ECA foi muito bem analisado em decisão do STJ, relacionada à proibição prevista no artigo 42 do Estatuto, que prevê que ascendentes e irmãos não podem adotar. Vejamos:

> A vedação da adoção de descendente por ascendente, prevista no art. 42, § 1º, do ECA, visou evitar que o instituto fosse indevidamente utilizado com intuitos meramente patrimoniais ou assistenciais, bem como buscou proteger o adotando em relação a eventual "confusão mental e patrimonial" decorrente da "transformação" dos avós em pais.
>
> 5. Realidade diversa do quadro dos autos, porque os avós sempre exerceram e ainda exercem a função de pais do menor, caracterizando típica filiação socioafetiva.
>
> 6. Observância do art. 6º do ECA: na interpretação desta Lei levar-se-ão em conta os fins sociais a que ela se dirige, as exigências do bem comum, os direitos e deveres individuais e coletivos, e a condição peculiar da criança e do adolescente como pessoas em desenvolvimento. (STJ - REsp 1448969 / SC – Terceira Turma – 2014) – Noticiado no Informativo 551 do STJ

15 A Convenção define criança como menor de 18 anos, por isso a nomenclatura não inclui a palavra "adolescente", sendo esse também sujeito de todos os direitos nela previstos.

5 - DOS DIREITOS FUNDAMENTAIS

Os direitos fundamentais previstos no Título II significam um plus aos já previstos no artigo 5º da Constituição Federal (CF). O Título II do ECA dispõe acerca dos direitos fundamentais específicos da criança e do adolescente, sendo seus capítulos divididos da seguinte forma:

5.1 - Capítulo I - do direito à vida e à saúde

No Capítulo I (artigos 7º a 14) são elencados os direitos da criança, do adolescente, da gestante (no atendimento pré e perinatal, pelo Sistema Único de Saúde, incluindo o apoio alimentar e o atendimento preferencial pelo mesmo médico que a acompanhou no período pré–natal, e ainda o direito ao aleitamento materno, inclusive aos filhos de mães submetidas à medida privativa de liberdade) e do nascituro, de forma a garantir a vida e a saúde deste. Tais direitos são garantidos mediante a efetivação de políticas sociais públicas que permitam o nascimento e o desenvolvimento sadio e harmonioso, em condições dignas de existência.

Neste capítulo do ECA também estão elencados os deveres dos hospitais e demais estabelecimentos de atenção à saúde da gestante, públicos e particulares (artigo 10):

> *I - manter registro das atividades desenvolvidas, através de prontuários individuais, pelo prazo de dezoito anos;*
>
> *II - identificar o recém-nascido mediante o registro de sua impressão plantar e digital e da impressão digital da mãe, sem prejuízo de outras formas normatizadas pela autoridade administrativa competente;*
>
> *III - proceder a exames visando ao diagnóstico e terapêutica de anormalidades no metabolismo do recém-nascido, bem como prestar orientação aos pais;*
>
> *IV - fornecer declaração de nascimento onde constem necessariamente as intercorrências do parto e do desenvolvimento do neonato;*
>
> *V - manter alojamento conjunto, possibilitando ao neonato a permanência junto à mãe.*

O descumprimento dos deveres dos incisos I a IV caracteriza a prática de crime previsto no artigo 228 ou 229, conforme analisaremos no capítulo próprio.

Alguns pontos merecem destaque no que tange ao direito à vida e saúde, como a hipótese de manifestação de vontade de entrega de filho para adoção, transfusão de sangue sem autorização dos pais por motivos religiosos, aleitamento de filhos de mães privadas da liberdade, o que passamos a analisar em seguida.

O ECA estabelece que a gestante ou a mãe que manifeste o interesse de entregar seu filho à adoção deve ser, obrigatoriamente, encaminhada à Justiça da Infância e Juventude. Tal disposição foi incluída pela Lei 12.010/2009, que incluiu dois parágrafos no artigo 8º do Capítulo I:

> *§ 4o Incumbe ao Poder Público proporcionar assistência psicológica à gestante e à mãe, no período pré e pós-natal, inclusive como forma de prevenir ou minorar as consequências do estado puerperal.*
>
> *§ 5o A assistência referida no § 4o deste artigo deverá ser também prestada a gestantes ou mães que manifestem interesse em entregar seus filhos para adoção.*

Vejamos uma questão simulada acerca de um dos pontos de destaque:

Caio, menor com 8 anos de idade, foi levado ao hospital por seus pais, Albertino e Alexandrina. Caio sofreu grave acidente e chegou ao hospital necessitando de atendimento médico emergencial. Ao examinar o paciente, o médico Juliano aferiu ser necessária uma infusão de sangue, ao que os pais se negaram por fator religioso. Deve o médico realizar a infusão contra a vontade dos pais? Fundamente:

Resposta: Trata-se de questão controvertida. Há de ser necessária uma ponderação entre o direito à vida e à saúde e os direitos previstos no artigo 5º, II, VI e VIII da CF, que estabelecem que ninguém é obrigado a fazer ou deixar de fazer alguma coisa senão em virtude de lei, a inviolabilidade da liberdade de consciência e de crença e que ninguém será privado de direitos por motivo de crença religiosa. Trata-se de entendimento mais razoável o que faz preponderar o direito à vida, dispensando o consentimento. Por esse entendimento, o médico não responderia por constrangimento ilegal, em virtude da excludente prevista no parágrafo 3º do artigo 146 do Código Penal. Caso contrário, se ele não realizasse a infusão, poderia responder por crime de homicídio culposo, como agente garantidor. O médico tem o dever legal de salvar a vida do paciente quando tem o poder de agir. Entendemos que o direito à vida deve preponderar, devendo ser realizada a infusão de sangue.

Vejamos como o STJ se posicionou sobre o tema, no julgamento do HC 268459, em 2014:

> No juízo de ponderação, o peso dos bens jurídicos, de um lado, a vida e o superior interesse do adolescente, que ainda não teria discernimento suficiente (ao menos em termos legais) para deliberar sobre os rumos de seu tratamento médico, sobrepairam sobre, de outro lado, a convicção religiosa dos pais, que teriam se manifestado contrariamente à transfusão de sangue. Nesse panorama, tem-se como inócua a negativa de concordância para a providência terapêutica, agigantando-se, ademais, a omissão do hospital, que, entendendo que seria imperiosa a intervenção, deveria, independentemente de qualquer posição dos pais, ter avançado pelo tratamento que
>
> entendiam ser o imprescindível para evitar a morte. Portanto, não há falar em tipicidade da conduta dos pais que, tendo levado sua filha para o hospital, mostrando que com ela se preocupavam, por convicção religiosa, não ofereceram consentimento para transfusão de sangue - pois, tal manifestação era indiferente para os médicos, que, nesse cenário, tinham o dever de salvar a vida.

Quanto ao direito garantido à presidiária, de forma que se mantenha com integridade a vida e saúde da criança, complementando os dispositivos do ECA, a Lei 11.942/09 alterou a LEP (Lei de Execução Penal (Lei 7.210/84[16])).

A preocupação com o direito à saúde é bastante efetiva, tanto que o STJ já reconheceu direito à indenização à criança que não teve suas células tronco colhidas. Vejamos:

---

16 Estabelece o artigo 14 que A assistência à saúde do preso e do internado de caráter preventivo e curativo, compreenderá atendimento médico, farmacêutico e odontológico, dispondo ainda que será assegurado acompanhamento médico à mulher, principalmente no pré-natal e no pós-parto, extensivo ao recém-nascido. Já o artigo 83 dispõe que o estabelecimento penal, conforme a sua natureza, deverá contar em suas dependências com áreas e serviços destinados a dar assistência, educação, trabalho, recreação e prática esportiva. Estabelecendo ainda que os estabelecimentos penais destinados a mulheres serão dotados de berçário, onde as condenadas possam cuidar de seus filhos, inclusive amamentá-los, no amínimo, até 6 (seis) meses de idade. Já o artigo 89 estabelece que Além dos requisitos referidos no art. 88, a penitenciária de mulheres será dotada de seção para gestante e parturiente e de creche para abrigar crianças maiores de 6 (seis) meses e menores de 7 (sete) anos, com a finalidade de assistir a criança desamparada cuja responsável estiver presa. De acordo com o artigo, são requisitos básicos da seção e da creche referidas neste artigo: atendimento por pessoal qualificado, de acordo com as diretrizes adotadas pela legislação educacional e em unidades autônomas; e horário de funcionamento que garanta a melhor assistência à criança e à sua responsável.

Tem direito a ser indenizada, com base na teoria da perda de uma chance, a criança que, em razão da ausência do preposto da empresa contratada por seus pais para coletar o material no momento do parto, não teve recolhidas as células-tronco embrionárias. No caso, a criança teve frustrada a chance de ter suas células embrionárias colhidas e armazenadas para, se eventualmente fosse preciso, fazer uso delas em tratamento de saúde. Não se está diante de situação de dano hipotético – o que não renderia ensejo a indenização – mas de caso claro de aplicação da teoria da perda de uma chance, desenvolvida na França (la perte d'une chance) e denominada na Inglaterra de loss-of-a--chance. No caso, a responsabilidade é por perda de uma chance por serem as células-tronco, cuja retirada do cordão umbilical deve ocorrer no momento do parto, o grande trunfo da medicina moderna para o tratamento de inúmeras patologias consideradas incuráveis. É possível que o dano final nunca venha a se implementar, bastando que a pessoa recém-nascida seja plenamente saudável, nunca desenvolvendo qualquer doença tratável com a utilização das células-tronco retiradas do seu cordão umbilical. O certo, porém, é que perdeu, definitivamente, a chance de prevenir o tratamento dessas patologias. Essa chance perdida é, portanto, o objeto da indenização. REsp 1.291.247-RJ, Rel. Min. Paulo de Tarso Sanseverino, julgado em 19/8/2014. – STJ – Informativo 549

APLICAÇÃO EM CONCURSO

01 - Os hospitais e demais estabelecimentos de atenção à saúde de gestantes, públicos e particulares, são obrigados a (FCC - 2013 - TJ-PE - Juiz)

a) fornecer declaração de nascimento, desde que não constem as intercorrências do parto e do desenvolvimento do neonato.

b) manter alojamento conjunto, possibilitando ao neonato a permanência junto aos pais.

c) prestar orientação ao pais do recém-nascido, quanto à terapêutica de anormalidades no metabolismo, mas não são obrigados a proceder a exames visando ao diagnóstico, cuja realização é atribuição exclusiva de laboratórios públicos.

d) manter o registro das atividades desenvolvidas, através de prontuários individuais, pelo prazo mínimo de cinco e máximo de dez anos.

e) identificar o recém-nascido mediante o registro de sua impressão plantar e digital e impressão digital da mãe.

Gabarito: E

Artigo 10 do ECA

02 - Segundo o Estatuto da Criança e do Adolescente, deve-se proteger também a gestante e mãe. Nesse sentido, consoante as regras estatutárias, é correto afirmar que:

a) deve ser fornecido apoio psicológico à gestante, cessando após o nascimento da criança.

b) a assistência psicológica deve cessar no período de estado puerperal da mãe.

c) o apoio do Estado deve perdurar para a mãe mesmo que ela tenha manifestado interesse na entrega da criança para adoção.

d) no período pós-natal, a mãe deve ser encaminhada para órgão de saúde fora do âmbito do sistema único.

e) caso a mãe esteja submetida a regime privativo de liberdade, a criança não terá direito ao aleitamento materno

Gabarito: C

> *Artigo 8º, § 5o: A assistência referida no § 4o deste artigo deverá ser também prestada a gestantes ou mães que manifestem interesse em entregar seus filhos para adoção.*

03 - Sobre os direitos da criança previstos no Estatuto da Criança e do Adolescente, avalie as afirmativas que seguem:

I) Na interpretação do Estatuto da Criança e do Adolescente serão levados em conta os fins sociais a que ele se dirige, as exigências do bem comum, os direitos e deveres individuais e coletivos e a condição peculiar da criança e do adolescente como pessoas em desenvolvimento.

II) É assegurado atendimento integral à saúde da criança e do adolescente, por intermédio do Sistema Único de Saúde, garantido o acesso universal e igualitário às ações e serviços para promoção, proteção e recuperação da saúde.A criança e o adolescente portadores de deficiência receberão atendimento especializado. Incumbe ao poder público fornecer gratuitamente àqueles que necessitarem os medicamentos, próteses e outros recursos relativos ao tratamento, habilitação ou reabilitação.

III) A criança e o adolescente têm direito à proteção à vida e à saúde, mediante a efetivação de políticas sociais públicas que permitam o nascimento e o desenvolvimento sadio e harmonioso, em condições dignas de existência.

IV) Os estabelecimentos de atendimento à saúde deverão proporcionar condições para a permanência em tempo integral de um dos pais ou responsável, nos casos de internação de criança ou adolescente; e, nos casos de suspeita ou confirmação de maus-tratos contra criança ou adolescente, serão obrigatoriamente comunicados ao Conselho Tutelar da respectiva localidade, sem prejuízo de outras providências legais.

V) O poder público, as instituições e os empregadores propiciarão condições adequadas ao aleitamento materno, inclusive aos filhos de mães submetidas à medida privativa de liberdade.

Está(ão) CORRETA(S):

a) Apenas as afirmativas I e II.
b) Apenas as afirmativas I e III.
c) Apenas as afirmativas III e V.
d) Apenas a afirmativa IV.
e) Todas as afirmativas.

Gabarito: E

As assertivas se fundamentam pelos artigos 6º, 7º, 9º a 13 do ECA

5.2 - Capítulo II - Do direito à liberdade, ao respeito e à dignidade

O ECA, em seu artigo 15, estabelece que A criança e o adolescente têm direito à liberdade, ao respeito e à dignidade como pessoas humanas em processo de desenvolvimento e como sujeitos de direitos civis, humanos e sociais garantidos na Constituição e nas leis.

O direito à liberdade compreende os seguintes aspectos: ir, vir e estar nos logradouros públicos e espaços comunitários, ressalvadas as restrições legais; opinião e expressão; crença e culto religioso; brincar, praticar esportes e divertir-se; participar da vida familiar e comunitária sem discriminação; participar da vida política na forma da lei; e buscar refúgio, auxílio e orientação.

O direito ao respeito consiste na inviolabilidade da integridade física, psíquica e moral da criança e do adolescente, abrangendo a preservação da imagem, da identidade, da autonomia, dos valores, ideias e crenças, dos espaços e objetos pessoais.

A Lei 13010/14, intitulada Lei Menino Bernardo, proveniente do projeto de lei antes intitulado como Lei da Palmada, incluiu no capítulo referente à proteção do direito à liberdade, ao respeito e à dignidade, os artigos 18 A e B, passando a prever que a criança e o adolescente têm o direito de ser educados e cuidados sem o uso de castigo físico ou de tratamento cruel ou degradante, como formas de correção, disciplina, educação ou qualquer outro pretexto, pelos pais, pelos integrantes da família ampliada, pelos responsáveis, pelos agentes públicos executores de medidas socioeducativas ou por qualquer pessoa encarregada de cuidar deles, tratá-los, educá-los ou protegê-los. Considera-se: castigo físico: ação de natureza disciplinar ou punitiva aplicada com o uso da força física sobre a criança ou o adolescente que resulte em sofrimento físico ou lesão. Define como tratamento cruel ou degradante a conduta ou forma cruel de tratamento em relação à criança ou ao adolescente que humilhe, ameace gravemente ou ridicularize. O ECA passa a prever medidas para os pais, os integrantes da família ampliada, os responsáveis, os agentes públicos executores de medidas socioeducativas ou qualquer pessoa encarregada de cuidar de crianças e de adolescentes, tratá-los, educá-los ou protegê-los que utilizarem castigo físico ou tratamento cruel ou degradante como formas de correção, disciplina, educação ou qualquer outro pretexto. Tais medidas devem ser aplicadas pelo Conselho Tutelar. São elas: encaminhamento a programa oficial ou comunitário de proteção à família; encaminhamento a tratamento psicológico ou psiquiátrico; encaminhamento a cursos ou programas de orientação; obrigação de encaminhar a criança a tratamento especializado e advertência.

5.3 - Capítulo III - Do direito à convivência familiar e comunitária

O Capítulo III foi o que mais sofreu alterações pela Lei 12.010/2009. A referida Lei dispõe sobre o aperfeiçoamento da sistemática prevista para garantia do direito à convivência familiar a todas as crianças e adolescentes. Faremos uma análise comparativa dos principais artigos desse Capítulo.

5.3.1 - Direito ao estado de filiação

Os artigos que dispõem acerca do direito à filiação não sofreram alteração, pois já se encontravam em total sintonia com as previsões constitucionais, que estabelecem igualdade na filiação, com proibição de discriminação entre filhos naturais e adotivos, proibindo também a nomenclatura "filhos ilegítimos".

> *Art. 26. Os filhos havidos fora do casamento poderão ser reconhecidos pelos pais, conjunta ou separadamente, no próprio termo de nascimento, por testamento, mediante escritura ou outro documento público, qualquer que seja a origem da filiação.*
>
> *Parágrafo único. O reconhecimento pode preceder o nascimento do filho ou suceder-lhe ao falecimento, se deixar descendentes.*
>
> *Art. 27. O reconhecimento do estado de filiação é direito personalíssimo, indisponível e imprescritível, podendo ser exercitado contra os pais ou seus herdeiros, sem qualquer restrição, observado o segredo de Justiça. (grifos nossos)*

Para entendermos melhor o estado de filiação, é interessante nos valermos da citação ao artigo de Paulo Lobo[17]:

> *"O estado de filiação é gênero do qual são espécies a filiação biológica e a filiação não biológica. Daí, deve-se repelir o entendimento que toma corpo nos tribunais brasileiros de se confundir estado de filiação com origem biológica, em grande medida em virtude do fascínio enganador exercido pelos avanços científicos em torno do DNA. Não há qualquer fundamento jurídico para tal desvio hermenêutico restritivo, pois a Constituição estabelece exatamente o contrário, abrigando generosamente o estado de filiação de qualquer natureza, sem primazia de um sobre outro.*
>
> *Na realidade da vida, o estado de filiação de cada pessoa humana é único e de natureza socioafetiva, desenvolvido na convivência familiar, ainda que derive biologicamente dos pais, na maioria dos casos. Portanto, não pode haver conflito com outro que ainda não se constituiu.*
>
> *Filiação é conceito relacional; é a relação de parentesco que se estabelece entre duas pessoas, uma das quais é consi-*

17 LÔBO, Paulo Luiz Neto, Direito ao estado de filiação e direito à origem genética: uma distinção necessária, 2004. Disponível em http://jus.com.br/artigos/4752/direito-ao-estado-de-filiacao-e-direito-a-origem-genetica

derada filha da outra (pai ou mãe). O estado de filiação é a qualificação jurídica dessa relação de parentesco, atribuída a alguém, compreendendo um complexo de direitos e deveres reciprocamente considerados. O filho é titular do estado de filiação, da mesma forma que o pai e a mãe são titulares dos estados de paternidade e de maternidade, em relação a ele.

No direito brasileiro atual, com fundamento no art. 227 da Constituição e nos arts. 1.593, 1.596 e 1.597 do Código Civil, consideram-se estados de filiação ope legis:

a) filiação biológica em face de ambos os pais, havida de relação de casamento ou da união estável, ou em face do único pai ou mãe biológicos, na família monoparental;

b) filiação não biológica em face de ambos os pais, oriunda de adoção regular; ou em face do pai ou da mãe que adotou exclusivamente o filho; e

c) filiação não biológica em face do pai que autorizou a inseminação artificial heteróloga.

Nessas hipóteses, a convivência familiar e a afetividade são presumidas, ainda que de fato não ocorram. Se qualquer forma, a convivência familiar e a afetividade constroem e consolidam diuturnamente os respectivos estados de filiação, passando a ditar-lhes os contornos. Em qualquer dessas hipóteses, o estado de filiação poderá ser substituído, em razão de adoção superveniente do filho por outros pais.

Os estados de filiação não biológica referidos nas alíneas b e c são irreversíveis e invioláveis, não podendo ser contraditados por investigação de paternidade ou maternidade, com fundamento na origem biológica, que apenas poderá ser objeto de pretensão e ação com fins de tutela de direito da personalidade."

No entendimento dos nossos Tribunais Superiores, em ações de estado, como as de Estado de filiação, há possibilidade de relativização da coisa julgada.

Vejamos:

> 1. Nas ações de estado, como as de filiação, deve-se dar prevalênciaao princípio da verdade real, admitindo-se a relativização ou flexibilização da coisa julgada.
>
> 2. O Supremo Tribunal Federal, no julgamento do RE nº 363.889/ F, de relatoria do Ministro Dias Toffoli, DJe de 16/12/2011, reconheceu a repercussão geral da questão e, no mérito, consolidou o entendimento de que "deve ser relativizada a coisa julgada estabelecida em ações de investigação de paternidade em que não foi possível determinar-se a efetiva existência de vínculo genético a unir as partes, em decorrência da não realização do exame de DNA, meio de prova que pode fornecer segurança quase absoluta quanto à existência de tal vínculo". (STJ - AgRg nos EREsp 1201791 / SP – Segunda Seção – 2014)

O tema traz a necessidade de se destacar que a posse de estado de filho também pode ser proveniente da filiação/paternidade socioafetiva, muito enfrentada por nossos Tribunais Superiores. A princípio, em relação ao estado de filiação, prepondera o princípio da verdade real, havendo de se buscar afetivamente aquele que é pai ou mãe para constituição do vínculo. No entanto, em alguns casos, é possível que a paternidade socioafetiva prepondere sobre a biológica, o que acaba sendo fruto da adoção de preceitos principiológicos que lastreiam o ECA, como a doutrina da proteção integral e o princípio do melhor interesse do menor. No entanto, é importante destacar que o reconhecimento da posse do estado de filho, neste caso, exige a observância de certos requisitos, a saber: a vontade clara e inequívoca da pretensa mãe ou do pretenso pai socioafetivo, ao despender expressões de afeto, de ser reconhecida(o), voluntariamente, como mãe ou pai e a configuração da denominada 'posse de estado de filho', que, naturalmente, deve apresentar-se de forma sólida e duradoura.

Vejamos:

> A constituição da filiação socioafetiva perpassa, necessariamente, pela vontade e, mesmo, pela voluntariedade do apontado pai/mãe, ao despender afeto, de ser reconhecido juridicamente como tal. É dizer: as manifestações de afeto e carinho por parte de pessoa próxima à criança somente terão o condão de convolarem-se numa relação de filiação, se, além da caracterização do estado de posse de filho, houver, por parte daquele que despende o afeto, clara e inequívoca intenção de ser concebido como pai/mãe daquela criança. (STJ - REsp 1328380 / MS – Terceira Turma – 2014)

O tema também suscita a questão de possibilidade ou não de ação negatória de paternidade para aquele que registra uma criança como se fosse seu filho. Nesta hipótese, há de se analisar se houve vício de consentimento a possibilitar a negatória, pois se alguém voluntariamente registra como seu o filho de outrem, ainda que a conduta caracterize crime previsto no artigo 242 do Código Penal, não poderá posteriormente, simplesmente querer negar tal paternidade.

Vejamos:

1. Se, à época da realização do registro de nascimento, a filiação foi declarada tão somente com base nas afirmativas feitas pela genitora do menor, que induziram o declarante a acreditar ser o pai da criança, é possível questionar a paternidade em ação negatória, com base em vício de consentimento.

2. Se o vínculo biológico foi afastado por prova genética (exame de DNA) e, por depoimentos, comprovou-se a ausência de vínculo afetivo entre o declarante e o menor, não há como manter filiação em desacordo com a realidade.

3. Nas ações de estado, prevalece o princípio da verdade real, que deve ser afastado apenas em circunstâncias particulares e especiais, considerando-se o caso concreto. (STJ - REsp 1362557 / DF – Terceira Turma – 2014)

Nas ações de estado, como as de filiação, deve-se dar prevalência ao princípio da verdade real, admitindo-se a relativização ou flexibilização da coisa julgada. Admite-se o processamento e julgamento de ação negatória de paternidade nos casos em que a filiação foi declarada por decisão já transitada em julgado, mas sem amparo em prova genética (exame de DNA). (STJ - REsp 1375644 / MG – Terceira Turma – 2014)

AGRAVO REGIMENTAL NOS EMBARGOS DE DECLARAÇÃO NO AGRAVO EM RECURSO ESPECIAL.
AÇÃO DE INVESTIGAÇÃO DE PATERNIDADE.
REALIZAÇÃO DE NOVO EXAME DE DNA.
REEXAME DO CONJUNTO FÁTICO-PROBATÓRIO DOS AUTOS.
SÚMULA Nº 7/STJ.
EXISTÊNCIA DE FILIAÇÃO SOCIOAFETIVA.
RECONHECIMENTO DA ANCESTRALIDADE BIOLÓGICA.
DIREITO DA PERSONALIDADE.

1. Inviável, em sede de recurso especial, modificar o acórdão recorrido que entendeu desnecessária a realização de novo exame de DNA, tendo em vista que a análise do tema demandaria o reexame do conjunto fático-probatório, procedimento vedado, nos termos da Súmula nº 7/STJ.

2. É consectário do princípio da dignidade humana o reconhecimento da ancestralidade biológica como direito da personalidade, podendo a ação de investigação de paternidade e de nulidade de registro ser julgada procedente mesmo que tenha sido construída uma relação socioafetiva entre o filho e o pai registral.

3. Agravo regimental não provido. (STJ – AgRg nos EDcl no AREsp 236958 / CE - terceira turma – 2014)

Em ação negatória de paternidade, não é possível ao juiz declarar a nulidade do registro de nascimento com base, exclusivamente, na alegação de dúvida acerca do vínculo biológico do pai com o registrado, sem provas robustas da ocorrência de erro escusável quando do reconhecimento voluntário da paternidade. (STJ - REsp 1.272.691-SP, Rel. Min. Nancy Andrighi, julgado em 5/11/2013 – Terceira Turma)

Em ação negatória de paternidade, o não comparecimento do filho menor de idade para submeter-se ao exame de DNA não induz presunção de inexistência de paternidade. (STJ - REsp 1.272.691-SP, Rel. Min. Nancy Andrighi, julgado em 5/11/2013. – Terceira Turma)

5.3.2 - Conceito de família e suas alterações

Passemos a analisar os artigos que foram objeto da reforma.

O artigo 19 assim dispõe:

> *Toda criança ou adolescente tem direito a ser criado e educado no seio da sua família e, excepcionalmente, em família substituta, assegurada a convivência familiar e comunitária, em ambiente livre da presença de pessoas dependentes de substâncias entorpecentes.*

A Lei 12.010/2009 incluiu três parágrafos no artigo 19:

> *§ 1o Toda criança ou adolescente que estiver inserido em programa de acolhimento familiar ou institucional* ***terá sua situação reavaliada, no máximo, a cada 6 (seis) meses****, devendo a autoridade judiciária competente, com base em relatório elaborado por equipe interprofissional ou multidisciplinar, decidir de forma fundamentada pela possibilidade de reintegração familiar ou colocação em família substituta, em quaisquer das modalidades previstas no art. 28 desta Lei.*
>
> *§ 2o* ***A permanência da criança e do adolescente em programa de acolhimento institucional não se prolongará por mais de 2 (dois) anos****, salvo comprovada necessidade que atenda ao seu superior interesse, devidamente fundamentada pela autoridade judiciária. (grifo nosso)*
>
> *§ 3o A manutenção ou reintegração de criança ou adolescente à sua família terá preferência em relação a qualquer outra providência, caso em que será esta incluída em programas de orientação e auxílio, nos termos do parágrafo único do art. 23, dos incisos I e IV do caput do art. 101 e dos incisos I a IV do caput do art. 129 desta Lei.*

Em 2014, a Lei 12962 incluiu o parágrafo 4º, para dispor que "Será garantida a convivência da criança e do adolescente com a mãe ou o pai privado de liberdade, por meio de visitas periódicas promovidas pelo responsável ou, nas hipóteses de acolhimento institucional, pela entidade responsável, independentemente de autorização judicial."

O artigo 23 do ECA deixa claro que a falta ou a carência de recursos materiais não constitui motivo suficiente para a perda ou a suspensão do poder familiar. A lei 12962 incluiu o parágrafo segundo, no que tange ao pai ou mãe privado da liberdade, esclarecendo que a condenação criminal do pai ou da mãe não implicará a destituição do poder familiar, exceto na hipótese de condenação por crime doloso, sujeito à pena de reclusão, contra o próprio filho ou filha. Desta forma, ainda que o pai ou mãe seja condenado por abandono material contra o filho, essa condenação não acarreta, por si só, qualquer consequência sobre o poder familiar, pois o crime previsto no artigo 244 do CP é punido com detenção.

Os parágrafos do artigo 19 se relacionam diretamente com a alteração promovida no artigo 101, que elenca as medidas de proteção. O artigo 101 foi alterado pela Lei 12.010, que retirou a expressão "abrigo", passando a utilizar a expressão "acolhimento institucional", além de incluir como medida de proteção o "acolhimento familiar".

> *Art. 101. Verificada qualquer das hipóteses previstas no art. 98, a autoridade competente poderá determinar, dentre outras, as seguintes medidas:*
> *(...)*
> *VII - acolhimento institucional;*
> *VIII - inclusão em programa de acolhimento familiar;*
> *IX - colocação em família substituta.*

Estando acolhido em instituição de acolhimento ou em família voluntária, a situação da criança ou do adolescente deverá ser reavaliada no máximo a cada seis meses. Existe um prazo máximo para a permanência no acolhimento institucional: dois anos, salvo comprovada necessidade que atenda ao seu superior interesse, devidamente fundamentada pela autoridade judiciária. O ECA não estabeleceu prazo máximo para o acolhimento familiar.

Na verdade, para entendermos o panorama do direito à convivência familiar, devemos estudar em conjunto os artigos 19, 25, 28 e 101.

Antes da reforma, o ECA já previa a preferência de criação no seio da família. Essa família prevista no artigo 19 era a família natural, conceituada no artigo 25:

> *Art. 25. Entende-se por família natural a comunidade formada pelos pais ou qualquer deles e seus descendentes.*

A Lei 12.010/09 incluiu o parágrafo único do artigo 25:

Parágrafo único. Entende-se por família extensa ou ampliada aquela que se estende para além da unidade pais e filhos ou da unidade do casal, formada por parentes próximos com os quais a criança ou adolescente convive e mantém vínculos de afinidade e afetividade.

Logo, passa a existir o conceito de três famílias no ECA:

- Família natural – Formada pelos pais ou qualquer deles com seus descendentes
- Família extensa ou ampliada – O menor com parentes próximos, desde que haja convivência e afinidade e afetividade
- Família substituta – mediante guarda, tutela ou adoção

Com isso, o menor deve estar preferencialmente na companhia dos pais ou na sua família extensa ou ampliada e, excepcionalmente, em família substituta. O artigo 28 elenca quais são as modalidades de colocação em família substituta.

Dessas modalidades, veremos que apenas a adoção é possível para estrangeiros, não se permitindo a guarda ou a tutela:

> *Art. 28. A colocação em família substituta far-se-á mediante guarda, tutela ou adoção,* ***independentemente da situação jurídica da criança ou adolescente****, nos termos desta Lei.*

O trecho "independentemente da situação da criança ou adolescente" significa: esteja ou não nas situações do artigo 98 do Estatuto. Ou seja, esteja ou não em situação de risco. Essa expressão interfere na competência, pois, apesar de o artigo 28 mencionar a expressão "nos termos desta lei", isso não significa competência exclusiva da Vara da Infância e Juventude. Se a criança ou o adolescente estiver nas condições do artigo 98, a competência será da Justiça de Infância e Juventude também para julgar os pedidos de guarda ou de tutela. É o que dispõe o artigo 148, parágrafo único, "a", do Estatuto. Se não estiver nessas situações, a competência será da Vara de Família. Ressalte-se que, nos casos de adoção e seus incidentes, a competência é exclusiva da Vara da Infância e Juventude, consoante dispõe o artigo 148, III, do Estatuto.

Para entendermos melhor cada uma das medidas de colocação em família substituta e as alterações promovidas pela Lei 12.010/2009, necessário se faz adiantarmos um pouco nosso estudo até o artigo 98 do ECA, pois o menor que se encontra afastado do convívio familiar pode estar em uma situação de risco.

O artigo 98 inicia o Título II, que trata das medidas de proteção:

> *Art. 98. As medidas de proteção à criança e ao adolescente são aplicáveis sempre que os direitos reconhecidos nesta Lei forem ameaçados ou violados:*
>
> *I - por ação ou omissão da sociedade ou do Estado;*
>
> *II - por falta, omissão ou abuso dos pais ou responsável;*
>
> *III - em razão de sua conduta.*

É possível que a criança ou adolescente, para seu bem, tenha de ser afastado do convívio familiar por estar sofrendo maus tratos pelos pais. A criança que é abusada sexualmente em casa, por exemplo, está em situação de risco. Nessa hipótese, deve ser afastada do convívio com sua família natural, devendo ser colocada em família substituta. Em capítulo próprio, dedicar-nos-emos a tratar mais detalhadamente do artigo 98. É possível que a família natural seja preterida, preferindo-se, no melhor interesse do menor, colocá-lo em família substituta ou deixá-lo permanecer acolhido em instituição de acolhimento. Em caso de abuso, opressão, maus tratos por apenas um dos pais, conforme determina o artigo 130 do ECA, poderá o Juiz, em medida cautelar, determinar o afastamento do agressor da moradia comum. Em inclusão feita pela Lei 12.015/11, dispõe o parágrafo único que desta medida cautelar poderá constar a fixação de alimentos provisórios:

> *Art. 130. Verificada a hipótese de maus-tratos, opressão ou abuso sexual impostos pelos pais ou responsável, a autoridade judiciária poderá determinar, como medida cautelar, o afastamento do agressor da moradia comum.*
>
> *Parágrafo único. Da medida cautelar constará, ainda, a fixação provisória dos alimentos de que necessitem a criança ou o adolescente dependentes do agressor.*

Outra hipótese que pode causar sérios danos à criança ou ao adolescente no que tange ao direito à convivência familiar é a prática de alienação parental, tema ao qual se tem dado grande importância atualmente.

5.3.3- Síndrome da alienação parental

A Lei 12.010/09, que buscou o aperfeiçoamento do direito à convivência familiar, deveria ter trazido disposições acerca do fenômeno de alienação parental, buscando sua coibição, mas não o fez. O psiquiatra Americano Richard Gardner[18] professor de Clínica Psiquiátrica Infantil da Universidade Columbia, Estados Unidos, denominou de "alienação parental" a síndrome constatada em um dos cônjuges, aquele que detém a guarda unilateral na tentativa de afastar, a qualquer preço, o filho (a criança alienada) do convívio do outro genitor, denegrindo sua imagem. Isso geralmente ocorre em caso de separações traumáticas, em que uma das partes não consegue superar o sentimento de rejeição, raiva, abandono, e acaba por buscar, até de forma inconsciente, o alívio de tais sentimentos pela vingança, qual seja, a de afastar o ex-cônjuge da presença e convivência do filho. Para isso, o genitor se utiliza de implantação no filho de ideias negativas e de sentimentos hostis em relação ao outro genitor, levando a criança a desejar o afastamento ou a se sentir pouco à vontade na presença do mesmo. Com isso, é criado um conflito psicológico no menor, que passa a acreditar que a lealdade a um dos pais necessariamente significa deslealdade ao outro.

18 DIAS, Maria Berenice. Síndrome da alienação parental, o que é isso? .Jus Navigandi, Teresina, ano 10, n. 1119, 25 jul. 2006. Disponível em: http://jus2.uol.com.br/doutrina/texto.asp?id=8690. Acesso em 09 maio 2010

No anseio de ver o afastamento, muitas vezes são imputados ao genitor fatos inexistentes, como até mesmo abusos sexuais. Se isso acontece quando a criança ainda é muito nova, pode vir até a criar nela falsas memórias, hipótese em que acredita em fatos que nunca ocorreram[19]. Em uma etapa mais adiantada, os falsos abusos acabam sendo levados ao conhecimento de autoridades, sendo efetivado o afastamento do genitor, podendo ocorrer até mesmo a perda do poder familiar, logicamente após toda uma detalhada investigação por parte de equipe interdisciplinar, como assistentes sociais, psicólogos. Tudo isso acaba sendo um procedimento bastante demorado, pois averiguar denúncias é um processo de grande responsabilidade para esses profissionais. Muitas vezes, até a constatação da existência da síndrome de alienação parental, o filho pode ter permanecido por muito tempo afastado do seu genitor, recebendo apenas visitas supervisionadas, criando uma situação constrangedora e de extremo sofrimento para o menor. Constatada a existência da síndrome manifestada por parte do genitor que a estabeleceu como forma de vingança, três alternativas restam no aspecto da análise penal da conduta:

1ª. Constatada como doença mental, levando o genitor à inteira incapacidade de entender o caráter ilícito do fato ou de se determinar de acordo com esse entendimento, este ficará isento de pena, excluída a culpabilidade, sujeitando o mesmo a medida de segurança, que poderá consistir em tratamento ambulatorial;

2ª. Constatada a semi-imputabilidade, por perturbação da saúde mental, a pena poderá ser diminuída nos termos do parágrafo único do artigo 26 do Código Penal;

3ª. Constatada a inteira capacidade de determinação, o genitor responderá penalmente por sua conduta, que poderá consistir em crime de denunciação caluniosa (artigo 339 do Código Penal). A conduta direcionada ao filho seria merecedora de tipificação penal específica, mas nem o ECA nem o Código Penal tipificam a alienação parental.

A Lei 12.318/10 dispõe sobre a alienação parental e altera o art. 236 da Lei nº 8.069. De acordo com o artigo 2º da lei considera-se ato de alienação parental a interferência na formação psicológica da criança ou do adolescente promovida ou induzida por um dos genitores, pelos avós ou pelos que tenham a criança ou adolescente sob a sua autoridade, guarda ou vigilância para que repudie genitor ou que cause prejuízo ao estabelecimento ou à manutenção de vínculos com este.

A Síndrome da Alienação Parental tem outros designativos como "Síndrome dos Órfãos de Pais Vivos", "Implantação de Falsas Memórias", "Síndrome

19 A síndrome também é chamada de "implantação de falsas memórias".

de Medea" e "Síndrome da Mãe Maldosa Associada ao Divórcio".

A alienação possui graus e varia conforme as características de cada pessoa e a intensidade do seu sofrimento[20].

De acordo com dados da organização SplitnTwo 80% dos filhos de pais divorciados já sofreram algum tipo de alienação parental. Estima-se que mais de 20 milhões de crianças sofram este tipo de violência no mundo hoje. [21]

De acordo com o artigo 2º com a Lei 12.318/10 considera-se ato de alienação parental a interferência na formação psicológica da criança ou do adolescente promovida ou induzida por um dos genitores, pelos avós ou pelos que tenham a criança ou adolescente sob a sua autoridade, guarda ou vigilância para que repudie genitor ou que cause prejuízo ao estabelecimento ou à manutenção de vínculos com este.

As hipóteses de alienação parental são previstas de forma meramente exemplificativa no rol do artigo 2o, , não restringindo a prática apenas aos genitores, mas também a tios, avós, padrinhos, tutores, enfim, todos os que possam se valer de sua autoridade parental ou afetiva com o intuito de prejudicar um dos genitores.

O parágrafo único do artigo 2º estabelece as condutas geralmente praticadas na alienação parental:

- realizar campanha de desqualificação da conduta do genitor no exercício da paternidade ou maternidade;

- dificultar o exercício da autoridade parental;

- dificultar contato de criança ou adolescente com genitor ;

- dificultar o exercício do direito regulamentado de convivência familiar;

- omitir deliberadamente ao genitor informações pessoais relevantes sobre a criança ou adolescente, inclusive escolares, médicas e alterações de endereço;

- apresentar falsa denúncia contra genitor, contra familiares deste ou contra avós, para obstar ou dificultar a convivência deles com a criança ou adolescente;

- mudar o domicílio para local distante, sem justificativa, visando dificultar a convivência da criança ou adolescente com o outro genitor, com familiares deste ou com avós.

De acordo com o artigo 3º, "A prática de ato de alienação parental fere direito fundamental da criança ou do adolescente de convivência familiar saudável, prejudica a realização de afeto nas relações com genitor e com o grupo familiar, constitui abuso moral contra a criança ou o adolescente e descumprimento

20 http://jus.com.br/artigos/18089/sindrome-da-alienacao-parental

21 www.splitntwo.org

dos deveres inerentes à autoridade parental ou decorrentes de tutela ou guarda".

Declarado indício de ato de alienação parental, a requerimento ou de ofício, em qualquer momento processual, em ação autônoma ou incidentalmente, o processo terá tramitação prioritária, e o juiz determinará, com urgência, ouvido o Ministério Público, as medidas provisórias necessárias para preservação da integridade psicológica da criança ou do adolescente, inclusive para assegurar sua convivência com genitor ou viabilizar a efetiva reaproximação entre ambos, se for o caso

Assegurar-se-á à criança ou adolescente e ao genitor garantia mínima de visitação assistida, ressalvados os casos em que há iminente risco de prejuízo à integridade física ou psicológica da criança ou do adolescente, atestado por profissional eventualmente designado pelo juiz para acompanhamento das visitas.

Estabelece o artigo 5º que "Havendo indício da prática de ato de alienação parental, em ação autônoma ou incidental, o juiz, se necessário, determinará perícia psicológica ou biopsicossocial".

O laudo pericial terá base em ampla avaliação psicológica ou biopsicossocial, conforme o caso, compreendendo, inclusive, entrevista pessoal com as partes, exame de documentos dos autos, histórico do relacionamento do casal e da separação, cronologia de incidentes, avaliação da personalidade dos envolvidos e exame da forma como a criança ou adolescente se manifesta acerca de eventual acusação contra genitor.

A perícia será realizada por profissional ou equipe multidisciplinar habilitados, exigido, em qualquer caso, aptidão comprovada por histórico profissional ou acadêmico para diagnosticar atos de alienação parental.

O perito ou equipe multidisciplinar designada para verificar a ocorrência de alienação parental terá prazo de 90 (noventa) dias para apresentação do laudo, prorrogável exclusivamente por autorização judicial baseada em justificativa circunstanciada.

A lei prevê a possibilidade de uma ação ordinária autônoma para identificação de ocorrência de Alienação Parental.

Permite também que, no curso das ações de divórcio, regulamentação de visitas ou modificação da guarda, venha a se requerer a averiguação de prática de alienação parental.

A lei inova ao utilizar a expressão "perícia", para designar a atuação de profissionais interdisciplinares, que antes atuavam como assistentes, sem que estivessem sujeitos às regras da perícia, nos termo da lei processual vigente.

Caracterizados atos típicos de alienação parental ou qualquer conduta que dificulte a convivência de criança ou adolescente com genitor, em ação autônoma ou incidental, o juiz poderá, cumulativamente ou não, sem prejuízo da decorrente responsabilidade civil ou criminal e da ampla utilização de instrumentos processuais aptos a inibir ou atenuar seus efeitos, segundo a gravidade do caso:

I - declarar a ocorrência de alienação parental e advertir o alienador;

II - ampliar o regime de convivência familiar em favor do genitor alienado;

III - estipular multa ao alienador;

IV - determinar acompanhamento psicológico e/ou biopsicossocial;

V - determinar a alteração da guarda para guarda compartilhada ou sua inversão;

VI - determinar a fixação cautelar do domicílio da criança ou adolescente;

VII - declarar a suspensão da autoridade parental.

Dispõe ainda a lei que se caracterizada mudança abusiva de endereço, inviabilização ou obstrução à convivência familiar, o juiz também poderá inverter a obrigação de levar para ou retirar a criança ou adolescente da residência do genitor, por ocasião das alternâncias dos períodos de convivência familiar

A Lei 12.318/2010 claramente prefere que a guarda a ser utilizada seja a Guarda Compartilhada, solução encontrada para diminuir os efeitos da alienação. Porém, independente da modalidade de guarda, o período de convivência (e não o período de visita), deve ser ampliado em favor do genitor alienado, evitando, assim, que o genitor alienante tenha tempo para usar de seus ardis para alienar a criança ou o adolescente.

A fixação de astreites é perfeita nos casos de cumprimento de dias de visitas, como estar no local fixado para entregar a criança ou aonde esta seria buscada pelo genitor alienado. Vale ressaltar que a fixação dessa multa deve ser em valor compatível com as condições financeiras do alienante, nem tão pouco ser em valor que ridicularize a ordem judicial.

Quanto aos aspectos processuais, a alienação parental pode ser deduzida em qualquer momento processual de ofício ou a requerimento em relação a qualquer das partes, em ação autônoma ou incidental. O processo terá tramitação prioritária, e o juiz determinará as medidas provisórias urgentes.

De acordo com o artigo 7º da lei de alienação parental, a atribuição ou alteração da guarda dar-se-á por preferência ao genitor que viabiliza a efetiva convivência da criança ou adolescente com o outro genitor nas hipóteses em que seja inviável a guarda compartilhada

A competência é determinada no artigo 8º, que estabelece que a alteração de domicílio da criança ou adolescente é irrelevante para a determinação da competência relacionada às ações fundadas em direito de convivência familiar, salvo se decorrente de consenso entre os genitores ou de decisão judicial.

5.3.4 - Medidas voltadas à proteção do direito à convivência familiar

Já o artigo 101, além de elencar a colocação em família substituta como medida de proteção, elencou também o acolhimento institucional, o que nos permitia concluir que o menor de 18 anos deveria permanecer preferencialmente com seus pais (sua família natural). Caso não fosse possível, deveria ser colocado em família substituta (mediante guarda, tutela ou adoção). Enquanto não fosse o menor colocado em sua família substituta, deveria, provisória e transitoriamente, ser colocado em uma instituição de acolhimento, se necessário. Era confusa a situação da criança ou adolescente que não estivesse em uma instituição de acolhimento, mas que também não estivesse com sua família natural (pais), ou seja, que fosse criado por tios, primos, irmãos, etc. Que família era essa? Com a reforma, como vimos anteriormente, a Lei 12.010/2009 incluiu o parágrafo único no artigo 25, passando a prever:

> *Parágrafo único. Entende-se por família extensa ou ampliada aquela que se estende para além da unidade pais e filhos ou da unidade do casal, formada por parentes próximos com os quais a criança ou adolescente convive e mantém vínculos de afinidade e afetividade.*

Logo, com base na análise dos artigos 19, 25, 28 e 101 e nas alterações promovidas pela Lei 12.010/2009, podemos concluir que a criança ou adolescente deve ser criado preferencialmente no seio de sua família natural (com seus pais). Caso não seja possível, deve ser criado com sua família extensa ou ampliada (parentes próximos com os quais conviva e possua vínculo de afinidade e afetividade). Não podendo permanecer com sua família natural ou extensa, deve ser colocado em família substituta (mediante guarda, tutela ou adoção). Considerando-se que nem sempre será possível colocar a criança ou adolescente imediatamente em família substituta, ele poderá ser encaminhado a uma instituição de acolhimento ou a uma família voluntária, onde permanecerá transitoriamente até sua colocação em família substituta. A partir da reforma, não devemos mais fazer uso da expressão "abrigo". **O acolhimento institucional** é uma medida de proteção provisória como forma de transição para colocação em família substituta ou reintegração na família natural ou ampliada. Se a criança ou adolescente está afastado do convívio familiar e é recolhido pelo conselho tutelar, provisoriamente, como forma de transição ficará na instituição de acolhimento. O ECA passa a prever o prazo máximo de dois anos para que o menor permaneça em uma instituição de acolhimento, salvo comprovada necessidade que atenda ao seu superior interesse, devidamente fundamentada pela autoridade judiciária.

Passemos a analisar os aspectos gerais das medidas de colocação em família substituta, que sofreram alterações substanciais pela Lei 12.010/2009. Antes da reforma, o artigo 28 continha dois parágrafos. Com a reforma, o artigo passou a conter seis parágrafos, tendo sido um dos já existentes alterado. O ECA previa que a oitiva da criança e do adolescente se daria sempre que possível, devendo sua opinião ser devidamente considerada. Com a reforma, a oitiva se dará por equipe interprofissional, passando a estar expressamente previsto o respeito ao estágio de desenvolvimento e grau de compreensão sobre as implicações da medida. Tal disposição legal é reflexo do direito de opinião e de expressão. Ressalte-se que a oitiva deve ser feita quando viável, pois há casos em que ela não é possível (criança recém-nascida, doente mental, etc.). A expressão "sempre que possível" não se refere a atributo do juízo ou ocasião processual, mas sim às condições de a criança se expressar. Tal manifestação não significa que o juiz seja obrigado a acolher a manifestação, pois ele pode obter seu convencimento com base em outras provas, mas deve fundamentar o porquê de ter julgado em sentido contrário à manifestação da criança ou adolescente.

Já quanto ao maior de 12 anos, o ECA passa a exigir, no parágrafo segundo do artigo 18, o seu consentimento, que deverá ser colhido em audiência. Antes da reforma, o consentimento do adolescente era necessário apenas na adoção. Agora, tal necessidade foi estendida para a guarda e para a tutela:

Continua estando prevista a necessidade de análise do grau de parentesco e da relação de afinidade e afetividade. Lembramos que deve preponderar, nessa análise, a relação de afinidade e afetividade, pois seria extremamente atentatório aos direitos da criança se ela fosse obrigada a permanecer com um parente com o qual não possui afinidade. Essa afinidade deve ser entendida em seu sentido vulgar, e não no sentido de parentesco por afinidade. Significa facilidade em lidar com o outro e com seus hábitos.

A Lei 12.010/2009 incluiu as seguintes disposições no artigo 28:

> *§ 4o Os grupos de irmãos serão colocados sob adoção, tutela ou guarda da mesma família substituta, ressalvada a comprovada existência de risco de abuso ou outra situação que justifique plenamente a excepcionalidade de solução diversa, procurando-se, em qualquer caso, evitar o rompimento definitivo dos vínculos fraternais.*

*§ 5o A colocação da criança ou adolescente em família substituta será precedida de sua **preparação gradativa e acompanhamento posterior**, realizados pela equipe interprofissional a serviço da Justiça da Infância e da Juventude, preferencialmente com o apoio dos técnicos responsáveis pela execução da política municipal de garantia do direito à convivência familiar.*

*§ 6o Em se tratando de **criança ou adolescente indígena ou proveniente de comunidade remanescente de quilombo**, é ainda obrigatório:*

I - que sejam consideradas e respeitadas sua identidade social e cultural, os seus costumes e tradições, bem como suas instituições, desde que não sejam incompatíveis com os direitos fundamentais reconhecidos por esta Lei e pela Constituição Federal;

II - que a colocação familiar ocorra prioritariamente no seio de sua comunidade ou junto a membros da mesma etnia;

III - a intervenção e oitiva de representantes do órgão federal responsável pela política indigenista, no caso de crianças e adolescentes indígenas, e de antropólogos, perante a equipe interprofissional ou multidisciplinar que irá acompanhar o caso. (grifos nossos)

Consoante o artigo 29, não se deferirá colocação em família substituta a pessoa que revele incompatibilidade com a natureza da medida ou não ofereça ambiente familiar adequado.

Além de tais critérios, ressalte-se que devem ser observadas as exigências do artigo 165 do Estatuto. Apesar de esse artigo não mencionar a exigência de atestado de sanidade mental dos requerentes, tal exigência costuma ser feita pela jurisprudência, em busca do melhor interesse do menor.

Art. 165. São requisitos para a concessão de pedidos de colocação em família substituta:

I - qualificação completa do requerente e de seu eventual cônjuge, ou companheiro, com expressa anuência deste;

II - indicação de eventual parentesco do requerente e de seu cônjuge, ou companheiro, com a criança ou adolescente, especificando se tem ou não parente vivo;

III - qualificação completa da criança ou adolescente e de seus pais, se conhecidos;

IV - indicação do cartório onde foi inscrito nascimento, anexando, se possível, uma cópia da respectiva certidão;

V - declaração sobre a existência de bens, direitos ou rendimentos relativos à criança ou ao adolescente.

Parágrafo único. Em se tratando de adoção, observar-se-ão também os requisitos específicos.

Passemos a analisar separadamente cada uma das três modalidades de colocação em família substituta:

5.3.5 - Guarda

Art. 33. A guarda obriga a prestação de assistência material, moral e educacional à criança ou adolescente, conferindo a seu detentor o direito de opor-se a terceiros, inclusive aos pais. (Vide Lei 12.010, de 2009) Vigência

§ 1º A guarda destina-se a regularizar a posse de fato, podendo ser deferida, liminar ou incidentalmente, nos procedimentos de tutela e adoção, exceto no de adoção por estrangeiros.

§ 2º Excepcionalmente, deferir-se-á a guarda, fora dos casos de tutela e adoção, para atender a situações peculiares ou suprir a falta eventual dos pais ou responsável, podendo ser deferido o direito de representação para a prática de atos determinados.

§ 3º A guarda confere à criança ou adolescente a condição de dependente, para todos os fins e efeitos de direito, inclusive previdenciários.

§ 4o Salvo expressa e fundamentada determinação em contrário, da autoridade judiciária competente, ou quando a medida for aplicada em preparação para adoção, o deferimento da guarda de criança ou adolescente a terceiros não impede o exercício do direito de visitas pelos pais, assim como o dever de prestar alimentos, que serão objeto de regulamentação específica, a pedido do interessado ou do Ministério Público.

Art. 34. O poder público estimulará, por meio de assistência jurídica, incentivos fiscais e subsídios, o acolhimento, sob a forma de guarda, de criança ou adolescente afastado do con-

vívio familiar.

§ 1o A inclusão da criança ou adolescente em programas de acolhimento familiar terá preferência a seu acolhimento institucional, observado, em qualquer caso, o caráter temporário e excepcional da medida, nos termos desta Lei.

§ 2o Na hipótese do § 1o deste artigo a pessoa ou casal cadastrado no programa de acolhimento familiar poderá receber a criança ou adolescente mediante guarda, observado o disposto nos arts. 28 a 33 desta Lei.

Art. 35. A guarda poderá ser revogada a qualquer tempo, mediante ato judicial fundamentado, ouvido o Ministério Público.

A guarda não retira o poder familiar dos pais, diferentemente da tutela, que pressupõe a perda ou a suspensão desse poder familiar. Já a adoção rompe com todos os vínculos anteriores, salvo no que tange aos impedimentos matrimoniais.

Consoante o artigo 1.634 do Código Civil e artigo 22 do ECA, a guarda é dever inerente ao poder familiar, juntamente com o dever de sustento e educação, consoante os dois dispositivos em epígrafe. É inicialmente vinculada, portanto, ao poder familiar.

No entanto, em determinadas situações, pode o dever de guarda se desprender do poder familiar, sem causar a perda deste.

Em nosso ordenamento jurídico, temos vários dispositivos legais que tratam da guarda. Deve-se observar em que situação se encontra a criança ou adolescente, para que se saiba qual dispositivo legal deve ser aplicado.

Em caso de guarda decorrente de disputa entre os pais, aplica-se o disposto nos artigos 9o a 16 da Lei 6.515/1977, que regula os casos de dissolução da sociedade conjugal e do casamento, seus efeitos e respectivos processos, e dá outras providências. Essa lei traz a possibilidade de os pais disporem, durante sua separação, acerca da guarda dos filhos menores. No entanto, o artigo 13 possibilita que, por motivos graves, o juiz decida em sentido diverso do que ficou acordado pelos pais.

Nos casos de guarda como modalidade de colocação em família substituta, será aplicável o disposto nos artigos 33 a 35 do Estatuto, que não se preocupou com a guarda atribuída aos genitores, mas somente a atribuída a terceiros.

Luiz Mônaco da Silva[22] conceitua guarda como o "instituto pelo qual al-

22 SILVA, José Luiz Mônaco da. A família substituta no estatuto da criança e do adolescente.

guém, parente ou não, assume a responsabilidade sobre um menor, passando a dispensar-lhe cuidados próprios da idade, além de ministrar-lhe assistência espiritual, material, educacional e moral".

- Espécies de guarda

Guarda para regularizar a posse de fato

É possível que a criança ou adolescente já esteja sendo criado por alguém, que não possui o termo de guarda. O objetivo, nesta modalidade de guarda, é tornar de direito uma situação meramente fática.

Guarda liminar ou incidental no processo de adoção

Artigo 33, parágrafo primeiro – guarda liminar ou incidental nos procedimentos de tutela e adoção, exceto por estrangeiros. Com base nesse dispositivo, é possível que, durante o processo de adoção, os futuros pais adotivos tenham a guarda da criança ou adolescente.

Guarda para atender situação peculiar ou para suprir falta eventual

São as hipóteses previstas no artigo 33, parágrafo 2o –situação peculiar. Pode até mesmo implicar em responsabilidade sobre o menor até os 18 anos de idade. Tal guarda pode por fim ao processo, decidindo com quem vai ficar o menor. No entanto, nada impede a revogação dessa guarda, consoante dispõe o artigo 35 do ECA. O que prepondera é o interesse do menor, e não a pretensão dos pais ou do guardião. A perda ou a modificação da guarda poderá ser decretada nos mesmos autos do procedimento, consoante o disposto no artigo 169, parágrafo único. Quanto à guarda para suprir falta eventual dos pais, é possível que, durante uma viagem de estudos, por exemplo, o menor esteja em guarda com determinada pessoa, até que os pais voltem a exercer a guarda.

- Efeitos da guarda

Prestação de assistência material, moral e educacional.

Passa o menor a figurar como dependente para todos os fins e efeitos de direito, inclusive previdenciários.

Alguns avós requerem a guarda dos netos, visando exclusivamente a fins previdenciários. Em muitos desses casos, o menor continua, inclusive, na companhia dos pais.

São Paulo: Saraiva, 1995.

Não existe a chamada guarda previdenciária, mas sim os efeitos previdenciários da guarda. Concordamos com a parte da doutrina que sustenta que os benefícios são consequência e não finalidade. Além disso, tendo-se, exclusivamente, a finalidade de se deixarem benefícios previdenciários, importaria em uma fraude permitida pelo Poder Judiciário aos cofres públicos. Outro argumento seria a falta de correspondência com a realidade dos fatos.

A questão deve passar, ainda, pela análise da Lei 8.213/1993, em seu artigo 16, parágrafo 2o, que sofreu uma alteração em 1997, pela Lei 9.528, passando a não considerar o menor sob guarda como equiparado a filho, mas apenas o enteado e o menor tutelado. Mesmo para aqueles que entendem como possível a guarda para fins exclusivamente previdenciários, posicionamento que praticamente não mais se encontra na jurisprudência, o recebimento de tais benefícios deve passar pela análise da modificação da lei. O fato gerador do benefício é a morte do segurado. Dessa forma, deve-se levar em conta a lei em vigor na data da morte do beneficiário. Se anterior à alteração legal, o menor sob guarda ainda poderia receber o beneficio. Se posterior, não mais seria permitido, em virtude da nova redação do parágrafo 2º.

Há controvérsia na doutrina e na jurisprudência acerca do conflito existente entre o artigo 33, parágrafo 3º do ECA e a ausência da previsão do menor sob guarda como beneficiário na lei previdenciária (Lei 8.213/91 – artigo 16, alterado pela Lei 9.528/97).

Recentemente, no julgamento do RMS 36034, a Primeira Seção do STJ exarou entendimento no sentido de concessão do benefício previdenciário ao menor sob guarda. Vejamos a decisão publicada no Informativo 546:

> No caso em que segurado de regime previdenciário seja detentor da guarda judicial de criança ou adolescente que dependa economicamente dele, ocorrendo o óbito do guardião, será assegurado o benefício da pensão por morte ao menor sob guarda, ainda que este não tenha sido incluído no rol de dependentes previsto na lei previdenciária aplicável. O fim social da lei previdenciária é abarcar as pessoas que foram acometidas por alguma contingência da vida. Nesse aspecto, o Estado deve cumprir seu papel de assegurar a dignidade da pessoa humana a todos, em especial às crianças e aos adolescentes, cuja proteção tem absoluta prioridade. O ECA não é uma simples lei, uma vez que representa política pública de proteção à criança e ao adolescente, verdadei-

ro cumprimento do mandamento previsto no art. 227 da CF. Ademais, não é dado ao intérprete atribuir à norma jurídica conteúdo que atente contra a dignidade da pessoa humana e, consequentemente, contra o princípio de proteção integral e preferencial a crianças e adolescentes, já que esses postulados são a base do Estado Democrático de Direito e devem orientar a interpretação de todo o ordenamento jurídico. Desse modo, embora a lei previdenciária aplicável ao segurado seja lei específica da previdência social, não menos certo é que a criança e adolescente tem norma específica que confere ao menor sob guarda a condição de dependente para todos os efeitos, inclusive previdenciários (art. 33, § 3º, do ECA). RMS 36.034-MT, Rel. Min. Benedito Gonçalves, julgado em 26/2/2014.

Anteriormente, a Terceira Seção do STJ, em decisão publicada no Informativo 422, assim decidiu:

O EXMO. SR. MINISTRO CELSO LIMONGI (DESEMBARGADOR CONVOCADO DO TJ/SP): Em 10/2/2010, a Terceira Seção, em questão de ordem suscitada pelo Ministério Público Federal, acolheu, por unanimidade, a preliminar de inconstitucionalidade do art. 16, § 2º, da Lei n. 8.213, de 24 de julho de 1991, na redação dada pela Medida Provisória n. 1.523, de 11 de outubro de 1996, convertida na Lei n. 9.528, de 10 de dezembro de 1997. Desse modo, ficou suspenso o julgamento dos embargos de divergência em que se discute a aplicação, pela Quinta Turma, do art. 33, § 3º, da Lei n. 8.069, de 13 de julho de 1990, em vez do mencionado dispositivo da lei previdenciária, procedimento que destoa do adotado pelo paradigma apresentado (REsp-354.240, da Sexta Turma), segundo o qual, por ser norma especial, a Lei n. 8.213/1991 prevalece sobre o Estatuto da Criança e do Adolescente – ECA. A questão diz respeito à possibilidade de concessão de pensão por morte a menor sob guarda quando o óbito do segurado ocorre após a alteração que a Lei n. 9.528/1997 provocou no § 2º do art. 16 da Lei n. 8.213/1991. Na redação atual, o menor sob guarda não é mais equiparado a filho para efeito de dependência de segurado do Regime Geral de Previdência Social – RGPS. Conforme o acórdão embargado, mesmo após a retirada dessa figura do rol de dependentes, a matéria merece ser analisada à luz da legislação de proteção ao me-

> nor, no caso, a disposição do ECA segundo a qual "a guarda confere à criança ou adolescente a condição de dependente, para todos os fins e efeitos de direito, inclusive previdenciários". Assim, nos termos do voto do Ministro Gilson Dipp, Relator do recurso especial, "restando comprovada a guarda, deve ser garantido o benefício para quem dependa economicamente do instituidor, como ocorre na hipótese dos autos"

Ressalte-se que, para os que ainda entendem pela impossibilidade de concessão do benefício, em virtude da alteração ter se dado em 1997, já que antes o menor sob guarda estava no rol de dependentes, ao verificar a concessão ou não do benefício, deve ser verificada a data do óbito:

> PREVIDENCIÁRIO. PENSÃO A MENOR SOB GUARDA. ÓBITO POSTERIOR À MEDIDA PROVISÓRIA Nº 1.523/1996. IMPOSSIBILIDADE.
>
> 1. A concessão da pensão por morte deve se pautar pela lei em vigor na data do óbito do segurado, instituidor do benefício. Precedentes.
>
> 2. Segundo consolidada jurisprudência desta Corte, é indevida a concessão de pensão a menor sob guarda, se o óbito do segurado ocorreu após o advento da Medida Provisória nº 1.523, de 11.10.1996, convertida na Lei n. 9.528/1997, que excluiu o inciso IV do art. 16 da Lei n. 8.213/1991.
>
> 3. A Corte Especial deste Tribunal, apreciando incidente de inconstitucionalidade do art. 16, § 2º, da Lei 8.213/91, na redação dada pela citada Medida Provisória, exarou entendimento de que, como a lei superveniente não teria negado o direito à equiparação, mas apenas se omitido em prevê-lo, não haveria inconstitucionalidade a ser declarada.
>
> 4. Agravo regimental improvido. (AgRg no REsp 1178495 / SP – Min. Jorge Mussi – Quinta Turma – 25/10/2011)

- Guarda especial destinada a crianças e adolescentes de difícil colocação

O artigo 34 sofreu alteração pela Lei nº 12.010/2009. As antigas expressões "órfão ou abandonado" foram substituídas por "afastado do convívio familiar".

Dispõe o ECA que o poder público estimulará, por meio de assistência jurídica, incentivos fiscais e subsídios, o acolhimento, sob a forma de guarda, de criança ou adolescente afastado do convívio familiar

- Competência Territorial

É fixada pelo domicílio dos pais ou responsável pela criança ou adolescente – artigo 147, I, do Estatuto. À falta dos pais ou responsável, pelo local onde se encontre a criança ou adolescente.

- Competência em razão da matéria

É prevista no art. 148, parágrafo único, Alínea a, sendo de competência da Justiça da Infância e Juventude apenas nos casos de existência de situação de risco para a criança ou adolescente. É por isso, que podemos verificar uma ação de guarda tramitando na Vara de família ou na Justiça da Infância e Juventude, dependendo se a criança ou adolescente se encontra ou não em situação de risco.

- Visitação e alimentos

A Lei nº 12.010/2009 incluiu no artigo 33 o parágrafo 4º, passando a prever que a guarda não afasta o direito de visitação e o dever alimentar, salvo expressa e fundamentada determinação em contrário, da autoridade judiciária competente, ou quando a medida for aplicada em preparação para adoção.

APLICAÇÃO EM CONCURSO

No que diz respeito ao direito à convivência familiar e comunitária de crianças e adolescentes, é correto afirmar: FCC - 2014 - TJ-CE - Juiz

a) A criança ou adolescente submetido ao programa de acolhimento familiar ou institucional terá sua situação reavaliada anualmente.

b) A determinação de guarda de criança ou adolescente a terceiro não exclui o dever dos genitores de prestar alimentos.

c) O maior de doze anos será ouvido em caso de colocação em família substituta, sendo sua manifestação um dos elementos de formação da convicção do juiz, podendo ser afastada.

d) A colocação em família substituta de criança ou adolescente indígena deverá ocorrer obrigatoriamente no seio de sua comunidade.

e) A condenação criminal definitiva pela prática de crime doloso praticado por pai ou mãe, implicará, automaticamente, perda do poder familiar.

Gabarito: B

5.3.6 - Tutela

Art. 36. A tutela será deferida, nos termos da lei civil, a pessoa de até 18 (dezoito) anos incompletos.

Parágrafo único. O deferimento da tutela pressupõe a prévia decretação da perda ou suspensão poder familiar e implica necessariamente o dever de guarda.

Art. 37. O tutor nomeado por testamento ou qualquer documento autêntico, conforme previsto no parágrafo único do art. 1.729 da Lei no 10.406, de 10 de janeiro de 2002 - Código Civil, deverá, no prazo de 30 (trinta) dias após a abertura da sucessão, ingressar com pedido destinado ao controle judicial do ato, observando o procedimento previsto nos arts. 165 a 170 desta Lei.

Parágrafo único. Na apreciação do pedido, serão observados os requisitos previstos nos arts. 28 e 29 desta Lei, somente sendo deferida a tutela à pessoa indicada na disposição de última vontade, se restar comprovado que a medida é vantajosa ao tutelando e que não existe outra pessoa em melhores condições de assumi-la.

Art. 38. Aplica-se à destituição da tutela o disposto no art. 24.

A tutela é medida de colocação em família substituta que, diferentemente da guarda, pressupõe a morte dos pais, sua declaração de ausência, qualquer outra forma de perda ou ainda suspensão do Poder Familiar.[23] O tutor é pessoa capaz que, além de exercer a guarda, representa legalmente o menor, o protege, dirige sua pessoa, sendo ainda responsável pela administração de seus bens.[24]

Muito embora a regra seja de que a tutela não conviva com o poder familiar dos pais, pode-se admitir exceção se o exercício do poder familiar for limitado:

---

23 Todas as expressões "pátrio poder" foram alteradas pela Lei nº 12.010/2009 para "Poder Familiar".

24 O tutor não pode exercer o direito de castigar, que é inerente aos pais. Caso o menor precise de correção, deve o tutor reclamar ao juiz que providencie, como houver por bem, a correção (artigo 1.740, Código Civil). Ao exercer a tutela, deve o tutor declarar o que lhe deve o menor, ou não conseguirá receber o valor durante o exercício da tutela (artigo 1.751, Código Civil). O tutor terá direito a ser ressarcido pelos gastos com o tutelado e terá ainda direito a perceber remuneração pelo exercício da tutela, que será proporcional à importância dos bens administrados.

PROCESSUAL CIVIL E CIVIL. TEMPESTIVIDADE DO RECURSO DO MINISTÉRIO PÚBLICO. ALIENAÇÃO DE BENS DE MENOR SUJEITO AO PÁTRIO PODER LIMITADO. EXCEPCIONAL COEXISTÊNCIA ENTRE PÁTRIO PODER E TUTELA. NECESSIDADE DE HASTA PÚBLICA E PRÉVIA AVALIAÇÃO DOS BENS. APLICAÇÃO DO ARTIGO 429 DO CÓDIGO CIVIL DE 1916.

1. Malgrado o precedente contido no julgamento do HC 83.255/SP pelo Supremo Tribunal Federal, fixando a interpretação de que o prazo recursal do Ministério Público tem início com a data da entrada dos autos naquele órgão, esta Corte preconiza que, nos processos anteriores àquele julgamento paradigma, a fluência do prazo só corre após o ciente pelo representante do parquet.

2. No caso dos autos, há um "conselho administrador" nomeado pelo juízo do inventário, encarregado da administração dos bens de menor, não obstante a mãe manter a guarda do incapaz.

3. Embora, em regra, o pátrio poder seja exercido de maneira irrestrita, abrangendo a pessoa e os bens dos filhos, é possível que excepcionalmente seja de modo limitado. Em tal hipótese, há coexistência entre pátrio poder e tutela, subordinando-se o tutor especial às regras legais relativas à tutela.

4. O exercício do pátrio poder só dispensa a necessidade de hasta pública para venda de bens do incapaz quando os pais administram os bens dos filhos. Caso contrário, imperiosa a aplicação do artigo 429 do Código Civil de 1916, a exigir hasta pública e demonstração de manifesta vantagem ao menor, razão pela qual também é indispensável a prévia avaliação dos bens.

5. Recurso especial provido. (REsp 434701 / DF – Min. Luis Felipe Salomão – Quarta Turma – 25/09/09)

O Código Civil dispõe sobre a tutela em seus artigos 1.728 a 1.766. A tutela, em termos de constituição de vínculos e representação, se encontra entre a guarda e a adoção. O guardião apenas pode praticar atos determinados, diferente da tutela, que confere amplo poder de representação (até os 16 anos) ou de assistência (após os 16 anos), mas não chega a constituir vínculo familiar, como ocorre na adoção.

É muito importante diferenciar as três modalidades de colocação em família substituta, de forma que se possa identificar qual será cabível em hipótese concreta. Exemplo:

Caio fica órfão, pois seus pais morreram em um acidente de carro. Ele herdou três imóveis e um estabelecimento comercial e tem como parentes vivos sua avó materna, com quem está morando atualmente, e ainda um tio distante que manifesta vontade de adotá-lo. Faz-se necessária uma medida protetiva para Caio. Qual seria a medida ideal?

Resposta: Considerando-se que Caio é menor de 18 anos e não está sob poder familiar, pois esse se extinguiu com a morte dos pais, faz-se necessária sua colocação em família substituta, caso não seja possível que fique em sua família extensa ou ampliada. Com a reforma promovida pela Lei 12.010/2009, a guarda e a tutela não são mais hipóteses exclusivas de colocação em família substituta, podendo ocorrer quando o menor pode permanecer em sua família extensa ou ampliada. Sendo assim, a preferência deve ser de deferimento de tutela a quem represente legalmente o menor, exerça sua guarda e lhe administre os bens. A tutela deve ser preferencialmente exercida no interesse do menor. Ainda que os pais tenham nomeado tutor em testamento, o que mais importa é o superior interesse do menor, devendo ser nomeado como tutor quem mais tenha afinidade e afetividade com ele. Considerando que os ascendentes não podem adotar, deve o juiz deferir a tutela à avó materna. A adoção seria possível para o tio, mas não parece, no caso em tela, trazer reais vantagens ao menor.

O Código Civil faz concluir, por suas disposições, que a tutela tem natureza de múnus público. Trata-se de um encargo que, em regra, não pode ser recusado pelo tutor nomeado pelo juiz. Maria Helena Diniz[25] sustenta ser a tutela um poder-dever jurídico, que tem por objetivo substituir o poder familiar. Alguém só pode escusar-se da tutela com base nas causas previstas no artigo 1.736 do Código Civil:

> *Art. 1.736. Podem escusar-se da tutela:*
> *I - mulheres casadas;*
> *II - maiores de sessenta anos;*
> *III - aqueles que tiverem sob sua autoridade mais de três filhos;*
> *IV - os impossibilitados por enfermidade;*
> *V - aqueles que habitarem longe do lugar onde se haja de exercer a tutela;*

25 Direito Civil Brasileiro. Direito de Família. 17ª. Ed, Saraiva, 2002, p. 496.

> *VI - aqueles que já exercerem tutela ou curatela;*
> *VII - militares em serviço.*
> *Art. 1.737. Quem não for parente do menor não poderá ser obrigado a aceitar a tutela, se houver no lugar parente idôneo, consanguíneo ou afim, em condições de exercê-la.*

No entanto, deve o magistrado atuar com extremo cuidado na nomeação do tutor, pois aquele que muito resiste ao exercício da tutela provavelmente não possui relação de afinidade e afetividade com o menor que venha a minorar as consequências de uma colocação em família substituta, como determina o artigo 28 do ECA. Dessa forma, deve o juiz nomear aquele que tenha disponibilidade e boa vontade para o exercício do encargo, de forma que se atenda ao princípio do superior interesse do menor.

A tutela será acompanhada e fiscalizada pelo juiz, que poderá nomear um protutor[26] para acompanhar de perto a administração dos bens, além de toda a atuação do tutor, sendo solidariamente responsável com o tutor por prejuízos causados ao menor. O protutor recebe, por sua atuação, remuneração módica. O Código Civil também dispõe acerca da responsabilidade do juiz, que será direta e pessoal quando não houver nomeado tutor ou não o tiver feito oportunamente; será subsidiária quando não exigir garantia legal do tutor ou ainda quando não o tiver removido (artigo 1.744, Código Civil).

Em regra, deve ser observada a última vontade dos pais, manifestada em testamento ou outro documento autêntico (artigo 1.729, Código Civil). Dessa forma, a tutela testamentária é válida e prevista em lei, apenas sendo considerada nula a disposição quando quem manifestou a vontade não exercia o Poder Familiar ao tempo da morte. Ressalte-se que, se um dos pais estiver vivo, passa a exercer sozinho o Poder Familiar, não podendo haver a nomeação de tutor, exceto se houver causa para a suspensão ou perda do Poder Familiar. O parágrafo único do artigo 37, com a reforma promovida pela Lei 12.010/2009, passa a deixar claro que a tutela testamentária apenas será efetivada se for vantajosa ao tutelando e caso não exista outra pessoa em melhores condições de exercê-la. Se não existir tutor citado em testamento, o juiz observará a ordem fixada no artigo 1.731 do Código Civil para determinar a tutela legítima:

> *Em falta de tutor nomeado pelos pais incumbe a tutela aos parentes consanguíneos do menor, por esta ordem:*

---

26 A figura do protutor foi incluída no Ordenamento Jurídico Brasileiro pelo artigo 1.742 do novo Código Civil.

> *I – aos ascendentes, preferindo o de grau mais próximo ao mais remoto;*
>
> *II – aos colaterais até o terceiro grau, preferindo os mais próximos aos mais remotos e, no mesmo grau, os mais velhos aos mais moços; em qualquer dos casos, o juiz escolherá entre eles o mais apto a exercer a tutela em benefício do menor*

Muito embora exista uma ordem legal para nomeação do tutor (artigo 1.731, Código Civil), deve preponderar o melhor e superior interesse do menor, podendo o juiz deixar de observar a ordem legal, devendo prevalecer o princípio sobre a regra.

Nos casos em que não é possível nomear o tutor testamentário ou o legítimo, surge a possibilidade da tutela dativa, a ser exercida por pessoa nomeada pelo juiz, que tenha idoneidade e que seja residente no domicílio do menor. O tutor dativo também será nomeado quando houver escusa do tutor ou, ainda, quando o tutor legítimo ou testamentário for excluído ou removido por inidoneidade. Ao tutor dativo também se estende a incapacidade para exercer a tutela, prevista no artigo 1.735:

> *Art. 1.735. Não podem ser tutores e serão exonerados da tutela, caso a exerçam:*
>
> *I - aqueles que não tiverem a livre administração de seus bens;*
>
> *II - aqueles que, no momento de lhes ser deferida a tutela, se acharem constituídos em obrigação para com o menor, ou tiverem que fazer valer direitos contra este, e aqueles cujos pais, filhos ou cônjuges tiverem demanda contra o menor;*
>
> *III - os inimigos do menor, ou de seus pais, ou que tiverem sido por estes expressamente excluídos da tutela;*
>
> *IV - os condenados por crime de furto, roubo, estelionato, falsidade, contra a família ou os costumes, tenham ou não cumprido pena;*
>
> *V - as pessoas de mau procedimento, ou falhas em probidade, e as culpadas de abuso em tutorias anteriores;*
>
> *VI - aqueles que exercerem função pública incompatível com a boa administração da tutela.*

O exercício da tutela não pode ser delegado a terceiro. O que permite o Código Civil é o exercício de alguns atos de administração, muito embora mencione tal possibilidade como exercício parcial da tutela:

> *Art. 1.743. Se os bens e interesses administrativos exigirem conhecimentos técnicos, forem complexos, ou realizados em lugares distantes do domicílio do tutor, poderá este, mediante aprovação judicial, delegar a outras pessoas físicas ou jurídicas o exercício parcial da tutela.*

A Lei 12.010/2009 realizou duas alterações no ECA quanto à tutela. A primeira foi no artigo 36, alterando o limite de idade para 18 anos, tornando letra da lei algo que já era aplicado desde o advento do novo Código Civil. A segunda alteração foi realizada no artigo 37, que antes dispunha sobre a especialização da hipoteca. Na vigência do Código Civil de 1916, a especialização de hipoteca era obrigatória, mas passou a não se adequar à Constituição Federal de 1988. Com a vigência do novo Código Civil, a exigência de prestação de caução passou a ser faculdade do juiz, que apenas deverá exigi-la se necessária ao superior interesse do menor. Ainda assim, apenas nos casos em que o patrimônio do menor for de valor considerável (artigo 1.745, parágrafo único, Código Civil).

Com a atual redação, o artigo 37 do ECA passa a dispor sobre o pedido judicial de controle do ato, nos casos de tutor nomeado em testamento ou em outro documento legítimo. Nesses casos, deve o tutor ingressar com tal pedido no prazo de 30 dias a contar da abertura da sucessão. Com isso, a prestação de caução será regida pelo Código Civil nos termos do artigo 1.745.

Não se pode confundir a desnecessidade da prestação de caução com a prestação de contas. Esta é necessária e obrigatória ao tutor ou seus herdeiros ou representantes, ainda que os pais tenham disposto de forma distinta. O tutor deve apresentar o balanço ao final de cada ano de administração. Tal balanço deve ser aprovado pelo juiz e anexado aos autos do inventário. A prestação de contas se dará de dois em dois anos, quando o tutor tenha de deixar o exercício da tutela, ou ainda sempre que o juiz achar conveniente.

Dos atos a serem praticados pelo tutor, alguns dependem de autorização do juiz, são os casos previstos no artigo 1748 do Código Civil.

Outros atos não podem ser praticados nem mesmo com autorização judicial. Tais hipóteses encontram previsão no artigo 1749 do Código Civil.

A tutela cessará com a maioridade ou emancipação do menor, ou ainda quando sob menor, alguém passar a exercer o poder familiar, no caso de reconhecimento ou adoção. O próprio tutor poderá adotar o tutelado, desde que, preenchidos os demais requisitos da adoção, ele tenha prestado contas e essas tenham sido aprovadas pelo juiz e desde que, por qualquer outro motivo, não for impedido de adotar. Caso o tutor seja ascendente ou irmão do tutelado, ele não poderá adotar, eis que o ECA veda a adoção por ascendentes e irmãos.

5.3.7 - Adoção

A adoção foi a medida de colocação em família substituta que mais sofreu alterações com a Lei 12.010/2009. Justamente por isso, tal lei ficou conhecida como lei da adoção. A adoção é disciplinada pelo ECA a partir do seu artigo 39.

Além de todas as disposições gerais que vimos acerca das modalidades de colocação em família substituta, passemos a estudar especificamente a adoção, de acordo com as novas diretrizes estabelecidas pela Lei 12.010/2009.

Antes da reforma promovida pela Lei 12.010/2009, a adoção de criança e adolescente era tratada pelo ECA, além de incidirem também as disposições dos artigos 1.618 a 1.629 do Código Civil. Com a reforma, a Lei 12.010/2009 revogou os artigos 1.620 a 1.629 do Código Civil, e passou a estabelecer em seu artigo 1.618 e 1.619 que a adoção de crianças e adolescentes passa a ser regida exclusivamente pelo ECA, que também incidirá, no que couber, na adoção de maiores de 18 anos.

> *Art. 1.619. A adoção de maiores de 18 (dezoito) anos dependerá da assistência efetiva do poder público e de sentença constitutiva, aplicando-se, no que couber, as regras gerais da Lei no 8.069, de 13 de julho de 1990 - Estatuto da Criança e do Adolescente.*

O STJ já se manifestou expressamente no sentido de que não é mais possível em caso de adoção de maiores a mera escritura pública[27], havendo necessidade de processo judicial. De acordo com o referido julgado:

> "Dada a importância da matéria e as consequências decorrentes da adoção, não apenas para o adotante e adotado, mas também para terceiros, faz-se necessário o controle jurisdicional que se dá pelo preenchimento de diversos requisitos, verificados em processo judicial próprio. Ao exigir o processo judicial, o Código Civil extinguiu a possibilidade de a adoção ser efetivada mediante escritura pública. Toda e qualquer

27 REsp 703362, julgado em maio de 2010, Quarta Turma.

> adoção passa a ser encarada como um instituto de interesse público, exigente de mediação do Estado por seu poder público. A competência é exclusiva das Varas de Infância e Juventude quando o adotante for menor de 18 anos e das Varas de Família, quando o adotando for maior. Não se pode falar em excesso de formalismo nesses casos, pois o processo judicial específico garante à autoridade judiciária a oportunidade de verificar os benefícios efetivos da adoção para o adotante e adotando, seja ele menor ou maior, o que vai ao encontro do interesse público a que visa proteger. Sendo assim, é indispensável, mesmo para a adoção de maiores de 18 anos, a atuação jurisdicional, por meio de processo judicial e sentença constitutiva."

Cabe ressaltar que a adoção simples, antes existente nos termos do Código Civil de 1916, continha determinadas restrições e deixou de existir com o Código Civil de 2002. Desde seu advento, a adoção é plena e irrestrita.

Há gritante distinção entre as normas referentes à adoção antes contidas no Código Civil de 1916, que se referiam à possibilidade de adoção simples por escritura pública de pessoa maior, com as normas atualmente previstas no ECA. Tais distinções, embora menos acentuadas, já existiam com o revogado Código de Menores (Lei 6697/79), que previa a adoção plena de crianças de até sete anos de idade, que se encontravam em situação irregular. Tal adoção plena já atribuía a situação de filho ao adotado, desligando-o de qualquer vínculo com pais e parentes biológicos, exceto quanto aos impedimentos matrimoniais. Já a antiga adoção simples era realizada mediante escritura pública, sem procedimento judicial prévio, possuía natureza meramente contratual. Com o advento do Código Civil de 2002, como bem ressalta ISHIDA[28], dois diplomas nacionais passaram a tratar da adoção, somente admissível na modalidade plena: O código civil e o ECA. Posteriormente, por meio de alterações realizadas pela Lei 12010/09, a adoção passa a ser instituto disciplinado essencialmente pelo Estatuto da Criança e do Adolescente.

A adoção é um ato solene que, para alguns é unilateral[29], enquanto para outros[30] é bilateral. Trata-se de modalidade de colocação em família substituta que gera vínculo de filiação entre adotante e adotado. Trata-se, no dizer de Arnold Wald, de ficção jurídica que cria o parentesco civil.

Antes da reforma, o artigo 39 do ECA continha um parágrafo único, que

28 ISHIDA, Válter Kenji. Estatuto da Criança e do Adolescente. Atlas: 2009

29 Sílvio Rodrigues apud ISHIDA. Ob cit, p. 73

30 Roberto João Elias apud Ishida. Ob cit, p.73

estabelecia a vedação da adoção por procuração. Tal disposição passa a constar no parágrafo 2º, tendo sido incluído um parágrafo 1º, que repete a regra antes prevista no artigo 48, no sentido de ser a adoção irrevogável. Além de estabelecer a irrevogabilidade, o parágrafo 1º dispõe acerca da excepcionalidade da adoção, que apenas deve ocorrer depois de esgotados todos os recursos para a manutenção da criança ou adolescente em sua família natural ou extensa.

Imagine a seguinte hipótese: Carlinhos foi adotado por Mariana e Baltazar. Dois anos após a adoção, uma vizinha procurou o Conselho Tutelar, informando que o menino estava sofrendo maus tratos dos pais. Procurado pelo Conselho Tutelar, foi descoberto que o relato era verdadeiro e que, inclusive, o menino, já em idade escolar, não estava matriculado em nenhuma escola. Pergunta-se: No interesse do menor, a adoção pode ser revogada?

Resposta: Não, mas isso não significa que Carlinhos poderá continuar sofrendo maus tratos. Considerando a igualdade entre filhos naturais e adotivos e, ainda, a irrevogabilidade da adoção, o que se pode concluir é que Mariana e Baltazar podem perder o poder familiar, após regular procedimento judicial, com garantia à ampla defesa e ao contraditório.

- Natureza jurídica

Das três modalidades de colocação em família substituta, a adoção, **ato jurídico bilateral, sinalagmático e solene**, é a única que toma o caráter de definitividade, atribuindo vínculo legalmente ficto de paternidade e filiação legítimas e parentesco civil, sendo ilimitado seu efeito, com o total desligamento com a família biológica. Quando uma pessoa é adotada, novos vínculos são constituídos entre adotante e adotado. Os vínculos com a família biológica são desconstituídos, mas não se desconstituem os impedimentos matrimoniais. A partir da adoção, os pais adotivos em tudo se igualam aos pais naturais; o filho adotivo possui todos os direitos inerentes ao filho natural, sendo proibida pela CF e pelo ECA qualquer forma de discriminação.

> *Art. 41. A adoção atribui a condição de filho ao adotado, com os mesmos direitos e deveres, inclusive sucessórios, desligando-o de qualquer vínculo com pais e parentes, salvo os impedimentos matrimoniais.*
>
> *CF: Art. 227*
>
> ...
>
> *§ 6º - Os filhos, havidos ou não da relação do casamento,*

ou por adoção, terão os mesmos direitos e qualificações, proibidas quaisquer designações discriminatórias relativas à filiação.

Aproveitando a menção ao artigo 227 da Constituição federal, cabe destacar que a Emenda Constitucional 65/2010 alterou sua redação, passando a incluir o jovem como portador de diversos direitos antes previstos expressamente apenas para crianças e adolescentes.

A Lei 12852/13 instituiu o Estatuto da Juventude. O artigo 1º, parágrafo 1º define jovem como as pessoas com idade entre 15 (quinze) e 29 (vinte e nove) anos de idade. Esta lei dispõe sobre os direitos dos jovens, os princípios e diretrizes das políticas públicas de juventude e o Sistema Nacional de Juventude - SINAJUVE.

- Da adoção unilateral

Apenas em uma modalidade de adoção não haverá desconstituição total dos vínculos. Trata-se da adoção unilateral, que é aquela em que o **cônjuge ou companheiro adota o filho do outro**. É lógico que o mero fato de constituir nova união não faz com que seja possível a desconstituição do poder familiar do pai ou da mãe com seu filho. Um pai não pode perder o poder familiar simplesmente porque a mãe da criança se casou novamente. Dessa forma, a adoção unilateral é extremamente excepcional; somente deve ser deferida nos casos em que se justifique a perda do poder familiar de um dos pais e que se reconheça a paternidade socioafetiva existente entre padrasto ou madrasta e seu enteado.

Vejamos uma situação hipotética: Carlota é mãe de Joaquim, filho de Pedro. Pedro abandonou Joaquim e anos depois morreu, sem ter nenhum tipo de contato com o filho. Carlota já estava casada com Luís há dez anos. Joaquim possuía grande afinidade e afetividade com o padrasto. Qual medida seria cabível em prol do menor?

Resposta: Como vimos, no interesse do menor, seria cabível a adoção unilateral. Permaneceriam os vínculos de Carlota e sua família com Joaquim e seriam constituídos novos vínculos entre Luís e Joaquim. A constituição dos novos vínculos e a desconstituição dos vínculos anteriores atingirá os ascendentes do adotante, seus descendentes e colaterais até o 4º grau, sendo recíproco o direito sucessório entre eles.

A adoção unilateral é, portanto, a única que possibilita que ainda permaneçam vínculos anteriores com um dos pais. Nas demais hipóteses de adoção, a desconstituição é total, exceto no que tange aos impedimentos matrimoniais.

É importante destacar que a adoção unilateral não se confunde com as hipóteses em que uma pessoa adota sozinha. Quando classificamos a adoção como unilateral, isso significa que a desconstituição de vínculos só ocorre em um dos lados, unilateralmente. Quando uma pessoa adota sozinha, todos os vínculos anteriores são desconstituídos.

Imaginemos que Claudiane adote sozinha uma criança, Joana, tendo em vista não ser casada e nem viver em união estável. Quando se constituírem os vínculos entre Claudiane e Joana, todos os vínculos de Joana com o pai e com a mãe biológica serão desconstituídos. No registro civil, constará apenas o nome de Claudiane como mãe de Joana.

- Quem pode adotar

Qualquer pessoa capaz que preencha os requisitos elencados a seguir, ainda que seja o tutor da criança ou adolescente e que tenha prestado contas, poderá adotar, desde que a adoção apresente reais vantagens para o menor e se fundamente em motivos legítimos.

Quanto à idade, podem adotar os maiores de 18 anos. Antes da reforma, o ECA previa no artigo 42 a idade mínima de 21 anos. Para não nos tornarmos repetitivos, remetemos o leitor para o capítulo inicial, em que tratamos das recentes alterações legislativas. No entanto, tal disposição não mais era aplicada desde o advento do Novo Código Civil.

Considerando a previsão constitucional de igualdade entre filhos naturais e adotivos, o objetivo é, dentro do possível, dar aparência de família natural a essa modalidade de família substituta. Por isso, continua prevista a exigência de diferença mínima de 16 anos entre adotante e adotado. Pensamos que deve haver razoabilidade na análise de situações excepcionais. Imaginemos que uma mulher de 25 anos é casada com um homem de 30 anos. Surge a possibilidade de adotarem uma criança de 10 anos que, pela idade, já é considerada, infelizmente, de difícil colocação em família substituta. Deveria tal adoção ser inviabilizada, considerando que a diferença de idade entre a adotante e o adotado é de 15 anos? Pensamos que não. Devemos lembrar-nos do que nos determina o artigo 6º acerca da interpretação do ECA, que deve ser de acordo com os fins a que se dirige, às exigências do bem comum, aos direitos e garantias da lei e, sobretudo, com já analisamos anteriormente, ao melhor interesse do menor. Trata-se de uma análise e interpretação à luz da razoabilidade.

Quanto ao estado civil, **podem adotar as pessoas solteiras. As casadas e as que vivem em união estável podem adotar conjuntamente, desde que**

comprovada a estabilidade da família. O ECA possibilita ainda que, **excepcionalmente, possam adotar os divorciados, os judicialmente separados e os ex-companheiros. Nesse aspecto, o parágrafo 4º do artigo 42 sofreu pequena alteração. Os ex-companheiros foram incluídos pela Lei 12.010/2009, que também passou a exigir a comprovação de afinidade e afetividade com o não detentor da guarda, de forma que se justifique a excepcionalidade da medida. O dispositivo legal continuou exigindo que o estágio de convivência tenha-se iniciado na constância da união e que os pais adotivos acordem sobre a guarda e o regime de visitação.** Recentemente, o Código Civil sofreu reforma em seu artigo 1.584, passando a prever, expressamente, a guarda compartilhada. A Lei 12.010/2009 faz menção a essa reforma, estabelecendo no parágrafo 5º do artigo 42 que a guarda poderá ser compartilhada, nos termos do artigo 1.584 do Código Civil, como aquela em que há responsabilização conjunta e o exercício de direitos e deveres do pai e da mãe que não vivam sob o mesmo teto, concernentes ao poder familiar dos filhos comuns.

O ECA não dispõe expressamente acerca da possibilidade de casais homoafetivos que vivam em união estável poderem adotar. No entanto, como vimos acima, possibilita a adoção conjunta por pessoas que vivam em união estável, comprovada a estabilidade familiar. A questão há de ser analisada à luz da Jurisprudência. O STJ admitiu a adoção conjunta por casal homoafetivo. O STF admitiu a união estável entre pessoas do mesmo sexo. Em interpretação principiológica deste julgado, o STJ admitiu a habilitação para o casamento entre pessoas do mesmo sexo. Vejamos:

> Cuida-se da possibilidade de pessoa que mantém união homoafetiva adotar duas crianças (irmãos biológicos) já perfilhadas por sua companheira. É certo que o art. 1º da Lei n. 12.010/2009 e o art. 43 do ECA deixam claro que todas as crianças e adolescentes têm a garantia do direito à convivência familiar e que a adoção fundada em motivos legítimos pode ser deferida somente quando presentes reais vantagens a eles. Anote-se, então, ser imprescindível, na adoção, a prevalência dos interesses dos menores sobre quaisquer outros, até porque se discute o próprio direito de filiação, com consequências que se estendem por toda a vida. Decorre daí que, também no campo da adoção na união homoafetiva, a qual, como realidade fenomênica, o Judiciário não pode desprezar, há que se verificar qual a melhor solução a privilegiar a proteção aos direitos da criança. Frise-se inexistir aqui expressa previ-

são legal a permitir também a inclusão, como adotante, do nome da companheira de igual sexo nos registros de nascimento das crianças, o que já é aceito em vários países, tais como a Inglaterra, País de Gales, Países Baixos, e em algumas províncias da Espanha, lacuna que não se mostra como óbice à proteção proporcionada pelo Estado aos direitos dos infantes. Contudo, estudos científicos de respeitadas instituições (a Academia Americana de Pediatria e as universidades de Virgínia e Valência) apontam não haver qualquer inconveniente na adoção por companheiros em união homoafetiva, pois o que realmente importa é a qualidade do vínculo e do afeto presente no meio familiar que ligam as crianças a seus cuidadores. Na específica hipótese, há consistente relatório social lavrado por assistente social favorável à adoção e conclusivo da estabilidade da família, pois é incontroverso existirem fortes vínculos afetivos entre a requerente e as crianças. Assim, impõe-se deferir a adoção lastreada nos estudos científicos que afastam a possibilidade de prejuízo de qualquer natureza às crianças, visto que criadas com amor, quanto mais se verificado cuidar de situação fática consolidada, de dupla maternidade desde os nascimentos, e se ambas as companheiras são responsáveis pela criação e educação dos menores, a elas competindo, solidariamente, a responsabilidade. Mediante o deferimento da adoção, ficam consolidados os direitos relativos a alimentos, sucessão, convívio com a requerente em caso de separação ou falecimento da companheira e a inclusão dos menores em convênios de saúde, no ensino básico e superior, em razão da qualificação da requerente, professora universitária. Frise-se, por último, que, segundo estatística do CNJ, ao consultar-se o Cadastro Nacional de Adoção, poucos são os casos de perfiliação de dois irmãos biológicos, pois há preferência por adotar apenas uma criança. Assim, por qualquer ângulo que se analise a questão, chega-se à conclusão de que, na hipótese, a adoção proporciona mais do que vantagens aos menores (art. 43 do ECA) e seu indeferimento resultaria verdadeiro **prejuízo a eles. STJ - REsp 889.852-RS, Rel. Min. Luis Felipe Salomão, julgado em 27/4/2010. – Informativo 432**

A referência constitucional à dualidade básica homem/mulher, no §3º do seu art. 226, deve-se ao centrado intuito de não se perder a menor oportunidade para favorecer relações jurídicas horizontais ou sem hierarquia no âmbito das sociedades domésticas. Reforço normativo a um mais eficiente combate à renitência patriarcal dos costumes brasileiros. Impossibilidade de uso da letra da Constituição para ressuscitar o art. 175 da Carta de 1967/1969. Não há como fazer rolar a cabeça do art. 226 no patíbulo do seu parágrafo terceiro. Dispositivo que, ao utilizar da terminologia "entidade familiar", não pretendeu diferenciá-la da "família". Inexistência de hierarquia ou diferença de qualidade jurídica entre as duas formas de constituição de um novo e autonomizado núcleo doméstico. Emprego do fraseado "entidade familiar" como sinônimo perfeito de família. A Constituição não interdita a formação de família por pessoas do mesmo sexo. Consagração do juízo de que não se proíbe nada a ninguém senão em face de um direito ou de proteção de um legítimo interesse de outrem, ou de toda a sociedade, o que não se dá na hipótese sub judice. Inexistência do direito dos indivíduos heteroafetivos à sua não-equiparação jurídica com os indivíduos homoafetivos. Aplicabilidade do §2º do art. 5º da Constituição Federal, a evidenciar que outros direitos e garantias, não expressamente listados na Constituição, emergem "do regime e dos princípios por ela adotados", verbis: "Os direitos e garantias expressos nesta Constituição não excluem outros decorrentes do regime e dos princípios por ela adotados, ou dos tratados internacionais em que a República Federativa do Brasil seja parte". 5. DIVERGÊNCIAS LATERAIS QUANTO À FUNDAMENTAÇÃO DO ACÓRDÃO. Anotação de que os Ministros Ricardo Lewandowski, Gilmar Mendes e Cezar Peluso convergiram no particular entendimento da impossibilidade de ortodoxo enquadramento da união homoafetiva nas espécies de família constitucionalmente estabelecidas. Sem embargo, reconheceram a união entre parceiros do mesmo sexo como uma nova forma de entidade familiar. Matéria aberta à conformação legislativa, sem prejuízo do reconhecimento da imediata auto aplicabilidade da Constituição. 6. INTERPRETAÇÃO DO ART. 1.723 DO CÓDIGO CIVIL EM CONFORMIDADE COM A CONSTITUIÇÃO FEDERAL (TÉCNICA DA "INTERPRETAÇÃO CONFORME"). RECONHECIMENTO DA UNIÃO HOMOAFETIVA COMO FAMÍLIA. PROCEDÊNCIA DAS AÇÕES. Ante a possibilidade de interpretação em sentido preconceituoso ou discriminatório do art. 1.723 do

> Código Civil, não resolúvel à luz dele próprio, faz-se necessária a utilização da técnica de "interpretação conforme a Constituição". Isso para excluir do dispositivo em causa qualquer significado que impeça o reconhecimento da união contínua, pública e duradoura entre pessoas do mesmo sexo como família. Reconhecimento que é de ser feito segundo as mesmas regras e com as mesmas consequências da união estável heteroafetiva. – STF – ADPF 132 Relator(a): Min. AYRES BRITTO Julgamento: 05/05/2011 Órgão Julgador: Tribunal Pleno
>
> No mesmo sentido, julgada no mesmo dia a ADI4277/DF

Estabelece a Resolução n. 175, de 14 de maio de 2013, aprovada durante a 169ª Sessão Plenária do Conselho Nacional de Justiça (CNJ), a proibição de as autoridades competentes se recusarem a habilitar ou celebrar casamento civil ou, até mesmo, de converter união estável em casamento entre pessoas de mesmo sexo.

Desta forma, preenchidos os requisitos de casamento ou união estável aliado à estabilidade familiar, o casal homoafetivo poderá adotar normalmente.

- Cadastro de adoção

A matéria era tratada no artigo 50 do Estatuto da Criança e do Adolescente que estabelecia a necessidade de a autoridade judiciária manter, em cada comarca, um cadastro das pessoas interessadas na adoção. Colocava como requisito para o cadastro, a necessidade de satisfazer as exigências legais previstas para a adoção, bem como de oferecer um ambiente familiar adequado e não apresentar incompatibilidade com a medida pleiteada. O cadastro somente se efetivaria após a prévia consulta aos órgãos técnicos do Juizado da Infância e da Juventude, com a manifestação do Ministério Público.

Em face desta normatividade, as especificidades relativas ao cadastro eram detalhadas em provimentos dos Tribunais. O Conselho Nacional de Justiça, através da Resolução nº 54, de 29 de abril de 2008, instituiu o Cadastro Nacional de Adoção, estabelecendo diretrizes quanto a sua implantação e funcionamento.

Agora, o legislador optou por inserir na legislação estatutária uma normatividade que viesse unificar os procedimentos quanto ao cadastro.

Define-se o cadastro como o registro de brasileiros ou estrangeiros residentes no País, interessados na adoção de crianças e adolescentes, a ser mantido por cada Juízo da Infância e da Juventude.

Lembramos que atualmente, com a reforma promovida pela Lei 12.010/09, o ingresso no cadastro depende do procedimento prévio de habilitação, que veremos adiante.

- Quem pode ser adotado

Para se efetivar a adoção, o adotando deve contar com no máximo 18 anos à data do pedido, salvo se já estiver sob a guarda ou tutela dos adotantes. Dessa forma, é possível a adoção de maior de 18 anos pelo ECA, mas de forma excepcional.

Entendemos que só pode ocorrer adoção de criança ou adolescente, nos termos do ECA, não se estendendo a mesma ao nascituro. No mesmo sentido dispõe Walter Kenji Ishida.[31] Com a reforma, o parágrafo 6º do artigo 166 passa a dispor que o consentimento dado antes do nascimento não será considerado válido. Logo, não se admite adoção de embrião, de feto.

- Proibidos de adotar

Para evitar confusão de parentesco, **o ECA determina que os ascendentes e irmãos não podem adotar**. Isso não significa que, ainda que tenha avós vivos, a criança ou adolescente deva ser entregue à adoção.

No entanto, ao analisarmos as regras de interpretação do ECA, vimos que o STJ já relativizou tal proibição, no julgamento do REsp 1448969.

Imaginemos que Pedrinho é filho de Anita e Jorge, que morrem em acidente. A criança não mais estará sob Poder Familiar. Sua avó materna e seu irmão mais velho, com 22 anos, são vivos. Deverá a criança ser entregue à adoção?

Resposta: Não, desde que a avó ou o irmão mais velho estejam aptos a exercerem a tutela legítima ou até mesmo a guarda de Pedrinho, que deve, preferencialmente, permanecer com sua família extensa ou ampliada.

- Estágio de convivência

À adoção precederá o chamado estágio de convivência, que é o período necessário para que seja avaliada a adaptação da criança ou adolescente à sua nova família, período de tempo no qual o magistrado expede um termo de responsabilidade, entregando a criança ou adolescente aos futuros pais adotivos, antes de deferir a adoção:

---

31 Ob cit, p. 90.

Art. 167. A autoridade judiciária, de ofício ou a requerimento das partes ou do Ministério Público, determinará a realização de estudo social ou, se possível, perícia por equipe interprofissional, decidindo sobre a concessão de guarda provisória, bem como, no caso de adoção, sobre o estágio de convivência.

Parágrafo único. Deferida a concessão da guarda provisória ou do estágio de convivência, a criança ou o adolescente será entregue ao interessado, mediante termo de responsabilidade.

O ECA exige, como regra, o estágio de convivência entre o adotante e o adotando, que será acompanhado por equipe interprofissional a serviço do Juizado da Infância e Juventude. O estágio de convivência poderá ser dispensado se o adotando já estiver sob a tutela ou guarda legal do adotante durante tempo suficiente para que seja possível avaliar a conveniência da constituição do vínculo. A simples guarda de fato, por si só, portanto, não autoriza a dispensa do estágio de convivência. Antes da reforma, a idade de até um ano do adotando dispensava o estágio de convivência. Tal exceção foi suprimida pela Lei 12.010/2009.

A duração do estágio de convivência não é predeterminada legalmente, devendo o juiz estabelecer o prazo de acordo com as peculiaridades do caso. No entanto, a lei prevê um período mínimo nos casos de adoção internacional, em que o estágio de convivência deverá ser cumprido em território nacional por um período mínimo de 30 dias. Lembramos que, nos casos de adoção internacional, sempre deverá existir o estágio de convivência, tendo em vista que a dispensa não pode incidir por não ser admitida a guarda liminar ou incidental nessa modalidade de adoção.

- Do consentimento dos pais e da adoção *intuitu personae*

Estabelece o artigo 45 do ECA que a adoção depende do consentimento dos pais. No entanto, a adoção poderá ocorrer ainda que contrariamente à vontade dos pais biológicos, se esses perderem o Poder Familiar ou forem desconhecidos, exceção expressa do parágrafo 1º do artigo 45. Tal previsão influencia algumas disposições que estudaremos no capítulo referente às disposições procedimentais, como, por exemplo, a previsão da possibilidade de revogação do consentimento. No estudo dessa parte, analisaremos, detalhadamente, cada característica e formalidade do consentimento necessário.

Quando o ECA estabelece a necessidade de consentimento dos pais biológicos, isso não significa que os pais biológicos escolhem os pais adotivos. Pelo contrário; em regra, isso não ocorre. As crianças e adolescentes que estão disponíveis para a adoção ficam inscritas em registro mantido pela autoridade judiciária em cada comarca ou foro regional , assim como os pretensos pais adotivos. Os dados são cruzados para encontro da futura família substituta.

Ressalte-se que a referida inscrição apenas se dará após o preenchimento de todos os requisitos previstos no artigo 50 do ECA, que sofreu substancial alteração pela Lei 12.010/2009, antes formado pelo *caput* e dois parágrafos, e passando, agora, a ser integrado pelo *caput* e por 14 parágrafos, como colocamos no início do tópico. Além disso, passa a existir um procedimento prévio, que é a habilitação para a adoção, que ainda estudaremos.

Define-se adoção *intuitu personae* como aquela em que os pais biológicos, ou um deles, ou, ainda, o representante legal do adotando, indica expressamente aquele que vem a ser o adotante. Suely Mitie Kusano[32] a define como:

> *"A adoção em que o adotante é previamente indicado por manifestação de vontade da mãe ou dos pais biológicos ou, não os havendo, dos responsáveis legais quando apresentado o consentimento exigido [...] e, por isso, autorizada a não observância da ordem cronológica do cadastro de adotantes."*

Não é vontade dos pais biológicos que a criança seja simplesmente adotada, mas que seja adotada por pessoa específica.

No que tange à adoção *intuitu personae*, para Adalberto Filho[33], esta é polêmica e perigosa, pois não há aplicação do artigo 50 do ECA, que determina a ordem de preferência para adoção aos que estiverem habilitados na lista. Isso tudo porque, durante esse processo de habilitação, os adotantes passam por uma série de exames e testes psicológicos e físicos, que, dependo dos resultados, se tornarão aptos ou não à paternidade.

Não há norma específica que proíba os pais biológicos escolherem quem serão os pais afetivos de seu filho. No entanto, *a contrario senso*, o artigo 50, parágrafo 13, só permite a dispensa do prévio cadastramento nos casos nele es-

32 KUSANO, Suely Mitie. Adoção *intuitu personae*. Tese (Doutorado em Direito) – Pontifícia Universidade Católica de São Paulo, 2006. f. 62. Disponível em: <http://www.dominiopublico.gov.br/download/texto/cp009295.pdf>. Acesso em: 04 de fev. de 2011.

33 FILHO, Adalberto José Queiroz Telles de Camargo Aranha. Adoção de criança ou adolescente por casal em união homoafetiva. In: Estatuto da Criança e do Adolescente 20 anos. Ed. LTr. São Paulo, 2010.p. 146.

pecificados e não contempla a escolha dos pais adotivos pelos pais biológicos.

Sustentando-se a possibilidade da adoção *intuitu personae*, porém, é fundamental que se estabeleçam alguns critérios para a adoção direcionada, visando, sobretudo, prevalecer o vínculo de afeto existente entre adotante e adotado, a fim de que esta modalidade de adoção não represente uma "troca de interesses". A criança jamais pode ser vista como "moeda de troca", o que viola frontalmente o princípio da dignidade humana. Sobre o assunto Carvalho e Franco[34] afirmam:

> *"É de suma importância a aceitação da adoção intuitu personae para impedir a incidência de guardas irregulares e, sobretudo, evitar o temor de comparecer à justiça, que não adota procedimentos uniformes no que se refere ao tratamento daqueles que têm o desejo de adotar ou de entregar seu filho à família substituta".*

Maria Berenice Dias[35], quanto à determinação do ECA, diz que existe uma exacerbada tendência de sacralizar a lista de preferência e não admitir, em hipótese alguma, a adoção por pessoas não inscritas, e é de tal intransigência a cega obediência à ordem de preferência que se deixa de atender a situações em que, mais que necessário, é recomendável deferir a adoção sem atender à listagem. Muitas vezes, pondera a autora, o candidato não se submeteu ao procedimento de inscrição, até porque jamais havia pensado em adotar: "É o que se chama adoção *intuitu personae*, em que há o desejo de adotar determinado indivíduo". Conclui a autora que, ainda que haja determinação de que sejam elaboradas as listas, ainda não é disposto em lei nenhuma que só pode adotar quem está previamente inscrito, e que a adoção deve respeitar a ordem de inscrição. No entanto, lamenta: "passou a haver verdadeira idolatria à famigerada lista, a ponto de não se admitir qualquer transgressão a ela"

Vejamos decisão do STJ acerca do tema, muito embora anterior à vigência da Lei 12.010/09:

RECURSO ESPECIAL - AFERIÇÃO DA PREVALÊNCIA ENTRE O CADASTRO DE ADOTANTES E A ADOÇÃO INTUITU PERSONAE - APLICAÇÃO DO PRINCÍPIO DO MELHOR INTERESSE

---

34 CARVALHO, Márcia Lopes de; FRANCO, Natália Soares. O cuidado na adoção: algumas experiências. In: O cuidado como valor jurídico. Coord. Tânia da Silva Pereira e Guilherme de Oliveira, ed. Forense: Rio de Janeiro, 2008. p. 200.

35 DIAS, Maria Berenice. Manual de Direito das Famílias. 5. ed. São Paulo: Revista dos Tribunais, 2007, p. 445

DO MENOR - VEROSSÍMIL ESTABELECIMENTO DE VÍNCULO AFETIVO DA MENOR COM O CASAL DE ADOTANTES NÃO CADASTRADOS - PERMANÊNCIA DA CRIANÇA DURANTE OS PRIMEIROS OITO MESES DE VIDA - TRÁFICO DE CRIANÇA - NÃO VERIFICAÇÃO - FATOS QUE, POR SI, NÃO DENOTAM A PRÁTICA DE ILÍCITO - RECURSO ESPECIAL PROVIDO.

I - A observância do cadastro de adotantes, vale dizer, a preferência das pessoas cronologicamente cadastradas para adotar determinada criança não é absoluta. Excepciona-se tal regramento, em observância ao princípio do melhor interesse do menor, basilar e norteador de todo o sistema protecionista do menor, na hipótese de existir vínculo afetivo entre a criança e o pretendente à adoção, ainda que este não se encontre sequer cadastrado no referido registro;

(...) Recurso Especial provido. (REsp 1172067 / MG – Terceira Turma – Min. MASSAMI UYEDA – 18/03/2010)

- Constituição do vínculo na adoção

A constituição do vínculo de adoção se dá por sentença judicial inscrita no registro mediante mandado, do qual não se expedirá certidão. A adoção desconstitui os vínculos anteriores da criança ou adolescente com sua família biológica. Passa a constar no Registro de Nascimento o nome dos adotantes como pais, além do nome dos progenitores, sem qualquer menção ou averbação relacionada à adoção, que é origem do ato. Tal disposição visa à garantia do direito constitucional à igualdade entre filhos naturais e adotivos.

Muito embora não haja qualquer averbação e não se emita certidão acerca do mandado constitutivo do novo registro, todos os dados relacionados ao processo de adoção ficarão arquivados para consulta a qualquer tempo, passando o ECA a dispor, a partir da reforma, que tal arquivo se dará por meio de microfilme, para que a consulta seja realizada a qualquer tempo. Ao leitor, pode parecer estranho a lei mencionar tal consulta, se estabelece que não se emitirá certidão e não constará qualquer anotação no Registro. No entanto, isso não deve causar qualquer estranheza, pois a nova lei passou a dispor acerca da possibilidade de consulta do processo de adoção pelo menor, o que veremos em seguida.

Interessante é a hipótese em que alguém é adotado com consentimento de um dos pais (o único a constar no registro de nascimento). Posteriormente à adoção, há investigação de paternidade, descobrindo-se o pai biológico, aquele que não constava do registro e, portanto, não participou do consentimento na adoção. Haveria direitos de quem foi adotado em relação a este pai biológico? Vejamos interessante decisão unânime da Terceira Turma do STJ acerca do tema:

> Direito civil. Família. Investigação de paternidade. Pedido de alimentos. Assento de nascimento apenas com o nome da mãe biológica. Adoção efetivada unicamente por uma mulher.
>
> - O art. 27 do ECA qualifica o reconhecimento do estado de filiação como direito personalíssimo, indisponível e imprescritível, o qual pode ser exercitado por qualquer pessoa, em face dos pais ou seus herdeiros, sem restrição.
>
> - Nesses termos, não se deve impedir uma pessoa, qualquer que seja sua história de vida, tenha sido adotada ou não, de ter reconhecido o seu estado de filiação, porque subjaz a necessidade psicológica do conhecimento da verdade biológica, que deve ser respeitada.
>
> - Ao estabelecer o art. 41 do ECA que a adoção desliga o adotado de qualquer vínculo com pais ou parentes, por certo que não tem a pretensão de extinguir os laços naturais, de sangue, que perduram por expressa previsão legal no que concerne aos impedimentos matrimoniais, demonstrando, assim, que algum interesse jurídico subjaz.
>
> - O art. 27 do ECA não deve alcançar apenas aqueles que não foram adotados, porque jamais a interpretação da lei pode dar ensanchas a decisões discriminatórias, excludentes de direitos, de cunho marcadamente indisponível e de caráter personalíssimo, sobre cujo exercício não pode recair nenhuma restrição, como ocorre com o Direito ao reconhecimento do estado de filiação.
>
> - Sob tal perspectiva, tampouco poder-se-á [sic] tolher ou eliminar o direito do filho de pleitear alimentos do pai assim reconhecido na investigatória, não obstante a letra do art. 41 do ECA.
>
> - Na hipótese, ressalte-se que não há vínculo anterior, com o pai biológico, para ser rompido, simplesmente porque jamais existiu tal ligação, notadamente, em momento anterior à adoção, porquanto a investigante teve anotado no assento de nascimento apenas o nome da mãe biológica e foi, posteriormente, adotada unicamente por uma mulher, razão pela qual não constou do seu registro de nascimento o nome do pai.
>
> Recurso especial conhecido pela alínea "a" e provido. (REsp 813604 / SC – Min. Nancy Andrighi – Terceira Turma – 17/09/2007)

- Do direito à ciência da origem biológica

O artigo 48 do ECA trazia disposição acerca da irrevogabilidade da adoção, que agora passa a fazer parte do parágrafo 1º do artigo 39. A nova redação do artigo 48 dispõe acerca de grande inovação relacionada à adoção: o direito à ciência de origem biológica. Tal direito é inerente ao direito de personalidade. Assim, dispõe o artigo 48:

> *O adotado tem direito de conhecer sua origem biológica, bem como de obter acesso irrestrito ao processo no qual a medida foi aplicada e seus eventuais incidentes, após completar 18 (dezoito) anos.*
>
> *Parágrafo único. O acesso ao processo de adoção poderá ser também deferido ao adotado menor de 18 (dezoito) anos, a seu pedido, assegurada orientação e assistência jurídica e psicológica.*

Tal disposição não significa direito ao reconhecimento de paternidade e de alimentos, tendo em vista que, como dito , a adoção desconstitui os vínculos anteriores com a família biológica. Torna-se, especificamente, de direito de conhecer a sua origem biológica. Dessa forma, o adotado passa a ter garantido o acesso irrestrito ao processo de adoção. Se tal direito for exercido pelo menor de 18 anos, tendo em vista sua condição peculiar de pessoa em desenvolvimento, deverá ser assegurada a orientação e assistência jurídica e psicológica.

Tal direito, como direito de personalidade, é imprescritível e personalíssimo. Pensamos que, com a atual disposição expressa do ECA, passa a constituir dever dos pais adotivos dar ciência ao filho adotado sobre a origem do vínculo entre eles, de forma a garantir ao adotado o conhecimento de sua origem biológica. A manutenção em segredo da adoção inviabilizaria tal direito ao adotado.

- Da irrevogabilidade da adoção

Vimos que a antiga previsão de irrevogabilidade passou a estar prevista no artigo 39, parágrafo 1º. Tal irrevogabilidade decorre de alguns fatores:

- Proibição de desigualdade entre filhos naturais e adotivos;
- Constituição de vínculo ficto de paternidade entre adotante e adotado;
- Natureza do Poder Familiar.

No entanto, como vimos no início deste capítulo em questão simulada, isso não significa que a criança ou adolescente tenha que continuar sob o poder familiar de pais adotivos que lhe infligem, por exemplo, maus tratos. Dessa forma, a irrevogabilidade da adoção não caracteriza a impossibilidade da perda do poder familiar pelos pais adotivos. Eles estão sujeitos às mesmas causas automáticas e judiciais de perda do poder familiar previstas no Código Civil. Se perderem o poder familiar, a situação do adotado não volta ao status quo ante, ou seja, não se fala em revogação da adoção, mas sim em todos os efeitos decorrentes da perda do poder familiar, tal qual ocorreria em relação aos pais biológicos.

É justamente pela irrevogabilidade da adoção que o artigo 49 do ECA prevê que **a morte dos pais adotantes não restabelece o** poder familiar **dos pais adotivos.** A morte é causa de perda automática do poder familiar. Com a morte dos pais adotivos, a criança ou adolescente tem garantidos todos os direitos inerentes aos filhos, como o direito sucessório. O que pode ocorrer, no entanto, é que a morte dos pais adotivos possibilitará que o menor fique com sua família extensa ou ampliada, entendidas como a família dos pais adotivos. Excepcionalmente, esse menor poderá ser colocado em família substituta, lembrando que uma dessas modalidades é a adoção, que, portanto, poderá ocorrer por uma segunda ou até mesmo terceira vez.

Assim como a morte, as demais causas de perda do poder familiar também não ocasionarão a reconstituição do poder familiar com os pais biológicos. Entendemos, no entanto, que nada impede que os pais biológicos possam adotar o filho biológico, se isso apresentar reais vantagens ao adotando e fundar-se em motivos legítimos. Ao leitor pode parecer estranha tal possibilidade, tendo em vista que o ECA proíbe ascendentes e irmãos de adotarem. No entanto, entendemos que ascendência é parentesco, e a adoção anterior rompe com todos os vínculos anteriores, não sendo mais os pais biológicos juridicamente considerados como ascendentes, muito embora o sejam biologicamente.

Quando falamos em irrevogabilidade da adoção, está incluída a chamada "adoção à brasileira", tipificada como crime no artigo 242 do Código Penal – "registrar como seu o filho de outrem". Se um homem registra o filho de sua companheira, sabendo que o filho é de outro homem, não pode pretender, posteriormente, desconstituir tal registro, tendo em vista a irrevogabilidade da adoção.

No entanto, considerando que o estado de filiação é direito individual, indisponível e imprescritível, em se tratando de ação movida pelo próprio filho para fazer constar em seu registro o nome do pai biológico, tal modificação será possível, em razão da natureza do direito, como já decidiu o STJ:

DIREITO CIVIL - AÇÃO NEGATÓRIA - DE PATERNIDADE AJUIZADA PELO FILHO - POSSIBILIDADE MESMO NA MAIORIDADE.

1.- A jurisprudência desta Casa é pacífica ao proclamar que, se os fundamentos adotados bastam para justificar o concluído na decisão, o julgador não está obrigado a rebater, um a um, os argumentos utilizados pela parte.

2.- No caso dos autos, o Tribunal de origem afirmou que não estaria caracterizada a adoção à brasileira. Nessa medida, as razões recursais, porque ancoradas nessa premissa fática, esbarram na Súmula 7/STJ.

3.- O artigo 18 do ECA trata apenas do direito que todos e o adotado, em especial, temos de conhecer a nossa origem biológica. Não traz qualquer disciplina a respeito de direitos correlatos, como o de alterações no assento de Registro Civil.

4.- O artigo 1.604 do Código Civil não é suficiente para impedir a desconstituição do registro de nascimento porque, na hipótese, o Tribunal de origem reconheceu a existência de falsidade.

5.- Anote-se, finalmente, que no caso, não se tem uma ação de desconstituição de paternidade promovida por quem, livre e espontaneamente se declarou pai perante o Registro Civil. Não se cuida aqui de hipótese em que a desconstituição do registro floresce como um subproduto indesejável da "fragilidade e fluidez dos relacionamentos entre adultos", na precisa palavra da E. Ministra NANCY ANDRIGHI (REsp 1003628/DF, DJe 10/12/2008). Aqui, é a própria parte quem busca modificar o seu Registro de Nascimento, para nele fazer constar o nome do seu pai biológico.

6.- O reconhecimento do estado de filiação constitui direito personalíssimo, indisponível e imprescritível, que pode ser exercitado sem qualquer restrição, em face dos pais ou seus herdeiros. Precedentes.

7.- Agravo Regimental a que se nega provimento.(AgRg no REsp 1231119 / RS – Terceira Turma – Min. Sidnei Beneti – 11/10/2011)

O STJ já decidiu a preponderância da paternidade socioafetiva sobre a biológica em caso do pai biológico requerer alteração do registro civil de sua filha:

PROCESSUAL CIVIL. CIVIL. RECURSO ESPECIAL. REGISTRO CIVIL. ANULAÇÃO PEDIDA POR PAI BIOLÓGICO. LEGITIMIDADE ATIVA. PATERNIDADE SOCIOAFETIVA. PREPONDERÂNCIA.

1. A paternidade biológica não tem o condão de vincular, inexoravelmente, a filiação, apesar de deter peso específico ponderável, ante o liame genético para definir questões relativa à filiação.

2. Pressupõe, no entanto, para a sua prevalência, da concorrência de elementos imateriais que efetivamente demonstram a ação volitiva do genitor em tomar posse da condição de pai ou mãe.

3. A filiação socioafetiva, por seu turno, ainda que despida de ascendência genética, constitui uma relação de fato que deve ser reconhecida e amparada juridicamente. Isso porque a parentalidade que nasce de uma decisão espontânea, frise-se, arrimada em boa-fé, deve ter guarida no Direito de Família.

4. Nas relações familiares, o princípio da boa-fé objetiva deve ser observado e visto sob suas funções integrativas e limitadoras, traduzidas pela figura do venire contra factum proprium (proibição de comportamento contraditório), que exige coerência comportamental daqueles que buscam a tutela jurisdicional para a solução de conflitos no âmbito do Direito de Família.

5. Na hipótese, a evidente má-fé da genitora e a incúria do recorrido, que conscientemente deixou de agir para tornar pública sua condição de pai biológico e, quiçá, buscar a construção da necessária paternidade socioafetiva, toma-lhes o direito de se insurgirem contra os fatos consolidados.

6. A omissão do recorrido, que contribuiu decisivamente para a perpetuação do engodo urdido pela mãe, atrai o entendimento de que a ninguém é dado alegrar a própria torpeza em seu proveito (nemo auditur propriam turpitudinem allegans) e faz fenecer a sua legitimidade para pleitear o direito de buscar a alteração no registro de nascimento de sua filha biológica.

7. Recurso especial provido. (REsp 1087163 / RJ – Min. Nancy Andrighi – Terceira Turma – 31/08/2011)

- Efeitos da adoção – momento e adoção póstuma

O ECA traz duas disposições referentes aos efeitos da adoção:

> *Art. 47*
>
> *...*
>
> *§ 7º A adoção produz seus efeitos a partir do trânsito em julgado da sentença constitutiva, exceto na hipótese prevista no*

§ 6º do art. 42 desta Lei, caso em que terá força retroativa à data do óbito.

Art. 199-A. A sentença que deferir a adoção produz efeito desde logo, embora sujeita a apelação, que será recebida exclusivamente no efeito devolutivo, salvo se se tratar de adoção internacional ou se houver perigo de dano irreparável ou de difícil reparação ao adotando.

Quando o artigo 47, parágrafo 7º menciona a possibilidade de no artigo 42, parágrafo 6º, os efeitos da adoção retroagirem à data do óbito, está se referindo à denominada adoção póstuma, hipótese em que o adotante morre no curso do processo de adoção, já tendo manifestado a inequívoca vontade de adotar. Neste caso, se os efeitos não retroagissem à data do óbito, o adotado não poderia herdar.

Ao analisarmos o primeiro dispositivo legal, parece-nos que os efeitos da adoção dependem do trânsito em julgado da sentença. No entanto, ao dispor sobre recursos, o ECA estabelece que os efeitos são gerados com a sentença. Como interpretar esta aparente contradição?

Depende dos efeitos. A desconstituição do registro anterior e o novo registro apenas com o trânsito em julgado. Já alguns efeitos mais superficiais, como a guarda poderiam se dar a partir da sentença.

- Do procedimento de habilitação

A Lei 12.010/2009 incluiu no ECA um procedimento prévio ao cadastro dos pretendentes de adoção. Foi incluída a Seção VIII, com os artigos 197-A, B, C, D e E.

Apenas após a observância de todo o procedimento de habilitação, o postulante, se for habilitado, será inscrito nos cadastros de adoção referidos no artigo 50 do ECA. O procedimento prévio visa a uma maior preparação e conscientização dessa modalidade de colocação em família substituta.

- Adoção internacional

A Adoção internacional, tratada a partir do artigo 51 do ECA, é aquela efetivada por pessoa residente em território estrangeiro. Quanto à nacionalidade, existe possibilidade de casais estrangeiros adotarem. No entanto, é importante destacar que a adoção por estrangeiros possui caráter subsidiário. Estrangeiros ou brasileiros residentes em outro país, que pretendam adotar no Brasil, não concorrem em igualdade de condições com residentes no Brasil. O artigo 51 do ECA, substancialmente alterado pela Lei 12.010/2009, dispõe acerca da adoção internacional, conceituando-a como:

> *aquela na qual a pessoa ou casal postulante é residente ou domiciliado fora do Brasil,*([36]) *conforme previsto no Artigo 2 da Convenção de Haia, de 29 de maio de 1993, Relativa à Proteção das Crianças e à Cooperação em Matéria de Adoção Internacional, aprovada pelo Decreto Legislativo no 1, de 14 de janeiro de 1999, e promulgada pelo Decreto nº 3.087, de 21 de junho de 1999.*

A Convenção mencionada, que caracteriza ato multilateral, é relativa à Proteção das Crianças e à Cooperação em Matéria de Adoção Internacional, tendo entrado em vigor internacionalmente em 1º de maio de 1995. No Brasil, entrou em vigor em 1º de junho de 1999, tendo sido depositado o instrumento de inteira ratificação da Convenção em 10 de março de 1999.

Cabe ressaltar que também é considerada como adoção internacional a realizada por brasileiros domiciliados em território estrangeiro.

A Convenção, inaugurando um sistema de cooperação entre os Estados contratantes, estabeleceu garantias para que as adoções internacionais fossem feitas segundo o superior interesse da criança e com respeito aos direitos fundamentais que lhe reconhece o Direito Internacional.

Dispõe o artigo 2º da Convenção:

> *A Convenção será aplicada quando uma criança com residência habitual em um Estado Contratante ("o Estado de origem") tiver sido, for, ou deva ser deslocada para outro Estado Contratante ("o Estado de acolhida"), quer após sua adoção no Estado de origem por cônjuges ou por uma pessoa residente habitualmente no Estado de acolhida, quer para que essa adoção seja realizada, no Estado de acolhida ou no Estado de origem.*

De acordo com a própria Convenção, consoante seu artigo 4º:

36 A adoção por casais brasileiros que residam no estrangeiro também é considerada adoção internacional, que será automaticamente recepcionada com o reingresso em território brasileiro. Já se o país em que ele reside não for ratificante da Convenção de Haia, deverá o adotante postular pela homologação da sentença estrangeira pelo Superior Tribunal de Justiça.

> *a adoção internacional apenas se verificará quando as autoridades competentes do Estado de origem tiverem verificado, depois de haver examinado adequadamente as possibilidades de colocação da criança em seu Estado de origem, que uma adoção internacional atende ao interesse superior da criança.*

Logo, **a adoção internacional é subsidiária de acordo não somente com o ECA, mas com a própria Convenção em epígrafe**. Em apreço ao disposto na Convenção, estabelece esse caráter de subsidiariedade o artigo 51 do ECA, já com a alteração promovida pela Lei 12.010/2009).

O procedimento na adoção internacional possui certas disposições específicas que, muito embora estejam previstas no artigo 52 do ECA, serão estudadas na análise da parte procedimental prevista nos artigos 165 a 170 do ECA, por questões didáticas.

Os pedidos de habilitação para a adoção internacional[37] serão intermediados por organismos nacionais e estrangeiros, credenciados[38] junto à Autoridade Central Federal Brasileira, com posterior comunicação às Autoridades Centrais Estaduais e publicação em órgãos oficiais de imprensa e em sítio próprio na *internet*. Tais organismos de intermediação devem ser oriundos dos países que ratificaram a Convenção de Haia, desde que credenciados pela Autoridade Central do Estado em que estejam sediados e pelo país de acolhida do adotando. Tais organismos não podem ter finalidade lucrativa e devem enviar relatório pós-adoção às Autoridades Centrais Estaduais, sempre com cópia à Autoridade Central Federal, pelo período mínimo de dois anos. Esse relatório será mantido até a juntada da cópia do registro que confira nacionalidade do adotando no país de acolhida. O organismo que não enviar os relatórios terá suspenso seu credenciamento. Isso não significa que, após obtenção da nacionalidade, o Brasil não tomará ciência da situação do adotado. Pelo contrário, estabelece o parágrafo 10 do artigo 51 que a Autoridade Central Brasileira poderá, a qualquer momento, solicitar informações sobre a situação das crianças e adolescentes adotados.

De acordo com as novas disposições trazidas pela Lei 12.010/2009, vários motivos podem levar ao descredenciamento dos organismos internacionais de intermediação, mediante ato administrativo fundamentado da Autoridade Central Federal Brasileira. São eles:

- A não renovação do credenciamento poderá ser concedida mediante re-

37 A habilitação de postulantes estrangeiros terá duração máxima de um ano.

38 O credenciamento tem validade no Brasil por dois anos (artigo 51, parágrafo 60, ECA).

querimento protocolado na Autoridade Central Federal Brasileira nos 60 dias anteriores ao término do respectivo prazo de validade;
• A cobrança de valores, por parte dos organismos credenciados, que sejam considerados abusivos pela Autoridade Central Federal Brasileira;
• O repasse de recursos provenientes de organismos estrangeiros encarregados de intermediar pedidos de adoção internacional a organismos nacionais ou a pessoas físicas.

O adotando brasileiro só poderá sair do país em companhia dos pais adotivos quando transitar em julgado a decisão que defere a adoção, mediante alvará de autorização de viagem, expedido pelo juiz com cópia autenticada da decisão e seu trânsito em julgado. Tal autorização abrangerá a emissão de passaporte e aposição de todos os dados, todas as características do adotando.

É importante destacar que o ECA dispõe sobre a adoção internacional também nos casos em que o Brasil é o país de acolhida, consoante o disposto no artigo 52. Nesses casos, a decisão da autoridade competente do país de origem será conhecida pela Autoridade Central Estadual Brasileira[39] que tiver processado o pedido de habilitação dos pais adotivos, sendo o fato comunicado à Autoridade Central Federal. Cabe a esta expedir o CNP (Certificado de Naturalização Provisório).

Nos casos em que o país de origem não seja ratificante da Convenção de Haia ou nos casos em que delegue o processo de adoção ao país de acolhida, tal processo será o observado para a adoção nacional (artigo 52-D).

Embora a adoção internacional seja medida extrema, que nega a nacionalidade brasileira ao adotado, além de inseri-lo em uma cultura diferenciada, muitas vezes é a única hipótese de garantir e assegurar o direito à convivência familiar para as crianças e adolescente que são preteridas em detrimento da sua etnia, idade, estado de saúde, sexo e aparência, no próprio país de origem.

Quando a preterição ocorre em razão da idade, denomina-se a hipótese de **adoção tardia**. Alguns consideram tardias as adoções de crianças com idade superior a de dois anos de idade.

> *Os postulantes à adoção optam pela adoção de crianças com idade menor possível, buscando a possibilidade de uma*

39 Ouvido o Ministério Público, a Autoridade Central Estadual somente deixará de reconhecer os efeitos daquela decisão se restar demonstrado que a adoção é manifestamente contrária à ordem pública ou não atende ao interesse superior da criança ou do adolescente.

> *adaptação tranquila na relação de pai e filho, almejando imitar o vínculo biológico-sanguíneo. Sonham acompanhar integralmente o desenvolvimento físico e psicossocial, que se manifestam desde as primeiras expressões faciais, como o sorriso, e movimentos dos olhos acompanhando objetos e demonstrando o reconhecimento das figuras parentais, além das primeiras falas e passos. Querem realizar o desejo materno e paterno de trocar as fraldas, dar colo, amamentar, ninar, dar banho, trocar-lhe as roupas, dentre outros; enfim, construir uma história familiar e registrá-la, desde os primeiros dias de vida do filho. (CAMARGO, 2006).*

O procedimento a ser seguido para a adoção está previsto nos artigos 165 a 170 do ECA.

APLICAÇÃO EM CONCURSO

01 - Dentre os direitos de toda criança ou todo adolescente, o ECA assegura o de ser criado e educado no seio de sua família e, excepcionalmente, a colocação em família substituta, assegurando- lhe a convivência famíliar e comunitária.

Fundando-se em tal preceito, acerca da colocação em família substituta, é correto afirmar que:

a) a colocação em família substituta far-se-á, exclusivamente, por meio da tutela ou da adoção.

b) a guarda somente obriga seu detentor à assistência material a criança ou adolescente.

c) o adotando não deve ter mais que 18 anos à data do pedido, salvo se já estiver sob a guarda ou tutela dos adotantes.

d) desde que comprovem seu estado civil de casados, somente os maiores de 21 anos podem adotar.

Gabarito: C

Artigo 40 do ECA

02 - Sobre a adoção, é correto afirmar que: VUNESP - 2014 - DPE-MS - Defensor Público

a) é medida excepcional e irrevogável.

b) pode ser concedida por procuração.

c) o adotando deve contar com, no máximo, dezoito anos à data da concessão.

d) podem adotar os maiores de vinte um anos.

Gabarito: A

A irrevogabilidade da adoção está prevista no artigo 39

O ECA veda a adoção por procuração. Quanto à idade, podem adotar os maiores de dezoito anos.

03 - A respeito da adoção, da guarda e da perda do poder familiar, assinale a opção correta de acordo com o disposto no ECA e com a jurisprudência do STJ: CESPE - 2014 - MPE-AC -

a) A observância do cadastro de adotantes, ou seja, a preferência das pessoas cronologicamente cadastradas para adotar determinada criança, deve ser absoluta.

b) Para as adoções post mortem, exigem-se, como comprovação da inequívoca vontade do de cujus em adotar, as mesmas regras que comprovam a filiação socioafetiva, quais sejam, o tratamento do menor como se filho fosse e o conhecimento público dessa condição.

c) Falta ao padrasto que pretenda adotar a criança com quem conviva legitimidade ativa e interesse de agir para postular a destituição do poder familiar do pai biológico.

d) A guarda confere à criança ou ao adolescente a condição de dependente, para todos os fins e efeitos de direito, inclusive previdenciários, independentemente da previsão em sentido contrário em norma previdenciária específica.

e) É juridicamente impossível o pedido de adoção unilateral de criança feito por companheira da mãe biológica do adotando que seja fruto de planejamento de casal que vive em união estável homoafetiva

Gabarito: B

04 - Conforme o Estatuto da Criança e do Adolescente, em se tratando de adoção, é correto afirmar que: VUNESP - 2013 - TJ-RJ - Juiz

a) a formulação dos pedidos de adoção é feita perante a Autoridade Central Estadual, conforme indicação efetuada pelo Juízo da Infância e da Juventude.

b) o vínculo da adoção constitui-se por sentença judicial, a qual será averbada no registro original do adotado, sendo vedada a lavratura de novo registro do adotado.

c) o adotante deverá ser maior de dezoito anos, salvo se for casado ou convivente em união estável.

d) não se permitirá a saída do adotando do território nacional para cumprimento de estágio de convivência.

Gabarito: D

> *§ 3º Em caso de adoção por pessoa ou casal residente ou domiciliado fora do País, o estágio de convivência, cumprido no território nacional, será de, no mínimo, 30 (trinta) dias." (art. 46, § 3º, do ECA)*

05 - É correto afirmar que o consentimento dos pais biológicos, dado sob a forma de renúncia ao poder familiar, no procedimento de adoção, UFPR - 2013 - TJ-PR - Juiz

a) é irretratável.

b) é retratável até a sua ratificação em juízo.

c) é retratável até o trânsito em julgado em sentença que o homologar.

d) é retratável até a publicação da sentença que deferir a adoção.

Gabarito: D

Dispõe o art. 166,§ 5o O consentimento é retratável até a data da publicação da sentença constitutiva da adoção.

06 - Assinale a alternativa correta quanto à adoção, segundo o Estatuto da Criança e do Adolescente. VUNESP - 2013 - MPE-ES - Promotor de Justiça

a) É possível o deferimento de adoção de criança ou adolescente por pessoa não inscrita previamente no cadastro de adotantes, quando esta for parente do adotado

b) A manutenção e alimentação do cadastro de crianças e adolescentes em condições de serem adotados e o cadastro de pessoas interessadas em adoção tornaram se atribuição do Ministério Público Estadual.

c) Para evitar o rompimento definitivo dos vínculos familiares, é permitida a adoção de irmão, quando os genitores de ambos forem falecidos.

d) O termo inicial para o exercício do direito ao conhecimento da origem biológica do adotado dáse apenas com dezoito anos completos, com o intuito de preservar sua condição psicológica enquanto pessoa em desenvolvimento

e) Para a desburocratização do processo de adoção internacional, é facultado aos organismos de adoção, nacionais ou estrangeiros, o estabelecimento de convênios ou contatos com dirigentes de programas de acolhimento institucional, sob fiscalização do Ministério Público.

Gabarito: A

Artigo 50, parágrafo 13 do ECA

07 - Tocante ao tema adoção, assinale a alternativa correta:

a) Se um dos cônjuges ou concubinos adota o filho do outro, mantêm-se os vínculos de filiação entre o adotado e o cônjuge ou concubino do adotante e os respectivos parentes.

b) O adotante há de ser, pelo menos, 14 (quatorze) anos mais velho do que o adotando.

c) É recíproco o direito sucessório entre o adotado, seus descendentes, o adotante, seus ascendentes, descendentes e colaterais até o 3º grau, observada a ordem de vocação hereditária.

d) Em caso de adoção por pessoa ou casal residente ou domiciliado fora do País, o estágio de convivência, cumprido no território nacional, será de, no mínimo, 60 (sessenta) dias.

e) O processo relativo à adoção assim como outros a ele relacionados serão mantidos em arquivo, admitindo-se seu armazenamento em microfilme ou por outros meios, garantida a sua conservação para consulta pelo prazo de 20 (vinte) anos.

Gabarito: A

> *Art. 41. § 1º Se um dos cônjuges ou concubinos adota o filho do outro, mantêm-se os vínculos de filiação entre o adotado e o cônjuge ou concubino do adotante e os respectivos parentes.*

08 - Um casal estrangeiro residente no Brasil exerceu a guarda sobre o filho de uma ex-empregada doméstica, que deixara a criança de seis anos de idade com o casal, para procurar outro emprego e deixara de dar notícias quando o menor, hoje com doze anos de idade, tinha oito anos de idade. Obrigado por

motivo de trabalho a retornar ao país de origem, o casal pleiteou a adoção do menor, informando a intenção de levá-lo para o domicílio expressamente indicado no exterior. O casal informou estar a genitora do adolescente em local incerto e não sabido e não haver indicação de pai na certidão de nascimento do menor. CESPE - 2013 - TJ-MA - Juiz

Considerando essa situação hipotética, assinale a opção correta.

a) A concordância do menor é imprescindível no caso, devendo ser formalizada perante equipe interprofissional encarregada da elaboração dos estudos técnicos que instruirão os autos, dispensada audiência para essa finalidade.

b) A adoção pretendida somente será deferida se, após consulta ao cadastro de pessoas ou casais habilitados à adoção, não for encontrado interessado com residência permanente no Brasil.

c) O exercício da guarda de fato por seis anos dispensa a realização do estágio de convivência no processo de adoção do menor.

d) Em caso de deferimento judicial da adoção pleiteada, eventual apelação independerá de preparo, devendo ser recebida apenas no efeito devolutivo, em consonância com regra da justiça da infância e da juventude.

Gabarito: B

A questão se refere à excepcionalidade da adoção internacional

5.4 - Capítulo IV - Do direito à educação, à cultura, ao esporte e ao lazer

O direito à educação, à cultura, ao esporte e ao lazer é tratado a partir do artigo 53 do Estatuto. Ao dispor acerca do direito à educação, estabelece o artigo 53:

> *Art. 53. A criança e o adolescente têm direito à educação, visando ao pleno desenvolvimento de sua pessoa, preparo para o exercício da cidadania e qualificação para o trabalho, assegurando-se-lhes:*
>
> *I - igualdade de condições para o acesso e permanência na escola;*
>
> *II - direito de ser respeitado por seus educadores;*
>
> *III - direito de contestar critérios avaliativos, podendo recorrer às instâncias escolares superiores;*
>
> *IV - direito de organização e participação em entidades estudantis;*

V - acesso à escola pública e gratuita próxima de sua residência.

Parágrafo único. É direito dos pais ou responsáveis ter ciência do processo pedagógico, bem como participar da definição das propostas educacionais.

Muito embora o inciso III estabeleça o direito de contestar critérios avaliativos, como muito bem ressalta Paulo Afonso Garrido de Paula:[40]

> *contestação de critério avaliativo não pode ser confundida com indisciplina ou insubordinação, não só pelo fato de hoje constituir direito exercitável em face do professor e da escola, como também em razão da necessidade de democratização do ensino, onde a onipotência e autoritarismo do mestre são substituídos pela concepção de que é um instrumento de socialização do saber.*

Contestar critérios avaliativos seria a possibilidade de exigir a aplicação de critérios objetivos, e não de escolher qual será a metodologia a ser aplicada pela instituição de ensino, pois essa poderá escolher, com critério objetivo, a melhor forma de avaliar seus alunos.

A garantia da possibilidade de organização e participação em entidades estudantis é reflexo do direito fundamental assegurado pelo artigo 5º, XVII, da CF.

A Lei de Diretrizes e Bases (LDB) é ainda mais complexa ao assegurar como princípios alguns direitos além dos já previstos no ECA:

Art. 3º O ensino será ministrado com base nos seguintes princípios:

I - igualdade de condições para o acesso e permanência na escola;

II - liberdade de aprender, ensinar, pesquisar e divulgar a cultura, o pensamento, a arte e o saber;

III - pluralismo de ideias e de concepções pedagógicas;

IV - respeito à liberdade e apreço à tolerância;

V - coexistência de instituições públicas e privadas de ensino;

40 Apud ISHIDA, Walter Kenji, ob cit, p. 102.

> *VI - gratuidade do ensino público em estabelecimentos oficiais;*
> *VII - valorização do profissional da educação escolar;*
> *VIII - gestão democrática do ensino público, na forma desta Lei e da legislação dos sistemas de ensino;*
> *IX - garantia de padrão de qualidade;*
> *X - valorização da experiência extraescolar;*
> *XI - vinculação entre a educação escolar, o trabalho e as práticas sociais.*
> *XII - consideração com a diversidade étnico-racial.*

Compreender corretamente o direito à educação, no entanto, exige-nos conhecer algumas normas constitucionais, além de alguns conceitos estabelecidos pela LDB. É necessário, ainda, estabelecermos o conceito de educação.

Quando procuramos definir educação, podemos mencionar conceitos desde a filosofia até a política. Por exemplo, na filosofia, Hegel[41] afirma que não há sociedade que se sustente sem a educação, pois esta é expressão da razão que busca estabelecer a liberdade e implantá-la enquanto prática corrente. Disso deriva a concepção hegeliana de homem, que se caracteriza pela construção de si junto a seus semelhantes através da história. Esse homem é responsável pelo seu destino e por sua felicidade, que não se identificam de forma absoluta com qualquer estrutura material. Nesse sentido, Hegel atribui centralidade ao conteúdo, e não aos métodos e técnicas. O conteúdo deve ser ministrado enquanto direito e também necessidade, pois é por ele que o homem aprende a ser livre, isto é, racional. A liberdade como fim da educação somente se realiza na totalidade da comunidade, o que implica a superação de posicionamentos individualistas. O Iluminismo e o Romantismo tiveram papéis determinantes na educação.

Quando pensamos em educação, a primeira coisa que nos vem em mente é o estudo, principalmente a etapa escolar. De fato, o estudo é um dos principais aspectos da educação, mas a educação não se resume a ele. Educação é todo um processo de aprendizado, adquirido ou construído, encontrado durante toda a existência do ser humano, que o encaminha ao amadurecimento e à aplicação da experiência adquirida para vivenciar e adquirir novos conhecimentos. A educação é adquirida e construída por meio da convivência familiar, escolar e comunitária, assim como da busca por meio de pesquisas e experiências.

A LDB da educação nacional (Lei 9.394/1996) assim conceitua educação:

---

41 NOVELLI, Pedro Geraldo. O conceito de educação em Hegel, em http://www.scielo.br/pdf/icse/v5n9/05.pdf, acessado em 06/01/10, às 14:19

> *Art. 1º A educação abrange os processos formativos que se desenvolvem na vida familiar, na convivência humana, no trabalho, nas instituições de ensino e pesquisa, nos movimentos sociais e organizações da sociedade civil e nas manifestações culturais.*

O conceito estabelecido em lei é amplo, embora a LDB se volte à educação escolar, por meio do ensino, em instituições próprias.

O ECA se voltou, no capítulo em análise, principalmente à educação escolar, expondo de forma genérica conceitos que serão mais pormenorizados na LDB, construída sob o pilar da Constituição Federal.

A educação se dirige ao pleno desenvolvimento da criança e do adolescente, incluindo o preparo para o exercício da cidadania e a qualificação para o trabalho (artigo 53, ECA). No mesmo sentido, estabelece a Lei 9.394:

> *Art. 2º A educação, dever da família e do Estado, inspirada nos princípios de liberdade e nos[42] ideais de solidariedade humana, tem por finalidade o pleno desenvolvimento do educando, seu preparo para o exercício da cidadania e sua qualificação para o trabalho.*

O ECA estabelece, em seu artigo 54, que constitui dever do Estado, sob pena de responsabilidade da autoridade competente, assegurar à criança e ao adolescente o Ensino Fundamental, obrigatório e gratuito,[43] que consiste em direito público subjetivo da criança e do adolescente,[44] com progressiva extensão da obrigatoriedade e gratuidade ao Ensino Médio, assim como o atendimento em creche e pré-escola às crianças de zero a seis anos de idade. Cabe ainda ao Estado garantir atendimento, no Ensino Fundamental, com programas suplementares, de material didático-escolar, transporte, alimentação e assistência à saúde.

A LDB estabelece como competência dos estados e municípios, em regime de colaboração e com a assistência da União: recensear a população em idade escolar para o Ensino Fundamental e os jovens e adultos que a ele não

42

43 No mesmo sentido, artigo 4º, Lei nº 9.394/1996.

44 podendo qualquer cidadão, grupo de cidadãos, associação comunitária, organização sindical, entidade de classe ou outra legalmente constituída, e, ainda, o Ministério Público, acionar o Poder Público para exigi-lo. (artigo 5º, LDB)

tiveram acesso, fazer-lhes a chamada pública e zelar, junto com os pais ou responsáveis, pela frequência à escola.

Muito embora o ECA mencione a progressiva extensão da obrigatoriedade e gratuidade ao Ensino Médio, ressaltamos que deve prevalecer a atual disposição prevista na Lei 9.394, por melhor atender ao superior interesse do menor. O artigo 4º da LDB dispõe sobre o dever do Estado, mas sofreu alterações promovidas pela Lei 12.061/2009, que alterou a disposição do inciso II. Ou seja, antes da alteração, a disposição era a mesma do ECA, mas atualmente a LDB garante como dever do Estado a universalização do Ensino Médio gratuito, que já havia sido incluída com previsão progressiva na CF, pela EC 14/1996. A Lei 12.796/13 deu nova redação aos primeiros incisos do referido artigo, além de incluir os incisos V a X no referido artigo. Atualmente, o artigo 4º prevê claramente o direito à educação básica obrigatória e gratuita dos 4 (quatro) aos 17 (dezessete) anos de idade.

Para um completo entendimento do tema, devemos trazer à análise o artigo 208 da CF, recentemente alterado por meio da EC 59/2009:

> *Art. 208. O dever do Estado com a educação será efetivado mediante a garantia de:*
>
> *I - educação básica obrigatória e gratuita dos 4 (quatro) aos 17 (dezessete) anos de idade, assegurada inclusive sua oferta gratuita para todos os que a ela não tiveram acesso na idade própria;*
>
> *II - progressiva universalização do ensino médio gratuito;*
>
> *III - atendimento educacional especializado aos portadores de deficiência, preferencialmente na rede regular de ensino;*
>
> *IV - educação infantil, em creche e pré-escola, às crianças até 5 (cinco) anos de idade;*
>
> *V - acesso aos níveis mais elevados do ensino, da pesquisa e da criação artística, segundo a capacidade de cada um;*
>
> *VI - oferta de ensino noturno regular, adequado às condições do educando;*
>
> *VII - atendimento ao educando, em todas as etapas da educação básica, por meio de programas suplementares de material didático escolar, transporte, alimentação e assistência à saúde.*
>
> *§ 1º - O acesso ao ensino obrigatório e gratuito é direito público subjetivo.*

> *§ 2º - O não-oferecimento do ensino obrigatório pelo Poder Público, ou sua oferta irregular, importa responsabilidade da autoridade competente.*
>
> *§ 3º - Compete ao Poder Público recensear os educandos no ensino fundamental, fazer-lhes a chamada e zelar, junto aos pais ou responsáveis, pela frequência à escola.*

A EC 59/2009 estabeleceu a idade escolar, por 14 anos, como sendo dos quatro aos 17 anos. Estabeleceu a referida Emenda Constitucional que o disposto no inciso I do artigo 208 da Constituição Federal deverá ser implementado progressivamente, até 2016, nos termos do Plano Nacional de Educação, com apoio técnico e financeiro da União. O artigo 214 da CF, que dispõe sobre o Plano, também foi alterado pela EC 59, passando a ter a seguinte redação:

> *A lei estabelecerá o plano nacional de educação, de duração decenal, com o objetivo de articular o sistema nacional de educação em regime de colaboração e definir diretrizes, objetivos, metas e estratégias de implementação para assegurar a manutenção e desenvolvimento do ensino em seus diversos níveis, etapas e modalidades por meio de ações integradas dos poderes públicos das diferentes esferas federativas que conduzam a: (Redação dada pela Emenda Constitucional nº 59, de 2009)*
>
> *I - erradicação do analfabetismo;*
>
> *II - universalização do atendimento escolar;*
>
> *III - melhoria da qualidade do ensino;*
>
> *IV - formação para o trabalho;*
>
> *V - promoção humanística, científica e tecnológica do País.*
>
> *VI - estabelecimento de meta de aplicação de recursos públicos em educação como proporção do produto interno bruto.*

Antes da Emenda, o Plano Nacional de Educação teria duração plurianual.

Quanto aos pais em relação aos filhos, a educação é um dos deveres inerentes ao exercício do poder familiar, de acordo com o que estabelece o artigo 22 do ECA. Em apreço a esse dever, os pais ou o responsável tem a obrigação de matricular seus filhos ou pupilos na rede regular de ensino. Estabelece o artigo 6º da LDB, em consonância com a Constituição Federal, que é dever dos pais ou responsáveis efetuar a matrícula dos menores, a partir dos seis anos de idade, no

Ensino Fundamental.

Consoante dispõe o artigo 57, o Poder Público estimulará pesquisas, experiências e novas propostas relativas a calendário, seriação, currículo, metodologia, didática e avaliação, com vistas à inserção de crianças e adolescentes excluídos do Ensino Fundamental obrigatório. Tal disposição visa à garantia da igualdade, possibilitando o acesso ao ensino fundamental a toda criança e adolescente, respeitando o direito público subjetivo à educação escolar.

Estabelece o artigo 58 do ECA que, no processo educacional, se respeitarão os valores culturais, artísticos e históricos próprios do contexto social da criança e do adolescente, garantindo-se a estes a liberdade de criação e o acesso a fontes de cultura. Viabilizando tal disposição, a LDB estabelece que os currículos dos ensinos Fundamental e Médio devem ter uma base nacional comum, a ser complementada, em cada sistema de ensino e estabelecimento escolar, por uma parte diversificada, exigida pelas características regionais e locais da sociedade, da cultura, da economia e da clientela. O ensino da arte constituirá componente curricular obrigatório nos diversos níveis da educação básica, de forma a promover o desenvolvimento cultural dos alunos.

Complementando o capítulo referente aos direitos que incluem educação, cultura, esporte e lazer, estabelece o artigo 59 que os municípios, com apoio dos estados e da União, estimularão e facilitarão a destinação de recursos e espaços para programações culturais, esportivas e de lazer voltadas para a infância e a juventude.

Com alteração promovida pela Lei 12.287/10, o artigo 26 da LDB passou a dispor que o ensino da arte, especialmente em suas expressões regionais, constituirá componente curricular obrigatório nos diversos níveis da educação básica, de forma a promover o desenvolvimento cultural dos alunos.

Muito embora o ECA, em seu artigo 54, estabeleça o atendimento gratuito em creches e pré-escolas a crianças de zero a seis anos de idade, ressaltamos que o ensino fundamental passou a ser de nove anos, abrangendo a idade dos seis aos quatorze anos e não mais dos sete aos quatorze anos. Além disso, a CF, com redação dada pela EC 53/06, passou a dispor no art. 208:

> *IV - educação infantil, em creche e pré-escola, às crianças até 5 (cinco) anos de idade;*

Logo, prepondera a disposição constitucional, que atualmente também consta da LDB, em seu artigo 4º, com obrigatoriedade de atendimento gratuito em creche e pré-escola até os cinco anos de idade. Já o ensino fundamental dos seis aos quatorze anos e ainda para os que não tiveram acesso a ele na idade própria.

A inobservância dos deveres do Poder Público, estabelecidos no artigo 54 do ECA, quanto ao direito ao ensino, gera várias consequências, dentre elas, a aplicação de medida de proteção pelo Conselho Tutelar (art. 101 c/c art. 136, I do ECA), a possibilidade de ajuizamento de ação civil pública pelos legitimados previstos no artigo 210 do ECA.

Vejamos jurisprudência sobre o tema:

> PROCESSUAL CIVIL E ADMINISTRATIVO. AGRAVO REGIMENTAL. AÇÃO CIVIL PÚBLICA. DISPONIBILIZAÇÃO DE VAGA PARA CRIANÇAS EM CRECHE MUNICIPAL. DIREITO RESGUARDADO PELO ECA E PELA LEI DE DIRETRIZES E BASES DA EDUCAÇÃO.
>
> 1. O direito de ingresso e permanência de crianças com até seis anos em creches e pré-escolas encontra respaldo no art. 208 da Constituição Federal. Por seu turno, a Lei de Diretrizes e Bases da Educação, em seu art. 11, V, bem como o ECA, em seu art. 54, IV, atribui ao Ente Público o dever de assegurar o atendimento de crianças de zero a seis anos de idade em creches e pré-escolas. Precedentes do STJ e do STF.
>
> 2. Agravo Regimental não provido. STJ (AgRg no REsp 1198737 / RS – Segunda Turma - Ministro HERMAN BENJAMIN – 02/02/2011)
>
> ...
>
> 3. O Ministério Público é órgão responsável pela tutela dos interesses individuais homogêneos, coletivos e difusos relativos à infância e à adolescência, na forma do art. 201 do Estatuto da Criança e do Adolescente – ECA.
>
> 4. Cabe ao Parquet ajuizar Ação Civil Pública com a finalidade de garantir o direito a creche e a pré-escola de crianças até seis anos de idade, conforme dispõe o art. 208 do ECA.
>
> 5. A Administração Pública deve propiciar o acesso e a frequência em creche e pré-escola, assegurando que esse serviço seja prestado, com qualidade, por rede própria.(STJ - REsp 440502 / SP – Segunda Turma – Ministro Herman Benjamin – 15/12/2009)

De acordo com o ECA, também é dever dos pais ou responsável matricular seus filhos ou pupilo na rede regular de ensino. A inobservância deste dever também gera consequências, como a aplicação de medida protetiva para a criança ou adolescente, como vimos e ainda a aplicação de medida ao pai ou responsável (artigo 129 do ECA).

APLICAÇÃO EM CONCURSO

01 - A Constituição Federal, o Estatuto da Criança e do Adolescente (Lei no 8.069/90) e a Lei de Diretrizes e Bases da Educação (Lei no 9.394/96) asseguram o atendimento de crianças de zero a seis anos em creches e pré-escolas da rede pública. A propósito desse direito e de sua proteção judicial, considere as seguintes afirmações:

I. A repartição constitucional de competência impõe fundamentalmente ao Estado, ente federativo, o dever de atuar prioritariamente na educação infantil mediante a oferta de vaga em creche e pré-escolas.

II. É legítima a determinação da obrigação de fazer pelo Judiciário para tutelar o direito subjetivo do menor a tal assistência educacional, não havendo falar em discricionariedade da Administração Pública, que tem o dever legal de assegurá-lo, tampouco na teoria da reserva do possível enquanto arguição abstrata de tese de defesa.

III. O Município tem a obrigação de assegurar o acesso da criança à educação, cumprindo-lhe garantir vagas na rede pública, e, na falta destas, deve proporcionar, incontinenti, esse direito na rede privada, às suas expensas.

IV. O Ministério Público está legitimado, mediante ação civil pública, a tutelar esse direito, ainda que se trate de pedido voltado para uma única criança.

Está correto o que se afirma APENAS em : MPE-SP - 2012 - MPE-SP - Promotor de Justiça

a) I e III.
b) II e IV.
c) I e IV.
d) I e II.
e) III e IV.

Gabarito: B

É dever do Município, nos termos do art. 211, § 2º: "Os Municípios atuarão prioritariamente no ensino fundamental e na educação infantil". Já os Estados e o Distrito Federal atuarão prioritariamente no ensino fundamental e médio.

Sobre o item III vide REsp 753565 / MS.

02 - Segundo a Lei de Diretrizes e Bases da Educação Nacional (Lei no 9.394/96),

a) ao Estado incumbe assumir o transporte escolar dos alunos, incluindo-se os da rede municipal e estadual.

b) o rito para processamento de ação judicial que verse sobre sonegação ou oferta irregular de ensino obrigatório é o sumário.

c) há garantia de que a criança, a partir do dia em que completar 2 anos de idade, obtenha vaga na escola pública de educação infantil ou de ensino fundamental mais próxima à sua residência.

d) ao Município cabe oferecer educação infantil em pré- escolas, às crianças de zero a seis anos incompletos.

e) é compulsória a inclusão de conteúdo que trate dos direitos das crianças e dos adolescentes no currículo do ensino médio.

Gabarito: B

É importante que se preste atenção ao fato de que a Lei de Diretrizes e Bases foi alterada pela Lei 12.793 em 2013. O Art. 4º trazia a previsão do dever do Estado com educação escolar pública com atendimento gratuito em creches e pré-escolas às crianças de zero a seis anos de idade. Porém, essa previsão encontra-se revogada, a previsão da Lei de Diretrizes e Bases agora se coaduna com a previsão constitucional ao prever no art. 4º inciso II a educação infantil gratuita às crianças de até 5 (cinco) anos de idade.

Prevê o parágrafo 3º do artigo 5º da LDB: § 3º Qualquer das partes mencionadas no *caput* deste artigo tem legitimidade para peticionar no Poder Judiciário, na hipótese do § 2º do art. 208 da Constituição Federal, sendo gratuita e de rito sumário a ação judicial correspondente.

5.5 - Capítulo V - Do direito à profissionalização e à proteção no trabalho

-Legislação aplicável

No que tange ao direito à profissionalização a à proteção ao trabalho do menor, as normas concernentes a esse direito se encontram no ECA, com as alterações promovidas na Constituição Federal pela EC 20/1998, na CLT, no Decreto nº 5.598, de 1º de dezembro de 2005, com algumas determinações não recepcionadas pela Constituição Federal, tais como a possibilidade de carga horária até quarenta e oito horas semanais e pagamento de hora extra no mínimo de vinte e cinco por cento. Além da CF, do ECA e da CLT, a normativa trabalhista do adolescente é complementada por diretrizes estabelecidas na Portaria MTE nº 615, de 13 de dezembro de 2007 acerca do aprendiz, com base no Decreto 5598 sobre a contratação de aprendizes, na lista TIP, que estabelece quais são as atividades insalubres e perigosas para o menor de dezoito anos. Há ainda a lei do estágio (Lei 11.788/08), a Lei 5.889/73(Menor de idade empregado no meio rural), a Lei 9.615/98 (Menor desportista) e as Convenções internacionais das quais o Brasil é Estado Parte, que tratam do trabalho infantil, coibindo sua exploração, principalmente as Convenções 138 (que fixa a idade mínima para o trabalho) e 182 (que prevê as piores formas de trabalho infantil) da OIT. As normas trabalhistas constituem anexo da nossa obra, para facilitar o estudo do tema pelo leitor.

De qualquer forma, vamos procurar entender um pouco melhor o tratamento dado ao adolescente trabalhador no quadro esquemático abaixo, já que o legislador não deu um tratamento unificado ao trabalho do adolescente, tratando do tema de forma esparsa ao longo de leis, Portarias, Decretos, Instruções Normativas, de maneira que fica difícil ao estudante conjugar tantas informações.

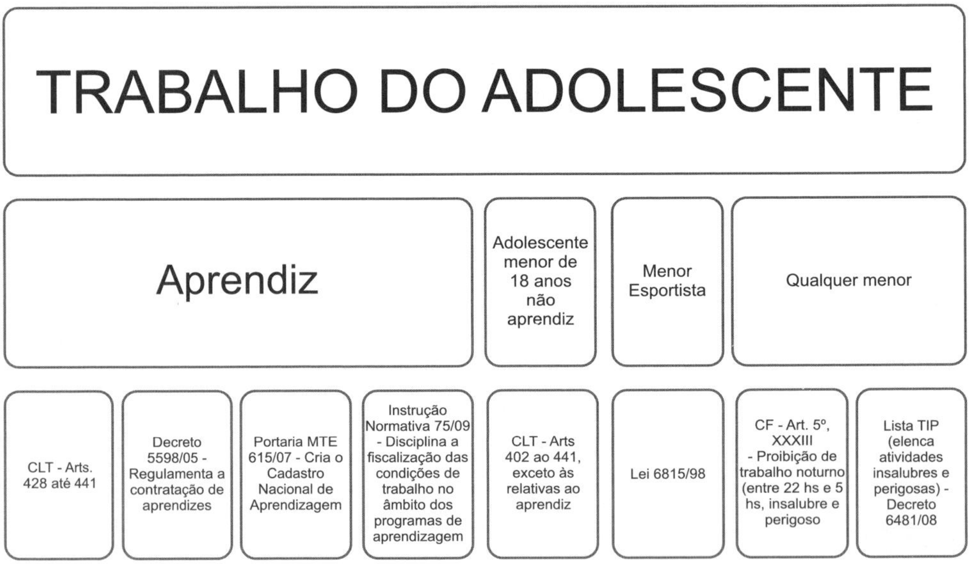

- ECA e artigos não recepcionados pela Constituição

Vários aspectos devem ser observados no direito à profissionalização e à proteção no trabalho do menor, principalmente o respeito à condição peculiar de pessoa em desenvolvimento e a capacitação profissional adequada ao mercado de trabalho.

Uma das primeiras observações importantes a serem feitas é de que alguns dispositivos do ECA que tratam do direito à profissionalização e à proteção no trabalho não se encontram em consonância com a Constituição Federal, que sofreu alteração significativa pela EC 20/1998.

Sendo assim, dispõe o ECA:

> *Art. 60. É proibido qualquer trabalho a menores de quatorze anos de idade, salvo na condição de aprendiz.*

No entanto, a EC 20/1998 deu nova redação ao inciso XXXIII do artigo 7º da CF:

> *XXXIII - proibição de trabalho noturno, perigoso ou insalubre a menores de dezoito e de qualquer trabalho a menores de dezesseis anos, salvo na condição de aprendiz, a partir de quatorze anos;*

Dessa forma, não pode o menor trabalhar antes dos 16 anos. A condição de aprendiz, no entanto, poderá se dar a partir dos 14 anos.

O trabalho noturno (considerado aquele exercido entre as 22 horas de um dia e às 05 horas do dia seguinte), perigoso ou insalubre é proibido aos menores de dezoito anos. O trabalho que não tenha tais características será permitido a partir dos dezesseis anos.

Vejamos abaixo questão que foi abordada na prova de Direito do ENADE em 2006:

Eustáquio, com 14 anos de idade, é contratado como aprendiz pela empresa "Sapatos & Cia. Ltda." para aprender o ofício de sapateiro. O Ministério Público do Trabalho, após verificar denúncia anônima de exploração do trabalho infantil, alega violação da Convenção 138 da OIT (Organização Internacional do Trabalho), ratificada pelo Brasil, em 2002. Esta convenção proíbe o trabalho de menores de 15 anos. Alega, ainda, violação da Constituição Federal (art. 7º, inc. XXXIII) por considerar a atividade do aprendiz insalubre.

Responda justificadamente:

a) A função de aprendiz configura exploração do trabalho infantil?

Resposta: A função de aprendiz, por si só, não caracteriza exploração do trabalho infantil, desde que visando ao melhor interesse do menor. Se for realizado para efeito de exploração ou em condições desfavoráveis ao menor, é vedado pela CF e pela Convenção 138 da OIT, além de contrariar os princípios que regem o ECA, como a proteção integral e o melhor interesse do menor.

b) Se Eustáquio contasse entre 16 e 18 anos de idade e fosse contratado pela empresa, mas não na função de aprendiz, para realizar atividade insalubre, esta situação violaria o ordenamento jurídico vigente?

Resposta: Sim, pois a CF, assim como a Convenção, determinam que é proibido o trabalho noturno, insalubre ou perigoso ao menor de dezoito anos.

A questão acima mencionou a Convenção 138 da OIT, que dispõe sobre a idade mínima para admissão a emprego, e que foi convocada em Genebra pelo Conselho de Administração da Secretaria Internacional do Trabalho, reunida em 1973. Vejamos:

> *Artigo 1°*
>
> *Todo Estado-membro, no qual vigore esta Convenção, compromete-se a seguir uma política nacional que assegure a efetiva abolição do trabalho infantil e eleve, progressivamente, a idade mínima de admissão a emprego ou a trabalho a um nível adequado ao pleno desenvolvimento físico e mental do jovem.*
>
> *Artigo 2°*
>
> *Todo Estado-membro que ratificar esta Convenção especificará, em declaração anexa à sua ratificação, uma idade mínima para admissão a emprego ou trabalho em seu território e em meios de transporte registrados em seu território; ressalvado o disposto nos artigos 4º a 8º desta Convenção, nenhuma pessoa com idade inferior a essa idade será admitida a emprego ou trabalho em qualquer ocupação.*
>
> *(...)*
>
> *3. A idade mínima fixada nos termos do parágrafo 1º deste artigo não será inferior à idade de conclusão da escolaridade compulsória ou, em qualquer hipótese, não inferior a 15 anos.*
>
> *4. Não obstante o disposto no parágrafo 3º deste artigo, o Estado-membro, cuja economia e condições do ensino não estiverem suficientemente desenvolvidas, poderá, após consulta com as organizações de empregadores e de trabalhadores interessadas, se as houver, definir, inicialmente, uma idade mínima de 14 anos.*

Percebemos que a previsão do ECA não se adequava às diretrizes estabelecidas na Convenção 138 da OIT, que foi no Brasil promulgada pelo Decreto nº 4.134/2002, cuja previsão no artigo 2º é pela proibição de trabalho antes dos 16 anos.

No entanto, vimos que a previsão do ECA não prevalece, tendo em vista a alteração promovida pela EC 20/1998. Com isso, o Brasil se encontra em obediência às diretrizes estabelecidas internacionalmente.

O aumento progressivo da idade mínima para o trabalho é preocupação mundial, de forma que se garanta a escolarização.

A Consolidação das Leis Trabalhistas (CLT) também já se encontra em adequação à Constituição Federal e à Convenção 138 da OIT, dispondo acerca do trabalho do menor em seus artigos 402 a 441.

- Idade para o trabalho

Seguindo as diretrizes constitucional e internacional, a CLT proíbe o trabalho dos menores de 16 anos de idade, salvo na condição de aprendiz, a partir dos 14 anos. A CLT também aumentou a idade mínima de trabalho, dos 14 para os 16 anos de idade, por determinação da Lei 10.097/2000.

- Convenções da Organização Internacional do Trabalho

A Convenção 138 da OIT dispõe sobre proposições relativas à idade mínima para admissão a emprego.

Com base em seu artigo 1º, Todo Estado-membro, no qual vigore esta Convenção, compromete-se a seguir uma política nacional que assegure a efetiva abolição do trabalho infantil e eleve, progressivamente, a idade mínima de admissão a emprego ou a trabalho a um nível adequado ao pleno desenvolvimento físico e mental do jovem.

De acordo com o item 3 do artigo 2º, A idade mínima fixada nos termos do parágrafo 1º deste artigo não será inferior à idade de conclusão da escolaridade compulsória ou, em qualquer hipótese, não inferior a 15 anos. No entanto, o item 4 estabelece que, não obstante o disposto no parágrafo 3º deste artigo, o Estado-membro, cuja economia e condições do ensino não estiverem suficientemente desenvolvidas, poderá, após consulta com as organizações de empregadores e de trabalhadores interessadas, se as houver, definir, inicialmente, uma idade mínima de 14 anos.

De acordo com o item 1 do artigo 3º, Não será inferior a dezoito anos a idade mínima para admissão a qualquer tipo de emprego ou trabalho que, por sua natureza ou circunstância em que é executado, possa prejudicar a saúde, a segurança e a moral do jovem.

A Convenção 182 da OIT dispõe sobre as Piores Formas de Trabalho Infantil

No seu artigo 1º estabelece que todo Estado-membro que ratificar a presente Convenção deverá adotar medidas imediatas e eficazes que garantam a proibição e a eliminação das piores formas de trabalho infantil em regime de urgência.

Para esta Convenção, o termo criança se aplicará a toda pessoa menor de 18 anos.

De acordo com o artigo 3º, a expressão as piores formas de trabalho infantil compreende:

(a) todas as formas de escravidão ou práticas análogas à escravidão, como venda e tráfico de crianças, sujeição por dívida, servidão, trabalho forçado ou compulsório, inclusive recrutamento forçado ou compulsório de crianças para serem utilizadas em conflitos armados;

(b) utilização, demanda e oferta de criança para fins de prostituição, produção de material pornográfico ou espetáculos pornográficos;

(c) utilização, demanda e oferta de criança para atividades ilícitas, particularmente para a produção e tráfico de drogas conforme definidos nos tratados internacionais pertinentes;

(d) trabalhos que, por sua natureza ou pelas circunstâncias em que são executados, são susceptíveis de prejudicar a saúde, a segurança e a moral da criança.

De acordo com o artigo 7º, todo Estado- membro adotará todas as medidas necessárias para assegurar a efetiva aplicação e cumprimento das disposições que dão efeito a esta Convenção, inclusive a instituição e aplicação de sanções penais ou, conforme o caso, de outras sanções.

De acordo com o artigo 11, o Estado-membro que ratificar esta Convenção poderá denunciá-la ao final de um período de dez anos a contar da data em que a Convenção entrou em vigor pela primeira vez, por meio de comunicação, para registro, ao Diretor-Geral da Secretaria Internacional do Trabalho. A denúncia só terá efeito um ano após a data de seu registro.

- Condições do trabalho do menor e a regulamentação das atividades perigosas e insalubres – Lista TIP

De acordo com a CLT, em seus artigos 402 e seguintes, o trabalho do menor não poderá ser realizado em locais prejudiciais à sua formação, ao seu desenvolvimento físico, psíquico, moral e social e em horários e locais que não permitam a frequência à escola.

Ao menor não será permitido o trabalho nos locais e serviços perigosos ou insalubres, constantes de quadro para esse fim aprovado pelo Diretor Geral do Departamento de Segurança e Higiene do Trabalho ou ainda em locais ou serviços prejudiciais à sua moralidade.

Existe regulamentação específica no que tange às atividades consideradas insalubres e perigosas para o adolescente trabalhador, não se aplicando a determinação genérica da CLT. Desta forma, em consonância com a Convenção 182 da OIT, a Portaria 88 da Secretaria de Inspeção do Trabalho determina que são considerados locais e serviços perigosos ou insalubres, proibidos ao trabalho do menor de 18 (dezoito) anos os descritos no item I - Trabalhos Prejudiciais à Saúde e à Segurança, do Decreto nº 6.481, de 12 de junho de 2008, que publicou a Lista das Piores Formas do Trabalho Infantil. os descritos no item I - Trabalhos Prejudiciais à Saúde e à Segurança, do Decreto nº 6.481, de 12 de junho de 2008, que publicou a Lista das Piores Formas do Trabalho Infantil.

Desta forma, o Decreto nº 6.481/08 regulamenta os artigos 3o, alínea "d", e 4o da Convenção 182 da Organização Internacional do Trabalho (OIT) que trata da proibição das piores formas de trabalho infantil e ação imediata para sua eliminação, aprovada pelo Decreto Legislativo no 178, de 14 de dezembro de 1999, e promulgada pelo Decreto no 3.597, de 12 de setembro de 2000.

O Decreto nº 6.481/08 criou a lista TIP, mencionando detalhadamente várias atividades que não podem ser exercidas pelo menor de dezoito anos.

Dentre os trabalhos vedados, encontra-se o doméstico, justificando como prováveis riscos ocupacionais: Esforços físicos intensos, isolamento, abuso físico, abuso psicológico e sexual, longas jornadas de trabalho, trabalho noturno, calor, exposição ao fogo, posições antiergonômicas e movimentos repetitivos, tracionamento da coluna vertebral, sobrecarga muscular e queda de nível. E como prováveis repercussões à saúde: Afecções musculoesqueléticas, contusões, fraturas, ferimentos, queimaduras, ansiedade, alterações na vida familiar, transtornos do ciclo vigília-sono, DORT/LER, deformidades da coluna vertebral (lombalgias, lombociatalgias, escolioses, cifoses, lordoses) síndrome do esgotamento profissional e neurose profissional, traumatismos, tonturas e fobias.

- Disposições da CLT – trabalhos vedados ao menor

A CLT dispõe acerca do trabalho do menor a partir do seu artigo 402.

O trabalho do menor não poderá ser realizado em locais prejudiciais à sua formação, ao seu desenvolvimento físico, psíquico, moral e social e em horários e locais que não permitam a frequência à escola.

O trabalho exercido nas ruas, praças e outros logradouros dependerá de prévia autorização do Juiz de Menores, ao qual cabe verificar se a ocupação é indispensável à sua própria subsistência ou à de seus pais, avós ou irmãos e se dessa ocupação não poderá advir prejuízo à sua formação moral. No entanto, nas localidades em que existirem, oficialmente reconhecidas, instituições destinadas ao amparo dos menores jornaleiros, só aos que se encontrem sob o patrocínio dessas entidades será outorgada a autorização do trabalho.

Considera-se prejudicial à moralidade do menor o trabalho:

a) prestado de qualquer modo, em teatros de revista, cinemas, boates, cassinos, cabarés, dancings e estabelecimentos análogos;

b) em empresas circenses, em funções de acróbata, saltimbanco, ginasta e outras semelhantes;

c) de produção, composição, entrega ou venda de escritos, impressos, cartazes, desenhos, gravuras, pinturas, emblemas, imagens e quaisquer outros objetos que possam, a juízo da autoridade competente, prejudicar sua formação moral;

d) consistente na venda, a varejo, de bebidas alcoólicas.

Nas duas primeiras hipóteses, desde que a representação tenha fim educativo ou a peça de que participe não possa ser prejudicial à sua formação moral e desde que se certifique ser a ocupação do menor indispensável à própria subsistência ou à de seus pais, avós ou irmãos e não advir nenhum prejuízo à sua formação moral.

Verificado pela autoridade competente que o trabalho executado pelo menor é prejudicial à sua saúde, ao seu desenvolvimento físico ou a sua moralidade, poderá ela obrigá-lo a abandonar o serviço, devendo a respectiva empresa, quando for o caso, proporcionar ao menor todas as facilidades para mudar de funções. Quando a empresa não tomar as medidas possíveis e recomendadas pela autoridade competente para que o menor mude de função, configurar-se-á a rescisão do contrato de trabalho.

Ao responsável legal do menor é facultado pleitear a extinção do contrato de trabalho, desde que o serviço possa acarretar para ele prejuízos de ordem física ou moral

Para maior segurança do trabalho e garantia da saúde dos menores, a autoridade fiscalizadora poderá proibir-lhes o gozo dos períodos de repouso nos locais de trabalho

- Condições para contratar e capacidade trabalhista

Até os 18 anos, o menor depende de autorização de seu responsável legal para contratar trabalho. Aos 18 anos, já é lícito contratar diretamente, adquirindo, portanto, plena capacidade trabalhista.

No **Direito Trabalhista**, a incapacidade absoluta se dá até os dezesseis anos. Atingindo tal idade, o menor passa a poder praticar alguns atos, como a celebração do contrato de trabalho ou o distrato, firmar recibo de pagamento e pactuar alterações relativas ao contrato de trabalho , consoante os artigos 402 e 439 da CLT. No entanto, para ingressar com uma reclamatória trabalhista, por exemplo, precisa da representação de seu responsável legal. JáAincapacidaderelativasedáentreosdezesseisedezoitoanos,períodoemqueotrabalhadormenorprecisaserassistido,comonocasodequitaçãodasverbasrescisórias. Com dezoito anos completos, o empregado passa a adquirir plena capacidade de praticar os atos relacionados à vida laboral.

Nos termos dos artigos 405, § 2º, e 406 da CLT, referente ao procedimento especial de jurisdição voluntária em que se requer a expedição de alvará judicial para se obter autorização de expedição de Carteira de Trabalho e Previdência Social para que menor de idade possa exercer atividade remunerada, nos termos dos artigos 405, parágrafo 2º, e 406 da CLT, ainda que esse procedimento envolva a União e se dirija a autoridades integrantes do Poder Público Federal, é orientação jurisprudencial assente do STJ[45] a de estar afeta a competência à Justiça Comum Estadual, em primeiro e segundo graus da jurisdição.

- Duração do trabalho do menor

A duração da jornada de trabalho do menor submete-se aos mesmos princípios gerais, sendo no máximo de oito horas diárias ou 44 horas semanais (artigo 411, CLT; c.c. 7º, XIII, CF/1988). A jornada diária de trabalho do menor não pode ser prorrogada para cumprir horas extraordinárias destinadas a exigências rotineiras da empresa. Inclusive, dispõe a CLT que "quando o menor de 18 anos for empregado em mais de um estabelecimento, as horas de trabalho em cada um serão totalizadas". Dessa forma, a carga horária diária, com a soma de dois empregos, não pode ultrapassar oito horas. As férias são regidas pelas mesmas normas concernentes ao trabalho adulto, com uma particularidade: não podem ser fracionadas.

Há duas exceções para a prorrogação da carga horária de trabalho do menor (entre dezesseis e dezoito anos, considerando que a carga horária do aprendiz é diferenciada):

I - até mais 2 (duas) horas, independentemente de acréscimo salarial, mediante convenção ou acordo coletivo nos termos do Título VI desta Consolidação, desde que o excesso de horas em um dia seja compensado pela diminuição

45 CC 98033 MG 2008/0174696-9

em outro, de modo a ser observado o limite máximo de 48 (quarenta e oito) horas semanais ou outro inferior legalmente fixada;

II - excepcionalmente, por motivo de força maior, até o máximo de 12 (doze) horas, com acréscimo salarial de, pelo menos, 25% (vinte e cinco por cento) sobre a hora normal e desde que o trabalho do menor seja imprescindível ao funcionamento do estabelecimento.

ATENÇÃO: Muito embora a CLT mencione 48 horas semanais e 25% no pagamento da hora extra, tais dispositivos não podem ser aplicados, em virtude da CF (art. 7º, Incisos XIII e XVI)

A CLT, em seu artigo 425, também garante o tempo necessário para frequência às aulas. Além disso, os estabelecimentos situados onde a escola estiver à distância maior que dois quilômetros e que ocuparem, permanentemente, mais de 30 menores analfabetos, de 14 a 18 anos, serão obrigados a manter local apropriado em que lhes seja ministrada a instrução primária, consoante disposição do parágrafo único do artigo 427 da CLT.

É dever dos responsáveis legais de menores, pais, mães, ou tutores, afastá-los de empregos que diminuam consideravelmente o seu tempo de estudo, reduzam o tempo de repouso necessário à sua saúde e constituição física, ou prejudiquem a sua educação moral.

- Salário do menor

O menor tem direito a salário-mínimo integral ou, sendo o caso, a salário profissional, estando garantido o reajuste concedido aos demais empregados.

Ao menor aprendiz, salvo condição mais favorável, será garantido o salário-mínimo hora. O Decreto 7655 de 2011 regulamenta a Lei 12382/11 e fixa os valores do salário mínimo mensal, assim como do salário diário e do salário hora, que equivale ao valor mensal dividido por 220. Anualmente, o salário mínimo hora do aprendiz é divulgado no site do MTE, com base na respectiva carga horária trabalhada.[46]

- Aprendizagem

O artigo 62 do ECA estabelece que aprendizagem é a formação técnico-profissional ministrada segundo as diretrizes e bases da legislação de educação em vigor. O contrato de aprendizagem é destinado ao trabalhador entre 14 e 24 quatro anos de idade. O empregador deverá sempre contratar o menor aprendiz

46 http://portal.mte.gov.br/delegacias/mg/salario-dos-aprendizes-ano-2013.htm

por escrito e por prazo determinado. O menor deverá estar inscrito em programa de aprendizagem. As obrigações de cada um em relação ao objetivo da aprendizagem deverão vir expressas no contrato. A cláusula salarial fixará o salário pactuado, que nunca será inferior ao salário-mínimo/hora.

De acordo com o artigo 428 da CLT, cuja redação restou modificada pela Medida Provisória nº 251 de 14/06/05, convertida na Lei 11.180/05/2005, contrato de aprendizagem é:

> *(...) o contrato de trabalho especial, ajustado por escrito e por prazo determinado, em que o empregador se compromete a assegurar ao maior de 14 (quatorze) e menor de 24 (vinte e quatro) anos inscrito em programa de aprendizagem formação técnico-profissional metódica, compatível com o seu desenvolvimento físico, moral e psicológico, e o aprendiz, a executar com zelo e diligência as tarefas necessárias a essa formação.*

A par da inovação trazida pela Lei 11.180/2005, em relação à idade máxima do aprendiz, o referido diploma previu, ademais, a possibilidade de celebração de contrato de aprendizagem com deficientes, nos termos dos parágrafos 5º e 6º do mesmo artigo.

Mais recentemente, a Lei 11.788/2008 fez novas alterações no artigo 428 da CLT, em seus parágrafos:

> *§ 1º A validade do contrato de aprendizagem pressupõe anotação na Carteira de Trabalho e Previdência Social, matrícula e frequência do aprendiz na escola, caso não haja concluído o ensino médio, e inscrição em programa de aprendizagem desenvolvido sob orientação de entidade qualificada em formação técnico-profissional metódica.*
>
> *§ 2º Ao menor aprendiz, salvo condição mais favorável, será garantido o salário-mínimo hora.*
>
> *§ 3º O contrato de aprendizagem não poderá ser estipulado por mais de 2 (dois) anos, exceto quando se tratar de aprendiz portador de deficiência.*
>
> *§ 4º A formação técnico-profissional a que se refere o caput deste artigo caracteriza-se por atividades teóricas e práticas, metodicamente organizadas em tarefas de complexidade progressiva desenvolvidas no ambiente de trabalho..*

> *§ 5º A idade máxima prevista no caput deste artigo não se aplica a aprendizes portadores de deficiência.*
>
> *§ 6º Para os fins do contrato de aprendizagem, a comprovação da escolaridade de aprendiz portador de deficiência mental deve considerar, sobretudo, as habilidades e competências relacionadas com a profissionalização.*
>
> *§ 7º Nas localidades onde não houver oferta de ensino médio para o cumprimento do disposto no § 1o deste artigo, a contratação do aprendiz poderá ocorrer sem a frequência à escola, desde que ele já tenha concluído o ensino fundamental.*

Todos os estabelecimentos de qualquer natureza são obrigados a empregar e matricular nos cursos dos Serviços Nacionais de Aprendizagem um número de aprendizes equivalente a 5%, no mínimo, e 15%, no máximo, de seus trabalhadores cujas funções demandem formação profissional[47]. O percentual será calculado não pelo conjunto dos trabalhadores na empresa, mas sim dos trabalhadores em cada estabelecimento. Para a definição das funções que demandem formação profissional, deverá ser considerada a Classificação Brasileira das Ocupações (CBO), elaborada pelo Ministério do Trabalho e Emprego. Na ausência de curso para a função, a empresa deverá contratar aprendizes para outras funções, devendo substitui-los a medida que surgir o curso específico. Apenas não se pode exigir a realização de funções que sejam vedadas ao aprendiz. A Carteira de Trabalho e Previdência Social do menor aprendiz deverá ser anotada[48]; o menor aprendiz deve estar matriculado e frequentando a escola.

A Lei 12.594/12 incluiu no artigo 429 da CLT, no que tange à obrigatoriedade de contratação de aprendizes a seguinte disposição:

> *§ 2o Os estabelecimentos de que trata o caput ofertarão vagas de aprendizes a adolescentes usuários do Sistema Nacional de Atendimento Socioeducativo (Sinase) nas condições a serem dispostas em instrumentos de cooperação celebrados entre os estabelecimentos e os gestores dos Sistemas de Atendimento Socioeducativo locais."*

Ainda no que tange à capacitação para o trabalho, a Lei 12.594/12, realizou as seguintes alterações:

---

47 Previsão contida no Decreto 5598/05, que regulamenta a contratação de aprendizes

48 Os artigos 415 a 423 da CLT foram tacitamente revogados pelo Decreto 926/69

Art. 76. O art. 2º do Decreto-Lei nº 4.048[49]*, de 22 de janeiro de 1942, passa a vigorar acrescido do seguinte § 1º, renumerando-se o atual parágrafo único para § 2º:*

"Art. 2º ....

§ 1º As escolas do Senai poderão ofertar vagas aos usuários do Sistema Nacional de Atendimento Socioeducativo (Sinase) nas condições a serem dispostas em instrumentos de cooperação celebrados entre os operadores do Senai e os gestores dos Sistemas de Atendimento Socioeducativo locais.

Art. 77. O art. 3º do Decreto-Lei nº 8.621[50]*, de 10 de janeiro de 1946, passa a vigorar acrescido do seguinte § 1º, renumerando-se o atual parágrafo único para § 2º:*

"Art. 3º ....

§ 1º As escolas do Senac poderão ofertar vagas aos usuários do Sistema Nacional de Atendimento Socioeducativo (Sinase) nas condições a serem dispostas em instrumentos de cooperação celebrados entre os operadores do Senac e os gestores dos Sistemas de Atendimento Socioeducativo locais.

§ 2º. .... " (NR)

Art. 78. O art. 1º da Lei nº 8.315[51]*, de 23 de dezembro de 1991, passa a vigorar acrescido do seguinte parágrafo único:*

"Art. 1º ....

Parágrafo único. Os programas de formação profissional rural do Senar poderão ofertar vagas aos usuários do Sistema Nacional de Atendimento Socioeducativo (Sinase) nas condições a serem dispostas em instrumentos de cooperação celebrados entre os operadores do Senar e os gestores dos Sistemas de Atendimento Socioeducativo locais." (NR)

Art. 79. O art. 3º da Lei nº 8.706[52]*, de 14 de setembro de 1993, passa a vigorar acrescido do seguinte parágrafo único:*

---

49 Dispõe sobre a criação do SENAI - Serviço Nacional de Aprendizagem dos Industriários.

50 Dispõe sobre a criação do Serviço Nacional de Aprendizagem Comercial

51 Dispõe sobre a criação do Serviço Nacional de Aprendizagem Rural (Senar) nos termos do art. 62 do Ato das Disposições Constitucionais Transitórias, com o objetivo de organizar, administrar e executar em todo o território nacional o ensino da formação profissional rural e a promoção social do trabalhador rural, em centros instalados e mantidos pela instituição ou sob a forma de cooperação, dirigida aos trabalhadores rurais.

52 Dispõe sobre a criação do Serviço Social do Transporte - SEST e do Serviço Nacional de Aprendizagem do Transporte – SENAT. Compete ao Senat, atuando em estreita cooperação com os órgãos do Poder Público e com a iniciativa privada, gerenciar, desenvolver, executar, direta ou indiretamente, e apoiar programas voltados à aprendizagem do trabalhador em transporte rodoviário e do transportador autônomo, notadamente nos campos de preparação, treinamento, aperfeiçoamento e formação profissional.

> *"Art. 3º ....*
>
> *Parágrafo único. Os programas de formação profissional do Senat poderão ofertar vagas aos usuários do Sistema Nacional de Atendimento Socioeducativo (Sinase) nas condições a serem dispostas em instrumentos de cooperação celebrados entre os operadores do Senat e os gestores dos Sistemas de Atendimento Socioeducativo locais." (NR)*

A validade do contrato de aprendizagem pressupõe anotação na Carteira de Trabalho e Previdência Social, matrícula e frequência do aprendiz na escola, caso não haja concluído o ensino médio, e inscrição em programa de aprendizagem desenvolvido sob a orientação de entidade qualificada em formação técnico-profissional metódica.

O contrato de aprendizagem não poderá ser estipulado por mais de 2 (dois) anos, exceto quando se tratar de aprendiz portador de deficiência.

A duração do trabalho do aprendiz não excederá de seis horas diárias, sendo vedadas a prorrogação e a compensação de jornada. Este limite poderá ser de até oito horas diárias para os aprendizes que já tiverem completado o ensino fundamental, se nelas forem computadas as horas destinadas à aprendizagem teórica.

O contrato de aprendizagem extinguir-se-á no seu termo ou quando o aprendiz completar 24 (vinte e quatro) anos, ressalvada a hipótese dos portadores de deficiência, ou ainda antecipadamente nas seguintes hipóteses:

I – desempenho insuficiente ou inadaptação do aprendiz;
II – falta disciplinar grave;
III – ausência injustificada à escola que implique perda do ano letivo;
IV – a pedido do aprendiz.

Todas as determinações sobre aprendizagem são Regulamentadas pelo Decreto nº 5.598, de 1º de dezembro de 2005, e com as diretrizes curriculares estabelecidas na Portaria MTE nº 615, de 13 de dezembro de 2007, a aprendizagem proporciona a qualificação social e profissional adequada às demandas e diversidades dos adolescentes, em sua condição peculiar de pessoa em desenvolvimento, dos jovens, do mundo de trabalho e da sociedade quanto às dimensões ética, cognitiva, social e cultural do aprendiz.

A formação técnico-profissional deve ser constituída por atividades teóricas e práticas, organizadas em tarefas de complexidade progressiva, em programa correlato às atividades desenvolvidas nas empresas contratantes, proporcionando ao aprendiz uma formação profissional básica.

Essa formação se realiza em programas de aprendizagem organizados e desenvolvidos sob orientação e responsabilidade de instituições formadoras legalmente qualificadas. O aprendiz é o jovem com idade entre 14 e 24 anos, matriculado em curso de aprendizagem profissional e admitido por estabelecimentos de qualquer natureza que possuam empregados regidos pela CLT. A matrícula em programas de aprendizagem deve observar a prioridade legal atribuída aos Serviços Nacionais de Aprendizagem e, subsidiariamente, às Escolas Técnicas de Educação e às Entidades sem Fins Lucrativos (ESFL) que tenham por objetivo a assistência ao adolescente e a educação profissional, registradas no Conselho Municipal dos Direitos da Criança e do Adolescente (CMDCA), em se tratando de aprendizes na faixa dos 14 aos 18 anos.

Por se tratar de norma de natureza trabalhista, cabe ao MTE fiscalizar o cumprimento da legislação sobre a aprendizagem, bem como dirimir as dúvidas suscitadas por quaisquer das partes envolvidas.

O contrato de aprendizagem deverá conter, expressamente, o curso, a jornada diária e semanal, a definição da quantidade de horas teóricas e práticas, a remuneração mensal e o termo inicial e final do contrato, que devem coincidir com o início e término do curso de aprendizagem, previsto no respectivo programa.

O programa de aprendizagem é o programa técnico-profissional que prevê a execução de atividades teóricas e práticas, sob a orientação de entidade qualificada em formação técnico- profissional metódica, com especificação do público-alvo, dos conteúdos programáticos a serem ministrados, período de duração, carga horária teórica e prática, mecanismos de acompanhamento, avaliação e certificação do aprendizado, observando os parâmetros estabelecidos na Portaria MTE nº 723, de 2012.

São consideradas atividades teóricas aquelas desenvolvidas na entidade formadora, sob a orientação desta. As atividades práticas são aquelas desenvolvidas na empresa ou na entidade formadora, conforme o caso.

O contrato de aprendizagem é de natureza especial, cujo objetivo principal é a formação profissional do aprendiz. Quando o contrato de aprendizagem chegar ao seu termo final, o adolescente/jovem poderá ser contratado por prazo indeterminado, mas não pode haver alteração da natureza do contrato durante o seu curso.

São qualificadas para ministrar cursos de aprendizagem as seguintes instituições, que deverão contar com estrutura adequada ao desenvolvimento dos programas de aprendizagem, de forma a manter a qualidade do processo de ensino, bem como acompanhar e avaliar os resultados (arts. 429 e 430 da CLT).

a) Os Serviços Nacionais de Aprendizagem:

1. Serviço Nacional de Aprendizagem Industrial (SENAI);
2. Serviço Nacional de Aprendizagem Comercial (SENAC);
3. Serviço Nacional de Aprendizagem Rural (SENAR);
4. Serviço Nacional de Aprendizagem do Transporte (SENAT);
5. Serviço Nacional de Cooperativismo (SESCOOP).

b) Caso os Serviços Nacionais de Aprendizagem não ofereçam cursos ou vagas suficientes para atender à demanda dos estabelecimentos, esta poderá ser suprida pelas seguintes entidades qualificadas em formação técnico-profissional metódica, cabendo à inspeção do trabalho verificar a insuficiência de cursos ou vagas (art. 13, parágrafo único, do Decreto nº 5.598/05):

1. as Escolas Técnicas de Educação, inclusive as agrotécnicas;
2. as Entidades sem Fins Lucrativos, que tenham por objetivo a assistência ao adolescente e a educação profissional, com registro no CMDCA Arco ocupacional "é entendido como um conjunto de ocupações relacionadas, dotadas de base técnica comum, que podem abranger as esferas da produção, da circulação de bens e da prestação de serviços, garantindo uma formação mais ampla e aumentando as possibilidades de inserção ocupacional do trabalhador (assalariamento, auto-emprego e economia solidária).

A lei garante ao aprendiz o direito ao salário-mínimo/hora, observando-se, caso exista, o piso estadual. No entanto, o contrato de aprendizagem, a convenção ou o acordo coletivo da categoria poderá garantir ao aprendiz salário maior que o mínimo (art. 428, § 2º, da CLT e art. 17, parágrafo único do Decreto nº 5.598/05). Além das horas destinadas às atividades práticas, deverão ser computadas, no salário, as horas destinadas às aulas teóricas, o descanso semanal remunerado e feriados.

Aplica-se ao aprendiz a regra do art. 462 da CLT, ou seja, é vedado efetuar qualquer desconto no salário, salvo quando este resultar de adiantamentos, de dispositivos de lei ou de convenção ou acordo coletivo que lhes seja aplicável.

A alíquota do FGTS é de 2%[53], devendo ser recolhida pelo Código nº 7 da Caixa Econômica Federal.

- Atuação do menor como artista em programas televisivos

A atuação do menor em programas televisivos não é tido como trabalho, pois se fosse, ofenderia a norma constitucional, quando crianças atuam em novelas, teatros e congêneres. Tal participação depende de alvará da Justiça da

53 Decreto 5598/05

Infância e Juventude, nos moldes do artigo 149, I e II do ECA. A existência de prejuízo à moralidade, à formação educacional e outros aspectos deve ser analisado no caso concreto.

Vejamos:

> PROCESSUAL CIVIL. ADMINISTRATIVO. AGRAVO REGIMENTAL NO RECURSO ESPECIAL. AUTO DE INFRAÇÃO. PARTICIPAÇÃO DE MENOR EM PROGRAMA DE TELEVISÃO. NECESSIDADE DE ALVARÁ JUDICIAL. ART. 149, I E II, DO ECA. DESCUMPRIMENTO. SÚMULA 07/STJ. I - Nos casos de efetiva participação de menores em espetáculos públicos, incluindo-se aí os programas de televisão, é obrigatória a prévia autorização do Juízo de Menores, artigo 149, I e II do ECA. Precedentes: AgRg no AG nº 535.459/RJ, Rel. Min. DENISE ARRUDA, DJ de 20/09/04 e AGA nº 478.133/RJ, Rel. Min. JOÃO OTÁVIO DE NORONHA, DJ de 14/06/04. II - A pretensão de modificar o entendimento de que, em cenas levadas ao ar no dia 21/10/2003, houve desrespeito ao alvará judicial autorizativo da participação de menor em programa televisivo, na condição de ator, mas que não permitia a sua participação em cenas de nudez ou exposição vexatória, esbarra no óbice sumular 07/STJ, que veda, no âmbito desta Corte, o reexame de provas. III - Agravo regimental improvido. – STJ - 03/08/2006 - AGRESP 200600381490 AGRESP - AGRAVO REGIMENTAL NO RECURSO ESPECIAL – 824434 – Relator: FRANCISCO FALCÃO.

- Demais disposições da CLT

É lícito ao menor firmar recibo pelo pagamento dos salários. Tratando-se, porém, de rescisão do contrato de trabalho, é vedado ao menor de 18 (dezoito) anos dar, sem assistência dos seus responsáveis legais, quitação ao empregador pelo recebimento da indenização que lhe for devida.

Estabelece a CLT que contra os menores de 18 (dezoito) anos não corre nenhum prazo de prescrição.

- Penalidades

Os infratores das normas previstas na CLT ficam sujeitos à multa de valor igual a 1 (um) salário-mínimo regional, aplicada tantas vezes quantos forem os menores empregados em desacordo com a lei, não podendo, todavia, a soma das multas exceder a 5 (cinco) vezes o salário-mínimo, salvo no caso de reincidência em que esse total poderá ser elevado ao dobro.

Fica sujeita à multa de valor igual a 1 (um) salário-mínimo regional e ao pagamento da emissão de nova via a empresa que fizer na Carteira de Trabalho e Previdência Social anotação não prevista em lei.

São competentes para impor as penalidades previstas:

a) no Distrito Federal, a autoridade de 1ª instância do Departamento Nacional do Trabalho;

b) nos Estados e Território do Acre, os delegados regionais do Ministério do Trabalho, Indústria e Comércio ou os funcionários por eles designados para tal fim.

- Demais disposições do ECA

Complementando o panorama do trabalho do menor, o ECA, dispõe acerca do trabalho educativo:

> *Art. 67. Ao adolescente empregado, aprendiz, em regime familiar de trabalho, aluno de escola técnica, assistido em entidade governamental ou não-governamental, é vedado trabalho:*
>
> *I - noturno, realizado entre as vinte e duas horas de um dia e às cinco horas do dia seguinte;*
>
> *II - perigoso, insalubre ou penoso;*
>
> *III - realizado em locais prejudiciais à sua formação e ao seu desenvolvimento físico, psíquico, moral e social;*
>
> *IV - realizado em horários e locais que não permitam a frequência à escola.*
>
> *Art. 68. O programa social que tenha por base o trabalho educativo, sob responsabilidade de entidade governamental ou não-governamental sem fins lucrativos, deverá assegurar ao adolescente que dele participe condições de capacitação para o exercício de atividade regular remunerada.*
>
> *§ 1º Entende-se por trabalho educativo a atividade labo-*

ral em que as exigências pedagógicas relativas ao desenvolvimento pessoal e social do educando prevalecem sobre o aspecto produtivo.

§ 2º A remuneração que o adolescente recebe pelo trabalho efetuado ou a participação na venda dos produtos de seu trabalho não desfigura o caráter educativo.

Art. 69. O adolescente tem direito à profissionalização e à proteção no trabalho, observados os seguintes aspectos, entre outros:

I - respeito à condição peculiar de pessoa em desenvolvimento;

II - capacitação profissional adequada ao mercado de trabalho.

- Estágio de menores

O estágio é regulado pela Lei 11.788/08.

Estágio é ato educativo escolar supervisionado, desenvolvido no ambiente de trabalho, que visa à preparação para o trabalho produtivo de educandos que estejam frequentando o ensino regular em instituições de educação superior, de educação profissional, de ensino médio, da educação especial e dos anos finais do ensino fundamental, na modalidade profissional da educação de jovens e adultos.

O estágio poderá ser obrigatório ou não-obrigatório, conforme determinação das diretrizes curriculares da etapa, modalidade e área de ensino e do projeto pedagógico do curso.

Estágio obrigatório é aquele definido como tal no projeto do curso, cuja carga horária é requisito para aprovação e obtenção de diploma.

Estágio não-obrigatório é aquele desenvolvido como atividade opcional, acrescida à carga horária regular e obrigatória.

O estágio não cria vínculo empregatício de qualquer natureza, desde que observados os seguintes requisitos:

I – matrícula e frequência regular do educando em curso de educação superior, de educação profissional, de ensino médio, da educação especial e nos anos finais do ensino fundamental, na modalidade profissional da educação de jovens e adultos e atestados pela instituição de ensino;

II – celebração de termo de compromisso entre o educando, a parte concedente do estágio e a instituição de ensino;

III – compatibilidade entre as atividades desenvolvidas no estágio e aquelas previstas no termo de compromisso.

O estágio, como ato educativo escolar supervisionado, deverá ter acompanhamento efetivo pelo professor orientador da instituição de ensino e por supervisor da parte concedente.

O descumprimento de qualquer requisito obrigatório ou de qualquer obrigação contida no termo de compromisso caracteriza vínculo de emprego do educando com a parte concedente do estágio para todos os fins da legislação trabalhista e previdenciária.

São obrigações das instituições de ensino, em relação aos estágios de seus educandos:

I – celebrar termo de compromisso com o educando ou com seu representante ou assistente legal, quando ele for absoluta ou relativamente incapaz, e com a parte concedente, indicando as condições de adequação do estágio à proposta pedagógica do curso, à etapa e modalidade da formação escolar do estudante e ao horário e calendário escolar;

II – avaliar as instalações da parte concedente do estágio e sua adequação à formação cultural e profissional do educando;

III – indicar professor orientador, da área a ser desenvolvida no estágio, como responsável pelo acompanhamento e avaliação das atividades do estagiário;

IV – exigir do educando a apresentação periódica, em prazo não superior a 6 (seis) meses, de relatório das atividades;

V – zelar pelo cumprimento do termo de compromisso, reorientando o estagiário para outro local em caso de descumprimento de suas normas;

VI – elaborar normas complementares e instrumentos de avaliação dos estágios de seus educandos;

VII – comunicar à parte concedente do estágio, no início do período letivo, as datas de realização de avaliações escolares ou acadêmicas.

A jornada de atividade em estágio será definida de comum acordo entre a instituição de ensino, a parte concedente e o aluno estagiário ou seu representante legal, devendo constar do termo de compromisso ser compatível com as atividades escolares e não ultrapassar:

I – 4 (quatro) horas diárias e 20 (vinte) horas semanais, no caso de estudantes de educação especial e dos anos finais do ensino fundamental, na modalidade profissional de educação de jovens e adultos;

II – 6 (seis) horas diárias e 30 (trinta) horas semanais, no caso de estudantes do ensino superior, da educação profissional de nível médio e do ensino médio regular.

O estágio relativo a cursos que alternam teoria e prática, nos períodos em que não estão programadas aulas presenciais, poderá ter jornada de até 40 (quarenta) horas semanais, desde que isso esteja previsto no projeto pedagógico do curso e da instituição de ensino.

Se a instituição de ensino adotar verificações de aprendizagem periódicas ou finais, nos períodos de avaliação, a carga horária do estágio será reduzida pelo menos à metade, segundo estipulado no termo de compromisso, para garantir o bom desempenho do estudante.

A duração do estágio, na mesma parte concedente, não poderá exceder 2 (dois) anos, exceto quando se tratar de estagiário portador de deficiência.

O estagiário poderá receber bolsa ou outra forma de contraprestação que venha a ser acordada, sendo compulsória a sua concessão, bem como a do auxílio-transporte, na hipótese de estágio não obrigatório.

A eventual concessão de benefícios relacionados a transporte, alimentação e saúde, entre outros, não caracteriza vínculo empregatício.

Poderá o educando inscrever-se e contribuir como segurado facultativo do Regime Geral de Previdência Social.

É assegurado ao estagiário, sempre que o estágio tenha duração igual ou superior a 1 (um) ano, período de recesso de 30 (trinta) dias, a ser gozado preferencialmente durante suas férias escolares. Este recesso deverá ser remunerado quando o estagiário receber bolsa ou outra forma de contraprestação e serão concedidos de maneira proporcional nos casos de o estágio ter duração inferior a 1 (um) ano.

Aplica-se ao estagiário a legislação relacionada à saúde e à segurança no trabalho, sendo sua implementação de responsabilidade da parte concedente do estágio.

A manutenção de estagiários em desconformidade com a Lei 11.788/08 caracteriza vínculo de emprego do educando com a parte concedente do estágio para todos os fins da legislação trabalhista e previdenciária. A instituição privada ou pública que reincidir nesta irregularidade ficará impedida de receber estagiários por 2 (dois) anos, contados da data da decisão definitiva do processo administrativo correspondente. Esta penalidade se limita à filial ou agência em que for cometida a irregularidade.

O termo de compromisso deverá ser firmado pelo estagiário ou com seu representante ou assistente legal e pelos representantes legais da parte concedente e da instituição de ensino.

O número máximo de estagiários em relação ao quadro de pessoal das entidades concedentes de estágio deverá atender às seguintes proporções:

I – de 1 (um) a 5 (cinco) empregados: 1 (um) estagiário;

II – de 6 (seis) a 10 (dez) empregados: até 2 (dois) estagiários;

III – de 11 (onze) a 25 (vinte e cinco) empregados: até 5 (cinco) estagiários;

IV – acima de 25 (vinte e cinco) empregados: até 20% (vinte por cento) de estagiários.

Na hipótese de a parte concedente contar com várias filiais ou estabelecimentos, os quantitativos serão aplicados a cada um deles.

Fica assegurado às pessoas portadoras de deficiência o percentual de 10% (dez por cento) das vagas oferecidas pela parte concedente do estágio.

APLICAÇÃO EM CONCURSO

01 - Com relação ao direito à profissionalização e proteção ao trabalho de adolescentes, consta do Estatuto da Criança e do Adolescente: FCC - 2014 - TJ-CE - Juiz

a) É vedado o trabalho noturno ao adolescente submetido a regime familiar de trabalho.

b) As normas de proteção ao trabalho de adolescentes estão reguladas exclusivamente pelo ECA e pela Constituição Federal.

c) O programa social que tenha por base o trabalho socioeducativo não poderá estar sob a responsabilidade de entidade governamental, mas somente não governamental sem fins lucrativos.

d) O adolescente aprendiz, maior de catorze anos, tem assegurado os direitos trabalhistas, afastando-se os previdenciários em razão da natureza do serviço.

e) O adolescente que mantiver participação na venda de produtos originários de seu trabalho perderá a condição de trabalho educativo de sua atividade.

Gabarito: A

02 - Analise as proposições abaixo: ESPP - 2012 - TRT - 9ª REGIÃO (PR) - Juiz do Trabalho

l. O contrato de aprendiz será celebrado necessariamente por tempo determinado, não podendo ser estipulado por prazo superior a dois anos. O contrato do aprendiz portador de deficiência poderá ser estipulado por tempo indeterminado.

ll. A duração do trabalho do aprendiz não poderá exceder de seis horas diárias, sendo vedadas a prorrogação e compensação de jornada.

Ill. Quando houver termo fixado, o contrato do aprendiz extinguir-se-á na data ajustada, ou quando o aprendiz completar 18 anos.

IV. Vigente contrato por tempo determinado e havendo dispensa sem justa causa antes do advento do termo, o aprendiz fará jus a indenização equivalente a metade da remuneração a que teria direito até o termo do contrato, sem prejuízo do levantamento dos depósitos do FGTS acrescidos de 40%.

Assinale a alternativa correta

a) As proposições I e Il são corretas.

b) Apenas a proposição Il é correta.

c) As proposições ll e lll são corretas,

d) Apenas a proposição IV é correta.

e) As proposições Ill e IV são corretas.

Gabarito: B

03 - Quanto à jornada e a duração do trabalho, é correto afirmar: FCC - 2012 - TRT - 18ª Região (GO) - Juiz do Trabalho

a) A jornada diária do estagiário pode ser reduzida em, no máximo, duas horas, no período de avaliação, para garantia do bom desempenho dos estudantes, caso a instituição de ensino adote verificação de aprendizagem periódica ou final, com estipulação no termo de compromisso.

b) A duração do estágio, na modalidade obrigatória e para a mesma parte cedente, não poderá exceder 2 (dois) anos, exceto quando se tratar de estagiário estrangeiro, quando a duração a ser observada corresponder ao prazo de visto temporário de estudante, na forma da legislação aplicável.

c) A prorrogação da jornada do estagiário é autorizada em, no máximo, duas horas diárias, desde que previsto expres- samente no termo de compromisso e que o excesso de horas de um dia seja compensado com a correspondente diminuição em outro, para garantia do bom desempenho escolar do estudante.

d) O estágio pode ser realizado em jornadas semanais de 20, 30 ou 40 horas dependendo do curso a que está vinculado o estagiário, definidas de comum acordo entre a parte concedente do estágio, o aluno ou seu representante legal e a instituição de ensino.

e) A duração do trabalho do aprendiz não excederá de seis horas diárias, sendo vedada a compensação e a prorrogação de jornada para os aprendizes que já tiveram completado o ensino fundamental, se nelas forem computadas as horas destinadas à aprendizagem teórica.

Gabarito: D

Artigo 10 da Lei de estágio

6 - DA PREVENÇÃO

6.1 - DA PREVENÇÃO ESPECIAL

A prevenção especial é tratada pelo Capítulo II do Estatuto e inclui em suas seções o tratamento:

- Da informação, cultura, lazer, esportes, diversões e espetáculos;
- Dos produtos e serviços;
- Da autorização para viajar.

- Da informação, cultura, lazer, esportes, diversões e espetáculos

O artigo 74 do Estatuto dispõe que o Poder Público, por órgão competente, regulará as diversões e espetáculos públicos, informando sobre a natureza deles, as faixas etárias a que não se recomendem, locais e horários em que sua apresentação se mostre inadequada e determina, ainda, em seu parágrafo único, o dever de ser fixado em local visível e de fácil acesso, à entrada do local de exibição, informação destacada da natureza do espetáculo e a faixa etária especificada no certificado de classificação.

Em uma primeira análise, parece que esse artigo traz a figura da censura. Pode parecer-nos que isso iria a sentido contrário à proibição da censura trazida pela Constituição. Analisemos o que dispõe o artigo 220 , § 2º, da CF: "É vedada toda e qualquer censura de natureza política, ideológica e artística".

Analisando simplesmente tal disposição constitucional, poder–se-ia chegar a uma conclusão equivocada de que as determinações do Estatuto estariam em confronto com a proibição constitucional da censura. Vejamos, no entanto, que logo em seguida o parágrafo 3º do mesmo artigo constitucional determina:

> *Compete à Lei Federal:*
> *I – regular as diversões e espetáculos públicos, cabendo ao Poder Público informar sobre a natureza deles, as faixas etárias a que não se recomendem, locais e horários em que sua apresentação se mostre inadequada;*

Dessa maneira, o artigo 74 não só se adequa às disposições constitucionais, como implementa o disposto pela Constituição.

No que tange à expressão "órgão competente", citemos o Departamento de Classificação Indicativa do Ministério da Justiça. O referido órgão obedece ao disposto no artigo 74, trazendo regulamentação acerca das diversões e espetáculos públicos na Portaria nº 264/2007, substitutiva da Portaria nº 796/2000, que por sua vez havia substituído a Portaria nº 773/1990.

A Portaria nº 264/2007, publicada pelo Ministério da Justiça, regula a classificação indicativa de programas, filmes ou qualquer obra de audiovisual exibidos pelas emissoras de televisão. Ela traz como principais novidades o uso de símbolos para indicar as faixas etárias e a exigência de adequar a programação ao fuso-horário local.

O descumprimento do disposto no parágrafo único do artigo 74 gera a prática de infração administrativa prevista nos artigos 252 e 253 do Estatuto.

Ressalte-se que os artigos que se seguem ao artigo 74 elencam várias determinações a serem observadas pelos responsáveis pelas diversões e espetáculos públicos, pelas emissoras de rádio e televisão, pelos proprietários, diretores, gerentes e funcionários de empresas que explorem a venda ou aluguel de fitas de vídeo, pelas editoras e por responsáveis por estabelecimentos que explorem comercialmente bilhar, sinuca ou congênere e por casas de jogos. Se tais determinações forem desrespeitadas, o responsável incide na prática de infração administrativa. Trazemos abaixo uma tabela com o artigo que traz a determinação e com o artigo que elenca a infração administrativa consequente do descumprimento da determinação:

Art. 75 – locais de apresentação e exibição	Arts. 255 e 258
Art. 76 – apresentação e anúncio de espetáculo	Art. 254
Art. 77 - venda ou aluguel de fitas de programação em vídeo	Art. 256
Art. 78 – revistas e publicações impróprias	Art. 257
Art. 79 – revistas e publicações impróprias	Art. 257
Art. 80 - bilhar, sinuca ou congênere ou por casas de jogos	Art. 258

Quanto ao disposto no artigo 80, a infração administrativa é praticada pelo responsável pelo estabelecimento ou empresário que permite a entrada do menor, pois cabe chamar atenção para o crime previsto no artigo 247 do Código Penal. O responsável pela criança ou adolescente que permita sua entrada nos locais previstos no artigo 80 do Estatuto incidirá na infração penal prevista no artigo 247 da lei penal.

No entanto, cabe ressaltar ainda, que o artigo 258 deve ser interpretado em conjunto com o artigo 149, I, que determina que compete à autoridade judiciária disciplinar, através de portaria, ou autorizar, mediante alvará a entrada e permanência de criança ou adolescente, desacompanhado dos pais ou responsável em diversos locais. Desta forma, tem-se entendido que não há infração administrativo se o responsável pelo estabelecimento ou empresário permite a entrada de criança ou responsável nos locais estabelecidos no artigo 149 com a presença dos pais ou responsável. De qualquer forma, muito embora não se fale na prática do artigo 258, caso no local, seja apresentado conteúdo impróprio à criança ou adolescente, o responsável pode incorrer na infração administrativa do artigo 255:

> *Art. 255. Exibir filme, trailer, peça, amostra ou congênere classificado pelo órgão competente como inadequado às crianças ou adolescentes admitidos ao espetáculo:*
>
> *Pena - multa de vinte a cem salários de referência; na reincidência, a autoridade poderá determinar a suspensão do espetáculo ou o fechamento do estabelecimento por até quinze dias.*

O espetáculo eventualmente apresentado no estabelecimento pode ser classificado dentro da interpretação de "congênere". Cabe indagar se os pais que levam seus filhos a locais impróprios respondem por alguma infração. É possível que respondam pela infração administrativa prevista no artigo 249:

> *Art. 249. Descumprir, dolosa ou culposamente, os deveres inerentes ao poder familiar ou decorrente de tutela ou guarda, bem assim determinação da autoridade judiciária ou Conselho Tutelar:*
>
> *Pena - multa de três a vinte salários de referência, aplicando-se o dobro em caso de reincidência.*

No entanto, não basta a mera conduta de os pais levarem o filho ao local impróprio. Durante o procedimento para apuração da infração administrativa, é necessário que se comprove que a conduta influenciou na moral da criança ou adolescente, sendo prejudicial para sua proteção, havendo efetivo prejuízo.

Ressalte-se ainda que os jogos mencionados no referido artigo são aqueles permitidos legalmente, excluem-se do disposto nesse artigo as diversões eletrônicas, os jogos eletrônicos, uma vez que, consoante o artigo 149, I, "d", do Estatuto, estes podem ser liberados à criança e adolescente, de acordo com regulamentação por parte da autoridade judiciária.

Sendo permitido o ingresso de criança e adolescente, é obvio que o responsável pelo estabelecimento não tem que observar a norma do artigo 80, não incidindo, consequentemente, em infração administrativa, desde que observada a regulamentação pela autoridade judiciária.

O procedimento para imposição de penalidade administrativa por infração às normas de proteção à criança e ao adolescente terá início por representação do Ministério Público, ou do Conselho Tutelar, ou auto de infração elaborado por servidor efetivo ou voluntário credenciado, e assinado por duas testemunhas, se possível.

No procedimento iniciado com o auto de infração, poderão ser usadas fórmulas impressas, especificando-se a natureza e as circunstâncias da infração.

Sempre que possível, à verificação da infração, seguir-se-á a lavratura do auto, certificando-se, em caso contrário, dos motivos do retardamento.

O requerido terá prazo de dez dias para apresentação de defesa, contado da data da intimação, que será feita:

I - pelo autuante, no próprio auto, quando este for lavrado na presença do requerido;

II - por oficial de justiça ou funcionário legalmente habilitado, que entregará cópia do auto ou da representação ao requerido, ou a seu representante legal, lavrando certidão;

III - por via postal, com aviso de recebimento, se não for encontrado o requerido ou seu representante legal;

IV - por edital, com prazo de trinta dias, se incerto ou não sabido o paradeiro do requerido ou de seu representante legal.

Não sendo apresentada a defesa no prazo legal, a autoridade judiciária dará vista dos autos do Ministério Público, por cinco dias, decidindo em igual prazo.

Apresentada a defesa, a autoridade judiciária procederá na conformidade do artigo anterior, ou, sendo necessário, designará audiência de instrução e julgamento.

Colhida a prova oral, manifestar-se-ão sucessivamente o Ministério Público e o procurador do requerido, pelo tempo de vinte minutos para cada um, prorrogável por mais dez, a critério da autoridade judiciária, que em seguida proferirá sentença.

- Dos produtos e serviços

Os artigos 81 e 82 elencam proibições relativas à venda de produtos e serviços às crianças e adolescentes. Ao inobservar o disposto nesses artigos, o responsável irá incidir em prática de infração administrativa ou de crime, de acordo com o tipo de produto que vender.

Vejamos cada uma das hipóteses elencadas:

A – Venda de munições e explosivos

O descumprimento dessa proibição acarreta a prática de crime previsto no artigo 242 do Estatuto: "vender, fornecer ainda que gratuitamente, ou entregar de qualquer forma, a criança ou adolescente, arma, munição ou explosivo: pena – reclusão, de três a seis anos". A pena desse crime foi alterada pela Lei 10.764/2003, pois anteriormente era menos gravosa, com detenção de seis meses a dois anos, e configurava infração de menor potencial ofensivo.

B – Bebidas alcoólicas

Aquele que vende bebidas alcoólicas a criança ou adolescente incorre na prática de contravenção penal, prevista no artigo 63, I da Lei das Contravenções Penais: "servir bebidas alcoólicas: I – a menor de 18 anos (...) Pena: prisão simples, de dois meses a um ano e multa". Veremos a controvérsia existente acerca desta tipificação no capítulo destinado ao estudo dos crimes previstos no ECA.

C – Produtos cujos componentes possam causar dependência física ou psíquica, ainda que por utilização indevida

A inobservância dessa proibição pode fazer com que o agente incida na prática do crime previsto no artigo 243 do Estatuto. Ressalte-se que tal tipo penal é subsidiário, pois prevê expressamente que o agente por ele responderá se a conduta não constituir crime mais grave. Dessa forma, se a substância comercializada for entorpecente, o agente responderá pelo crime de tráfico, previsto no artigo 33 da Lei 11.343/2006. A eventual incidência em contravenção penal será analisada no capítulo destinado às infrações.

D – Fogos de estampido e de artifício, exceto aqueles que pelo seu reduzido potencial sejam incapazes de provocar qualquer dano físico em caso de utilização indevida

A inobservância dessa proibição gera a conduta criminosa descrita no artigo 244 do Estatuto, cuja punição é reclusão de seis meses a dois anos.

E – Revistas e publicações a que alude o artigo 78

No Estatuto não se vê, infelizmente, uma tipificação quanto ao descumprimento desse inciso. Dessa forma, aquele que, por exemplo, vende revista de conteúdo pornográfico a criança ou adolescente, pratica fato atípico, não incorrendo, nem mesmo, em infração administrativa. Isso se revela inteiramente descompassado com a postura ideológica trazida pelo Estatuto.

No entanto, poderia caracterizar crime previsto no artigo 234 do CP.

F – Bilhetes lotéricos e equivalentes

Aquele que vende bilhete lotérico e equivalentes a crianças e adolescentes eventualmente pode incorrer na conduta descrita no artigo 174 do Código Penal, desde que presentes os elementos descritos no tipo penal.

> *Induzimento à especulação*
>
> *Art. 174 - Abusar, em proveito próprio ou alheio, da inexperiência ou da simplicidade ou inferioridade mental de outrem, induzindo-o à prática de jogo ou aposta, ou à especulação com títulos ou mercadorias, sabendo ou devendo saber que a operação é ruinosa:*
>
> *Pena - reclusão, de um a três anos, e multa.*

– Da autorização para viajar e da coibição ao sequestro internacional pela Convenção de Haia

> *Art. 83. Nenhuma criança poderá viajar para fora da comarca onde reside, desacompanhada dos pais ou responsável, sem expressa autorização judicial.*
>
> *§ 1º A autorização não será exigida quando:*
>
> *a) tratar-se de comarca contígua à da residência da criança, se na mesma unidade da Federação, ou incluída na mesma região metropolitana;*
>
> *b) a criança estiver acompanhada:*
>
> *1) de ascendente ou colateral maior, até o terceiro grau, comprovado documentalmente o parentesco;*
>
> *2) de pessoa maior, expressamente autorizada pelo pai, mãe ou responsável.*
>
> *§ 2º A autoridade judiciária poderá, a pedido dos pais ou responsável, conceder autorização válida por dois anos.*

> *Art. 84. Quando se tratar de viagem ao exterior, a autorização é dispensável, se a criança ou adolescente:*
>
> *I - estiver acompanhado de ambos os pais ou responsável;*
>
> *II - viajar na companhia de um dos pais, autorizado expressamente pelo outro através de documento com firma reconhecida.*
>
> *Art. 85. Sem prévia e expressa autorização judicial, nenhuma criança ou adolescente nascido em território nacional poderá sair do País em companhia de estrangeiro residente ou domiciliado no exterior.*

Os artigos 84, 85 e 86 tratam da autorização para viajar. Destacaremos as observações mais relevantes.

O artigo 83, que trata de viagem dentro do território nacional, aplica-se tão-somente às crianças. Dessa maneira, o adolescente pode viajar para outra comarca sem autorização judicial e sem a presença dos pais ou de responsável, sendo desnecessário até mesmo autorização formal dos pais. Um adolescente não pode ser impedido de embarcar em transporte viário ou aéreo de uma para outra comarca. Muito embora ele não possa se hospedar em hotel, motel, pensão ou estabelecimento congênere, salvo se autorizado ou acompanhado pelos pais ou responsável. Quem hospedar o adolescente desacompanhado dos pais ou responsável ou sem a autorização escrita desses ou da autoridade judiciária, pratica infração administrativa prevista no artigo 250 do ECA.

Quanto à viagem de criança, é necessária, em regra, a autorização judicial, sendo essa dispensável quando a viagem se realizar para comarca contígua à da residência da criança, desde que a comarca esteja incluída na mesma unidade da Federação ou na mesma região metropolitana, ou que a criança esteja acompanhada de ascendente ou colateral maior, até terceiro grau, comprovado documentalmente o parentesco, ou de pessoa maior expressamente autorizada pelo pai, mãe ou responsável.

Ocorrendo a necessidade de autorização para viagem nacional, é parte legítima para requerer o pai, a mãe ou o responsável legal da criança, cabendo ressaltar que o responsável legal é aquele que detém o termo de guarda ou tutela. A Justiça da Infância e Juventude de diversas comarcas estabelecem, por portaria, a regulamentação de viagem de crianças e adolescentes, sempre em obediência ao disposto no ECA.

Quando se tratar de viagem para o exterior, são aplicáveis as normas do artigo 84, tanto às crianças quanto aos adolescentes. É exigida autorização judicial, exceto quando a criança estiver acompanhada de ambos os pais ou responsável ou quando viajar na companhia de um dos pais, autorizado expressamente pelo outro por documento com firma reconhecida.

A vedação da viagem ao exterior em companhia de apenas um dos pais sem autorização do outro visa evitar a prática de descumprimento de decisão judicial que estabelece a guarda do menor. Alguns pais, inconformados com a determinação de guarda em favor do outro, poderia tentar se ausentar do país com o filho, impedindo ou dificultando o cumprimento da decisão judicial, assim como sua punição.

A eventual recusa de genitor a autorizar a viagem pode ser suprimida por autorização judicial, nos termos da lei civil, que estabelece que, em caso de discordância entre os pais, caberá a decisão ao juiz. Dessa maneira, se injustificável a negativa e se a viagem atender ao real interesse do menor, poderá o juiz autorizar a viagem em companhia de um dos genitores. Se a recusa, entretanto, for legítima, o juiz não concederá autorização. Exemplifiquemos com o caso de suprimento do direito de visitação do genitor, que não poderia voltar a ver seu filho. Com esse fundamento, já foi negada autorização judicial para viagem do menor ao exterior para moradia.

O artigo 85 determina a prévia e expressa autorização judicial para que adolescente ou criança nascidos em território nacional possam sair do país em companhia de estrangeiro residente e domiciliado no exterior. Vimos, anteriormente, que o Estatuto não permite a guarda de menor nacional por casal estrangeiro; dessa maneira, a autorização mencionada no artigo 85 se refere, principalmente, à adoção efetivada por casal estrangeiro. Cabe indagar se poderia a autoridade judiciária conceder autorização para que criança ou adolescente viajasse ao exterior acompanhado de estrangeiro apenas para visita, como, por exemplo, para estudo durante determinado período, sem caracterização de adoção pelo estrangeiro. Pensamos que não há nenhuma vedação legal, desde que tal medida atenda ao real interesse da criança ou do adolescente.

Em caso de descumprimento do disposto nos artigos 84 e 85, que se referem à autorização para viajar para o exterior, o agente incide na infração administrativa prevista no artigo 251, ou até mesmo na conduta criminosa descrita no artigo 239 (se existe a finalidade de tráfico da criança ou adolescente, com ou sem intuito de lucro).

A Resolução nº 131 do CNJ complementa o disposto no ECA sobre o tema viagem internacional e dispõe que:

Art. 1º É dispensável autorização judicial para que crianças ou adolescentes brasileiros residentes no Brasil viajem ao exterior, nas seguintes situações:

I) em companhia de ambos os genitores;

II) em companhia de um dos genitores, desde que haja autorização do outro, com firma reconhecida;

III) desacompanhado ou em companhia de terceiros maiores e capazes, designados pelos genitores, desde que haja autorização de ambos os pais, com firma reconhecida.

Art. 2º É dispensável autorização judicial para que crianças ou adolescentes brasileiros residentes fora do Brasil, detentores ou não de outra nacionalidade, viajem de volta ao país de residência, nas seguintes situações:

I) em companhia de um dos genitores, independentemente de qualquer autorização escrita;

II) desacompanhado ou acompanhado de terceiro maior e capaz designado pelos genitores, desde que haja autorização escrita dos pais, com firma reconhecida.

§ 1º A comprovação da residência da criança ou adolescente no exterior far-se-á mediante Atestado de Residência emitido por repartição consular brasileira há menos de dois anos.

§ 2º Na ausência de comprovação da residência no exterior, aplica-se o disposto no art. 1º.

Art. 3º Sem prévia e expressa autorização judicial, nenhuma criança ou adolescente brasileiro poderá sair do país em companhia de estrangeiro residente ou domiciliado no exterior.

Parágrafo único. Não se aplica o disposto no caput deste artigo, aplicando-se o disposto no art. 1º ou 2º:

I) se o estrangeiro for genitor da criança ou adolescente;

II) se a criança ou adolescente, nascido no Brasil, não tiver nacionalidade brasileira.

Art. 4º A autorização dos pais poderá também ocorrer por escritura pública.

Art. 5º O falecimento de um ou ambos os genitores deve ser comprovado pelo interessado mediante a apresentação de certidão de óbito do(s) genitor(es).

Art. 6º Não é exigível a autorização de genitores suspensos ou destituídos do poder familiar, devendo o interessado com-

provar a circunstância por meio de certidão de nascimento da criança ou adolescente, devidamente averbada.

Art. 7º O guardião por prazo indeterminado (anteriormente nominado guardião definitivo) ou o tutor, ambos judicialmente nomeados em termo de compromisso, que não sejam os genitores, poderão autorizar a viagem da criança ou adolescente sob seus cuidados, para todos os fins desta resolução, como se pais fossem.

Art. 8º As autorizações exaradas pelos pais ou responsáveis deverão ser apresentadas em duas vias originais, uma das quais permanecerá retida pela Polícia Federal.

§ 1º O reconhecimento de firma poderá ser por autenticidade ou semelhança.

§ 2º Ainda que não haja reconhecimento de firma, serão válidas as autorizações de pais ou responsáveis que forem exaradas na presença de autoridade consular brasileira, devendo, nesta hipótese, constar a assinatura da autoridade consular no documento de autorização.

Art. 9º Os documentos mencionados nos arts. 2º, § 1º, 4º, 5º, 6º e 7º deverão ser apresentados no original ou cópia autenticada no Brasil ou por repartição consular brasileira, permanecendo retida com a fiscalização da Polícia Federal cópia (simples ou autenticada) a ser providenciada pelo interessado.

Art. 10. Os documentos de autorizações dadas pelos genitores, tutores ou guardiões definitivos deverão fazer constar o prazo de validade, compreendendo-se, em caso de omissão, que a autorização é válida por dois anos.

Art. 11. Salvo se expressamente consignado, as autorizações de viagem internacional expressas nesta resolução não se constituem em autorizações para fixação de residência permanente no exterior.

Parágrafo único. Eventuais modelos ou formulários produzidos, divulgados e distribuídos pelo Poder Judiciário ou órgãos governamentais, deverão conter a advertência consignada no caput.

Art. 12. Os documentos e cópias retidos pelas autoridades migratórias por força desta resolução poderão, a seu critério, ser destruídos após o decurso do prazo de dois anos.

> *Art. 13. O Ministério das Relações Exteriores e a Polícia Federal poderão instituir procedimentos, conforme as normas desta resolução, para que pais ou responsáveis autorizem viagens de crianças e adolescentes ao exterior quando do requerimento da expedição de passaporte, para que deste conste a autorização.*
>
> *Parágrafo único. Para fins do disposto neste artigo, a Presidência do Conselho Nacional de Justiça poderá indicar representante para fazer parte de eventual Grupo de Trabalho a ser instituído pelo Ministério das Relações Exteriores e/ou Polícia Federal.*
>
> *Art. 14. Fica expressamente revogada a Resolução CNJ nº 74/2009, assim como as disposições em contrário.*

Não podemos esquecer que esse assunto se liga ao comprometimento do Brasil com outros estados contratantes no que tange à Convenção de Haia sobre Aspectos Civis do Sequestro Internacional de Crianças, promulgada no Brasil pelo Decreto nº 3.413/2000.

O conteúdo da Convenção foi objeto de questão para ingresso na carreira da Defensoria Pública do Estado de São Paulo:

A Convenção de Haia sobre Aspectos Civis do Sequestro Internacional de Crianças:

(A) é aplicável mesmo que o país de origem da criança não seja dela signatário, bastando que o seja o país de destino.

(B) aplica-se a situações que envolvem crianças de até no máximo 12 anos incompletos.

(C) tem como objetivo primordial coibir adoções internacionais irregulares.

(D) é o principal instrumento de cooperação entre países para o combate ao crime de tráfico internacional de crianças.

(E) busca fazer respeitar, em outro dos Estados contratantes, os direitos de guarda e visita vigentes num dos Estados signatários.

Resposta: letra E, consoante o disposto no artigo 1º, "b", da Convenção.

Vejamos julgado sobre o tema abordado:

> A viagem de criança para fora da comarca onde reside depende, em regra, de autorização judicial. A intervenção do Judiciário somente não é exigida quando: a) o deslocamento for para comarca contígua, desde que na mesma unidade da Federação ou na mesma região metropolitana; b) a criança esteja acompanhada de ascendente ou colateral maior, até o terceiro grau, comprovado documentalmente o parentesco, ou de pessoa maior, expressamente autorizada pelo pai, mãe ou responsável. Inteligência do art. 83 do ECA.
>
> 2. A empresa de ônibus que transporta criança acompanhada de ascendente sem a prova documental do parentesco - ainda que comprovado o vínculo materno após o desembarque ou na instrução do processo -, comete o ilícito administrativo previsto no art. 251 do ECA.
>
> 3. O fato típico aí descrito consuma-se no momento do transporte da criança, por qualquer meio, sem observar as prescrições dos arts. 83, 84 e 85 do ECA. É irrelevante se, em momento posterior ao transporte, se verifica que o menor de 12 anos estava realmente acompanhado de ascendente ou colateral maior, até o terceiro grau. (STJ - REsp 568807 / RJ – Segunda Turma – 2006)

> É lícita a conduta de companhia aérea consistente em negar o embarque ao exterior de criança acompanhada por apenas um dos pais, desprovido de autorização na forma estabelecida no art. 84 do ECA, ainda que apresentada – conforme estabelecido em portaria da vara da infância e da juventude – autorização do outro genitor escrita de próprio punho e elaborada na presença de autoridade fiscalizadora no momento do embarque. Isso porque, quando se tratar de viagem para o exterior, exige-se a autorização judicial, que somente é dispensada se a criança ou oadolescente estiverem acompanhados de ambos os pais ou responsáveis, ou se viajarem na companhia de um deles, com autorização expressa do outro por meio de documento com firma reconhecida (art. 84 do ECA). Dessa forma, portaria expedida pela vara da infância e juventude que estabeleça a possibilidade de autorização do outro cônjuge mediante escrito de próprio punho elaborado na presença das autoridades fiscalizadoras no momento do embarque não tem a aptidão de suprir a forma legalmente exigida para a prática do ato. Ademais, deve-se ressaltar que o poder normativo da justiça da infância e da juventude deve sempre observar o princípio da proteção integral da criança e do adolescente e, sobretudo, as regras expressas do diploma legal regente da matéria. (STJ - REsp 1.249.489-MS, Rel. Min. Luiz Felipe Salomão, julgado em 13/8/2013 – Quarta Turma – Informativo 529)

7 - DA POLÍTICA DE ATENDIMENTO

O Título I inicia a parte especial do ECA com o tratamento da política de atendimento. Passemos a analisar as disposições contidas ao longo dos capítulos.

– Capítulo I - disposições gerais

O Título I, composto dos capítulos I e II do Livro II do Estatuto, trata da política de atendimento, que se fará mediante conjunto articulado de ações governamentais e não-governamentais da União, dos Estados, do Distrito Federal e dos Municípios.

A Lei 8.642/1993 dispõe sobre o Programa Nacional de Atenção Integral à Criança e ao Adolescente – PRONAICA, instituído com a finalidade de integrar e articular ações de apoio à criança e ao adolescente. O Decreto nº 1.056/1994 estabelece a forma de atuação do Poder Executivo na execução do PRONAICA.

A política de atendimento abrange a promoção, prevenção, proteção e defesa dos direitos da criança. Analisemos o disposto no artigo 204 da CF:

> *as ações governamentais na área da assistência social serão realizadas com recursos do orçamento da seguridade social previstos no art. 195, além de outras fontes, e organizadas com base nas seguintes diretrizes:*
>
> *(...)*
>
> *I – descentralização político-administrativa, cabendo a coordenação e as normas gerais à esfera federal e a coordenação e a execução dos respectivos programas às esferas estadual e municipal, bem como a entidades beneficentes e de assistência social;*
>
> *II – participação da população, por meio de organizações representativas, na formulação das políticas e no controle das ações em todos os níveis"*

Analisemos agora o disposto no artigo 227, § 7º, da Constituição: "No atendimento dos direitos da criança e do adolescente levar-se-á em consideração o disposto no art. 204".

Devemos, portanto, conjugar o artigo 86 do Estatuto com as disposições constitucionais, para fixarmos como se organiza a política de atendimento.

- Linhas de ações da política de atendimento e diretrizes da política de atendimento

As linhas de ações da política de atendimento são definidas no artigo 87 do ECA. São elas: políticas sociais básicas; políticas e programas de assistência social, em caráter supletivo, para aqueles que deles necessitem; serviços especiais de prevenção e atendimento médico e psicossocial às vítimas de negligência, maus-tratos, exploração, abuso, crueldade e opressão; serviço de identificação e localização de pais, responsável, crianças e adolescentes desaparecidos; e proteção jurídico-social por entidades de defesa dos direitos da criança e do adolescente.

A Lei 12.010/2009 incluiu os incisos VI e VII no artigo 87, passando este a prever também como linhas de ações as políticas e programas destinados a prevenir ou abreviar o período de afastamento do convívio familiar, a garantir o efetivo exercício do direito à convivência familiar de crianças e adolescentes e às campanhas de estímulo ao acolhimento sob forma de guarda de crianças e adolescentes afastados do convívio familiar, e à adoção, especificamente inter-racial, de crianças maiores ou de adolescentes, com necessidades específicas de saúde ou com deficiências e de grupos de irmãos.

As diretrizes da política de atendimento estão estabelecidas no artigo 88. São elas: municipalização do atendimento; a criação de conselhos municipais, estaduais e nacional dos direitos da criança e do adolescente, órgãos deliberativos e controladores das ações em todos os níveis, assegurada a participação popular paritária por meio de organizações representativas, segundo Leis Federais, Estaduais e Municipais; criação e manutenção de programas específicos, observada a descentralização político-administrativa; manutenção de fundos nacional, estaduais e municipais vinculados aos respectivos conselhos dos direitos da criança e do adolescente; integração operacional de órgãos do Judiciário, Ministério Público, Defensoria, Segurança Pública e Assistência Social, preferencialmente em um mesmo local, para efeito de agilização do atendimento inicial a adolescente a quem se atribua autoria de ato infracional; integração operacional de órgãos do Judiciário, Ministério Público, Defensoria, Conselho Tutelar e encarregados da execução das políticas sociais básicas e de assistência social, para efeito de agilização do atendimento de crianças e de adolescentes inseridos em programas de acolhimento familiar ou institucional, com vista na sua rápida reintegração à família de origem ou, se tal solução se mostrar comprovadamente inviável, sua colocação em família substituta, em quaisquer das modalidades previstas no artigo 28 do Estatuto, e a mobilização da opinião pública para a indispensável participação dos diversos segmentos da sociedade.

– Descentralização e política de atendimento

Ao analisarmos o disposto no artigo 204, inciso I, da Constituição, verificamos como diretriz constitucional a descentralização político-administrativa. Cabe, agora, verificarmos, no âmbito do Estatuto, como se efetiva tal descentralização.

O artigo 88 do ECA, como vimos, elenca as diretrizes da política de atendimento. Dentre elas, estudaremos a elencada no inciso I – municipalização do atendimento, que representa exatamente a diretriz constitucional de descentralização. Ao prever a municipalização do atendimento, o Estatuto possibilitou à esfera federal a delegação de parte de sua competência de forma a atribui-la aos municípios, o que representa o melhor atendimento da criança e do adolescente. Tal descentralização não exclui os deveres do poder público nos âmbitos federal e estadual, apenas distribui de maneira mais garantidora as atribuições.

Consoante o que se extrai dos dispositivos constitucionais estudados, caberá à esfera federal a coordenação e as normas gerais. Atendendo a essa disposição, a Lei 8.242/1991 criou o CONANDA – Conselho Nacional dos Direitos da Criança e do Adolescente, que teve seu regimento interno aprovado pela Resolução nº 77/2002.

Ao CONANDA caberá, dentre outras atribuições, elaborar as normas gerais da política de atendimento dos direitos da criança e do adolescente, zelar pela aplicação da política nacional de atendimento, apoiar os Conselhos Estaduais e Municipais, avaliar a política e a atuação dos Conselhos Estaduais e Municipais da Criança e do Adolescente.

A Lei 8.242/1993 instituiu ainda o Fundo Nacional para a Criança e o Adolescente.

Ressalte-se que os Conselhos, consoante o que dispõe o inciso II do artigo 88, são órgãos deliberativos e controladores das ações em todos os níveis, assegurada a participação paritária por meio de organizações representativas. São órgãos deliberativos porque estabelecem as principais linhas de ações a serem seguidas dentro das elencadas pelo artigo 87 do Estatuto e deliberam acerca de como se aplicará o artigo 227 da Constituição, tendo como normas gerais de conduta o Estatuto. Se houver desvios nas ações, os conselhos deliberam meios de efetivar sua correção. Além de deliberarem, controlam as referidas ações decorrentes da política de atendimento mediante fiscalização de seu cumprimento. Entende-se como participação paritária a igualdade do número de membros formadores do conselho, sendo metade deles governamentais e a outra metade não-governamentais, possibilitando, dessa maneira, a participação da sociedade.

O Município do Rio de Janeiro tem seu Conselho Municipal dos Direitos da Criança e do Adolescente instalado no prédio da Prefeitura e conta com 20 conselheiros, sendo 10 governamentais e 10 não-governamentais.

Chamamos a atenção do leitor para a distinção dos referidos conselhos frente aos Conselhos Tutelares, que tem suas atribuições fixadas no artigo 136 do ECA. Além da distinção quanto às atribuições, destaca-se que um mesmo município pode contar com vários Conselhos Tutelares, ao passo que há unidade do Conselho dos Direitos. Os membros do Conselho Tutelar exercem função remunerada, ao passo que os membros do Conselho de Direitos não recebem remuneração, consoante dispõe o artigo 89 do Estatuto.

Os Conselhos Tutelares acabam exercendo função mais especializada e particular, geralmente atuando junto às famílias, às crianças e adolescentes em situação de risco e junto às entidades de atendimento, exercendo função de encaminhamento e de fiscalização. As funções dos Conselhos de Direitos são mais gerais e ligadas especificamente às políticas de atendimentos, principalmente ao atendimento de suas linhas de ações. O Conselho Tutelar sempre funciona em âmbito municipal, já o Conselho de Direitos é formado em âmbitos municipal, estadual e federal.

Consoante o artigo 89 do ECA, a função de membro do Conselho Nacional e dos Conselhos Estaduais e Municipais dos Direitos da Criança e do Adolescente é considerada de interesse público relevante e não será remunerada.

– Das entidades de atendimento

O artigo 90 (recentemente alterado pela Lei 12.594/12) e seguintes do Estatuto trazem disposições acerca das entidades de atendimento, elencando suas espécies, princípios, diretrizes, registro, funcionamento e fiscalização.

> *Art. 90. As entidades de atendimento são responsáveis pela manutenção das próprias unidades, assim como pelo planejamento e execução de programas de proteção e socioeducativos destinados a crianças e adolescentes, em regime de:*
>
> *I - orientação e apoio sócio familiar;*
> *II - apoio socioeducativo em meio aberto;*
> *III - colocação familiar;*
> *IV - acolhimento institucional;*
> *V - prestação de serviços à comunidade;*
> *VI - liberdade assistida;*
> *VII - semiliberdade; e*

VIII - internação

§ 1º As entidades governamentais e não governamentais deverão proceder à inscrição de seus programas, especificando os regimes de atendimento, na forma definida neste artigo, no Conselho Municipal dos Direitos da Criança e do Adolescente, o qual manterá registro das inscrições e de suas alterações, do que fará comunicação ao Conselho Tutelar e à autoridade judiciária.

§ 2º Os recursos destinados à implementação e manutenção dos programas relacionados neste artigo serão previstos nas dotações orçamentárias dos órgãos públicos encarregados das áreas de Educação, Saúde e Assistência Social, dentre outros, observando-se o princípio da prioridade absoluta à criança e ao adolescente preconizado pelo caput do art. 227 da Constituição Federal e pelo caput e parágrafo único do art. 4º desta Lei.

§ 3º Os programas em execução serão reavaliados pelo Conselho Municipal dos Direitos da Criança e do Adolescente, no máximo, a cada 2 (dois) anos, constituindo-se critérios para renovação da autorização de funcionamento:

I - o efetivo respeito às regras e princípios desta Lei, bem como às resoluções relativas à modalidade de atendimento prestado expedidas pelos Conselhos de Direitos da Criança e do Adolescente, em todos os níveis;

II - a qualidade e eficiência do trabalho desenvolvido, atestadas pelo Conselho Tutelar, pelo Ministério Público e pela Justiça da Infância e da Juventude;

III - em se tratando de programas de acolhimento institucional ou familiar, serão considerados os índices de sucesso na reintegração familiar ou de adaptação à família substituta, conforme o caso.

As entidades de atendimento à criança e ao adolescente podem ser governamentais ou não-governamentais. São governamentais as que são criadas e mantidas pelo poder público, em qualquer uma de suas extensões. São não-governamentais aquelas que são mantidas por particulares, ainda que recebam recursos do poder público.

Tais entidades são destinadas à aplicação de algumas medidas protetivas e socioeducativas; as primeiras destinadas às crianças e adolescentes nas situações dos incisos I, II e III do artigo 98 do Estatuto, e as segundas, aos adolescentes em conflito com a lei, inciso III do artigo 98. Viremos, no próximo capítulo, tais medidas.

Dentre os atuais oito regimes de atendimento das entidades, podemos destacar o de acolhimento institucional, o de semiliberdade e o de liberdade assistida e de internação, que são cumpridas em entidades de atendimento após serem determinadas pelo Conselho Tutelar ou pela autoridade judiciária, conforme se trate de medida protetiva ou socioeducativa, de situação de abandono ou de situação de prática de ato infracional por adolescente.

Vejamos como funcionam essas entidades de atendimento e como as crianças e adolescentes são encaminhados a elas.

Quando de sua constituição, uma entidade de atendimento, seja ela governamental ou não-governamental, deve inscrever seus programas, especificando os regimes de atendimento (se vai se direcionar ao acolhimento institucional, à internação, etc.), junto ao Conselho Municipal dos Direitos da Criança e do Adolescente.

Após a inscrição, o Conselho dos Direitos deve fazer comunicação dos dados ao Conselho Tutelar e à autoridade judiciária. Essa comunicação serve para que, ao se aplicar uma medida de proteção ou uma medida socioeducativa, o Conselho tutelar e a autoridade judiciária possam encaminhar, respectivamente, a criança ou o adolescente para as entidades, de maneira que se dê cumprimento à medida aplicada. Daí se extrai que, em regra, as entidades não devem abrigar criança ou adolescente sem determinação da autoridade competente. No entanto, o artigo 93 do Estatuto dispõe sobre a hipótese excepcional de o acolhimento se realizar sem essa determinação, desde que haja comunicação do fato até o segundo dia útil imediato.

Ressalte-se que as entidades não-governamentais somente poderão funcionar depois de registradas no Conselho Municipal dos Direitos. A contrário senso, por sua oficialidade, as entidades governamentais podem iniciar suas atividades antes do registro. É o que se extrai do disposto no artigo 91 do Estatuto.

Cabe destacar que as entidades de atendimento não podem destinar-se a certos regimes de maneira conjunta. Estudaremos, no próximo capítulo, que o adolescente ao qual se aplique medida socioeducativa de internação não poderá cumprir a determinação, por exemplo, em estabelecimento destinado a acolhimento. Dessa maneira, uma entidade não pode destinar-se a acolhimento de crianças e ao mesmo tempo à internação de adolescentes em conflito com a lei, pois este último exige uma peculiaridade, qual seja a separação quanto à modalidade da medida e até mesmo quanto à idade de quem vai receber a medida.

As entidades de atendimento devem proporcionar à criança ou ao adolescente todos os direitos estabelecidos pelo Estatuto, atendendo a peculiaridade de pessoa em desenvolvimento e respeitando a dignidade da pessoa humana, princípio fundamental e basilar da Constituição Federal.

Em respeito ao disposto acima, as entidades que não ofereçam instalações físicas em condições adequadas de habitualidade, higiene, salubridade e segurança, as que não apresentem plano de trabalho compatível com os princípios do Estatuto, as que estejam irregularmente constituídas e as que tenham em seu quadro pessoas não idôneas, consoante o que dispõe o artigo 91 do Estatuto, terão seu registro negado, pois se presume que não proporcionarão as condições de que necessitam a criança e o adolescente.

A Lei 12.010/2009 retirou do ECA a expressão "abrigo", passando a utilizar a nomenclatura "acolhimento institucional", o que se percebe essencialmente nos artigos 92 a 94:

O Estatuto elenca, em seus artigos 92 e 94, respectivamente, os princípios a serem observados pelas entidades de acolhimento e as obrigações das entidades destinadas à medida de internação. Em ambos os dispositivos, percebe-se a preservação dos vínculos familiares, assegurando-se, até mesmo ao adolescente em conflito com a lei, a convivência familiar. Vejamos o disposto por esses artigos, lembrando que o acolhimento institucional não se confunde com a internação. O acolhimento institucional funciona como lar coletivo, ao passo que a internação é medida socioeducativa que importa em privação de liberdade, restringindo o direito de ir e vir do adolescente em conflito com a lei, configurando a mais grave das medidas, informada, como veremos em capítulo próprio, pelos princípios da brevidade, excepcionalidade e do respeito à condição peculiar de pessoa em desenvolvimento.

Passemos à análise desses dois artigos. O artigo 92, parágrafo primeiro, dispõe que o dirigente da entidade de acolhimento é equiparado ao guardião para todos os efeitos de direito, não havendo semelhante disposição no tocante às entidades de internação.

Outro aspecto relevante é o que tange a natureza explicitamente exemplificativa do rol do artigo 94, uma vez que traz no *caput* a expressão "entre outras". Dessa maneira, outras obrigações podem ser fixadas para as entidades de internação, consoante determinação do Ministério Público, do Judiciário ou dos Conselhos Tutelares, órgãos responsáveis pela fiscalização das mesmas.

Apesar de o artigo 92 parecer adotar um rol taxativo, defendemos que ele, na verdade, também possui natureza exemplificativa, pois as referidas entidades de acolhimento devem ater-se não somente a esses princípios específicos, mas também aos demais princípios implícitos e explícitos contidos na Constituição e no Estatuto. Dessa maneira, devem adotar o princípio da igualdade, da dignidade da pessoa humana, entre outros.

Chamamos a atenção do leitor para o fato de que as entidades de acolhimento, além de adotarem os princípios constantes do artigo 92, devem cumprir as obrigações do artigo 94, logicamente, no que a elas podem aplicar-se. Por exemplo, uma entidade de acolhimento de adolescentes deve comunicar às autoridades competentes os casos de adolescentes portadores de moléstia grave, devem propiciar atividades culturais, esportivas e de lazer, entre outras obrigações.

Com a análise de todos esses dispositivos, percebe-se a extrema modificação operada pelo Estatuto. As entidades de atendimento deixam de ter cunho de reformatório, de correição, como inclusive eram denominadas muitas dessas entidades antes do advento do Estatuto. Atualmente, incide grande preocupação do legislador com o desenvolvimento sadio da criança e do adolescente, ainda quando estes últimos sejam alvos da mais grave medida socioeducativa, que é a internação.

– Da fiscalização das entidades de atendimento

O Estatuto, em seu artigo 95, determina que a fiscalização das entidades de atendimento será realizada pelo Judiciário, pelo Ministério Público e pelos Conselheiros Tutelares.

Essa fiscalização deve ser bastante ampla, abrangendo condições de funcionamento, atividades, higiene, segurança, funcionários, destinação dos recursos, etc. Para exercer tal fiscalização, o juiz, o promotor de justiça e os conselheiros devem ter garantido o livre acesso às entidades. Não podem os responsáveis por elas impedirem ou embaraçarem o acesso das pessoas mencionadas no artigo 95, sob pena de incorrerem no crime previsto no artigo 236 do Estatuto, podendo ser punidos com detenção de seis meses a dois anos.

- Medidas aplicáveis às entidades de atendimento em virtude do descumprimento das medidas de prevenção e da nova disposição acerca da responsabilidade civil das pessoas jurídicas de direito público e das organizações não-governamentais

O artigo 97 elenca as medidas aplicáveis às entidades de atendimento que descumpram as obrigações elencadas no artigo 94 do Estatuto. Podemos denominar as obrigações constantes do artigo 94 como medidas de prevenção, que, se descumpridas, importarão nas sanções previstas no artigo 97.

Primeiramente, para que seja possível visualizar qual medida será aplicada, devemos verificar se a entidade é governamental ou não-governamental.

Sendo a entidade governamental, será passível de:

- Advertência;
- Afastamento provisório de seus dirigentes;
- Afastamento definitivo de seus dirigentes;
- Fechamento da unidade ou interdição de programa.

Sendo a entidade não-governamental, será passível de:

- Aadvertência;
- Suspensão total ou parcial do repasse de verbas públicas;
- Interdição de unidades ou suspensão de programa;
- Cassação do registro.

A Lei 12.010/2009 incluiu no artigo 97 disposição acerca da responsabilidade civil das pessoas jurídicas de direito público e das organizações não governamentais, estabelecendo que as mesmas responderão pelos danos que seus agentes causarem às crianças e aos adolescentes, o que caracteriza descumprimento dos princípios norteadores das atividades de proteção específica.

– Competência para aplicação das medidas

Cabe à autoridade judiciária a aplicação das medidas acima. Destaca-se que o Ministério Público, dotado da atribuição de fiscalizar tais entidades, nos termos do art. 201, XI, pode representar ao juízo visando à aplicação de penalidade por infrações cometidas contra as normas de proteção à infância e juventude.

Quanto ao Conselho Tutelar, nos termos do artigo 136 do Estatuto, verificando-se o descumprimento das obrigações constantes no artigo 94, deverão ser encaminhadas as informações ao Ministério Público ou à autoridade judiciária para que sejam adotadas as medidas cabíveis.

- Procedimento para apuração de irregularidades em entidades de atendimento

O procedimento de apuração de irregularidades em entidade governamental e não-governamental terá início mediante portaria da autoridade judiciária ou representação do Ministério Público ou do Conselho Tutelar, onde conste, necessariamente, resumo dos fatos.

Havendo motivo grave, poderá a autoridade judiciária, ouvido o Ministério Público, decretar liminarmente o afastamento provisório do dirigente da entidade, mediante decisão fundamentada.

O dirigente da entidade será citado para, no prazo de dez dias, oferecer resposta escrita, podendo juntar documentos e indicar as provas a produzir.

Apresentada ou não a resposta, e sendo necessário, a autoridade judiciária designará audiência de instrução e julgamento, intimando as partes.

Salvo manifestação em audiência, as partes e o Ministério Público terão cinco dias para oferecer alegações finais, decidindo a autoridade judiciária em igual prazo.

Em se tratando de afastamento provisório ou definitivo de dirigente de entidade governamental, a autoridade judiciária oficiará à autoridade administrativa imediatamente superior ao afastado, marcando prazo para a substituição.

Antes de aplicar qualquer das medidas, a autoridade judiciária poderá fixar prazo para a remoção das irregularidades verificadas. Satisfeitas as exigências, o processo será extinto, sem julgamento de mérito.

A multa e a advertência serão impostas ao dirigente da entidade ou programa de atendimento.

- Inovações trazidas pela Lei 12.594/12

A Lei 12.594/12 dispõe também acerca das entidades responsáveis pela execução dos programas socioeducativos, onde o adolescente em conflito com a lei cumprirá a medida socioeducativa. Conceitua entidade de atendimento como a pessoa jurídica de direito público ou privado que instala e mantém a unidade e os recursos humanos e materiais necessários ao desenvolvimento de programas de atendimento. A União não pode desenvolver e ofertar programas próprios de atendimento.

Estabelece que é competência dos Estados editar normas complementares para a organização e funcionamento do seu sistema de atendimento e dos sistemas municipais.

Os municípios inscreverão seus programas e alterações, bem como as entidades de atendimento executoras, no Conselho Municipal dos Direitos da Criança e do Adolescente.

Dispõe o artigo 11 da Lei 12.594/12:

> *Art. 11. Além da especificação do regime, são requisitos obrigatórios para a inscrição de programa de atendimento:*
>
> *I - a exposição das linhas gerais dos métodos e técnicas*

pedagógicas, com a especificação das atividades de natureza coletiva;

II - a indicação da estrutura material, dos recursos humanos e das estratégias de segurança compatíveis com as necessidades da respectiva unidade;

III - regimento interno que regule o funcionamento da entidade, no qual deverá constar, no mínimo:

a) o detalhamento das atribuições e responsabilidades do dirigente, de seus prepostos, dos membros da equipe técnica e dos demais educadores;

b) a previsão das condições do exercício da disciplina e concessão de benefícios e o respectivo procedimento de aplicação; e

c) a previsão da concessão de benefícios extraordinários e enaltecimento, tendo em vista tornar público o reconhecimento ao adolescente pelo esforço realizado na consecução dos objetivos do plano individual;

IV - a política de formação dos recursos humanos;

V - a previsão das ações de acompanhamento do adolescente após o cumprimento de medida socioeducativa;

VI - a indicação da equipe técnica, cuja quantidade e formação devem estar em conformidade com as normas de referência do sistema e dos conselhos profissionais e com o atendimento socioeducativo a ser realizado; e

VII - a adesão ao Sistema de Informações sobre o Atendimento Socioeducativo, bem como sua operação efetiva.

Parágrafo único. O não cumprimento do previsto neste artigo sujeita as entidades de atendimento, os órgãos gestores, seus dirigentes ou prepostos à aplicação das medidas previstas no art. 97 da Lei 8.069, de 13 de julho de 1990 (Estatuto da Criança e do Adolescente).

A União, em articulação com os Estados, o Distrito Federal e os Municípios, realizará avaliações periódicas da implementação dos Planos de Atendimento Socioeducativo em intervalos não superiores a 3 (três) anos. A avaliação abrangerá, no mínimo, a gestão, as entidades de atendimento, os programas e os resultados da execução das medidas socioeducativas. Os gestores e entidades têm o dever de colaborar com o processo de avaliação, facilitando o acesso às suas instalações, à documentação e a todos os elementos necessários ao seu efetivo cumprimento.

A avaliação das entidades terá por objetivo identificar o perfil e o impacto de sua atuação, por meio de suas atividades, programas e projetos, considerando as diferentes dimensões institucionais e, entre elas, obrigatoriamente, as seguintes:

I - o plano de desenvolvimento institucional;

II - a responsabilidade social, considerada especialmente sua contribuição para a inclusão social e o desenvolvimento socioeconômico do adolescente e de sua família;

III - a comunicação e o intercâmbio com a sociedade;

IV - as políticas de pessoal quanto à qualificação, aperfeiçoamento, desenvolvimento profissional e condições de trabalho;

V - a adequação da infraestrutura física às normas de referência;

VI - o planejamento e a auto avaliação quanto aos processos, resultados, eficiência e eficácia do projeto pedagógico e da proposta socioeducativa;

VII - as políticas de atendimento para os adolescentes e suas famílias;

VIII - a atenção integral à saúde dos adolescentes em conformidade com as diretrizes do art. 60 desta Lei; e

IX - a sustentabilidade financeira.

A Lei dispõe ainda acerca da responsabilização dos gestores, operadores das entidades de atendimento socioeducativo:

> *Art. 28. No caso do desrespeito, mesmo que parcial, ou do não cumprimento integral às diretrizes e determinações desta Lei, em todas as esferas, são sujeitos:*
>
> *I - gestores, operadores e seus prepostos e entidades governamentais às medidas previstas no inciso I e no § 1o do art. 97 da Lei no 8.069, de 13 de julho de 1990 (Estatuto da Criança e do Adolescente); e*
>
> *II - entidades não governamentais, seus gestores, operadores e prepostos às medidas previstas no inciso II e no § 1o do art. 97 da Lei no 8.069, de 13 de julho de 1990 (Estatuto da Criança e do Adolescente).*
>
> *Parágrafo único. A aplicação das medidas previstas neste artigo dar-se-á a partir da análise de relatório circunstanciado elaborado após as avaliações, sem prejuízo do que determinam os arts. 191 a 197, 225 a 227, 230 a 236, 243 e 245 a 247 da Lei no 8.069, de 13 de julho de 1990 (Estatuto da Criança e do*

> *Adolescente).*
>
> *Art. 29. Àqueles que, mesmo não sendo agentes públicos, induzam ou concorram, sob qualquer forma, direta ou indireta, para o não cumprimento desta Lei, aplicam-se, no que couber, as penalidades dispostas na Lei no 8.429, de 2 de junho de 1992, que dispõe sobre as sanções aplicáveis aos agentes públicos nos casos de enriquecimento ilícito no exercício de mandato, cargo, emprego ou função na administração pública direta, indireta ou fundacional e dá outras providências (Lei de Improbidade Administrativa).*

Alterando a Lei 7.560/86, dispõe que os recursos do FUNAD passam a ser destinados também às entidades governamentais e não-governamentais de atendimento socioeducativo.

Acrescentando o art. 19 A à Lei 7.998/90, estabelece que o Codefat poderá priorizar projetos das entidades integrantes do Sistema Nacional de Atendimento Socioeducativo (Sinase) desde que:

I - o ente federado de vinculação da entidade que solicita o recurso possua o respectivo Plano de Atendimento Socioeducativo aprovado;

II - as entidades governamentais e não governamentais integrantes do Sinase que solicitem recursos tenham se submetido à avaliação nacional do atendimento socioeducativo.

8 - DAS MEDIDAS DE PROTEÇÃO

O artigo 98 compõe o Capítulo I do Título II do ECA, que prevê as disposições gerais acerca das medidas de proteção.

Vimos que o ECA, em seu artigo 98, estabelece as situações de risco nas quais podem estar a criança e o adolescente. Ao elencar as situações de risco, o legislador já inicia estabelecendo a consequência da situação de risco:

> *Art. 98. As medidas de proteção à criança e ao adolescente são aplicáveis sempre que os direitos reconhecidos nesta Lei forem ameaçados ou violados:*
>
> *I - por ação ou omissão da sociedade ou do Estado;*
>
> *II - por falta, omissão ou abuso dos pais ou responsável;*
>
> *III - em razão de sua conduta.*

Dessa forma, as medidas de proteção, elencadas no artigo 101 do ECA, são aplicadas como consequência da existência de situação de risco, que pode ser vivenciada pela criança ou pelo adolescente.

O Capítulo II do Título II do ECA dispõe sobre as medidas específicas de proteção, a partir do artigo 99.

As medidas de proteção quc estudaremos poderão ser aplicadas pela autoridade competente de forma cumulativa ou isolada, sempre podendo ser substituídas a qualquer tempo, desde que tal substituição apresente real vantagem à criança ou adolescente.

O artigo 100 do ECA já estabelecia que, na aplicação das medidas protetivas, se levariam em conta as necessidades pedagógicas, preferindo-se aquelas que visem ao fortalecimento dos vínculos familiares e comunitários. Esse artigo sofreu substancial incremento pela Lei 12.010/2009, que incluiu nele um parágrafo único, passando a prever expressamente os princípios que regem a aplicação das medidas de proteção:

> *Parágrafo único. São também **princípios que regem a aplicação das medidas**:*
>
> *I - **condição da criança e do adolescente como sujeitos de direitos**: crianças e adolescentes são os titulares dos direitos previstos nesta e em outras Leis, bem como na Constituição Federal;*
>
> *II -* **proteção integral e prioritária***: a interpretação*

e aplicação de toda e qualquer norma contida nesta Lei deve ser voltada à proteção integral e prioritária dos direitos de que crianças e adolescentes são titulares;

III - ***responsabilidade primária e solidária do Poder Público****: a plena efetivação dos direitos assegurados a crianças e a adolescentes por esta Lei e pela Constituição Federal, salvo nos casos por esta expressamente ressalvados, é de responsabilidade primária e solidária das 3 (três) esferas de governo, sem prejuízo da municipalização do atendimento e da possibilidade da execução de programas por entidades não governamentais;*

IV - ***interesse superior da criança e do adolescente****: a intervenção deve atender prioritariamente aos interesses e direitos da criança e do adolescente, sem prejuízo da consideração que for devida a outros interesses legítimos no âmbito da pluralidade dos interesses presentes no caso concreto;*

V - ***privacidade****: a promoção dos direitos e proteção da criança e do adolescente deve ser efetuada no respeito pela intimidade, direito à imagem e reserva da sua vida privada;*

VI - ***intervenção precoce****: a intervenção das autoridades competentes deve ser efetuada logo que a situação de perigo seja conhecida;*

VII - ***intervenção mínima****: a intervenção deve ser exercida exclusivamente pelas autoridades e instituições cuja ação seja indispensável à efetiva promoção dos direitos e à proteção da criança e do adolescente;*

VIII - ***proporcionalidade e atualidade****: a intervenção deve ser a necessária e adequada à situação de perigo em que a criança ou o adolescente se encontram no momento em que a decisão é tomada;*

IX - ***responsabilidade parental****: a intervenção deve ser efetuada de modo que os pais assumam os seus deveres para com a criança e o adolescente;*

X - ***prevalência da família****: na promoção de direitos e na proteção da criança e do adolescente deve ser dada prevalência à medida que os mantenham ou reintegrem na sua família natural ou extensa ou, se isto não for possível, que promovam a sua integração em família substituta;*

XI - ***obrigatoriedade da informação****: a criança e o adoles-*

> *cente, respeitado seu estágio de desenvolvimento e capacidade de compreensão, seus pais ou responsável devem ser informados dos seus direitos, dos motivos que determinaram a intervenção e da forma como esta se processa;*
>
> *XII - **oitiva obrigatória e participação**: a criança e o adolescente, em separado ou na companhia dos pais, de responsável ou de pessoa por si indicada, bem como os seus pais ou responsável, têm direito a ser ouvidos e a participar nos atos e na definição da medida de promoção dos direitos e de proteção, sendo sua opinião devidamente considerada pela autoridade judiciária competente, observado o disposto nos §§ 1o e 2o do art. 28 desta Lei. (grifos nossos)*

O leitor deve ter cuidado para não confundir as medidas protetivas com as medidas socioeducativas que estudaremos no capítulo seguinte. Vejamos abaixo um quadro esquemático com as principais distinções entre as medidas protetivas e as socioeducativas:

	Medidas de proteção	**Medidas Socioeducativas**
Destinatários	Crianças e adolescentes	Adolescentes
Cabimento	Situações de risco (art. 98)	Prática de ato infracional (art.98, III)
Rol	Exemplificativo	Taxativo
Autoridade Competente	art. 136, I, art. 148, III, e parágrafo único	art. 148, I

Dessa forma, podemos estabelecer que as medidas de proteção previstas no artigo 101 podem ser aplicadas a qualquer criança ou adolescente que se encontre em situação de risco, sendo, em regra, o Conselho Tutelar a autoridade competente para sua aplicação, com exceção da colocação em família substituta e do acolhimento familiar.

O artigo 101 foi alterado pela Lei 12.010/2009. Com a reforma, passamos a ter o acolhimento institucional e o acolhimento familiar no lugar da antiga previsão de abrigo. Além da referida alteração, o artigo passou a ser composto por 12 parágrafos. Antes da reforma, havia apenas o parágrafo único, que dispunha acerca da excepcionalidade e provisoriedade da medida de instituição de acolhimento. O rol do artigo 101 elenca exemplificativamente as medidas protetivas: *encaminhamento aos pais ou responsável, mediante termo de responsabilidade; orientação, apoio e acompanhamento temporários; matrícula e frequência obrigatórias em estabelecimento oficial de ensino fundamental; inclusão em programa comunitário ou oficial de auxílio à família, à criança e ao adolescente; requisição de tratamento médico, psicológico ou psiquiátrico, em regime hospitalar ou ambulatorial; inclusão em programa oficial ou comunitário de auxílio, orientação e tratamento a alcoólatras e toxicômanos; acolhimento institucional; inclusão em programa de acolhimento familiar e colocação em família substituta.*

O acolhimento familiar e o acolhimento institucional são, além de excepcionais, provisórios. Sendo assim, a criança ou o adolescente só devem permanecer acolhidos como forma de transição, para a reintegração em sua família natural ou colocação em família substituta. Não há de se confundir a medida de acolhimento institucional com a medida socioeducativa de internação. A instituição de acolhimento não caracteriza privação de liberdade; pelo contrário, trata-se de lar coletivo, sempre com o intuito de proteger a criança ou adolescente.

- Requisito para acolhimento: guia de acolhimento

A determinação para o acolhimento será judicial. O acolhimento somente poderá ocorrer com guia de acolhimento expedida pelo Juizado da Infância e Juventude, da qual deverá constar, pelo menos: sua identificação e qualificação completa de seus pais ou de seu responsável, se conhecidos; o endereço de residência dos pais ou do responsável, com pontos de referência; os nomes de parentes ou de terceiros interessados em tê-los sob sua guarda; e os motivos da retirada ou da não reintegração ao convívio familiar (artigo 101, parágrafo 3º).

- Plano individual de acolhimento

A Lei 12.010/2009 instituiu e tornou obrigatório um plano individual de atendimento que será elaborado pela entidade responsável pelo programa de acolhimento institucional ou familiar, sob a responsabilidade de sua equipe técnica, e levará em consideração a opinião da criança ou do adolescente e a oitiva dos pais ou do responsável, visando à reintegração familiar, ressalvada a existência de ordem escrita e fundamentada em contrário de autoridade judiciária competente, caso em que também deverá contemplar colocação em família substituta, observadas as regras e princípios contidos no ECA (artigo 101, parágrafos 4º e 5º).

Constarão do plano individual, dentre outros: os resultados da avaliação interdisciplinar; os compromissos assumidos pelos pais ou responsável; e a previsão das atividades a serem desenvolvidas com a criança ou com o adolescente acolhido e seus pais ou responsável, com vista na reintegração familiar ou, caso seja esta vedada por expressa e fundamentada determinação judicial, as providências a serem tomadas para colocação em família substituta, sob direta supervisão da autoridade judiciária (artigo 101, parágrafo 6º).

- Acolhimento familiar ou institucional

Essas medidas, incluídas pela Lei 12.010/2009, tomaram o lugar da antiga previsão de abrigo. Dentre os parágrafos incluídos no artigo 101 do ECA, os parágrafos 7º a 12 se destinam à previsão de disposições relacionadas ao acolhimento.

Considerando-se que o acolhimento, seja familiar ou institucional, é medida provisória, devendo caracterizar uma forma de transição para a reintegração familiar ou a colocação em família substituta, deve ser estimulado o contato da criança ou do adolescente com sua família natural, inclusive visando à inclusão dessa em programas de auxílio, para que melhor receba a criança ou adolescente assim que seja possível a reintegração. Assim que o responsável pelo programa de acolhimento familiar ou institucional constatar a possibilidade de reintegração à família de origem, fará comunicação à autoridade judiciária, que dará vistas ao Ministério Público por cinco dias, decidindo em igual prazo.

Em sendo constatada a impossibilidade de reintegração da criança ou do adolescente à família de origem após seu encaminhamento a programas oficiais ou comunitários de orientação, apoio e promoção social, será enviado relatório fundamentado ao Ministério Público, no qual conste a descrição pormenorizada das providências tomadas e a expressa recomendação, subscrita pelos técnicos da entidade ou responsáveis pela execução da política municipal de garantia do direito à convivência familiar, de destituição do Poder Familiar, tutela ou guarda (parágrafo 9º).

Quando o Ministério Público recebe o relatório, terá o prazo de 30 dias para ingressar com a ação de destituição do poder familiar. No entanto, poderá não ingressar com a ação se entender pela necessidade de realização de estudos complementares ou outras providências indispensáveis ao ajuizamento da demanda.

Quanto ao cadastro, mantido pela autoridade judiciária, das crianças e adolescentes no programa de acolhimento, dispõe o ECA no artigo 101:

§11. A autoridade judiciária manterá, em cada comarca ou foro regional, um cadastro contendo informações atualizadas sobre as crianças e adolescentes em regime de acolhimento familiar e institucional sob sua responsabilidade, com informações pormenorizadas sobre a situação jurídica de cada um, bem como as providências tomadas para sua reintegração familiar ou colocação em família substituta, em qualquer das modalidades previstas no art. 28 desta Lei.

§12. Terão acesso ao cadastro o Ministério Público, o Conselho Tutelar, o órgão gestor da Assistência Social e os Conselhos Municipais dos Direitos da Criança e do Adolescente e da Assistência Social, aos quais incumbe deliberar sobre a implementação de políticas públicas que permitam reduzir o número de crianças e adolescentes afastados do convívio familiar e abreviar o período de permanência em programa de acolhimento.

Sempre que a autoridade competente aplicar medida de proteção, deverá verificar a situação relativa ao registro civil da criança ou adolescente para sua regularização. Essa regularização não se trata de medida propriamente dita, mas sim de acompanhamento necessário de qualquer medida de proteção.

Caso a criança ou adolescente ainda não tenha seu registro civil, esse deve ser providenciado com os elementos disponíveis. O registro é feito mediante requisição da autoridade judiciária. No caso de paternidade ainda não definida, será deflagrado o procedimento de investigação desta, nos termos da Lei 8.560/1992. Dispõe o parágrafo 4º do artigo 102 do ECA que o ajuizamento da demanda será dispensado quando o suposto pai deixar de comparecer ou se recusar a assumir a paternidade a ele atribuída, tendo sido a criança encaminhada para adoção. Tal previsão também foi incluída pela Lei 12.010/2009 na Lei 8.560/1992:

Art. 2º

(...)

§ 5º Nas hipóteses previstas no § 4o deste artigo, é dispensável o ajuizamento de ação de investigação de paternidade pelo Ministério Público se, após o não comparecimento ou a recusa do suposto pai em assumir a paternidade a ele atribuída, a criança for encaminhada para adoção.

§ 6º A iniciativa conferida ao Ministério Público não im-

pede a quem tenha legítimo interesse de intentar investigação, visando a obter o pretendido reconhecimento da paternidade.

Das medidas elencadas no artigo 101, vimos que a competência será em regra do Conselho Tutelar, como dispõe o artigo 136, I:

> *Art. 136. São atribuições do Conselho Tutelar:*
> *I - atender as crianças e adolescentes nas hipóteses previstas nos arts. 98 e 105, aplicando as medidas previstas no art. 101, I a VII"*

Já o artigo 148 do ECA determina a competência da autoridade judiciária para aplicar a medida de colocação em família substituta: guarda, tutela e adoção.

> *Art. 148. A Justiça da Infância e da Juventude é competente para:*
> *(...)*
> *III - conhecer de pedidos de adoção e seus incidentes;*
> *(...)*
> *Parágrafo único. Quando se tratar de criança ou adolescente nas hipóteses do art. 98, é também competente a Justiça da Infância e da Juventude para o fim de:*
> *a) conhecer de pedidos de guarda e tutela;*

No que tange a adoção, a competência da Justiça da Infância e Juventude é exclusiva, no entanto, quanto à guarda e a tutela, a Justiça da Infância e Juventude apenas será competente nos casos em que a criança ou adolescente estejam em situação de risco.

No entanto, percebemos que a Lei 12.010/2009 deixou de adequar o artigo 136 às novas disposições do artigo 101. De acordo com a redação do artigo 136, o Conselho Tutelar teria competência para aplicação das medidas até o acolhimento institucional, mas não teria competência para aplicação do programa de acolhimento familiar, ao passo que o artigo 148 não foi alterado para passar a mencionar a competência do juiz no caso de acolhimento familiar. Frente a essa lacuna e com a análise de alguns dispositivos, entendemos que o silêncio do legislador quanto ao artigo 136 foi proposital. Tanto assim, que o artigo 170 teve seu parágrafo único assim redigido pela Lei 12.010/2009:

> *Parágrafo único. A colocação de criança ou adolescente sob a guarda de pessoa inscrita em programa de acolhimento familiar será comunicada pela autoridade judiciária à entidade por este responsável no prazo máximo de 5 (cinco) dias.*

Dessa forma, o Conselho Tutelar continua sendo autoridade com atribuição para encaminhamento à instituição de acolhimento, como já ocorria antes da reforma. Já no que tange ao novo acolhimento familiar, apenas o juiz poderá determinar tal medida protetiva, comunicando a colocação em acolhimento familiar à entidade responsável no prazo máximo de cinco dias. O artigo 148 deveria ter sido alterado pela Lei 12.010/2009 com o fim de elencar, entre as competências do Juizado da Infância e Juventude, a colocação da criança ou adolescente em acolhimento familiar.

- Toque de recolher como medida de proteção

Vimos que o rol das medidas protetivas é meramente exemplificativo. Sendo assim, a Justiça da Infância e Juventude de algumas comarcas passou a estabelecer, por meio de portarias, determinados horários (que variam de acordo com a idade) para que menores de 18 anos não pudessem estar fora de suas casas. Ou seja: ficava instituído o toque de recolher a partir de determinado horário. Comarcas como a de Fátima do Sul, em MS, Fernandópolis e Ilha Solteira, em SP, Itajá e Patos de Minas, em MG, e Santo Estevão, na BA, adotaram o toque de recolher.

Muitos aplaudiram a medida no sentido de que o toque de recolher contribuiria para afastar os menores de 18 anos da criminalidade e seria legal com base na previsão contida no artigo 149 do ECA, que estabelece que compete à autoridade judiciária disciplinar, por meio de portaria, ou autorizar, por meio de alvará, a entrada e permanência de criança ou adolescente, desacompanhado dos pais ou responsável, em alguns locais públicos.

No entanto, não se deixou de questionar se a referida medida ofenderia a liberdade constitucional de locomoção, o que para alguns ficou visível. Além disso, há a disposição contida no parágrafo 2º do artigo 149, que estabelece que as medidas adotadas na conformidade do artigo deverão ser fundamentadas caso a caso, vedadas as determinações de caráter geral.

O Ministério Público de Minas Gerais ajuizou procedimento administrativo contra o Juizado da Infância e Juventude de Minas Gerais. Muito embora em junho a liminar para suspensão da Portaria 001/2009 da 3ª Vara Cível da

Comarca de Nova Andradina (MS) tenha sido negada pelo Conselheiro Marcelo Nobre, e em agosto de 2009 a liminar tenha sido negada para as comarcas de Patos de Minas (MG), Ilha Solteira (SP) e Santo Estevão (BA), no julgamento do Procedimento de Controle Administrativo (PCA) 200910000023514 o voto divergente do Conselheiro Jorge Hélio Chaves de Oliveira acabou prevalecendo, contrariamente ao voto do Relator Conselheiro Ministro Ives Gandra.

A portaria da Comarca de Patos de Minas foi suspensa. O Conselheiro Jorge Hélio, favorável à suspensão da portaria, argumentou que ela é ilegal, já que o juiz não tem competência para editar norma com força de lei. Segundo ele, apesar de o artigo 149 de o ECA dar ao magistrado poder para disciplinar a entrada e a permanência dos menores em locais públicos, o parágrafo 2º limita esse poder ao determinar que a medida não pode ter caráter geral e deve ser fundamentada caso a caso.

"A portaria, como ato administrativo deve se referir [sic] a questões específicas, pontuais e concretas. E não, como neste caso, atingir um público generalizado", afirmou. De acordo com o Conselheiro, a portaria restringe o direito de ir e vir dos adolescentes. "Em nome de uma proteção à criança e ao adolescente, alguns juízes estão extrapolando suas funções", acrescenta. Segundo o Conselheiro Jorge Hélio, o Conselho estuda editar uma resolução que determine a ilegalidade de portarias assinadas pelos juízos.

No entanto, em decisão mais recente, o Conselho Nacional de Justiça, no Procedimento de Controle Administrativo nº 2009.10.00.003619-3, resolveu não tomar conhecimento das portarias emitidas pelos juízes de diversas comarcas do país:[54]

> *Na sessão plenária desta terça-feira (10/11), o Conselho Nacional de Justiça (CNJ) decidiu não tomar conhecimento das portarias emitidas pelos juízes de diversas comarcas do país que limitaram o horário de crianças e adolescentes na rua. Os conselheiros determinaram que o assunto seja analisado pela Comissão de Acesso à Justiça e Cidadania do CNJ, presidida pela conselheira Morgana Richa, com a finalidade de estabelecer regras para as Corregedorias dos Tribunais de Justiça possam acompanhar a adoção da medida. "Não cabe ao CNJ atuar diretamente nessa matéria, mas estabelecer parâmetros gerais que sirvam para que cada Tribunal de Justiça verifique se o juiz está estabelecendo regras gerais ou resolvendo um problema es-*

54 Disponível em <www.cnj.jus.br>, em 03/01/2009, 21:10.

pecífico", explicou o ministro Ives Gandra Martins Filho, conselheiro relator da matéria.

A validade ou não do Toque de Recolher foi questionada pelo requerente Luis Eduardo Auricchio Bottura, que pediu a anulação da medida adota em sete municípios: Fernandópolis e Ilha Solteira (SP); Nova Andradina e Anaurilândia (MS); Itajá e Patos de Minas (MG) e Santo Estevão (BA). Até o momento, o Toque de Recolher já foi adotado em 41 municípios de 16 estados. "Em princípio tem sido uma prática salutar, mas a medida só tem dado certo porque conta com o apoio da população", esclareceu o ministro Ives Gandra.

O conselheiro Milton Nobre, que havia pedido vistas do processo, disse que o requerente não apresentou nenhuma relevância técnica para que as portarias fossem impugnadas. Já o relator, ministro Ives Gandra, reconhece que as portarias que limitam horário das crianças na rua podem ser questionadas já que o artigo 149 do Estatuto da Criança e Adolescente (ECA) deixa clara a competência da autoridade judicial, por isso a necessidade de se estabelecer regras gerais para a orientação dos tribunais.

- Fórum Nacional da Justiça da Infância e Juventude

No dia 4 de novembro de 2008 foi aprovado o programa nacional de promoção de medidas de proteção à infância e à juventude e de reinserção social dos adolescentes em conflito com a lei. Com base em tal aprovação, o Conselho Nacional de Justiça instituiu, em 14 de abril de 2009, o Fórum Nacional da Justiça da Infância e Juventude, por meio da Portaria nº 512, que entrou em vigor em 15/04/2009, data de sua publicação.

Os artigos 1º e 2º da referida Portaria nos demonstra o conjunto de atribuições do órgão criado:

> *Art. 1º Fica instituído, no âmbito do Conselho Nacional de Justiça, o Fórum Nacional da Justiça da Infância e da Juventude, com a atribuição de elaborar estudos e propor medidas concretas e normativas para o aperfeiçoamento de procedimentos, o reforço à efetividade dos processos judiciais, o aprimoramento do sistema judicial em que se insere o adolescente em conflito com a lei e a integração de iniciativas do Poder Judiciário com*

as dos demais Poderes, voltadas ao planejamento e execução de medidas de proteção às crianças e adolescentes vítimas ou em situação de risco.

Art. 2º Caberá ao Fórum Nacional:

I - o monitoramento estatístico das ações judiciais em que sejam partes ou interessados a criança e o adolescente na condição de vítima ou em situação de risco, bem como o adolescente em conflito com a lei;

II - o estudo e o monitoramento da atividade das unidades judiciárias com competência para processo e julgamento das ações judiciais descritas no inciso anterior;

III - a proposição de medidas concretas e normativas voltadas à otimização de rotinas processuais, à organização e estruturação das unidades judiciárias com competência para o processo e julgamento das ações judiciais descritas no inciso I;

IV - a proposição de medidas concretas e normativas voltadas à prevenção de conflitos judiciais e à definição de estratégias nas questões que envolvam infância e juventude;

V - a identificação de atividades, campanhas ou projetos já existentes e efetivos, no âmbito do Poder Judiciário, relacionados aos objetivos deste Fórum Nacional, para a sua difusão e reforço;

VI - a análise da estrutura e das atividades desenvolvidas por entidades responsáveis pela manutenção de programas socioeducativos e de proteção à criança e ao adolescente, como instituição de acolhimento e unidades de internação;

VII - a proposição de medidas de aprimoramento das atividades descritas no inciso anterior, e de difusão das boas práticas que forem identificadas;

VIII - o estudo e a proposição de outras medidas consideradas pertinentes ao cumprimento do objetivo do Fórum Nacional.

APLICAÇÃO EM CONCURSO

01 - Segundo o Estatuto da Criança e do Adolescente, um dos princípios que regem a aplicação das medidas protetivas é o: FCC - 2014 - MPE-PE - Promotor de Justiça

a) da responsabilidade primária e solidária do poder público.
b) higienista.
c) tutelar.
d) da matricialidade judicial.
e) da situação irregular.

Gabarito: A

Artigo 100, parágrafo único

02 - No que concerne às medidas de proteção da criança e do adolescente, assinale a opção correta. CESPE - 2013 - DPE-RR - Defensor Público

a) Por disposição expressa da legislação de regência, as medidas de proteção à criança devem ser acompanhadas da regularização do respectivo registro civil e, não estando a paternidade da criança ainda definida, será impositiva a deflagração do procedimento específico destinado à sua averiguação, mesmo que a criança tenha sido encaminhada para adoção.

b) O acolhimento institucional, medida provisória e excepcional que implica privação de liberdade, é utilizável como forma de transição para colocação do menor em família substituta.

c) Entre os princípios que regem a aplicação das medidas específicas de proteção incluem-se o da privacidade, o da intervenção precoce e o da responsabilidade parental.

d) De acordo com a norma de regência, na efetivação dos direitos assegurados a crianças e adolescentes, a responsabilidade primária é atribuída, por princípio, à família, e a subsidiária, ao poder público, com primazia de atuação do poder público municipal, em decorrência da municipalização do atendimento, e, sucessivamente, aos demais entes estatais.

e) O afastamento da criança ou adolescente do convívio familiar, medida excepcional e de natureza emergencial, pode ser ordenado, com fundamento na proteção das vítimas de violência ou abuso sexual, pelo MP, pelo conselho tutelar, pelo órgão gestor da assistência social e pelos conselhos municipais dos direitos da criança e do adolescente e da assistência social.

Gabarito: C

Artigo 100, parágrafo único

03 - A propósito das medidas de proteção e das medidas pertinentes aos pais ou responsável, assinale a opção correta. CESPE - 2013 - DPE-TO - Defensor Público

a) Imediatamente após o acolhimento da criança ou do adolescente, a entidade responsável pelo programa de acolhimento institucional ou familiar deve elaborar um plano individual de atendimento, visando à reintegração familiar do menor, ressalvada a existência de ordem escrita e fundamentada em contrário exarada pela autoridade judiciária competente, caso em que está prevista a colocação da criança ou do adolescente em família substituta.

b) Excepcionalmente, quando constatado perigo à sobrevivência da criança ou do adolescente em razão da falta ou da carência de recursos materiais, a autoridade judiciária poderá aplicar aos pais a medida de suspensão do poder familiar, até que a família seja incluída em programa social promovido pelo governo.

c) Verificada a hipótese de dependência química grave dos pais, a autoridade judiciária, a fim de evitar qualquer violação a direito fundamental do infante, poderá determinar, como medida cautelar, a internação compulsória do pai ou responsável em clínica especializada para tratamento de dependentes químicos.

d) O conselho de direitos de cada município deve manter, em cada comarca ou foro regional, cadastro com informações atualizadas sobre as crianças e adolescentes em regime de acolhimento familiar e institucional e informações pormenorizadas sobre a situação jurídica de cada um, bem como as providências tomadas para sua reintegração familiar ou colocação em família substituta.

e) Na impossibilidade de reintegração da criança ou do adolescente à família de origem, após seu encaminhamento a programas oficiais ou comunitários de orientação, apoio e promoção social, será enviado relatório fundamentado à DP, para o ajuizamento de ação de destituição do poder familiar, ou destituição de tutela ou guarda.

Gabarito: A

Artigo 101, parágrafo 4o.

04 - Com relação às medidas de proteção da criança e(ou) do adolescente e às destinadas aos pais ou responsável, assinale a opção correta. CESPE - 2012 - DPE-SE - Defensor Público

a) Para a aplicação das medidas específicas de proteção, é necessário levar em consideração, de forma irrestrita, a prevalência da família natural ou extensa.

b) No plano individual de atendimento instituído pelo ECA, deverão constar os resultados colhidos por equipe multidisciplinar, que somente poderá levar em consideração a opinião do adolescente, não o podendo fazer nos casos da oitiva da criança e de seus pais ou responsável.

c) Em procedimento de apuração de ato infracional, é cabível aplicação de medidas aos pais.

d) São medidas aplicáveis aos pais: advertência, perda da guarda, destituição da tutela e suspensão ou destituição do poder familiar.

e) O fato de se expulsar de casa adolescente grávida caracteriza situação de violação de direitos, o que justifica a aplicação de medida de proteção à adolescente.

Gabarito: E

05 - Quanto às medidas de proteção previstas no Estatuto da Criança e do Adolescente, assinale a alternativa correta.

a) Deverão ser aplicadas isoladamente, admitindo-se substituição a qualquer tempo.

b) Deverão ser aplicadas cumulativamente, não se admitindo, nesse caso, substituição.

c) Quando aplicadas, não admitem substituição, salvo em caso de recurso que modifique a pertinência da troca.

d) Poderão ser aplicadas isolada ou cumulativamente, bem como substituídas a qualquer tempo.

Gabarito: D

Artigo 99 do ECA

9 - DA PRÁTICA DE ATO INFRACIONAL E A ADOÇÃO DO GARANTISMO PENAL E DO CONSTITUCIONALISMO NO ECA

O artigo 103 do Estatuto conceitua o ato infracional como a conduta descrita como crime ou contravenção penal. Para entendermos melhor o ato infracional e suas consequências no ECA, temos que relembrar alguns conceitos do Direito Penal.

No Direito Penal, majoritariamente, o conceito analítico de crime é formado pelo fato típico, ilícito e culpável. Ou seja, o injusto penal (fato típico e ilícito) deve ser complementado pela culpabilidade para se afirmar que existe crime. O menor de 18 anos não pratica crime justamente por não ter culpabilidade. A inimputabilidade, uma das excludentes da culpabilidade, é estabelecida em critério puramente biológico em relação ao menor de 18 anos. Consoante o artigo 27 do Código Penal, artigo 228 da Constituição Federal e artigo 104 do ECA: "os menores de 18 (dezoito) anos são penalmente inimputáveis, ficando sujeitos às normas estabelecidas na legislação especial". Vamos relembrar um pouco a parte geral de Direito Penal: a culpabilidade tem como elementos a potencial consciência da ilicitude, a exigibilidade de conduta diversa e a imputabilidade. Dessa maneira, sendo inimputável, podemos afirmar que o menor de 18 anos não atende um dos elementos da culpabilidade.

Logo, podemos afirmar que o menor de 18 anos não comete crime, comete apenas um ato análogo a um injusto penal (fato típico e ilícito), que é descrito como crime ou contravenção penal, denominado pelo estatuto de ato infracional, que abrange a situação descrita como infração penal como um todo (crime e contravenção).

A Lei 6.697/1979, anterior ao Estatuto, elencava em seu artigo 2º o autor de infração penal como menor em situação irregular. Como medidas, trazia a liberdade assistida, a colocação em casa de semiliberdade e a internação, sendo esta última aplicável se fosse inviável ou malograsse a aplicação das demais medidas. O procedimento para apuração da infração era traçado no artigo 99 e seguintes. A Lei trazia pouquíssimas disposições acerca das garantias do menor sujeito das medidas, o que configurava total falta de respeito aos seus direitos, incluindo seu direito de convivência familiar.

As normas relativas à prática do ato infracional previstas no Estatuto dividem-se em normas de Direito Material e normas de Direito Processual. Não só definem o ato infracional, como também preveem o procedimento a ser adotado caso seja praticado. Neste capítulo, estudaremos os conceitos inerentes ao Direito Material. No capítulo destinado aos procedimentos, estudaremos a forma de apuração de ato infracional atribuído a adolescente.

– Teoria da atividade

Dispõe o artigo 104, parágrafo único, do ECA que: "Para os efeitos desta lei, deve ser considerada a idade do adolescente à data do fato."

Como já tivemos oportunidade de mencionar, não importa que o ato infracional seja descoberto quando o agente já conte com a maioridade, pois o que importa é a idade do adolescente à data do fato. Tanto quanto o Código Penal, o ECA também adotou para o momento do ato infracional a teoria da atividade.

Teremos que, necessariamente, analisar alguns aspectos:

- Crime permanente: a conduta se protrai no tempo. Dessa maneira, é como se o crime estivesse sendo praticado a cada momento. Por exemplo, o agente, contando com 17 anos e 10 meses, sequestra uma pessoa. Se, ao completar 18 anos, ele ainda não tiver liberado a pessoa, a ele não serão aplicadas as normas do Estatuto, mas sim as do Código Penal, pois sequestro (artigo 148 do Código Penal) é crime permanente.

- Momento da maioridade: é necessário que se saiba exatamente o momento em que é completa a maioridade. A questão é controvertida.

Para alguns, o agente torna-se imputável no primeiro minuto da data de seu aniversário, independente da hora em que nasceu. Exemplo: se ele nasceu às 20 horas do dia 10 de agosto de 1985, de fato, completou 18 anos às 20 horas do dia 10 de agosto de 2003. No entanto, seguindo a norma do artigo 10 do Código Penal, que determina que no cômputo dos prazos de Direito Penal seja incluído o dia do começo, ele será imputável a partir do primeiro minuto do dia 10 de agosto de 2003. Se ele pratica uma ação típica às 13 horas desse dia, por exemplo, ele responderá como adulto. Dentre outros, esse é o entendimento de Júlio Fabrini Mirabete, Damásio de Jesus e Rogério Greco, adotado, majoritariamente, pela jurisprudência.

Alguns doutrinadores sustentam que só haveria imputabilidade após o horário em que se completaria, realmente, 18 anos. Outros sustentam que a maioridade apenas se daria após o dia do aniversário.

Da forma como redigido no Estatuto, poder–se-ia defender uma das duas primeiras correntes. Pensamos que, consoante a postura ideológica do Estatuto, a segunda corrente é mais adequada, desde que a hora do nascimento conste expressamente do registro. Caso contrário, na dúvida acerca da hora do nascimento, entendemos que deve ser considerado imputável o agente a partir do primeiro momento do dia seguinte ao do seu aniversário.

- **Data do fato**: é a data da atividade e não do resultado. Como mencionamos, deve ser feito um paralelo com a regra do artigo 4º do Código Penal:

"Considera-se praticado o crime no momento da ação ou omissão, ainda que outro seja o momento do resultado".

Dessa maneira, se um indivíduo, contando com 17 anos e 5 meses, desejando matar, atira em uma pessoa que só vem a falecer oito meses depois, ainda que o agente já seja maior, ele responderá nos termos do Estatuto. Ressalte-se que se o crime foi descoberto após ele ter completado a maioridade. Para parte da nossa doutrina, nada mais poderia ser feito, tendo ocorrido a prescrição socioeducativa. Veremos mais adiante que a jurisprudência tem-se manifestado pela possibilidade de aplicação da medida de internação até os 21 anos, claro que desde que o ato tenha sido praticado antes dos 18 anos.

- Prova da menoridade

A prova de menoridade deve ser feita, em princípio, pela certidão de nascimento, em virtude do que dispõe o artigo 155 do Código de Processo Penal: "No juízo penal, somente quanto ao Estado das pessoas, serão observadas as restrições à prova, estabelecidas na lei civil".

O Superior Tribunal de Justiça editou a Súmula 74, que dispõe: "Para efeitos penais, o reconhecimento da menoridade do réu requer prova por documento hábil".

Ressalte-se que a jurisprudência tem aceitado prova idônea, desde que documental.

– Prescrição

O instituto da prescrição, previsto no Código Penal, refere-se, em regra, à pena privativa de liberdade.

Apesar de não ter a medida socioeducativa natureza de pena, sempre foi controvertida a aplicação da prescrição penal ao ato infracional. O entendimento do Juiz Guaraci de Campos Viana era no sentido de que se deveria analisar caso a caso, tendo como base a necessidade ou não da aplicação da medida. Se necessário, não importando o lapso temporal, a medida deveria ser aplicada, desde que, é óbvio, ainda se tratasse de menor de 18 anos. Atualmente, a questão já está pacificada pelo Superior Tribunal de Justiça, que editou o enunciado 338 em 09/05/2007: "A prescrição penal é aplicável nas medidas socioeducativas".

Desta forma, a tabela prevista no artigo 109 do Código Penal pode ser aplicada ao ato infracional da seguinte forma:

a) Na hipótese em que o magistrado menorista define prazo certo para a duração da medida socioeducativa, à luz do enunciado do artigo 110, *caput*, do Código Penal, será este o utilizado para o cálculo prescricional. Exemplo: imposta medida de prestação de serviços à comunidade pelo prazo máximo de três meses, em sentença transitada em julgado, a prescrição é de um ano, a teor do disposto no artigo 109, inciso VI, c.c. art. 115 do Código Penal.[55] Ou seja, a prescrição será sempre contada da metade, tendo em vista o disposto no art. 115 do Código Penal.

b) Tratando-se de medida socioeducativa aplicada sem prazo de duração certo, o cálculo da prescrição, por analogia, deve ter em vista o limite de três anos previstos para a duração máxima da medida de internação, na forma do artigo 121, § 3º, do ECA. Sendo assim, aplicado o artigo 109, c.c. artigo 115 do Código Penal, a prescrição se opera em quatro anos.

c) Caso seja aplicada medida por prazo determinado, juntamente com a medida de internação, os prazos serão contados de forma isolada, sendo aplicado o artigo 119 do Código Penal. Exemplo: medida de prestação de serviços à comunidade conjuntamente com medida de internação. O prazo prescricional para essa medida seria de um ano.

d) Sendo o ato infracional praticado equiparado a delito que prevê como preceito secundário sanção inferior a três anos, o cálculo da prescrição deve ser aferido pela pena máxima em abstrato previsto ao delito praticado. Se a legislação penal estabelece pena inferior ao prazo máximo estipulado para a aplicação da medida socioeducativa de internação (três anos), não se pode admitir que se utilize tal parâmetro para o cálculo da prescrição, uma vez que levaria a situações de flagrante desproporcionalidade e injustiça, porquanto se daria tratamento mais rigoroso a um adolescente do que a um adulto em situações análogas.

e) Na ausência de sentença que tenha aplicado medida, a prescrição a ser declarada é a da pretensão socioeducativa, que somente pode ser verificada a partir da pena máxima abstratamente cominada ao crime análogo ao ato infracional praticado, pois a escolha da medida socioeducativa imposta somente competirá ao juízo menorista. O juízo de reprovabilidade da conduta, definido pelo legislador penal, deve ser levado em consideração no cálculo dos prazos prescricionais, sob pena de se dar tratamento igualitário a situações diversas. Se o lapso temporal transcorrer sem que sequer a representação tenha sido recebida, há de ser declarada a prescrição.

55 Nesse sentido, HC 135554, 5ª. Turma, STJ, 28/09/2009.

Com as situações elencadas, concluímos que é possível a prescrição da pretensão socioeducativa, além da prescrição executória da medida socioeducativa. A primeira se dará nos casos em que inexiste sentença transitada em julgado que tenha aplicado medida. A segunda, nos casos em que a medida foi aplicada por sentença com trânsito em julgado. Neste último caso, o prazo a ser considerado é o aplicado na sentença, exceto para a medida de internação, que não comporta prazo determinado, caso em que o cálculo prescricional se baseará no máximo da medida de internação: três anos (artigo 121, parágrafo 3º, do ECA).

– Da redução da maioridade penal

Muito se discute atualmente acerca da redução da maioridade penal. Muitos defendem que a partir dos 16 anos o menor já deveria ter o mesmo tratamento do delinquente adulto. Outros falam em 14 anos.

Desde já, colocamo-nos contra tal redução. Isso não demonstra nenhum pensamento extremamente garantista, mas apenas assim nos posicionamos, pela simples verificação de que nenhum benefício tal redução traria para a sociedade ou para o adolescente em conflito com a lei. Além disso, a redução se coloca como totalmente contrária à postura ideológica fixada na Constituição Federal e implementada pelo ECA.

Devemos analisar a referida proposição sob a seguinte ótica: em qual aspecto tal redução traria benefícios à sociedade e ao adolescente em conflito com a lei? Alguns podem sustentar que o menor não teria como limite a idade de 18 ou de 21 anos para o final do cumprimento da medida socioeducativa, mas que a ele seria aplicada uma pena cominada no tipo penal, sendo consideradas as circunstâncias judiciais e legais para a aplicação dessa pena ao longo de suas três fases. Ou, ainda, como argumento para a redução, pode-se dizer que muitos menores de 18 anos já possuem plena maturidade e sabem, exatamente, o que estão fazendo. Aduz-se, ainda, que muitos adultos se valem da inimputabilidade do menor de 18 anos para cometerem crimes por meio deste.

Com base nesses argumentos, trazemos os seguintes contra-argumentos:

1º – A ideia de uma punição mais gravosa não faz com que a infração não seja praticada. Vejamos a lei de crimes hediondos, extremamente gravosa, que chegava a consagrar (como foi por muitos anos) o regime integralmente fechado para o cumprimento da pena, assim como incidia a proibição de liberdade provisória e causas de aumento de pena para algumas condutas delituosas, dentre outras tantas medidas. Agora, pergunta-se: tal lei diminuiu a criminalidade, diminuiu o cometimento dos denominados "crimes hediondos"? A estatística mostra que não. O delinquente, ao cometer uma infração penal, não acredita que vai ser pego, não se importa com a pena. Na verdade, deixa-se de delinquir muito mais por uma questão ética do que por medo da futura pena a ser aplicada.

2º- O desejo da sociedade de punir de maneira mais gravosa o adolescente parte muito mais de uma ideia de vingança do que propriamente de um desejo de diminuir a criminalidade. Vamos analisar: determinado adolescente matou uma pessoa com emprego de meio cruel, constituindo um ato infracional análogo ao homicídio qualificado, que é punido pelo Direito Penal com pena de 12 a 30 anos. Esse menor cometeu o ato com 17 anos, 11 meses e 29 dias. Ele, poderá, no máximo, ficar internado, ressalvadas as posições em sentido contrário, até os 20 anos, 11 meses e 29 dias, ou seja, pelo período de três anos. Isso gera, na sociedade, uma ideia de absurdo legislativo, mas sob o seguinte argumento: essa pessoa cometeu um ato gravíssimo, como pode ser punido de uma maneira tão singela? Se tivesse cometido o crime alguns dias depois, seria punido de maneira muito mais gravosa.

Devemos analisar que a finalidade da punição, seja ela qual for, não pode possuir um caráter de mera retribuição, mas principalmente um caráter de prevenção, incluindo a prevenção especial, levando aquele agente a não mais delinquir. Sabemos que, quanto ao delito cometido, não é possível o retorno ao estado anterior, a vítima já morreu; entretanto, pode-se evitar que a pessoa volte a delinquir, protegendo, dessa maneira, toda a sociedade e evitando futuros atos gravosos.

Agora, perguntemo-nos: considerando a finalidade de prevenção, em que situação uma pessoa de 17 anos tem maior possibilidade de se reeducar, de se ressocializar, de se conscientizar do ato que praticou, desenvolvendo a vontade de se recuperar e de não mais voltar a delinquir? Com sua submissão ao tratamento do delinquente adulto, expondo-o à contaminação carcerária? Até os que defendem a redução da imputabilidade penal acabarão respondendo que o menor sairia muito pior de um estabelecimento prisional do que de uma entidade de atendimento de internação. A questão então é: o que se deseja com a redução da imputabilidade? Postergar a liberação de um indivíduo, que durante anos será exposto a intensa criminalidade, para liberá-lo para nossas futuras gerações provavelmente muito mais delinquente que na data do cometimento do fato?

3º – Podemos até concordar que não necessariamente o fato de ter uma idade inferior a 18 anos torna o indivíduo uma pessoa sem capacidade de entender aquilo que faz, mas com certeza não podemos, também, afirmar que ele se encontra em pleno desenvolvimento. Nesse aspecto, obrigatoriamente temos que nos voltar para o Direito Penal, para o critério utilizado pelo legislador para a fixação da idade de 18 anos. Adotou-se o critério biológico, com assento constitucional no artigo 228, com presunção absoluta de que o desenvolvimento incompleto presume a incapacidade de entendimento e vontade. Os critérios adotados foram de política criminal. Considera-se que o menor ainda está em desenvolvimento de seu caráter, devendo ser submetido a educação e não a pena criminal.

Acreditamos que, dessa maneira, o benefício será muito mais considerável ao menor e à própria sociedade. Será muito mais difícil que um menor volte a delinquir se estiver amparado, protegido, sujeito às normas de proteção e educativas do Estatuto, do que se estiver sujeito puramente às normas de Direito Penal. Ainda que isso não satisfaça aos anseios da sociedade em geral, não podemos permitir que a ideia de vingança, que vem sendo aos poucos abandonada, volte a imperar na vigência de um Estado Democrático de Direito. Devemos projetar-nos para além do momento atual, pensando no futuro que desejamos construir para nossos filhos e netos. É investindo na educação, na formação das crianças e adolescentes que vamos colaborar para a formação de um mundo melhor. Lógico que isso se fará em longo prazo, em ações conjuntas. A pura vingança apenas vai jogar o problema de hoje para as futuras gerações.

Vejamos o que dispõe o item 23 da exposição de motivos da Lei 7.209/1984:

> *Manteve o projeto a inimputabilidade penal ao maior de 18 (dezoito) anos. Trata-se de opção apoiada em critérios de política criminal. Os que preconizam a redução do limite, sob a justificativa da criminalidade crescente, que a cada dia recruta maior número de menores, não consideram a circunstância de que o menor, ser ainda incompleto, é naturalmente antissocial na medida em que não é socializado ou instruído. O reajustamento do processo de formação do caráter deve ser cometido à educação, não à pena criminal. De resto, com a legislação de menores recentemente editada, dispõe o Estado dos instrumentos necessários ao afastamento do jovem delinquente, menor de 18 (dezoito) anos, do convívio social, sem sua necessária submissão ao tratamento do delinquente adulto, expondo-o à contaminação carcerária.*

4º – Quanto ao argumento de que alguns adultos se valem de menores para o cometimento de delitos, voltemo-nos para o Direito Penal, acerca da autoria mediata.

Autor mediato é quem comete o fato punível por meio de outra pessoa, ou seja, realiza o tipo legal de um delito comissivo doloso, de modo tal que, ao levar a cabo a ação típica, faz com que atue para ele um intermediário, na forma de um instrumento. Sendo autor mediato, o adulto vai responder pelo cometimento do delito, embora o menor de 18 anos que praticou o ato infracional responda nos termos do Estatuto.

Transcrevemos, a seguir, a brilhante colocação de Ney Moura Telles acerca do tema da redução da maioridade penal:

> *Propostas como essas, longe de resolver qualquer problema da espécie existente no país, constituem verdadeiro engodo, e só podem ser compreendidas dentro da ideologia da corrente da lei e da ordem.*

As crianças e os adolescentes que cometem fatos típicos e ilícitos, que são usados por delinquentes adultos, são, em verdade, filhos de uma sociedade injusta, assentada em bases econômicas e sociais perversas. A eles não foram proporcionadas oportunidades de vida digna, com habitação, família, educação, saúde, lazer, formação moral, enfim, não tiveram oportunidades de apreender valores ético-sociais importantes. Por isso, quando atuam contra o Direito, estão, na verdade, simplesmente, respondendo aos "cidadãos de bem" com o gesto que aprenderam: a violência e o desrespeito à lei.

Nunca se pode esquecer de que não é o Direito Penal o purificador das almas, nem sua missão é a de combater a violência, adulta ou juvenil. Sua tarefa é proteger os bens jurídicos mais importantes das lesões mais graves.

Querer modificar a menoridade penal para encarcerar adolescentes é, infelizmente, querer transformá-los, mais cedo e mais eficazmente, em verdadeiros delinquentes, perigosos, pois encaminhá-los aos presídios, ao convívio com criminosos formados, experimentados, é abdicar de qualquer possibilidade de educá-los para uma vida digna.

Soa, por fim, como piada a proposta de redução da maioridade penal, uma vez que o Estado brasileiro não tem sido capaz de construir estabelecimentos prisionais para atender às necessidades atuais de vagas para os condenados a penas privativas de liberdade. Se a capacidade penal alcançar os adolescentes como se propõe, então a falência do sistema penitenciário será ainda mais estrondosa.

Outro não é o entendimento de Julio Fabrini Mirabete[56]:

56 Ob cit, p. 282

(...) a redução do limite de idade no direito penal comum representaria um retrocesso na política penal e penitenciaria brasileira e criaria a promiscuidade dos jovens com delinquentes contumazes. O Estatuto da Criança e do Adolescente prevê , aliás, instrumentos eficazes para impedir a prática reiterada de atos ilícitos por pessoas com menos de 18 anos, sem os inconvenientes mencionados.

– Consequências da prática do ato infracional pelo adolescente

Com a prática de ato infracional por adolescente, a primeira consequência é a instauração de auto de investigação de ato infracional, que servirá de base para a propositura da ação socioeducativa pública, cujo titular é o Ministério Público.

Uma vez que o Estatuto, diferentemente da lei anterior, trouxe procedimento próprio a ser seguido para o adolescente autor de ato infracional, a autoridade judiciária poderá aplicar medida socioeducativa após o devido processo legal. Nesse ponto, remetemos o leitor para o capítulo que trata do procedimento para apuração de ato infracional atribuído a adolescente e da aplicação das medidas protetivas e socioeducativas.

Vejamos alguns julgados relacionados ao tema ato infracional:

Nos casos de ato infracional equiparado a crime contra o patrimônio, é possível que o adolescente seja beneficiado pela escusa absolutória prevista no art. 181, II, do CP. (STJ - HC 251.681-PR, Rel. Min. Sebastião Reis Júnior, julgado em 3/10/2013 – Sexta Turma – Informativo 531)

A Quinta Turma desta Corte Superior, em conformidade com a jurisprudência do Supremo Tribunal Federal, assentou entendimento de que não é necessário o número mínimo de três atos infracionais graves para a incidência do inciso II do art. 122 do Estatuto da Criança e do Adolescente (HC 299.786/SP, Rel. Ministro Walter de Almeida Guilherme (Desembargador Convocado do TJ/SP), Quinta Turma, DJe 03/11/2014; RHC 48.629/SP, Rel. Ministro Marco Aurélio Bellizze, Quinta Turma, DJe 21/08/2014). (STJ - HC 294862 / SP – Quinta Turma – 2014) No mesmo sentido, HC 280478, Informativo 536

O cometimento de ato infracional equiparado a crime de roubo (CP, art. 157), que tem como elementos de sua caracterização a "violência ou grave ameaça a pessoa", justifica, por si só, a aplicação de medida socioeducativa consistente em internação (RHC 46.709/PE, Rel. Ministro Marco Aurélio Bellizze, Quinta Turma, DJe 21/05/2014; HC 299.982/SP, Rel. Min. Maria Thereza de Assis Moura, Sexta Turma, DJe 13/10/2014).

1. No caso dos autos, a prisão encontra-se justificada em razão do histórico criminal do recorrente, que possui registros anteriores pela prática de atos infracionais equiparados ao tráfico de entorpecentes e ao homicídio, revelando a propensão à prática delitiva, demonstrando a sua periculosidade social e a real possibilidade de que, solto, volte a cometer infrações penais.

2. A cometimento de atos infracionais anteriores indica a propensão à criminalidade e torna fundado o receio de reiteração, autorizando a prisão preventiva a bem da ordem pública. (STJ - RHC 52746 / GO – Quinta Turma – 2014)

APLICAÇÃO EM CONCURSO

Analise as proposições abaixo sobre ato infracional e assinale a alternativa correta: TJ-SC - 2013 - TJ-SC - Juiz

I. Considera-se ato infracional a conduta descrita como crime ou contravenção penal.

II. A apreensão de qualquer adolescente e o local onde se encontra recolhido serão incontinenti comunicados à autoridade judiciária competente e à família do apreendido ou à pessoa por ele indicada.

III. O adolescente civilmente identificado não será submetido a identificação compulsória pelos órgãos policiais, de proteção e judiciais, salvo para efeito de confrontação, havendo dúvida fundada.

IV. São asseguradas ao adolescente, entre outras garantias, a igualdade na relação processual, podendo confrontar-se com vítimas e testemunhas e produzir todas as provas necessárias à sua defesa.

a) Somente as proposições I, II e III estão corretas.

b) Somente as proposições II, III e IV estão corretas.
c) Somente as proposições II e IV estão corretas.
d) Somente as proposições I e II estão corretas.
e) Todas as proposições estão corretas.

Gabarito: E

Artigos 103, 107, 109 e 111 do ECA

02 - Um menor, com quinze anos de idade, foi apreendido logo após a prática de ato infracional análogo ao crime de roubo, descrito no CP. Apurou-se que o menor, apreendido com o produto do ato e os instrumentos utilizados para perpetrar a conduta em concurso com pessoas maiores, era reincidente em atos infracionais daquela natureza. CESPE - 2013 - DPE-RR - Defensor Público

Em face dessa situação hipotética, assinale a opção correta com base no que dispõe o ECA.

a) Comparecendo o adolescente, seus pais ou responsável perante a autoridade judiciária, esta deverá proceder à oitiva de todos eles, e, sendo o fato grave, passível de aplicação de medida de internação ou colocação em regime de semiliberdade, a autoridade judiciária, verificando que o adolescente não seja representado por advogado, deverá nomear defensor para apresentação de defesa. Admite-se, em qualquer fase do procedimento, a remissão como forma de extinção ou suspensão do processo, contanto que ocorra antes da sentença.

b) De acordo com preceito expresso da norma de regência, oferecida a representação, a autoridade judiciária decidirá, imediatamente, sobre a decretação da internação do adolescente, admitindo-se a aplicação, de forma subsidiária, das medidas cautelares previstas no CPP, observando-se o prazo máximo de duração de quarenta e cinco dias para a internação ou medida cautelar diversa.

c) Comparecendo qualquer dos pais ou responsável do menor, este deverá, em qualquer circunstância, ser prontamente liberado pela autoridade policial, sob pena de responsabilidade desta.

d) Apresentado o adolescente, o representante do MP, no mesmo dia e à vista do auto de apreensão, do boletim de ocorrência ou do relatório policial, devidamente autuados pelo cartório judicial e com informação sobre os antecedentes do adolescente, poderá promover, na fase pré-processual, o arquivamento dos autos ou conceder a remissão, prescindindo- se de homologação da autoridade judiciária.

e) Caso o órgão do MP entenda não caber arquivamento ou remissão, deve ser oferecida representação à autoridade judiciária, com a propositura de instauração de procedimento para aplicação da medida socioeducativa mais adequada, sendo imprescindível a demonstração de sua justa causa, por meio da prova pré-constituída da autoria e materialidade do ato infracional.

Gabarito: A

03 - Conforme o disposto no Estatuto da Criança e do Adolescente (Lei n.º 8.069/1990), o adolescente apreendido por força de ordem judicial e o adolescente apreendido em flagrante de ato infracional serão, respectivamente, desde logo, encaminhados: VUNESP - 2013 - PC-SP - Investigador de Polícia

a) à Defensoria Pública e ao Ministério Público.

b) à autoridade judiciária e à autoridade policial competente.

c) à Procuradoria do Estado e à autoridade judiciária competente.

d) ao Conselho Tutelar local e à autoridade policial competente.

e) à autoridade policial competente e ao Ministério Público.

Gabarito: B

10 - DAS MEDIDAS SOCIOEDUCATIVAS

O ECA elenca as medidas socioeducativas no artigo 112, como consequências da prática de ato infracional praticado por adolescente. Trata-se do adolescente em conflito com a lei.

É importante não confundir as medidas de proteção que estudamos anteriormente com as medidas socioeducativas. As medidas de proteção podem ser aplicadas tanto à criança quanto ao adolescente que se encontrem em situação de risco. As medidas socioeducativas se restringem à situação de risco prevista no inciso III do artigo 98, quando é o adolescente que se coloca em situação de risco em razão de sua própria conduta, pela prática de ato infracional.

Lembramos ao leitor que as medidas de que trataremos somente poderão ser aplicadas após o devido processo legal, que será estudado no capítulo referente aos procedimentos.

- Do rol das medidas socioeducativas

As medidas socioeducativas são elencadas taxativamente no artigo 112. São elas:

1. Advertência;
2. Obrigação de reparar o dano;
3. Prestação de serviços à comunidade;
4. Liberdade assistida;
5. Inserção em regime de semiliberdade;
6. Internação em estabelecimento educacional;

O fato de o rol do artigo 112 ser taxativo é um dos fatores para diferenciar as medidas protetivas das socioeducativas. O rol do artigo 101 é apenas exemplificativo. No que tange à aplicação de medidas socioeducativas, a autoridade competente deve restringir-se às elencadas no artigo 112, não sendo possível estabelecer como medida nenhuma outra prestação que não esteja expressamente prevista no artigo 112.

- Autoridade competente para aplicação das medidas

Consoante o disposto no artigo 148, I, do ECA, é de competência exclusiva da Justiça da Infância e Juventude a aplicação de medidas socioeducativas aos adolescentes em conflito com a lei. Já as medidas protetivas, como estudamos anteriormente, são em regra de competência do Conselho Tutelar.

- Do critério para escolha da medida

Ao determinar qual medida deve ser cumprida pelo adolescente em conflito com a lei, o juiz deve levar em conta a capacidade do adolescente para cumprimento da medida, as circunstâncias e a gravidade da infração (artigo 121, parágrafo 1º), sendo a medida de internação sempre excepcional.

Levar em conta a capacidade não significa que o menor portador de doença mental não possa sofrer medida socioeducativa. O ECA prevê expressamente no parágrafo 2º do artigo 112 que os adolescentes portadores de doenças ou deficiência mental receberão tratamento individual e especializado, em local adequado às suas condições. O Superior Tribunal de Justiça já admitiu até mesmo o cumprimento de medida de internação por adolescente em conflito com a lei acometido de doença mental.

Outro critério para a escolha da medida diz respeito às provas recolhidas durante o procedimento. O juiz só poderá aplicar as medidas mediante prova de autoria e materialidade, havendo como única exceção a medida de advertência, pois essa poderá ser aplicada mediante prova de materialidade, bastando, no entanto, indício suficiente de autoria (art. 114). Assim como no processo penal, a confissão isolada não poderá consistir em prova suficiente para aplicação de medida.

- Das medidas em espécie:

a) Advertência

A advertência é a mais singela das medidas socioeducativas e consiste, consoante o artigo 115, em admoestação verbal, que será reduzida a termo e assinada. Nessa medida, o adolescente presta uma espécie de compromisso, no sentido de que o ato praticado não se repetirá.

Justamente por ser a mais singela das medidas socioeducativas, o ECA admite sua aplicação quando existente a prova de materialidade, ainda que não esteja provada a autoria do ato infracional, sendo suficientes indícios da autoria.

A questão foi recentemente cobrada em Exame da OAB:

Em relação às medidas socioeducativas previstas no ECA, assinale a opção correta.

A) As medidas socioeducativas de semiliberdade e de internação por prazo indeterminado não podem ser incluídas na remissão, sendo admissível sua aplicação somente após a instrução processual em sede de sentença de mérito.

B) A obrigação de reparar o dano à vítima não constitui medida socioeducativa.

C) A medida socioeducativa de prestação de serviços à comunidade pode ser aplicada pelo prazo de até um ano.

D) A advertência somente pode ser aplicada se houver provas suficientes da autoria e da materialidade da infração.

Resposta correta: Letra A.

A assertiva D está incorreta, pois a medida de advertência é a única que pode ser aplicada quando houver prova de materialidade e indício de autoria.

Geralmente, a medida de advertência é aplicada aos atos infracionais de pouca gravidade. Parte da doutrina exige audiência admonitória para aplicação da medida de advertência.[57]

b) Obrigação de reparar o dano

A obrigação de reparar o dano visa desenvolver no adolescente o senso de responsabilidade, compensando a vítima pelo dano patrimonial causado, seja pela restituição por sua reparação, seja por outro meio de compensação.

No entanto, cabe indagação acerca de tal responsabilidade: seria ela pessoal do adolescente? Se sim, seria principal ou subsidiária? Ou seria tal responsabilidade dos pais? E, nesse caso, seria subjetiva ou objetiva? A doutrina controverte acerca da natureza da reparação do dano segundo o artigo 116 do ECA, tendo em vista as disposições relativas à responsabilidade civil previstas no Código Civil em seus artigos 927, 928, 932, I, e 933.

Entendemos que, independente da natureza que se dê à responsabilidade dos pais, a presença desses é essencial para a validade da medida.

c) Prestação de serviços à comunidade

O legislador definiu no artigo 117 a medida de prestação de serviços à comunidade. Trata-se da realização de tarefas gratuitas de interesse geral, por período não excedente há seis meses, junto a entidades assistenciais: hospitais, escolas e outros estabelecimentos congêneres, bem como em programas comunitários ou governamentais.

57 Cury, Garrido e Marçura apud ISHIDA, Walter Kenji, opus cit, p. 178.

Estabelece ainda o parágrafo único do artigo 117 que o cumprimento da medida se dará no período máximo de oito horas diárias, podendo os serviços serem prestados em qualquer dia, incluindo os finais de semana e feriados, desde que não prejudiquem a frequência à escola ou a jornada normal de trabalho.

Como mencionamos anteriormente, a prestação de serviços à comunidade deve ser expressamente aceita pelo adolescente, de forma que não caracterize a prestação de trabalhos forçados.

A jurisprudência vem posicionando-se pela possibilidade de tal medida ao usuário de drogas, mas não àquele que cometeu ato infracional análogo ao tráfico, em virtude da impropriedade da medida, que poderia estimular a retomada da venda da substância ilícita, ou pelo menos facilitá-la.

Lembramos ao leitor que a medida em análise não pode ser confundida com a prevista no Código Penal, pois a prestação de serviços à comunidade segundo o artigo 43 do Código Penal possui natureza de pena alternativa, substitutiva da privativa de liberdade. No ECA, a prestação de serviços à comunidade é medida socioeducativa que somente pode ser aplicada ao adolescente em conflito com a lei por meio de processo judicial pela prática do ato, sendo diretamente aplicada na sentença.

d) Liberdade assistida

A medida socioeducativa de liberdade assistida é tratada pelos artigos 118 e 119 do ECA. Trata-se de medida em que o juiz da Infância e Juventude nomeia orientador recomendado por entidade ou programa de atendimento. O orientador terá seus encargos fixados pelo juiz.

O artigo 119 traz em rol exemplificativo alguns dos encargos do orientador:

Promover socialmente o adolescente e sua família, fornecendo-lhes orientação e inserindo-os, se necessário, em programa oficial ou comunitário de auxílio e assistência social; supervisionar a frequência e o aproveitamento escolar do adolescente, promovendo inclusive sua matrícula; diligenciar no sentido da profissionalização do adolescente e de sua inserção no mercado de trabalho; e apresentar relatório do caso.

A medida de liberdade assistida terá como prazo mínimo o período de seis meses, podendo ser prorrogada. O objetivo da aplicação de tal medida é o acompanhamento, o auxílio e a orientação do adolescente em conflito com a lei. Caso, no decorrer da medida, ela não se demonstre adequada, poderá o juiz revogá-la ou substitui-la por outra medida, ouvidos o Ministério Público e o defensor.

Acreditamos que a liberdade assistida é uma das medidas mais proveitosas do ECA, que permite ao adolescente desenvolver aptidões, aprender e demonstrar responsabilidade, inspirar-se na figura do orientador, passando a querer despertar sua aprovação. Ao mesmo tempo, a medida acaba possibilitando um amplo trabalho social daqueles que exercerão o encargo de orientar tais adolescentes. A orientação que caracteriza a liberdade assistida poderá ser determinada sempre que o juiz perceber que o adolescente encontra-se sem orientação familiar e educacional, mas que apresenta possibilidade de mudança com a aplicação da medida. Muitas vezes, o orientador terá, na vida do adolescente, um papel que ele buscou nos pais, na escola ou em parentes próximos.

e) Semiliberdade

A medida de semiliberdade, que não comporta prazo determinado, é tratada pelo artigo 120 do ECA, que muito pouco dispõe sobre a medida, tendo em vista a mesma ter subsidiariamente o tratamento destinado à internação.

O Estatuto não chega a definir a semiliberdade, nem a estabelecer o local ou forma de seu cumprimento, prevendo apenas que ela poderá ser determinada pelo juiz desde o início ou como forma de transição para o meio aberto, sendo possível a realização de atividades externas independente de autorização judicial, sendo garantidas ao adolescente escolarização e profissionalização.

A Resolução nº 47 do CONANDA regulamenta a medida de semiliberdade dispondo que:

> *Art. 1º - O regime de semiliberdade, como medida socioeducativa autônoma (art. 120, caput, início), deve ser executada de forma a ocupar o adolescente em atividades educativas, de profissionalização e de lazer, durante o período diurno, sob o rigoroso acompanhamento e controle de equipe multidisciplinar especializada, e encaminhado ao convívio familiar no período noturno, sempre que possível.*
>
> *Art. 2º - A convivência familiar e comunitária do adolescente sob o regime de semiliberdade deverá ser, igualmente, supervisionada pela mesma equipe multidisciplinar.*
>
> *Parágrafo único: A equipe multidisciplinar especializada incumbida do atendimento ao adolescente, na execução da medida de que trata este artigo, deverá encaminhar, semestralmente, relatório circunstanciado e propositivo ao Juiz da Infância e Juventude competente.*

A medida de semiliberdade garante ao adolescente uma maior convivência comunitária e familiar, assim como oferece a oportunidade de estudar e de se profissionalizar, estimulando o adolescente a traçar um novo rumo em sua vida. Diferente da internação, é baseada em algum senso, ainda que mínimo, de responsabilidade, não sendo, portanto, aceita em atos infracionais de muita gravidade ou que denotem uma reiteração infracional.

Para garantir a interpretação do ECA de acordo com os fins sociais aos quais se dirige, a medida a ser aplicada em atos dotados de gravidade deve ser a semiliberdade ou a liberdade assistida, sempre que for possível evitar a internação. Acreditamos que, nos casos em que o adolescente não tem antecedentes, possui ocupação lícita e apoio familiar, deve o juiz preferencialmente escolher a medida de semiliberdade ou liberdade assistida, em detrimento da privação total de liberdade.

f) Internação e a Lei 12594/12

A internação é a medida socioeducativa que consome mais disposições do ECA, sendo tratada pelos artigos 121 a 125. Tal medida é privativa de liberdade, ficando o adolescente internado em estabelecimento próprio para esse fim, não podendo permanecer internado em sede policial ou em estabelecimento prisional.

A medida de internação é regida, consoante artigo 121, pelos princípios da brevidade, excepcionalidade e respeito à condição peculiar de pessoa em desenvolvimento. Passemos a analisar as disposições do ECA que buscam garantir a eficácia de tais princípios.

Em apreço ao princípio da brevidade, a medida de internação, embora não tenha prazo determinado na sentença pelo juiz, deverá ser cumprida, em regra, por um prazo máximo de três anos. Dizemos em regra porque o ECA prevê alguns outros prazos de grande importância. Dessa forma, existe a previsão no ECA dos seguintes prazos máximos:

a) Três anos: prazo estabelecido pelo art. 121, par. 3º;
b) 45 dias: prazo estabelecido no art. 108 para a internação provisória;
c) Três meses: prazo estabelecido no par. 1º do art. 122, relativo à medida de internação sanção, pelo descumprimento de medida anteriormente imposta de forma injustificada e reiterada;
d) Seis meses: prazo máximo estabelecido para a reavaliação da medida de internação.

Com isso, podemos afirmar que a internação é medida privativa de liberdade que não comporta prazo determinado na sentença, mas que comporta prazo máximo de três anos para que o adolescente permaneça internado, desde que tenha sido reavaliada mediante decisão fundamentada no máximo a cada seis meses. A reavaliação é direito subjetivo do adolescente, sendo cabível a impetração de mandado de segurança para que ela seja realizada, pois possibilitará que o adolescente seja desinternado assim que a medida não se mostre mais necessária. Também tem sido aceita a impetração de *habeas corpus* e deferida a ordem para realização da reavaliação.

Atingido o prazo máximo de três anos, o adolescente será liberado ou passará a cumprir medida de semiliberdade ou de liberdade assistida, caso a medida socioeducativa não tenha atingido sua finalidade.

O prazo máximo de três anos deve ser analisado conjuntamente com a idade máxima permitida para o cumprimento da internação, que é de 21 anos, consoante disposto no parágrafo 5º do artigo 121. Tal limite máximo de idade foi estabelecido pelo legislador justamente levando em conta o prazo máximo de três anos. Se não houvesse a possibilidade de aplicação da internação até os 21 anos, o adolescente que praticasse o ato próximo à data de completar a maioridade provavelmente não receberia a medida. O legislador pensou em atingir até mesmo o adolescente que deixasse para praticar o ato infracional no último momento antes de completar a maioridade.

Seja qual for o motivo da desinternação, essa somente será realizada mediante decisão judicial fundamentada, não sendo automática em nenhuma hipótese. Caso o adolescente não seja liberado ao completar três anos de internação ou quando atingir 21 anos, passará a existir ilegal privação de liberdade, sendo cabível habeas corpus. Também será cabível o writ no caso de inadequação da medida de internação, caso em que se admite a progressão para semiliberdade ou até mesmo para liberdade assistida.

Rafael, na véspera de seu aniversário de 18 anos, deu um tiro em Carlos, que morreu em virtude do ferimento 10 dias depois. Como Rafael responderá pelo ato praticado?

Resposta: Levando-se em conta que tanto o Código Penal quanto o ECA adotam a teoria da atividade, considera-se a idade de Rafael no momento da conduta (artigo 104 do ECA). Dessa forma, Rafael praticou ato infracional e não crime, sendo cabível medida socioeducativa. Considerando o ato ter sido praticado mediante violência, é possível a medida de internação, que poderá perdurar por até três anos, desde que não ultrapasse o limite de 21 anos de idade de Rafael.

Poderia Rafael ser internado após os 18 anos?

Resposta: É controvertida tal possibilidade. Entendimento favorável à defesa seria pela impossibilidade da internação,[58] sendo ela considerada anacrônica e sem potencialidade para surtir os efeitos preconizados se determinada após os 18 anos. Só poderia perdurar após os 18 anos, mas não poderia ser iniciada após esta idade. Não entendemos dessa forma. Considerando o espírito da lei e o objetivo da medida de internação, que é, sobretudo, o de educar e reintegrar à sociedade, pensamos ser possível a internação após os 18 anos, desde que o ato infracional tenha sido praticado antes dos 18,[59] pois, caso o agente já tenha atingido tal idade, ele será considerado imputável, praticará crime e poderá ser-lhe aplicada pena. Caso já tenha completado 18 anos, poderá incidir a seu favor circunstância atenuante prevista no artigo 65, I, do Código Penal.

O que se entende por prescrição educativa e executiva no ECA?

Resposta: Trata-se da impossibilidade de continuidade da medida de internação após os 21 anos daquele que praticou ato infracional antes dos 18 anos, ficando obstada a execução da medida socioeducativa.

Muito embora o ECA disponha que o prazo máximo da medida de internação seja de três anos, com o advento da Lei 12.594/12, a prática de ato infracional posteriormente ao início da execução de medida anteriormente imposta pode desafiar nova medida, caso em que o prazo máximo de três anos se dará em razão de cada medida, desde que a idade limite de 21 anos não deixe de ser observada:

> *Art. 45. Se, no transcurso da execução, sobrevier sentença de aplicação de nova medida, a autoridade judiciária procederá à unificação, ouvidos, previamente, o Ministério Público e o defensor, no prazo de 3 (três) dias sucessivos, decidindo-se em igual prazo.*
>
> *§ 1º* ***É vedado à autoridade judiciária determinar reinício de cumprimento de medida socioeducativa, ou deixar de considerar os prazos máximos, e de liberação compulsória previstos na Lei nº 8.069, de 13 de julho de 1990 (Estatuto da Criança e do Adolescente), excetuada a hipótese de medida aplicada por ato infracional praticado durante a execução.***
>
> *§ 2º É vedado à autoridade judiciária aplicar nova medida de internação, por atos infracionais praticados anteriormente, a adolescente que já tenha concluído cumprimento de medi-*

58 Neste sentido, Yussef Cahali, JTJ-LEX 169/107.

59 Neste sentido, ISHIDA, Walter Kenji, ob cit, p. 191.

da socioeducativa dessa natureza, ou que tenha sido transferido para cumprimento de medida menos rigorosa, sendo tais atos absorvidos por aqueles aos quais se impôs a medida socioeducativa extrema.

Quanto ao prazo máximo da medida, é possível perceber que o STF o fundamenta no próprio objetivo do Estatuto. Vejamos:

> O Estatuto da Criança e do Adolescente há de ser interpretado dando-se ênfase ao objetivo visado, ou seja, a proteção e a integração do menor no convívio familiar e comunitário, preservando-se-lhe, tanto quanto possível, a liberdade. ESTATUTO DA CRIANÇA E DO ADOLESCENTE – SEGREGAÇÃO. O ato de segregação, projetando-se no tempo medida de internação do menor, surge excepcional, somente se fazendo legítimo uma vez atendidos os requisitos do artigo 121 da Lei nº 8.069/90. (STF - HC 117633 / SP - SÃO PAULO – Primeira Turma – 2014)

Passemos à análise do **princípio da excepcionalidade**. De acordo com esse princípio, por ser considerada a mais grave, a mais drástica das medidas, a medida de internação somente pode ser aplicada nos casos expressos de forma taxativa, exaustiva no artigo 122 do ECA. Eventual sentença que estabeleça a medida de internação fora dos casos previstos no artigo 122 será nula, por violação literal de disposição de lei. Sendo assim, não basta a gravidade em abstrato ou em concreto do ato infracional para fundamentar a referida medida, pois o juiz só poderá determinar a internação quando:

a) O ato infracional for praticado com violência ou grave ameaça à pessoa;
b) Houver reiteração em atos infracionais dotados de gravidade;
c) A medida anteriormente imposta ao adolescente for descumprida de forma injustificável e reiterada, caso em que vimos que a internação substitutiva terá o prazo máximo de três meses.

Nesta última hipótese, com alteração promovida pela Lei 12.594/12, passa a dispor o parágrafo 1º do artigo 122 que:

O prazo de internação na hipótese do inciso III deste artigo não poderá ser superior a 3 (três) meses, devendo ser decretada judicialmente após o devido processo legal.

Quanto à reiteração, o ECA não esclarece quantos atos anteriores deveriam ser praticados para que a internação se tornasse possível. Durante algum tempo, o STJ entendeu pela necessidade de três atos anteriores. No entanto, atualmente, este não é o entendimento do STJ e do STF.

Vejamos:

> Esta Quinta Turma, na esteira da jurisprudência do Pretório Excelso, firmou o entendimento de que o Estatuto da Criança e do Adolescente não estipulou um número mínimo de atos infracionais graves para justificar a internação do menor infrator com fulcro no art. 122, inciso II, do ECA (reiteração no cometimento de outras infrações graves).
>
> Consoante a nova orientação, cabe ao magistrado analisar as peculiaridades de cada caso e as condições específicas do adolescente a fim de melhor aplicar o direito. (STJ - HC 305987 / RJ – Quinta Turma – 2014) No mesmo sentido, vide Informativo 536

Ou seja, muito embora antes fosse aplicado o enunciado 265 do STJ para se exigir a prévia oitiva do adolescente, de forma que lhe fosse dada a possibilidade de se justificar, agora a lei, ao alterar o ECA vai adiante, exigindo o devido processo legal para aplicar a medida na hipótese do inciso III, pelo prazo máximo de três meses.

Dispõe ainda o artigo 43 da Lei 12.594/12:

> *§ 4o A substituição por medida mais gravosa somente ocorrerá em situações excepcionais, após o devido processo legal, inclusive na hipótese do inciso III do art. 122 da Lei no 8.069, de 13 de julho de 1990 (Estatuto da Criança e do Adolescente), e deve ser:*
>
> *I - fundamentada em parecer técnico;*
>
> *II - precedida de prévia audiência, e nos termos do § 1o do art. 42 desta Lei.*

Exigência do parágrafo 1º do artigo 42:

> *§ 1o A audiência será instruída com o relatório da equipe técnica do programa de atendimento sobre a evolução do plano de que trata o art. 52 desta Lei e com qualquer outro parecer técnico requerido pelas partes e deferido pela autoridade judiciária.*

O plano a que se refere o artigo 52 é o plano de atendimento individual (PIA), que também estudaremos no procedimento de apuração e execução das medidas socioeducativas.

O Superior Tribunal de Justiça vem decidindo que o tráfico de drogas praticado por adolescente não possibilita, por si só, a incidência de medida de internação, exceto se a análise do caso concreto levar a uma das situações acima previstas. Podemos exemplificar com a hipótese em que ocorre a reiteração no cometimento de outros atos graves. Importante destacar o enunciado 492 do STJ, editado em 2012:

"O ato infracional análogo ao tráfico de drogas, por si só, não conduz obrigatoriamente à imposição de medida socioeducativa de internação do adolescente"

Caso o adolescente fuja do estabelecimento de internação, assim que apreendido, ele dará prosseguimento ao cumprimento da medida, exceto se praticar novo ato infracional que desafie a internação. Nesse caso, é iniciada nova medida pelo ato praticado, não podendo haver soma que possibilite ao adolescente permanecer internado por mais de três anos ou além dos 21 anos de idade.

Determina o artigo 123 que a medida de internação deverá ser cumprida em entidade exclusiva para adolescentes, em local distinto do destinado ao, obedecida rigorosa separação por critérios de idade, compleição física e gravidade da infração. Durante todo o período de internação, inclusive provisória, serão obrigatórias atividades pedagógicas. Com base na disposição desse artigo, questiona-se o que ocorre com o adolescente que pratica ato infracional que desafie a internação, não havendo estabelecimento próprio para o cumprimento da medida.

Há decisões jurisprudenciais[60] isoladíssimas e entendimentos doutrinários[61] extremamente minoritários que admitem o cumprimento da medida em delegacia de polícia ou em estabelecimento prisional, desde que o adolescente esteja separado dos demais presos. Discordamos radicalmente dessa possibilidade, que a nosso ver mostra-se totalmente contrária ao espírito da lei. Caso não exista entidade exclusiva para o cumprimento da medida, sustentamos que o adolescente deve ser transferido para local que possua estabelecimento adequado. O cumprimento de internação em sede policial ou em estabelecimento prisional não tem como respeitar o princípio do respeito à condição peculiar de pessoa em desenvolvimento, mostrando-se contrário, inclusive, às diretrizes de interpretação do ECA, previstas no artigo 6º. Pensamos que admitir qualquer

60 HC 17.919-0 TJSP

61 ISHIDA, Walter Kenji, ob cit, p. 195.

relativização neste aspecto seria equiparar a medida de internação ao cumprimento de pena privativa de liberdade, impossibilitando o objetivo principal da medida, que é educar o adolescente em conflito com a lei, facilitando sua reinserção na sociedade.

Além disso, com o advento da Lei 12.594/12, que específica vários requisitos a serem cumpridos pelas entidades de atendimento socioeducativo, menos fundamentação existe para o entendimento acima mencionado.

Internação e acolhimento não se confundem. O acolhimento, atualmente previsto no artigo 101 com a nomenclatura alterada para "acolhimento institucional", possui natureza de lar coletivo, medida protetiva que não consiste em privação da liberdade, funcionando tão-somente de forma provisória e como transição para a colocação em família substituta.

A medida de internação é regulamentada pela Resolução nº 46 do CONANDA, que determina que a instituição de acolhimento não deve atender mais de 40 internos.

O artigo 124 elenca os direitos do adolescente privado da liberdade. O rol é, no entanto, meramente exemplificativo. A Lei 12.594/12 elenca ainda, também em rol exemplificativo, direitos para todos os adolescentes que cumpram medidas socioeducativas, como poderemos verificar no capítulo referente ao procedimento relacionado à apuração e execução das medidas socioeducativas.

> *Art. 124. São direitos do adolescente privado de liberdade, entre outros, os seguintes:*
>
> *I - entrevistar-se pessoalmente com o representante do Ministério Público;*
>
> *II - peticionar diretamente a qualquer autoridade;*
>
> *III - avistar-se reservadamente com seu defensor;*
>
> *IV - ser informado de sua situação processual, sempre que solicitada;*
>
> *V - ser tratado com respeito e dignidade;*
>
> *VI - permanecer internado na mesma localidade ou naquela mais próxima ao domicílio de seus pais ou responsável;*
>
> *VII - receber visitas, ao menos, semanalmente;*
>
> *VIII - corresponder-se com seus familiares e amigos;*
>
> *IX - ter acesso aos objetos necessários à higiene e asseio pessoal;*
>
> *X - habitar alojamento em condições adequadas de higiene e salubridade;*

XI - receber escolarização e profissionalização;

XII - realizar atividades culturais, esportivas e de lazer:

XIII - ter acesso aos meios de comunicação social;

XIV - receber assistência religiosa, segundo a sua crença, e desde que assim o deseje;

XV - manter a posse de seus objetos pessoais e dispor de local seguro para guardá-los, recebendo comprovante daqueles porventura depositados em poder da entidade;

XVI - receber, quando de sua desinternação, os documentos pessoais indispensáveis à vida em sociedade

Estabelece ainda o artigo 124, em seus parágrafos, que em nenhum caso haverá a incomunicabilidade do adolescente. É possível, no entanto, à autoridade judiciária suspender temporariamente a visita, inclusive de pais ou responsável, se existirem motivos sérios e fundados de sua prejudicialidade aos interesses do adolescente.

É dever do Estado zelar pela integridade física e mental dos internos, cabendo-lhe adotar as medidas adequadas de contenção e segurança.

No entanto, vale destacar que o artigo sempre sofrerá uma leitura com base em interpretação favorável ao adolescente. Vejamos decisão do STJ sobre o tema:

Na hipótese em que a internação inicial de adolescente infrator se dá em estabelecimento superlotado situado em local diverso daquele onde residam seus pais, é possível a transferência do reeducando para outro centro de internação localizado, também, em lugar diverso do da residência de seus pais. Reconhecendo a importância da família no processo de ressocialização do adolescente, o art. 124, VI, do ECA garante ao adolescente infrator sob o regime de internação o direito de ser custodiado no local ou na localidade mais próxima do domicílio de seus pais.

Entretanto, esse direito não é absoluto, como nenhum outro o é no Estado Democrático de Direito, podendo ser afastado em casos excepcionais. Na hipótese, o adolescente encontrava-se, inicialmente, internado em estabelecimento localizado em município diverso daquele em que residia, pois neste não havia centro de internação. Posteriormente, em razão da superlotação do estabelecimento em que se encontrava, o adolescente foi transferido para outro centro de internação localizado em município também diverso da residência de seus pais. Nesse contexto, a transferência de adolescente infrator para localidade diversa daquela em que iniciou o cumprimento de sua internação não é ilegal, pois a manutenção de adolescente em unidade de internação superlotada pode gerar problemas de ressocialização do infrator, o qual poderia ficar sem condições mínimas de higiene e habitabilidade, além da ausência de ações socioeducativas adequadas nos moldes preconizados pelo ECA.

Ademais, não se mostra razoável a manutenção de adolescente em unidade de internação com instalações em estado calamitoso e incapaz de manter e educar o adolescente submetido à medida socioeducativa de maneira adequada, sob o argumento de mantê-lo próximo a sua família a todo custo.

Além disso, é razoável o critério adotado pela Administração para transferir o infrator, uma vez que, não sendo residente naquela localidade, foi transferido para outra comarca para que os outros adolescentes que morassem naquele município pudessem continuar ali internados. Por fim, tão logo seja possível, deve o adolescente ser colocado em uma unidade de internação sem superlotação próxima à residência de sua família, para facilitar o convívio e a ressocialização. HC 287.618-MG, Rel. Min. Sebastião Reis Júnior, julgado em 13/5/2014. – Informativo 542

Durante a internação, assim como na medida de semiliberdade, é possível a realização de atividades externas, a critério da equipe técnica, salvo disposição expressa judicial em sentido contrário. Ou seja, o juiz não precisa permitir, mas pode proibir. A LLei 12.594/12 incluiu o parágrafo 7º no artigo 121, determinado que:

> *§ 7o A determinação judicial mencionada no § 1o poderá ser revista a qualquer tempo pela autoridade judiciária."*

Outra hipótese trazida pela referida lei, em seu artigo 50, é de que além da possibilidade de realização de atividades externas, a critério da equipe técnica, a direção do programa de execução de medida de privação da liberdade poderá autorizar a saída, monitorada, do adolescente nos casos de tratamento médico, doença grave ou falecimento, devidamente comprovados, de pai, mãe, filho, cônjuge, companheiro ou irmão, com imediata comunicação ao juízo competente.

Vejamos alguns julgados acerca das medidas socioeducativas:

> 2. As hipóteses de cabimento da internação estão previstas no art. 122 do Estatuto da Criança e do Adolescente. Comprovada a reiteração da prática do ato infracional grave - in casu, análogo ao delito de tráfico de drogas - impõe-se confirmar o acórdão que aplicou ao paciente medida consistente em internação.
>
> 3. A Quinta Turma desta Corte Superior, em conformidade com a jurisprudência do Supremo Tribunal Federal, assentou entendimento de que não é necessário o número mínimo de três atos infracionais graves para a incidência do inciso II do art. 122 do Estatuto da Criança e do Adolescente (HC 299.786/SP, Rel. Ministro Walter de Almeida Guilherme (Desembargador Convocado do TJ/SP), Quinta Turma, DJe 03/11/2014; RHC 48.629/SP, Rel. Ministro Marco Aurélio Bellizze, Quinta Turma, DJe 21/08/2014). (STJ - HC 294862 / SP – Quinta Turma – 2014)

> "O ato infracional análogo ao tráfico de drogas, por si só, não conduz obrigatoriamente à imposição de medida socioeducativa de internação do adolescente" (STJ, Súmula 492). (Quinta Turma - HC 298638 / SP – 2014)

> A medida constritiva foi imposta em razão das peculiaridades do caso concreto - reiteração de ato infracional e relatório polidimensional indicando a necessidade de atendimento sistemático -, aptas a permitir a aplicação da medida extrema. Como se vê, o magistrado atento às condições pessoais e sociais do menor bem fundamentou a necessidade de aplicação da medida mais rigorosa.
>
> Ressalte-se que não se exige trânsito em julgado de eventual medida socioeducativa anteriormente aplicada para configurar a reiteração de ato infracional previsto no art. 122, inciso II, do ECA. Isso porque não é possível estender ao âmbito do ECA o conceito de reincidência, tal como previsto na lei penal.
>
> Habeas corpus não conhecido. (STJ - HC 305987 / RJ – Quinta Turma – 2014)

> 1. A medida socioeducativa de internação pode ser aplicada quando caracterizada uma das hipóteses previstas no art. 122 do Estatuto da Criança e do Adolescente e caso não haja outra medida mais adequada e menos onerosa à liberdade do adolescente.
> 2. É desproporcional a aplicação da medida de internação, pois o atoinfracional análogo ao crime de tráfico de drogas é desprovido de violência ou grave ameaça contra pessoa e a adolescente não possui antecedentes infracionais definitivos.
> 3. Entretanto, a grande quantidade de maconha (20kg) e a notícia de que a adolescente já foi apreendida transportando drogas e que faz do ilícito seu meio de vida evidenciam a necessidade de aplicação da medida de semiliberdade, especialmente à luz da função protetiva e pedagógica das medidas socioeducativas.
> 4. Habeas corpus concedido para impor à paciente a medida socioeducativa de semiliberdade. Liminar cassada. (STJ - HC 299244 / SP – Sexta Turma – 2014)

APLICAÇÃO EM CONCURSO

Vejamos mais algumas questões relacionadas à medida de internação:

01 - À luz do ECA, assinale a opção correta.

A - A internação constitui medida privativa de liberdade e, dada essa condição, não é permitida ao adolescente interno a realização de atividades externas, como trabalho e estudo.

B - A medida de internação poderá ser aplicada, ainda que haja outra medida adequada, se o MP assim requerer.

C - Poderá ser decretada a incomunicabilidade do adolescente, a critério da autoridade competente, quando ele praticar atos reiterados de indisciplina.

D - Em caso de internação, a autoridade judiciária poderá suspender temporariamente a visita, inclusive de pais ou responsável, se existirem motivos sérios e fundados de prejudicialidade aos interesses do adolescente.

Resposta correta: Letra D

Na letra a, o erro se encontra na atividade externa, pois esta pode ser realizada, a critério da equipe do estabelecimento de internação. Na letra b, há ofensa ao parágrafo segundo do art. 122. Quanto à letra c, o ECA estabelece a total impossibilidade de se decretar a incomunicabilidade. Ver art. 124, parágrafos 1º. E 2º. do ECA.

02 - Acerca da medida socioeducativa de internação prevista no Estatuto da Criança e do Adolescente, assinale a opção correta. (OAB – 34º. Exame)

A - Essa medida somente pode ser aplicada em caso de ato infracional cometido mediante grave ameaça ou violência a pessoa.

B - Não é permitida a realização de atividades externas pelo interno, salvo com expressa autorização judicial.

C - Quando não houver local apropriado, o adolescente poderá permanecer em estabelecimento prisional destinado a maiores, desde que haja critérios de separação por sexo e gravidade da infração.

D - A liberação será compulsória aos dezoito anos de idade.

Resposta correta: Letra A. No entanto, trata-se de resposta criticável, pois o art. 122 permite a aplicação da internação em três situações. A prática mediante violência ou grave ameaça é apenas uma delas. A questão deveria ter sido anulada.

03 - Com relação à medida socioeducativa aplicada a adolescente autor de ato infracional, é correto afirmar: FCC - 2014 - DPE-PB - Defensor Público

a) No caso de ser ela a medida de advertência, esta será sempre na modalidade verbal, sem necessidade de redução de seu teor a termo.

b) Não será levada em conta a gravidade da infração praticada.

c) Em algumas hipóteses, poderá ser determinada a imposição de trabalho forçado, se o adolescente já tiver completado dezesseis anos de idade.

d) A imposição do cumprimento de medida de semiliberdade se dará sempre como forma derivada de inserção em regime mais brando, não podendo o adolescente iniciar seu acompanhamento nessa modalidade.

e) Levar-se-á em conta, para sua aplicação, a capacidade de o adolescente cumpri-la.

Gabarito: E

04 - No procedimento para aplicação de medida socioeducativa, VUNESP - 2014 - DPE-MS - Defensor Público

a) é possível a desistência de outras provas em face da confissão do adolescente.

b) deve-se desistir de outras provas em face da confissão do adolescente.

c) é nula a desistência de outras provas em face da confissão do adolescente.

d) não se ouve o depoimento do adolescente.

Gabarito: C

STJ Súmula nº 342 : No procedimento para aplicação de medida socioeducativa, é nula a desistência de outras provas em face da confissão do adolescente.

05 - Com relação às medidas socioeducativas aplicadas a adolescente autor de ato infracional, é correto afirmar: FCC - 2014 - MPE-PE - Promotor de Justiça

a) Quaisquer das medidas socioeducativas podem ser aplicadas e executadas cumulativa e simultaneamente.

b) No caso da inserção do adolescente em medida de obrigação de reparar o dano, se no curso de seu cumprimento não houver possibilidade de efetivo ressarcimento, a medida não poderá ser substituída por outra, exceto pela de liberdade assistida.

c) A medida de semiliberdade não poderá ser aplicada desde o início, podendo ser o adolescente nela inserido em caso de transição da internação para o meio aberto.

d) A medida socioeducativa de prestação de serviços à comunidade poderá ser suspensa desde seu início, caso se trate de adolescente primário, pelo prazo de até dois anos.

e) A medida socioeducativa de advertência poderá ser aplicada com prova da materialidade e indícios suficientes de autoria.

Gabarito: E

Art. 114: A advertência poderá ser aplicada sempre que houver prova da materialidade e indícios suficientes da autoria.

06 - Com relação à medida socioeducativa de internação, o Estatuto da Criança e do Adolescente dispõe que: FCC - 2014 - TJ-CE - Juiz

a) deverá ser cumprida em estabelecimento que mantenha atividades pedagógicas, salvo no caso da internação provisória e da internação-sanção.

b) o adolescente a ela submetido poderá peticionar diretamente a qualquer autoridade.

c) será aplicada quando o adolescente não conseguir cumprir a medida de semiliberdade imposta, em razão da ausência de respaldo familiar.

d) pode ser determinada em razão do descumprimento injustificado e reiterado de medida anteriormente imposta, com duração de até seis meses.

e) pode ser determinada em razão de reiteração no cometimento de outras infrações graves, desde que a prática atual tenha sido praticada com violência ou grave ameaça à pessoa.

Gabarito: B

Artigo 124

07 - A respeito de medidas socioeducativas, em conformidade com o ECA, pode-se afirmar, corretamente, que: VUNESP - 2013 - TJ-RJ - Juiz

a) a medida de semiliberdade poderá ser cumprida mesmo após a maioridade penal.

b) a prestação de serviços à comunidade não comporta prazo determinado.

c) para que se aplique a medida de internação, basta a comprovação da materialidade e da autoria de uma única infração grave sem violência ou grave ameaça à pessoa.

d) extingue-se a pretensão socioeducativa quando a restituição da coisa ou a obrigação de reparar o dano pelo adolescente, pai ou responsável se tornar manifestamente impossível.

Gabarito: A

O ECA prevê que a desinternação será compulsória aos vinte e um anos e estabelece a possibilidade de aplicação das regras atinentes à internação à medida de semiliberdade

08 - Sobre as medidas socioeducativas, assinale a alternativa correta: MPE-PR - 2013 - MPE-PR - Promotor dc Justiça

a) De modo a evitar que o adolescente receba um tratamento mais rigoroso do que receberia se adulto fosse, sua aplicação deve obedecer aos parâmetros estabelecidos pela Lei Penal para dosimetria da pena a imputáveis;

b) São consequência natural e obrigatória da comprovação da prática de ato infracional por adolescentes;

c) Sua imposição a crianças autoras de ato infracional jamais deve importar na privação de liberdade, que somente é admissível quando da prática de atos de natureza grave por adolescentes;

d) Podem ser revistas e substituídas a qualquer tempo, mesmo após o trânsito em julgado da sentença que as aplicou;

e) Sua execução pelo Conselho Tutelar pressupõe a existência de programa específico, devidamente registrado no CMDCA local.

Gabarito: D

Artigos 99 e 113 do ECA

09 - Em relação as medidas socioeducativas analise as proposições abaixo e assinale a alternativa correta: TJ-SC - 2013 - TJ-SC - Juiz

I. A prestação de serviços comunitários consiste na realização de tarefas gratuitas de interesse geral, por período não excedente a seis meses, junto a entidades assistenciais, hospitais, escolas e outros estabelecimentos congêneres, bem como em programas comunitários ou governamentais .

II. A liberdade assistida será fixada pelo prazo mínimo de seis meses, podendo a qualquer tempo ser prorrogada, revogada ou substituída por outra medida, ouvido o orientador, o Ministério Público e o defensor.

III. A medida de semiliberdade não comporta prazo determinado aplicando-se, no que couber, as disposições relativas à internação.

IV. A internação constitui medida privativa da liberdade, sujeita aos princípios de brevidade, gravidade do ato infracional, prevenção geral, excepcionalidade e respeito à condição peculiar de pessoa em desenvolvimento.

a) Somente as proposições I, II e III estão corretas.

b) Somente as proposições II, III e IV estão corretas.

c) Somente as proposições I, III e IV estão corretas.

d) Somente as proposições I, II e IV estão corretas.

e) Todas as proposições estão corretas.

Gabarito: A

Artigos 117, 118, 120 e 121

10 - No que concerne às medidas socioeducativas e à remissão, assinale a opção correta. CESPE - 2013 - DPE-RR - Defensor Público

a) Segundo dispõe o ECA, a medida aplicada por força da remissão somente poderá ser revista judicialmente antes do trânsito em julgado da decisão, mediante pedido expresso do adolescente ou de seu representante legal, ou do MP.

b) A reparação dos danos inclui-se entre as medidas socioeducativas expressas no ECA, para os casos de ato infracional com reflexos patrimoniais, devendo a autoridade determinar ao adolescente, aos representantes legais ou responsáveis, que restituam a coisa, promovam o ressarcimento do dano, ou, por outra forma, compensem o prejuízo da vítima, vedada a substituição por outra medida, de modo a obstar o proveito econômico pela infração.

c) De acordo com a norma de regência, o regime de semiliberdade pode ser determinado desde o início da aplicação da medida ou como forma de transição para o regime meio aberto, com a possibilidade da realização de atividades externas, independentemente de autorização judicial, e não comporta prazo determinado, adotando-se as demais regras da internação.

d) A concessão da remissão, em qualquer etapa da apuração do ato infracional ou fase do procedimento, resulta necessariamente na extinção do feito, desde que demonstrada a pertinência da medida em relação às circunstâncias e consequências do fato, ao contexto social, à personalidade do adolescente, e, sobretudo, à menor participação no ato infracional.

e) A medida de remissão, uma vez aceita pelo defensor e pelo adolescente, implica necessariamente o reconhecimento da responsabilidade e prevalece, apenas, para efeitos de antecedentes, não podendo resultar em aplicação de medida em regime de semiliberdade ou internação, em nenhuma hipótese.

Gabarito: C

Artigo 120

11 - Com relação a medidas socieducativas, audiência, remissão e recurso, assinale a opção correta. CESPE - 2012 - DPE-SE - Defensor Público

a) A remissão judicial, que pode ser concedida antes de iniciado o procedimento de apuração do ato infracional, acarreta a suspensão ou extinção do processo.

b) Em decorrência da aplicação subsidiária do CPC ao ECA, o prazo para apelação e apresentação de contrarrazões é de quinze dias.

c) O juiz pode nomear promotor ad hoc ou defensor ad hoc para evitar o adiamento de audiência.

d) Em decorrência da aplicação do princípio da excepcionalidade, a medida de internação deve ser aplicada, no máximo, por três anos.

e) A audiência admonitória ocorre quando necessária a aplicação da medida de advertência.

Gabarito: E

Artigo 115 do ECA

12 - No Estatuto da Criança e do Adolescente, a multa

a) é a mais comum dentre as sanções cominadas diante da prática de infração administrativa às normas de proteção à criança e ao adolescente.

b) vem cominada, ao lado da pena de detenção, sempre na forma cumulativa, em alguns dos crimes praticados contra a criança e o adolescente que nele se encontram tipificados.

c) é uma entre as dez medidas pertinentes aos pais ou responsável aplicáveis pela autoridade socioassistencial do município.

d) é uma das sete medidas socioeducativas aplicáveis ao adolescente que pratica ato infracional de menor poder ofensivo com reflexos patrimoniais.

e) é aplicável pelo Conselho Tutelar na hipótese de descumprimento injustificado de suas determinações.

Gabarito: A

As infrações administrativas estão previstas a partir do artigo 245 do ECA e são sancionadas com multa

11 - DAS MEDIDAS PERTINENTES AOS PAIS OU RESPONSÁVEL

Vimos até agora que o ECA prevê a aplicação de medidas às crianças e aos adolescentes em situação de risco (medidas protetivas), aos adolescentes em conflito com a lei (medidas socioeducativas) e às entidades de atendimento. O art. 129 prevê ainda medidas que devem ser aplicadas aos pais ou responsável.

As medidas elencadas no artigo 129 visam, na verdade, a proteger a estrutura familiar da criança ou adolescente, garantindo assim seus direitos, principalmente o direito a uma convivência familiar saudável.

Dessa forma, o ECA estabelece as seguintes medidas aplicáveis aos pais ou responsável: encaminhamento a programa oficial ou comunitário de proteção à família; inclusão em programa oficial ou comunitário de auxílio, orientação e tratamento a alcoólatras e toxicômanos; encaminhamento a tratamento psicológico ou psiquiátrico; encaminhamento a cursos ou programas de orientação; obrigação de matricular o filho ou pupilo e acompanhar sua frequência e aproveitamento escolar; obrigação de encaminhar a criança ou adolescente a tratamento especializado; advertência; perda da guarda; e destituição da tutela e suspensão ou destituição do Poder Familiar. Essas medidas não podem ser aplicadas pelo juiz em procedimento para apuração de ato infracional praticado por adolescente, pois os pais não são parte no processo.

Caberá ao Conselho Tutelar a aplicação das medidas previstas no artigo 129, incisos I a VII, consoante dispõe o artigo 136, II:

> *Art. 136. São atribuições do Conselho Tutelar:*
> *(...)*
> *II - atender e aconselhar os pais ou responsável, aplicando as medidas previstas no art. 129, I a VII;*

A perda da guarda, a destituição da tutela e a suspensão ou destituição do Poder Familiar são medidas que somente podem ser aplicadas pela autoridade judiciária em processo em que se garantam a ampla defesa e o contraditório, não podendo o juiz agir de ofício.

- Afastamento do agressor da moradia comum e o princípio do juízo imediato

Estabelece o artigo 130 que, verificada a hipótese de maus tratos, opressão ou abuso sexual impostos pelos pais ou responsável, a autoridade judiciária poderá determinar, como medida cautelar, o afastamento do agressor da moradia comum. O Ministério Público é parte legítima para requerer o afastamento, mediante ação cautelar inominada, sempre com pedido liminar. Deve ser seguido o procedimento cautelar previsto no Código de Processo Civil. Não tendo a lei criado rito próprio para a aplicação dessa medida cautelar, incidem as normas do Código atinentes ao rito cautelar.

como já vimos, a Lei 12.415/11 inseriu o parágrafo único no artigo 130, estabelecendo que da medida cautelar constará, ainda, a fixação provisória dos alimentos de que necessitem a criança ou o adolescente dependentes do agressor. A nova lei é importante no sentido de reforçar os interesses das crianças e adolescentes. Isso porque, como a lei não mencionava a obrigação alimentar, alguns pais agressores se afastavam do lar e deixavam de cumprir com suas obrigações. Agora as duas medidas são consequentes, ou seja, ao ser impedido de morar em sua residência por ter agredido um filho, o indivíduo é obrigado a prover alimentos.

Walter Kenji Ishida se posiciona pela impossibilidade do magistrado de, no próprio procedimento, determinar tal medida sem o procedimento do Código de Processo Civil. No entanto, concordamos com Luiz Mônaco da Silva, no sentido de que, quando há interesse de menor em jogo, seu melhor interesse deve-se sobrepor a qualquer outro. A tutela deve partir do juízo que mais perto dele estiver, pois presume-se que este é quem tem a melhor condição de zelar por aquele interesse, e é esse o sentido do princípio do juízo imediato.

Dessa forma, com base no princípio do juízo imediato e do poder geral de cautela, sustentamos que o magistrado poderá, no curso da ação em que se apresente a lesão ao interesse do menor, principalmente no que se refere à sua vida, dignidade sexual e saúde física e psicológica, determinar o afastamento do agressor da moradia comum, inclusive de ofício.

Nesse sentido:

> Dessa forma, quando há interesse de menor em jogo o seu melhor interesse deve se sobrepor a qualquer outro, e a tutela deste interesse deve partir do Juízo que mais perto dele estiver, pois se presume que este Juízo é quem tem a melhor condição de zelar por aquele interesse, e é este o sentido do princípio do Juízo Imediato , conforme lição de 'JOSÉ LUIZ MÔNACO DA SILVA, em ESTATUTO DA CRIANÇA E DO ADOLESCENTE - Comentário, editora RT, pág. 442':
>
> . . . .
>
> Estabelecida a regularidade da competência deste Juízo para apreciar o pedido de antecipação de tutela, certo é que diante dos depoimentos colhidos em audiência especial, estão evidentes os requisitos para a concessão da medida liminar. " CC 94723 - STJ

12 - DO CONSELHO TUTELAR

O Título V do Livro II, Parte Especial do ECA, dispõe sobre o Conselho Tutelar, órgão permanente e autônomo, não jurisdicional, encarregado pela sociedade de zelar pelo cumprimento dos direitos da criança e do adolescente.

O Conselho Tutelar, juntamente com os Conselhos Municipais, Estaduais e Nacional de direitos da criança e do adolescente, completa a rede de proteção já formada pelo Juizado da Infância e Juventude, Ministério Público e Defensoria Pública.

A previsão e a necessidade da existência do Conselho Tutelar são fundamentadas na própria Constituição Federal, que determina o dever da sociedade com as crianças e adolescentes. O Conselho Tutelar é, por excelência, o órgão que representa a sociedade, uma vez que seus membros são por ela escolhidos para atribuições fundamentais à proteção dos direitos da criança e do adolescente.

- Formação do Conselho Tutelar e vínculo com o |Poder Público

Para a formação do Conselho Tutelar, primeiramente deve ocorrer a candidatura a membro do Conselho, devendo a pessoa possuir reconhecida idoneidade moral, idade superior a vinte e um anos e residir no município do Conselho (artigo 133). Caberá à população local a escolha dos membros em processo eleitoral conduzido pelo Conselho Municipal de Direitos da Criança e do Adolescente,[62] sob fiscalização do Ministério Público (artigo 139). O processo para a escolha será estabelecido em Lei Municipal. Dessa forma, para a implementação de um Conselho Tutelar, tem de existir anteriormente o Conselho Municipal de Direitos da Criança e do Adolescente.

Além do preenchimento dos requisitos elencados no artigo 133 e os estabelecidos em lei municipal, para se candidatar, a pessoa não pode ser impedida de exercer a função. O ECA, em seu artigo 140 determina alguns impedimentos:

> *Art. 140. São impedidos de servir no mesmo Conselho marido e mulher, ascendentes e descendentes, sogro e genro ou nora, irmãos, cunhados, durante o cunhado, tio e sobrinho, padrasto ou madrasta e enteado.*
>
> *Parágrafo único. Estende-se o impedimento do conselhei-*

62 Constituídos de forma paritária por representantes do governo e da sociedade civil, os Conselhos estão vinculados administrativamente ao governo do estado ou do município, mas tem autonomia para pautar seus trabalhos e para acionar Conselhos Tutelares, Delegacias de Proteção Especial , o Ministério Público, a Defensoria Pública e os Juizados da Infância e Juventude.

> *ro, na forma deste artigo, em relação à autoridade judiciária e ao representante do Ministério Público com atuação na Justiça da Infância e da Juventude, em exercício na comarca, foro regional ou distrital.*

Caso a pessoa que se candidate não possua os requisitos preestabelecidos ou seja impedida de servir no Conselho Tutelar, existirá motivo para impugnação da candidatura, por meio de ação civil pública, que também é a ação cabível em caso de cassação de mandato. Afetando direitos difusos e coletivos de crianças e adolescentes, deve ser julgada pela Justiça da Infância e Juventude, como preceitua o artigo 148, IV, do ECA. Nesse sentido, STJ, Resp. 557117:

> Ao intentar ação civil pública com o fito de cassar o mandato de Conselheiro Municipal dos Direitos da Criança e do Adolescente, suspeito da prática de atos de improbidade no desempenho de seu múnus, o Parquet estadual objetivou tutelar o adequado funcionamento e a regular composição do órgão municipal que - previsto no art. 88, inciso II, do ECA - é responsável pelo estabelecimento da política de atendimento aos direitos das crianças e adolescentes.
>
> Afetando os interesses difusos e coletivos das crianças e adolescentes do Município de Santos/SP, à presente ação civil pública é de se aplicar a regra encartada no art. 148, inciso IV, do ECA. Precedente: REsp 47.104/PR, Rel. Min. Eliana Calmon, DJ de 5.6.00.

Os requisitos para a candidatura são elencados em rol meramente exemplificativo, consoante o AgRg na Medida Cautelar 11835-RS, de relatoria do Ministro Humberto Martins, Superior Tribunal de Justiça:

> *O Município, com fundamento no art. 30, II, da CF/88, pode estabelecer requisitos outros além dos estampados no art. 133, do ECA, para eleição de membro do conselho tutelar, porquanto o referido dispositivo somente veiculou condições mínimas, que necessitam ser alongadas, a fim de sublevar a referida função."*

No mesmo sentido na doutrina, Ishida,[63] Cury, De Paula e Marçura.

Em cada município será formado pelo menos um Conselho Tutelar, com-

63 ISHIDA, Walter Kenji, ob cit, p. 213.

posto por cinco membros escolhidos pela população local, para mandato de quatro anos, sendo permitida uma recondução, mediante novo processo de escolha (artigo 132).

Dada a relevância dos Conselhos Tutelares, o Conselho Nacional dos Direitos da Criança e do Adolescente (CONANDA), órgão responsável pela deliberação das políticas nacionais de atenção à infância e adolescência, recomenda que nas grandes cidades do país seja criado um órgão para cada 200 mil habitantes, de forma que se garanta também nos municípios mais populosos o atendimento eficaz do Conselho Tutelar.

Tramita na Câmara, em caráter exclusivo, o Projeto de Lei nº 5.465/09, que pretende reduzir de cinco para três o número de integrantes dos Conselhos Tutelares nos municípios com menos de 5 mil habitantes. O texto deve passar pela aprovação das Comissões de Seguridade Social e Família e de Constituição e Justiça e de Cidadania. O parágrafo único do artigo 132 seria criado com a seguinte redação:

> *Art. 132 ....*
> *Parágrafo Único. O Conselho Tutelar de Município com menos de cinco mil habitantes poderá ser composto por três membros.*

O Conselho Nacional dos Direitos da Criança e do Adolescente, em minuta de resolução que ainda se encontra em consulta pública, dispõe critério para o número de Conselhos Tutelares, estabelecendo que deverá ser criado um Conselho Tutelar levando em consideração o número populacional, a incidência e a prevalência de violações de direitos e a extensão territorial, na forma da legislação municipal competente.[64]

A Resolução nº 139 do CONANDA, de 17 de março de 2010, dispõe sobre o Conselho Tutelar, estabelecendo que para assegurar a equidade de acesso, caberá aos Municípios e ao Distrito Federal criar e manter Conselhos Tutelares, observada, preferencialmente, a proporção mínima de um Conselho para cada cem mil habitantes.

Ainda de acordo com a Resolução, quando houver mais de um Conselho Tutelar em um Município, caberá a este distribuí-los conforme a configuração geográfica e administrativa da localidade, a população de crianças e adolescentes e a incidência de violações a seus direitos, assim como os indicadores sociais.

Na hipótese de inexistência de lei local que discipline acerca do Conselho

64 http://www.presidencia.gov.br/estrutura_presidencia/sedh/conselho/conanda/

Tutelar da localidade, o Conselho Municipal ou Distrital dos Direitos da Criança e do Adolescente, o Conselho Tutelar ou qualquer cidadão poderá requerer aos Poderes Executivo e Legislativo, assim como ao Ministério Público competente, a adoção das medidas administrativas e judiciais cabíveis.

O Conselho Tutelar deverá, de preferência, ser vinculado administrativamente ao órgão da administração municipal ou, na inexistência deste, ao Gabinete do Prefeito ou ao Governador, caso seja do Distrito Federal. Cabe ao Poder Executivo dotar o Conselho Tutelar de equipe administrativa de apoio. O Conselho Tutelar poderá requisitar serviços e assessoria nas áreas de educação, saúde, assistência social, dentre outras, com a devida urgência, ficando vedado o uso dos recursos do Fundo Municipal ou Distrital dos Direitos da Criança e do Adolescente para tais fins, exceto para a formação e a qualificação funcional dos Conselheiros Tutelares.

A Resolução nº 139 estabelece ainda que:

O processo de escolha dos membros do Conselho Tutelar deverá, preferencialmente, observar as seguintes diretrizes:

I - eleição mediante sufrágio universal e direto, pelo voto facultativo e secreto dos eleitores do respectivo Município ou Distrito Federal, em processo a ser regulamentado e conduzido pelo Conselho Municipal ou Distrital dos Direitos da Criança e do Adolescente;

II - candidatura individual, não sendo admitida a composição de chapas; e

III - fiscalização pelo Ministério Público.

Os candidatos mais votados serão nomeados Conselheiros Tutelares titulares e os demais serão considerados suplentes, pela ordem decrescente de votação. O mandato será de três anos, permitida uma recondução, mediante novo processo de escolha. O conselheiro tutelar titular que tiver exercido o cargo por período consecutivo superior a um mandato e meio não poderá participar do processo de escolha subsequente.

A resolução regulamentadora do processo de escolha para o Conselho Tutelar não poderá estabelecer outros requisitos além daqueles exigidos dos candidatos pela Lei 8.069 de 1990, e pela legislação local correlata.

Das decisões da comissão especial eleitoral caberá recurso à plenária do Conselho Municipal ou Distrital dos Direitos da Criança e do Adolescente, que se reunirá, em caráter extraordinário, para decisão com o máximo de celeridade.

Esgotada a fase recursal, a comissão especial eleitoral fará publicar a relação dos candidatos habilitados, com cópia ao Ministério Público.

Para a candidatura a membro do Conselho Tutelar serão exigidos os critérios do art. 133 da Lei 8.069, de 1990, além de outros requisitos expressos na legislação local específica.

Os requisitos adicionais devem ser compatíveis com as atribuições do Conselho Tutelar, observada a Lei 8.069, de1990 e a legislação municipal ou do Distrito Federal.

Dentre os requisitos adicionais para candidatura a membro do Conselho Tutelar a serem exigidos pela legislação local, devem ser consideradas:

I - a experiência na promoção, proteção e defesa dos direitos da criança e do adolescente;

II - formação específica sobre o Estatuto da Criança e do Adolescente, sob a responsabilidade do Conselho dos Direitos da Criança e Adolescente local; e

III - comprovação de conclusão do ensino fundamental.

Havendo previsão na legislação local é admissível aplicação de prova de conhecimento sobre o direito da criança e do adolescente, de caráter eliminatório, a ser formulada por uma comissão examinadora designada pelo Conselho Municipal ou Distrital dos Direitos da Criança e do Adolescente, assegurado prazo para interposição de recurso junto à comissão especial eleitoral, a partir da data da publicação dos resultados no Diário Oficial do Município, do Distrito Federal ou meio equivalente.

O processo de escolha para o Conselho Tutelar ocorrerá com o número mínimo de dez pretendentes devidamente habilitados.

Caso o número de pretendentes habilitados seja inferior a dez, o Conselho Municipal ou Distrital dos Direitos da Criança e do Adolescente poderá suspender o trâmite do processo de escolha e reabrir prazo para inscrição de novas candidaturas, sem prejuízo da garantia de posse dos novos conselheiros ao término do mandato em curso.

A Resolução nº 139 traz impedimento menos amplos que os definidos no artigo 140 do ECA, dispondo que São impedidos de servir no mesmo Conselho Tutelar os cônjuges, companheiros, ainda que em união homoafetiva, ou parentes em linha reta, colateral ou por afinidade, até o terceiro grau, inclusive. Estende-se o impedimento do *caput* ao conselheiro tutelar em relação à autoridade judiciária e ao representante do Ministério Público com atuação na Justiça da Infância e da Juventude da mesma comarca estadual ou distrital.

Ocorrendo vacância ou afastamento de quaisquer dos membros titulares do Conselho Tutelar, o Conselho Municipal ou Distrital dos Direitos da Criança e do Adolescente convocará o suplente para o preenchimento da vaga.

As decisões do Conselho Tutelar serão tomadas pelo seu colegiado, conforme dispuser o Regimento Interno.

As medidas de caráter emergencial, tomadas durante os plantões, serão comunicadas ao colegiado no primeiro dia útil subsequente, para ratificação ou retificação.

As decisões serão motivadas e comunicadas formalmente aos interessados, mediante documento escrito, no prazo máximo de quarenta e oito horas, sem prejuízo de seu registro em arquivo próprio, na sede do Conselho.

Se não localizado, o interessado será intimado através de publicação do extrato da decisão na sede do Conselho Tutelar, admitindo-se outras formas de publicação, de acordo com o disposto na legislação local.

É garantido ao Ministério Público e à autoridade judiciária o acesso irrestrito aos registros do Conselho Tutelar, resguardado o sigilo perante terceiros.

O Conselho Tutelar encaminhará relatório trimestral ao Conselho Municipal ou Distrital dos Direitos da Criança e Adolescente, ao Ministério Público e ao juiz da Vara da Infância e da Juventude, contendo a síntese dos dados referentes ao exercício de suas atribuições, bem como as demandas e deficiências na implementação das políticas públicas, de modo que sejam definidas estratégias e deliberadas providências necessárias para solucionar os problemas existentes.

O Conselho Tutelar encaminhará relatório trimestral ao Conselho Municipal ou Distrital dos Direitos da Criança e Adolescente, ao Ministério Público e ao juiz da Vara da Infância e da Juventude, contendo a síntese dos dados referentes ao exercício de suas atribuições, bem como as demandas e deficiências na implementação das políticas públicas, de modo que sejam definidas estratégias e deliberadas providências necessárias para solucionar os problemas existentes.

Para o exercício de suas atribuições, o membro do Conselho Tutelar poderá ingressar e transitar livremente:

I - nas salas de sessões do Conselho Municipal ou Distrital dos Direitos da Criança e do Adolescente;

II - nas salas e dependências das delegacias e demais órgãos de segurança pública;

III - nas entidades de atendimento nas quais se encontrem crianças e adolescentes; e

IV - em qualquer recinto público ou privado no qual se encontrem crianças e adolescentes, ressalvada a garantia constitucional de inviolabilidade de domicílio.

Sempre que necessário o integrante do Conselho Tutelar poderá requisitar o auxílio dos órgãos locais de segurança pública, observados os princípios constitucionais da proteção integral e da prioridade absoluta à criança e ao adolescente.

A função de membro do Conselho Tutelar exige dedicação exclusiva, vedado o exercício concomitante de qualquer outra atividade pública ou privada.

A função de Conselheiro Tutelar será remunerada, de acordo com o disposto em legislação local.

Cabe ao Poder Executivo, por meio de recursos orçamentários próprios garantir aos integrantes do Conselho Tutelar, durante o exercício do mandato, as vantagens e direitos sociais assegurados aos demais servidores municipais, devendo para tanto, se necessário, promover a adequação da legislação local.

A remuneração deve ser proporcional à relevância e complexidade da atividade desenvolvida, e sua revisão far-se-á na forma estabelecida pela legislação local.

O membro do Conselho Tutelar será declarado impedido de analisar o caso quando:

I - a situação atendida envolver cônjuge, companheiro, ou parentes em linha reta colateral ou por afinidade, até o terceiro grau, inclusive;

II - for amigo íntimo ou inimigo capital de qualquer dos interessados;

III - algum dos interessados for credor ou devedor do membro do Conselho Tutelar, de seu cônjuge, companheiro, ainda que em união homoafetiva, ou parentes em linha reta, colateral ou por afinidade, até o terceiro grau, inclusive;

IV - tiver interesse na solução do caso em favor de um dos interessados.

O membro do Conselho Tutelar também poderá declarar suspeição por motivo de foro íntimo.

O interessado poderá requerer ao Colegiado o afastamento do membro do Conselho Tutelar que considere impedido, nas hipóteses desse artigo.

Constituem penalidades administrativas passíveis de serem aplicadas aos membros do Conselho Tutelar, dentre outras a serem previstas na legislação local:

I - advertência;

II - suspensão do exercício da função;

III - destituição da função.

A íntegra da Resolução nº 139 do CONANDA consta como Anexo ao final da obra.

- Previsões do ECA

O ECA dispõe acerca do Conselho Tutelar a partir do seu artigo 131. Os artigos 132, 134, 135 e 139 do ECA (Lei 8.069/90) foram recentemente alterados pela Lei 12.696/12, que entrou em vigor no dia 26 de julho de 2012, trazendo substanciais modificações quanto ao Conselho Tutelar.

Podemos estabelecer que **as modificações disseram respeito aos seguintes aspectos**:

- Local de constituição do Conselho Tutelar
- Tempo de mandato dos Conselheiros
- Esclarecimento quanto ao conceito do termo recondução
- Ampliação dos direitos dos Conselheiros
- Retirada da prerrogativa de prisão especial, com a pequena alteração do artigo 135, mantendo as demais prerrogativas
- Instituição de regras para o processo de escolha dos Membros do Conselho Tutelar, com unificação em todo o território nacional de data de eleição e posse

O Conselho Tutelar é órgão permanente e autônomo, não jurisdicional, encarregado pela sociedade de zelar pelo cumprimento dos direitos da criança e do adolescente. Suas decisões poderão ser revistas pela autoridade judiciária a pedido de quem tenha legítimo interesse.

"Ser autônomo e independente não significa ser solto no mundo, desgarrado de tudo e de todos. Autonomia não pode significar uma ação arrogante, sem bom senso e sem limites. Os conselheiros tutelares devem desenvolver habilidades de relacionamento com as pessoas, organizações e comunidades. Devem agir com rigor no cumprimento de suas atribuições, mas também com equilíbrio e capacidade de articular esforços e ações."[65]

- Vínculo dos conselheiros com o poder público

O vínculo estabelecido entre o Poder Público local e os conselheiros tutelares é institucional, assemelhado ao regime jurídico estatutário, o que determina a competência da Justiça Comum Estadual para julgar ação em que o conselheiro pleiteia direitos relativos ao vínculo, considerada a aplicação analógica do enunciado 137 do STJ: "Compete à Justiça Comum Estadual processar e julgar ação de servidor público municipal, pleiteando direitos relativos ao vínculo".

65 Conselho Municipal de Direitos da Criança e do Adolescente, in http://cmdca-sspasse.wix.com/portal#!o-conselho-tutelar

- Funcionamento do conselho tutelar

Determina o artigo 134 que lei municipal disporá sobre local, dia e horário de funcionamento do Conselho Tutelar, inclusive quanto à remuneração de seus membros. Constará da lei orçamentária municipal e distrital previsão dos recursos necessários ao funcionamento do Conselho Tutelar.

No Município do Rio de Janeiro, tais disposições se encontram na Lei 3.282, de 10 de outubro de 2001, e na Resolução nº 574, de 2005, do Secretaria Municipal de Assistência Social, regulamentando o funcionamento dos dez Conselhos Tutelares existentes.

Antes da alteração legislativa, o artigo 132 estabelecia que "Em cada Município haverá, no mínimo, um Conselho Tutelar composto de cinco membros, escolhidos pela comunidade local para mandato de três anos, permitida uma recondução". Ocorre que a lei não esclarecia como se dava essa recondução, o que era explicitado pela Resolução 139 do CONANDA, que em seu artigo 6º, parágrafo 1º já trazia a previsão de que a recondução seria feita mediante novo processo de escolha, exatamente o que passa a dispor a nova redação do artigo 132:

> *Art. 132. Em cada Município e em cada Região Administrativa do Distrito Federal haverá, no mínimo, 1 (um) Conselho Tutelar como órgão integrante da administração pública local, composto de 5 (cinco) membros, escolhidos pela população local para mandato de 4 (quatro) anos, permitida 1 (uma) recondução, mediante novo processo de escolha.*

Outra questão que o ECA não esclarecia era a natureza deste Órgão, se ele integrava a Administração Pública. O que agora se encontra expressamente previsto no ECA, como percebemos acima, na redação do artigo 132, também já integrava a Resolução 139 do CONANDA (Conselho Nacional dos Direitos da Criança e do Adolescente), em seu artigo 3º, que estabelecia que em cada Município e no Distrito Federal, haveria no mínimo um Conselho Tutelar, como órgão da Administração Pública local.

A inovação mais garantista aos membros dos Conselhos Tutelares se deu por meio do artigo 134. A Resolução 139 do CONANDA trazia em alguns de seus artigos a necessidade de adequação da legislação, para que fossem assegurados aos membros do Conselho Tutelar a remuneração pelo exercício de sua função, assim como as demais vantagens e direitos sociais assegurados aos demais servidores municipais (tendo em vista que ao ECA citava que a lei municipal disporia sobre "eventual remuneração). No entanto, as previsões contidas nos artigos 37 e 38 da Resolução eram meramente diretrizes ao Poder Público, que as implemetaria em nível local se assim o desejasse. Desta forma, na prática, era comum encontrar Municípios em que os Conselheiros Tutelares eram remunerados e Municípios em que isso não ocorria.

Com a alteração legislativa, além da obrigatoriedade de remuneração, várias outras garantias passam a ser asseguradas aos membros do Conselho Tutelar, além da obrigatoriedade de previsão em lei orçamentária Municipal e do Distrito Federal para a remuneração e formação continuada dos membros do Conselho Tutelar, o que também já era um ideal da Resolução 139 do CONANDA.

A tímida redação antiga do artigo 134 foi substituída pela seguinte disposição:

> *Art. 134. Lei municipal ou distrital disporá sobre o local, dia e horário de funcionamento do Conselho Tutelar, inclusive quanto à remuneração dos respectivos membros, aos quais é assegurado o direito a:*
>
> *I - cobertura previdenciária;*
>
> *II - gozo de férias anuais remuneradas, acrescidas de 1/3 (um terço) do valor da remuneração mensal;*
>
> *III - licença-maternidade;*
>
> *IV - licença-paternidade;*
>
> *V - gratificação natalina.*
>
> *Parágrafo único. Constará da lei orçamentária municipal e da do Distrito Federal previsão dos recursos necessários ao funcionamento do Conselho Tutelar e à remuneração e formação continuada dos conselheiros tutelares.*

Desta forma, com as alterações, em cada Município e em cada região administrativa do Distrito Federal haverá, no mínimo, um Conselho Tutelar como órgão integrante da Administração Pública local, composto de cinco membros, escolhidos pela população local para mandato de quatro anos, permitida uma recondução, mediante novo processo de escolha.

Lei municipal ou distrital disporá sobre o local, dia e horário de funcionamento do Conselho Tutelar, inclusive quanto à remuneração dos respectivos membros.

O exercício efetivo da função de conselheiro constituirá **serviço públi-**

co relevante e estabelecerá **presunção de idoneidade moral**. Foi retirada do artigo 135 a previsão de prisão especial, pela prática de crime comum, até o julgamento definitivo.

O processo para a escolha dos membros do Conselho Tutelar será estabelecido em lei municipal e realizado sob a responsabilidade do Conselho Municipal dos Direitos da Criança e do Adolescente, e a fiscalização do Ministério Público.

– Requisitos para a candidatura

Para a **candidatura** a membro do Conselho Tutelar, serão exigidos os seguintes requisitos **(cumulativamente)**:

I - reconhecida idoneidade moral;

II - idade superior a vinte e um anos;

III - residir no município.

– Atribuições do Conselho Tutelar e Regra para fixação da competência

As atribuições do Conselho Tutelar estão **previstas no artigo 136 do ECA**:

> *Art. 136: São atribuições do Conselho Tutelar:*
>
> *I - atender as crianças e adolescentes nas hipóteses previstas nos arts. 98 e 105, aplicando as medidas previstas no art. 101, I a VII;*
>
> *II - atender e aconselhar os pais ou responsável, aplicando as medidas previstas no art. 129, I a VII;*
>
> *III - promover a execução de suas decisões, podendo para tanto:*
>
> *a) requisitar serviços públicos nas áreas de saúde, educação, serviço social, previdência, trabalho e segurança;*
>
> *b) representar junto à autoridade judiciária nos casos de descumprimento injustificado de suas deliberações.*
>
> *IV - encaminhar ao Ministério Público notícia de fato que constitua infração administrativa ou penal contra os direitos da criança ou adolescente;*
>
> *V - encaminhar à autoridade judiciária os casos de sua competência;*
>
> *VI - providenciar a medida estabelecida pela autoridade*

judiciária, dentre as previstas no art. 101, de I a VI, para o adolescente autor de ato infracional;

VII - expedir notificações;

VIII - requisitar certidões de nascimento e de óbito de criança ou adolescente quando necessário;

IX - assessorar o Poder Executivo local na elaboração da proposta orçamentária para planos e programas de atendimento dos direitos da criança e do adolescente;

X - representar, em nome da pessoa e da família, contra a violação dos direitos previstos no art. 220, § 3º, inciso II, da Constituição Federal;

XI - representar ao Ministério Público para efeito das ações de perda ou suspensão do poder familiar, após esgotadas as possibilidades de manutenção da criança ou do adolescente junto à família natural.

XII - promover e incentivar, na comunidade e nos grupos profissionais, ações de divulgação e treinamento para o reconhecimento de sintomas de maus-tratos em crianças e adolescentes.

Parágrafo único. Se, no exercício de suas atribuições, o Conselho Tutelar entender necessário o afastamento do convívio familiar, comunicará incontinenti o fato ao Ministério Público, prestando-lhe informações sobre os motivos de tal entendimento e as providências tomadas para a orientação, o apoio e a promoção social da família.

O último inciso foi incluído pela Lei 13046/14. As decisões do Conselho Tutelar somente poderão ser revistas pela autoridade judiciária a pedido de quem tenha legítimo interesse.

O inciso I se refere à aplicação das medidas protetivas (artigo 101). No entanto, é importante destacar que o Conselho só pode determinar o acolhimento institucional de criança ou adolescente com consentimento dos pais ou se houver abandono, pois, nos demais casos, sendo necessário o mandado de busca e apreensão do menor, a medida deverá ser determinada pela autoridade judicial. Antes da implementação do Conselho Tutelar, o juiz será a autoridade competente para a aplicação das medidas.

Vimos que, consoante o artigo 105, a criança também pratica ato infracional, mas a ela apenas podem ser aplicadas as medidas protetivas de atribuição do Conselho Tutelar. Logo, se uma criança for encontrada na prática de ato infracional, deve ser encaminhada ao Conselho Tutelar.

O inciso I exclui da atribuição do Conselho Tutelar a inclusão em programa de acolhimento familiar e a colocação em família substituta, determinação que é de competência do juiz, consoante artigo 148, III, e parágrafo único, “a”, no caso de colocação em família substituta.

As medidas aplicadas à criança ou adolescente (medidas protetivas do artigo 101) ou até mesmo as medidas aplicadas aos pais ou responsável (artigo 129) podem ser revistas pela autoridade judicial, que é a única com competência para revisão das decisões do Conselho Tutelar (artigo 138). O juiz poderá substituir ou cancelar a medida imposta pelo Conselho. Não se trata de interposição de recurso, pois o Conselho Tutelar não é órgão jurisdicional. Logo, a autoridade judicial analisará a decisão do Conselho Tutelar mediante simples pedido de revisão.

Quanto à fixação da competência territorial, o artigo 138 do ECA determina que aplica-se ao Conselho Tutelar a regra de competência constante do art. 147. Desta forma, a competência será determinada, em regra, pelo domicílio dos pais ou responsável, ou na falta destes, pelo local onde se encontra a criança ou adolescente. No entanto, em caso de ato infracional, a competência será sempre determinada pelo local da prática do ato.

– Escolha dos Conselheiros

Uma das principais inovações da Lei 12.696/12 diz respeito à eleição dos membros do Conselho Tutelar, tendo em vista que não existiam normas unificadas acerca do processo de escolha, data da eleição e posse.

Passa a dispor o artigo 139:

> *Art. 139. O processo para a escolha dos membros do Conselho Tutelar será estabelecido em lei municipal e realizado sob a responsabilidade do Conselho Municipal dos Direitos da Criança e do Adolescente, e a fiscalização do Ministério Público.*
>
> *§ 1o O processo de escolha dos membros do Conselho Tutelar ocorrerá em data unificada em todo o território nacional a cada 4 (quatro) anos, no primeiro domingo do mês de outubro do ano subsequente ao da eleição presidencial.*
>
> *§ 2o A posse dos conselheiros tutelares ocorrerá no dia*

10 de janeiro do ano subsequente ao processo de escolha.

§ 3o No processo de escolha dos membros do Conselho Tutelar, é vedado ao candidato doar, oferecer, prometer ou entregar ao eleitor bem ou vantagem pessoal de qualquer natureza, inclusive brindes de pequeno valor.

O inciso I se refere à aplicação das medidas protetivas (artigo 101). No entanto, é importante destacar que o Conselho só pode determinar o acolhimento institucional de criança ou adolescente com consentimento dos pais ou se houver abandono, pois, nos demais casos, sendo necessário o mandado de busca e apreensão do menor, a medida deverá ser determinada pela autoridade judicial. Antes da implementação do Conselho Tutelar, o juiz será a autoridade competente para a aplicação das medidas.

Vimos que, consoante o artigo 105, a criança também pratica ato infracional, mas a ela apenas podem ser aplicadas as medidas protetivas de atribuição do Conselho Tutelar. Logo, se uma criança for encontrada na prática de ato infracional, deve ser encaminhada ao Conselho Tutelar.

O inciso I exclui da atribuição do Conselho Tutelar a inclusão em programa de acolhimento familiar e a colocação em família substituta, determinação que é de competência do juiz, consoante artigo 148, III, e parágrafo único, "a", no caso de colocação em família substituta.

As medidas aplicadas à criança ou adolescente (medidas protetivas do artigo 101) ou até mesmo as medidas aplicadas aos pais ou responsável (artigo 129) podem ser revistas pela autoridade judicial, que é a única com competência para revisão das decisões do Conselho Tutelar (artigo 138). O juiz poderá substituir ou cancelar a medida imposta pelo Conselho. Não se trata de interposição de recurso, pois o Conselho Tutelar não é órgão jurisdicional. Logo, a autoridade judicial analisará a decisão do Conselho Tutelar mediante simples pedido de revisão.

APLICAÇÃO EM CONCURSO

01 - É uma das atribuições do Conselho Tutelar, segundo o Estatuto da Criança e do Adolescente: FCC - 2014 - DPE-PB - Defensor Público

a) Oferecer em sua sede reforço escolar, a fim de garantir ações de complementação de contraturno escolar.

b) Representar à autoridade judiciária em caso de ações de suspensão ou perda do poder familiar.

c) Expedir notificações.

d) Assessorar o Poder Legislativo na elaboração de leis que assegure direitos e garantias à criança e ao adolescente.

e) Manter em sua sede um profissional da psicologia, a fim de garantir o atendimento psicológico às famílias.

Gabarito: C

Artigo 136

02 - Age FORA de suas atribuições legais o Conselho Tutelar que: Defensoria Pública do Estado de São Paulo

(A) aplica, ao adolescente, medida específica de proteção de acolhimento em entidade.

(B) entrega criança a seu responsável mediante termo de guarda provisória.

(C) fiscaliza entidade que executa programa em regime de internação.

(D) aplica medida de advertência a pais ou responsável.

(E) aplica medida à criança autora de ato infracional grave.

Resposta: Letra B

03 - Com a finalidade de fortalecer o órgão responsável por zelar pela proteção e garantias de crianças e adolescentes, alterações legislativas recentes reconheceram direitos aos Conselheiros Tutelares para melhor exercício de seus misteres. Dentre eles, é correto afirmar o direito

a) a férias remuneradas, mas ainda sem o acréscimo de 1/3 do valor da remuneração mensal

b) ao gozo de cobertura previdenciária.

c) a mandato de dois anos, permitida uma recondução.

d) à composição de quatro membros.

e) à licença maternidade e paternidade, mas ainda sem direito à gratificação natalina.

Gabarito: B

Artigo 134

04 - Relativamente aos Conselhos Tutelares, é correto afirmar:

a) As decisões do Conselho Tutelar poderão ser revistas ex officio pela autoridade judiciária.

b) São órgãos jurisdicionais, permanentes e autônomos, encarregados pela sociedade de zelar pelo cumprimento dos direitos da criança e do adolescente.

c) Para ser Conselheiro tutelar, o candidato precisa residir no mesmo Município em que instalado o órgão, ter reconhecida idoneidade moral, além de ter atingido a maioridade civil.

d) Em cada Município e em cada Região Administrativa do Distrito Federal haverá, no mínimo, um Conselho Tutelar como órgão integrante da administração pública local, composto de cinco membros, escolhidos pela população local para mandato de quatro anos, permitida uma recondução, mediante novo processo de escolha.

e) Lei federal disporá sobre o local, dia e horário de funcionamento do Conselho Tutelar, inclusive quanto à remuneração dos respectivos membros.

Gabarito : D

Artigo 132 do ECA

05 - Sobre o Conselho Tutelar, assinale a alternativa incorreta:

a) Foi instituído na perspectiva de desjudicializar e agilizar o atendimento de crianças, adolescentes e famílias em risco social;

b) Possui plena autonomia funcional, não estando subordinado ao Prefeito, ao Ministério Público e/ou ao Juiz da Infância e da Juventude;

c) Pode promover diretamente a execução de suas decisões sem necessidade de recorrer ao Poder Judiciário, tendo a prerrogativa de requisitar serviços públicos nas áreas de saúde, educação, serviço social, previdência, trabalho e segurança;

d) Sempre que entender necessário, pode promover o afastamento de criança ou adolescente de sua família de origem e seu subsequente acolhimento institucional;

e) Tem o poder-dever de assessorar o Poder Executivo local na elaboração da proposta orçamentária, de modo a assegurar que esta contemple, em caráter prioritário, recursos para planos e programas destinados ao atendimento de crianças, adolescentes e famílias.

Gabarito: D

Tais competências são do Juiz e não do Conselho Tutelar

06 - Relativamente ao direito da criança e do adolescente, é correto afirmar:

a) Nas comarcas onde não houver Conselho Tutelar instalado, segundo o Estatuto da Criança e do Adolescente, suas atribuições serão exercidas pela autoridade judiciária.

b) Devem ser comunicados ao Conselho Tutelar, pelo dirigente do estabelecimento de ensino, conforme determina o Estatuto da Criança e do Adolescente, ato infracional praticado por adolescente dentro do ambiente escolar.

c) O Conselho Tutelar é órgão autônomo, permanente, que exerce atividade jurisdicional supletiva, com o objetivo de zelar pelo cumprimento dos direitos infanto-juvenis, definidos no Estatuto da Criança e do Adolescente.

d) Com a vigência do Código Civil de 2002 – que fixou a maioridade aos dezoito anos completos –, para a candidatura a membro do Conselho Tutelar, basta que o candidato tenha idade superior a dezoito anos.

e) Em cada Município e em cada Região Administrativa do Distrito Federal haverá, no mínimo, 1 (um) Conselho Tutelar como órgão integrante da administração pública local, composto de 5 (cinco) membros, escolhidos pela população local para mandato de 4 (quatro) anos, vedada a recondução.

Gabarito: A

Artigo 262 do ECA

No que tange aos nossos Tribunais, o STJ reconhece como improbidade administrativa o ato de prefeito que não dá efetividade ao funcionamento do Conselho Tutelar:

> Trata-se, na origem, de Ação Civil Pública por improbidade administrativa contra município e seu prefeito por ausência de política pública municipal destinada a dar efetividade à atuação do Conselho Tutelar (falta de veículos, computadores, telefones, fax, copiadora, ventiladores, armário, binas, secretária, ajudante e de adiantamento de despesas rotineiras e extraordinárias). A sentença de procedência foi mantida pelo Tribunal a quo. (STJ – Segunda Turma - AgRg no AREsp 159858 / SP – 2014)

13 - DO ACESSO À JUSTIÇA - DISPOSIÇÕES GERAIS

O artigo 141 do ECA estabelece o direito de acesso à justiça a toda criança e adolescente, ou seja, à Defensoria, ao Ministério Público, ao Poder Judiciário, por qualquer de seus órgãos. É garantida, ainda, a assistência judiciária gratuita aos que dela necessitarem, por defensor público ou advogado nomeado. Por força do parágrafo 2º do artigo 141, as ações de competência da Justiça da Infância e Juventude são isentas de custas.

O acesso à justiça deve ser entendido, sobretudo, como acesso à ordem juridicamente justa. Isso significa a possibilidade de rápido e eficaz atendimento pelo Sistema de Justiça, significa que a criança ou adolescente deve ser alvo de cuidado e atenção especial e, principalmente, que o conflito deve ser resolvido de forma justa. Sabemos que muitas vezes as crianças e adolescentes acabam não recebendo a prestação jurisdicional na presteza com que deveriam ser atendidas, tendo em vista a absoluta prioridade, a doutrina da proteção integral e o princípio do melhor interesse do menor. No entanto, sabemos também que se torna necessário um grande investimento para o aumento das equipes que lidam com a infância e a juventude. É extremamente importante que o poder público se preocupe cada vez mais com o aparelhamento e estrutura dos órgãos que possibilitam o acesso da criança e do adolescente à justiça.

É bastante elevada a demanda feita às varas da Infância e da Juventude pela efetivação de direitos de crianças e adolescentes, mas, de outro lado, é reduzida sua capacidade de ação, em razão da deficiente estruturação material e humana das varas, promotorias e defensorias.

Os órgãos que formam a rede de proteção à criança e ao adolescente vêm preocupando-se, crescentemente, com a qualidade do acesso à justiça. Recentemente, foi firmado acordo entre o Conselho Nacional de Justiça e a Associação Brasileira de Magistrados, Promotores e Defensores Públicos da Infância e da Juventude (ABMP), para juntos cooperarem no aperfeiçoamento da sistemática relacionada ao acesso à justiça.[66]

As previsões constantes do artigo 141 possuem assento constitucional no artigo 5º, XXXIV, "a", XXXV, LXXIV e LXXVI.

- Representação e assistência

O instituto da representação e da assistência do menor de 18 anos se dá nos exatos termos já previstos no Código de Processo Civil (artigo 8º) e Código

66 http://www.direitosdacrianca.org.br

Civil (artigos 3º e 4º, I). A redação do artigo 142 do ECA está, em parte, superada pelo novo Código Civil, pois se encontra em consonância com o antigo Código Civil de 1916, ao estabelecer que os menores de 16 anos serão representados e os menores de 21 anos assistidos por seus pais, tutores ou curadores. Dessa forma, considerando a aquisição de capacidade plena aos 18 anos, o instituto da representação apenas ocorre para o menor de 16 anos, enquanto a assistência se dá dos 16 e até os 18 anos incompletos.

O menor de 16 anos que é representado por seus pais, tutor ou curador, é denominado de menor impúbere. Já a partir dos 16, assistido por seus pais, tutor ou curador, é denominado menor púbere.

O Superior Tribunal de Justiça já afastou excesso de formalismo, tendo aproveitado a petição inicial que aponta o pai como autor da ação. Na verdade, autor seria o menor, que estaria assistido por seu pai:

> *II - Não obstante a deficiência técnica na redação da petição inicial, depreende-se dos autos que o autor da ação indenizatória é o menor, estando o pai apenas como assistente, não se justificando, assim, a extinção do processo por ilegitimidade ativa, em obséquio ao formalismo que o processo contemporâneo repudia.*
>
> *III - O processo contemporâneo há muito que repudia o formalismo exacerbado, recomendando o aproveitamento dos atos sanáveis, adotando a regra retratada no brocardo pas de nullité sans grief. E já pertence ao anedotário da história processual a nulidade declarada tão só pelo uso da palavra vitis(videira) em vez da palavra arbor(árvore). (Resp 182977, Min Sálvio de Figueiredo Teixeira, 23/05/2000, 4ª. Turma)*

- Nomeação de curador especial

Sempre que houver colisão de interesses do menor de 18 anos com aquele que teria a função de representá-lo ou assisti-lo, o juiz nomeará curador especial à criança ou adolescente.

Também será necessária a nomeação de curador especial quando houver falta, ainda que eventual, de quem deveria exercer a representação ou assistência.

Nos termos do artigo 9º do Código de Processo Civil:

> *Art. 9º O juiz dará curador especial:*
> *I - ao incapaz, se não tiver representante legal, ou se os interesses deste colidirem com os daquele;*

Existirá colisão, por exemplo, quando o adolescente fizer jus à indenização por danos morais em face de seu representante legal ou de seu tutor. Imaginemos que o tutor venha a dilapidar o patrimônio do menor. Ele, naturalmente, tem qualidade de representante legal; mas no caso de ajuizamento de ação contra o próprio tutor, será necessária a nomeação de um curador especial para representar ou assistir a criança ou adolescente, conforme sua idade.

> A nomeação de curador especial, assentou precedente desta Corte, "supõe a existência de conflito de interesses entre o incapaz e seu representante. Isso não resulta do simples fato de esse último ter-se descurado do bom andamento do processo. As falhas desse podem ser suprida pela atuação do Ministério Público, a quem cabem os mesmos poderes e ônus das partes". (REsp 886124, 20/09/2007, Min Menezes Direito, 3ª. Turma)

- Preservação da imagem da criança ou adolescente em conflito com a lei

Protegendo o direito personalíssimo à imagem, determina o artigo 143 do ECA que é vedada a divulgação de atos judiciais, policiais e administrativos que digam respeito a crianças e adolescentes a quem se atribua autoria de ato infracional. Estabelece ainda que, quando se noticia a prática do ato infracional, a criança ou adolescente não podem ser identificados, sendo vedada a fotografia, referência a nome, apelido, filiação, parentesco, residência e, inclusive, iniciais do nome e sobrenome.

> O direito à imagem constitui direito personalíssimo, protegendo o interesse que tem a pessoa de opor-se à divulgação de sua imagem, em proteção à sua vida privada. A legitimidade ativa, portanto, é da própria pessoa que teve sua imagem indevidamente veiculada, que em juízo pode ser representada ou assistida por quem de direito. (REsp 886124, 20/09/2007, Min Menezes Direito, 3ª. Turma)

O desrespeito ao direito previsto no artigo 143 acarretará na responsabilização pela infração administrativa prevista no artigo 247, devendo sempre ser analisada a circunstância fática. Dessa forma, a liberdade de imprensa fica relativizada no ECA. Trata-se de ponderação de valores, em que cede a liberdade ampla de imprensa frente à proteção integral da infância e juventude.

> A infração administrativa prevista no art. 247, parágrafo 1º, da Lei 8.069/90 (ECA), cometida por quem exibe fotografia de adolescente envolvido em ato infracional, não tem caráter puramente objetivo, sujeitando-se a sua imposição ao exame dos circunstâncias fáticas. (REsp 164259 / GO, 6ª.Turma, Min Vicente Leal, 09/05/2000)

Ainda buscando preservar a imagem, a honra da criança ou adolescente, estabelece o artigo 144 que a expedição de cópia ou certidão de atos a que se refere o artigo anterior somente será deferida pela autoridade judiciária competente, se demonstrado o interesse e justificada a finalidade.

O respeito à imagem da criança ou adolescente não se extingue com a morte do menor. Nesse sentido, antigo julgado do Superior Tribunal de Justiça:

> Criança e adolescente - ECA - sanção administrativa - adolescente - falecimento - a criança e o adolescente tem direito ao resguardo da imagem e intimidade. Vedado, por isso, os órgãos de comunicação social narrar fatos, denominados infracionais, de modo a identifica-los. O fenômeno ganha grandeza singular quando a criança e o adolescente integram classe social menos favorecida. Adjetivos desairosos, então, passam a estigmatizar a pessoa. Ainda que agentes de conduta ilicita, não podem ser vilipendiados, expostos a execração publica. O falecimento não modifica o raciocínio. Também quando mortos são dignos de proteção em homenagem à honra. (Resp 55168, 6ª Turma, Min Vicente Cernicchiaro, 28/08/1995)

14 - DO ACESSO À JUSTIÇA - DA JUSTIÇA DA INFÂNCIA E JUVENTUDE

Estabelece o artigo 145 que os Estados e o Distrito Federal poderão criar varas especializadas e exclusivas da infância e da juventude, cabendo ao Poder Judiciário estabelecer sua proporcionalidade por número de habitantes, dotá-las de infraestrutura e dispor sobre o atendimento, inclusive em plantões. Nas comarcas em que não houver Juizado da Infância e Juventude, caberá ao Juiz da Família e Cível o julgamento.

- Competência

Ao longo dos artigos 147 e 148, o ECA define regras de competência territorial e em razão da matéria, aplicáveis ao juiz da Infância e Juventude.[67] Tais competências se referem à prática de atos jurisdicionais. O ECA traz, ainda, previsão de competência no que tange aos atos administrativos praticados pela autoridade judicial, no artigo 149. Passemos à análise desses artigos:

> *Art. 147. A competência será determinada:*
> *I - pelo domicílio dos pais ou responsável([68]);*
> *II - pelo lugar onde se encontre a criança ou adolescente, à falta dos pais ou responsável.*
> *§ 1º. Nos casos de ato infracional, será competente a autoridade do lugar da ação ou omissão, observadas as regras de conexão, continência e prevenção.*
> *§ 2º A execução das medidas poderá ser delegada à autoridade competente da residência dos pais ou responsável, ou do local onde sediar-se a entidade que abrigar a criança ou adolescente.*
> *§ 3º Em caso de infração cometida através de transmissão simultânea de rádio ou televisão, que atinja mais de uma comarca, será competente, para aplicação da penalidade, a autoridade judiciária do local da sede estadual da emissora ou rede, tendo a sentença eficácia para todas as transmissoras ou retransmissoras do respectivo estado.*

67 Veremos que em determinadas situações as regras de competência são estendidas analogicamente ao Conselho Tutelar no que tange às suas atribuições.

68 Ainda que o responsável não possua o termo de guarda (guardião de fato).

Ao definir a competência territorial espacial (ratione loci) nos dois primeiros incisos, o legislador visou a estabelecer a competência do juízo mais próximo ao menor, de forma a garantir maior eficácia e presteza na prestação jurisdicional, afastando-se da competência territorial geral do Código de Processo Civil. Adotou, assim, o princípio do juízo imediato, ou seja, do juízo que melhor terá condições de análise do caso concreto e de atendimento do menor, de forma que se garanta o real acesso à justiça. Na verdade, bastaria a previsão do inciso II para assegurar o princípio do juízo imediato.

Caso a criança ou adolescente esteja acolhida em instituição de acolhimento pela falta dos pais, a competência será determinada de acordo com o local no qual se encontre a instituição, exceto se o acolhimento for excepcional e não caracterizar falta dos pais (e.g.: o acolhimento pode ter se dado para fins de tratamento). Nesse caso, permanecerá a incidência do inciso I, sendo a competência determinada pelo domicílio dos pais ou responsável.

No entanto, é importante destacar que os parágrafos do artigo 147 excepcionam as regras previstas nos incisos. A competência não será definida pelo domicílio dos pais nos casos de prática de ato infracional, mas sim pelo local da prática do ato. Dessa forma, o legislador seguiu a regra de definição da competência prevista no Código de Processo Penal (CPP) para julgamento do crime praticado. Determina o ECA sejam observadas as regras de conexão, continência e prevenção. É da legislação processual civil que podemos extrair esses conceitos:

> *Art. 103. Reputam-se conexas duas ou mais ações, quando lhes for comum o objeto ou a causa de pedir.*
>
> *Art. 104. Dá-se a continência entre duas ou mais ações sempre que há identidade quanto às partes e à causa de pedir, mas o objeto de uma, por ser mais amplo, abrange o das outras.*
>
> *Art. 105. Havendo conexão ou continência, o juiz, de ofício ou a requerimento de qualquer das partes, pode ordenar a reunião de ações propostas em separado, a fim de que sejam decididas simultaneamente.*
>
> *Art. 106. Correndo em separado ações conexas perante juízes que têm a mesma competência territorial, considera-se prevento aquele que despachou em primeiro lugar.*

Quanto às regras de conexão e continência, estabelece o Código de Processo Penal:

> *Art. 76. A competência será determinada pela conexão:*
>
> *I - se, ocorrendo duas ou mais infrações, houverem sido praticadas, ao mesmo tempo, por várias pessoas reunidas, ou por várias pessoas em concurso, embora diverso o tempo e o lugar, ou por várias pessoas, umas contra as outras;*
>
> *II - se, no mesmo caso, houverem sido umas praticadas para facilitar ou ocultar as outras, ou para conseguir impunidade ou vantagem em relação a qualquer delas;*
>
> *III - quando a prova de uma infração ou de qualquer de suas circunstâncias elementares influir na prova de outra infração.*
>
> *Art. 77. A competência será determinada pela continência quando:*
>
> *I - duas ou mais pessoas forem acusadas pela mesma infração;*
>
> *II - no caso de infração cometida nas condições previstas nos arts. 51, § 1º, 53, segunda parte, e 54 do Código Penal.*
>
> *Art. 78. Na determinação da competência por conexão ou continência, serão observadas as seguintes regras:*
>
> *I - no concurso entre a competência do júri e a de outro órgão da jurisdição comum, prevalecerá a competência do júri;*
>
> *II - no concurso de jurisdições da mesma categoria:*
>
> *a) preponderará a do lugar da infração, à qual for cominada a pena mais grave;*
>
> *b) prevalecerá a do lugar em que houver ocorrido o maior número de infrações, se as respectivas penas forem de igual gravidade;*
>
> *c) firmar-se-á a competência pela prevenção, nos outros casos;*
>
> *III - no concurso de jurisdições de diversas categorias, predominará a de maior graduação;*
>
> *IV - no concurso entre a jurisdição comum e a especial, prevalecerá esta.*
>
> *Art. 79. A conexão e a continência importarão unidade de processo e julgamento, salvo:*

I - no concurso entre a jurisdição comum e a militar;
II - no concurso entre a jurisdição comum e a do juízo de menores.

Com base nos conceitos do Código de Processo Civil e nas regras definidas no Código de Processo Penal quando da prática de crime, poderíamos afirmar que, se um adolescente pratica dois atos infracionais, ainda que em épocas distintas, há reunião dos processos, aplicando-se o disposto no artigo 77, II (concurso material). Também há aplicação das regras previstas no CPP nos casos de ato infracional praticado em concurso de agentes, entre dois adolescentes. No entanto, é importante destacar que, se o ato infracional for praticado pelo adolescente em concurso com adulto, não haverá união de processo. Consoante o artigo 79, no concurso entre a jurisdição comum e a do juízo de menores, a conexão e a continência não importam em unidade de processo e julgamento.

Considerando ainda a prática de ato infracional, o parágrafo 2º do artigo 147 visou a assegurar o superior interesse do menor e, de forma indireta, o princípio do juízo imediato. Isso porque, ainda que o local da prática do ato não seja o mesmo da residência dos pais ou responsável, o juiz que aplicou a medida socioeducativa poderá delegar a execução da medida para a autoridade judiciária do local de residência dos pais ou responsável ou do acolhimento do adolescente. Dessa forma, o acompanhamento se tornará mais eficaz, assim como se possibilitará o maior acesso do adolescente em conflito com a lei ao Poder Judiciário, sempre que necessário durante o cumprimento da medida.

As regras previstas no artigo 147 também serão aplicadas para atendimento pelo Conselho Tutelar. Assim, será atribuição do Conselho Tutelar do município onde ocorreu o ato infracional a aplicação de medida protetiva à criança infratora.

O parágrafo 3º do artigo 147 pode induzir a erro em rápida leitura, por mencionar genericamente o termo "infração". Tal regra não se aplica em caso de infração penal, mas sim da prática de infração administrativa cometida contra direito da criança ou adolescente, quando da transmissão simultânea de rádio ou TV que atinja mais de uma comarca, caso em que será competente a autoridade judiciária do local da sede estadual da emissora ou rede. Vejamos abaixo interessante julgado do Superior Tribunal de Justiça:

ADMINISTRATIVO. RECURSO ESPECIAL. ECA. ANÚNCIO DE EVENTO SEM INDICAÇÃO DOS LIMITES DE IDADE RECOMENDADOS. COMPETÊNCIA DO JUÍZO DA SEDE DA EMISSORA. LEGITIMIDADE PASSIVA DA RESPONSÁVEL PELA PRODUÇÃO E DIVULGAÇÃO DO EVENTO. PRECEDENTES DO STJ. RECURSO ESPECIAL DESPROVIDO.

1. A regra de competência prevista no art. 147, § 3º, do ECA, estabelece que em "caso de infração cometida através de transmissão simultânea de rádio ou televisão, que atinja mais de uma comarca, será competente, para aplicação da penalidade, a autoridade judiciária do local da sede estadual da emissora ou rede", hipótese configurada nos autos.

2. O sujeito ativo da infração administrativa prevista no art. 253 do ECA é aquele responsável pelo espetáculo e que não tomou as providências necessárias à indicação dos limites de idade quanto ao evento divulgado. (Resp 621906 RJ, 1ª. Turma, 20/03/2007, Min Denise Arruda)

Em caso de prática de crime contra criança ou adolescente, as regras de competência a serem aplicadas são as do CPP, não havendo regras específicas de competência no ECA no caso de prática de crimes (artigos 228 a 244-B). Todavia, foi noticiado no Informativo nº 726 do Supremo Tribunal Federal o seguinte julgado:

"É constitucional lei estadual que confere poderes ao Conselho da Magistratura para atribuir aos juizados da infância e juventude competência para processar e julgar crimes de natureza sexual praticados contra criança e adolescente, nos exatos limites da atribuição que a Constituição Federal confere aos tribunais. Com base nesse entendimento, a 2ª Turma denegou habeas corpus em que se discutia a incompetência absoluta de vara especializada para processar e julgar o paciente pela suposta prática de delito de atentado violento ao pudor contra menor (CP, artigos 214 e 224). Reputou-se que não haveria violação aos princípios constitucionais da legalidade, do juiz natural e do devido processo legal, visto que a leitura interpretativa do art. 96, I, a, da CF admitiria a alteração da competência dos órgãos do Poder Judiciário por deliberação dos tribunais. Consignou-se que a especialização de varas consistiria em alteração de competência territorial em razão da matéria, e não em alteração de competência material, regida pelo art. 22 da CF." (HC 113018/RS, rel. Min. Ricardo Lewandowski, 29.10.2013)

No mesmo sentido, o STJ:

Lei estadual pode conferir poderes ao Conselho da Magistratura para,excepcionalmente, atribuir aos Juizados da Infância e da Juventude competência para processar e julgar crimes contra a dignidade sexual em que figurem como vítimas crianças ou adolescentes. Embora haja precedentes do STJ em sentido contrário, em homenagem ao princípio da segurança jurídica, é de se seguir o entendimento assentado nas duas Turmas do STF no sentido de ser possível atribuir à Justiça da Infância e da Juventude, entre outras competências, a de processar e julgar crimes de natureza sexuais praticados contra crianças e adolescentes. Precedentes citados do STF: HC 113.102-RS, Primeira Turma, DJe 18/2/2013; e HC 113.018-RS, Segunda Turma, DJe 14/11/2013. HC 238.110-RS, Rel. Min. Rogerio Schietti Cruz, julgado em 26/8/2014 (Vide Informativo nº 529).

Nos demais casos não previstos no artigo 147, a competência territorial será geral e seguirá, conforme o caso, as regras previstas no Código de Processo Civil ou no CPP.

Muito embora a competência territorial seja, em regra, relativa, cabe destacar que esse não é o entendimento do Superior Tribunal de Justiça, que se posiciona no sentido de ser absoluta a competência do artigo 147 do ECA:

CONFLITO POSITIVO DE COMPETÊNCIA. GUARDA DE MENOR. ALTERAÇÃO. JUÍZO DO DOMICÍLIO DE QUEM JÁ EXERCE A GUARDA. ART. 147, I, DO ECA. COMPETÊNCIA ABSOLUTA. IMPOSSIBILIDADE DE PRORROGAÇÃO. 1 - A jurisprudência deste Superior Tribunal de Justiça sedimenta-se no sentido de que, tratando-se de ação com o objetivo de alterar guarda de menor, compete ao Juízo do domicílio de quem já exerce o encargo a solução da demanda. Precedentes. 2 - A Segunda Seção, em decisão recente, entende que a regra de competência insculpida no art. 147, I, do ECA, que visa proteger o interesse da criança, é absoluta, ou seja, deve ser declarada de ofício, não sendo admissível sua prorrogação. 3 - Conflito conhecido para declarar competente o Juízo de Direito da 1ª Vara de Família e Sucessões de Araguaína - TO, o suscitado. (CC 78.806/GO, Rel. Ministro FERNANDO GONÇALVES, SEGUNDA SEÇÃO, julgado em 27.02.2008, DJ 05.03.2008 p. 1)

Passemos à análise da competência em razão da matéria, fixada no artigo 148 do ECA:

> *Art. 148. A Justiça da Infância e da Juventude é competente para:*
>
> *I - conhecer de representações promovidas pelo Ministério Público, para apuração de ato infracional atribuído a adolescente, aplicando as medidas cabíveis;*
>
> *II - conceder a remissão, como forma de suspensão ou extinção do processo;*
>
> *III - conhecer de pedidos de adoção e seus incidentes;*
>
> *IV - conhecer de ações civis fundadas em interesses individuais, difusos ou coletivos afetos à criança e ao adolescente, observado o disposto no art. 209;*
>
> *V - conhecer de ações decorrentes de irregularidades em entidades de atendimento, aplicando as medidas cabíveis;*
>
> *VI - aplicar penalidades administrativas nos casos de infrações contra norma de proteção à criança ou adolescente;*
>
> *VII - conhecer de casos encaminhados pelo Conselho Tutelar, aplicando as medidas cabíveis.*
>
> *Parágrafo único. Quando se tratar de criança ou adolescente nas hipóteses do art. 98, é também competente a Justiça da Infância e da Juventude para o fim de:*
>
> *a) conhecer de pedidos de guarda e tutela;*
>
> *b) conhecer de ações de destituição do pátrio poder Poder Familiar, perda ou modificação da tutela ou guarda; (Expressão substituída pela Lei 12.010, de 2009) Vigência*
>
> *c) suprir a capacidade ou o consentimento para o casamento;*
>
> *d) conhecer de pedidos baseados em discordância pater-*

na ou materna, em relação ao exercício do pátrio poder Poder Familiar; (Expressão substituída pela Lei 12.010, de 2009) Vigência

e) conceder a emancipação, nos termos da lei civil, quando faltarem os pais;

f) designar curador especial em casos de apresentação de queixa ou representação, ou de outros procedimentos judiciais ou extrajudiciais em que haja interesses de criança ou adolescente;

g) conhecer de ações de alimentos;

h) determinar o cancelamento, a retificação e o suprimento dos registros de nascimento e óbito.

De forma distinta do artigo 147, o artigo 148 dispõe acerca da competência em razão da matéria (*ratione materiae*), por isso não há qualquer controvérsia acerca de sua natureza absoluta.

Como perfeitamente esclarece Walter Kenji Ishida, a competência definida no artigo 148 se divide em irrestrita (*caput*) e restrita (parágrafo único). Isso porque o parágrafo único só estabelece a competência da Justiça da Infância e Juventude nos casos em que a criança ou adolescente se encontrar em situação de risco (artigo 98). Com isso, é possível que uma ação de guarda tramite na Vara de Família (se não houver situação de risco, e.g.: avó requerendo a guarda do neto sem alegação de riscos à criança) ou na Justiça da Infância e Juventude (se houver situação de risco, e.g.: avó requerendo a guarda do neto pelo fato de ele sofrer maus tratos pelos pais).

No que tange à competência irrestrita, compete à Justiça da Infância e Juventude o julgamento da ação socioeducativa. Oferecida a representação pelo Ministério Público recebida pelo juiz, será observado o devido processo legal, competindo somente à Justiça da Infância e Juventude a aplicação de medidas socioeducativas, que, como já vimos, apenas poderão ser aplicadas ao adolescente em conflito com a lei (Súmula 108, STJ). Em nenhuma hipótese, haverá deslocamento da competência. Por não praticar crime, o julgamento de ato análogo a crime doloso contra a vida não será julgado pelo Tribunal do Júri. A ofensa a bens da União não deslocará a competência para a Justiça Federal.

Ao passo que compete ao Ministério Público a concessão da remissão pré-processual, competirá à Justiça da Infância e Juventude a concessão da remissão durante a ação socioeducativa como forma de exclusão (remissão sem encargo) ou de suspensão (remissão com encargo) do processo. Denomina-se encargo a aplicação de remissão com medida socioeducativa, tratando-se, portanto, de remissão condicional, que suspenderá o processo até o efetivo cumprimento da medida.

O inciso III determina a competência para o julgamento da adoção e de seus incidentes. São incidentes da adoção, por exemplo, a destituição do Poder Familiar e a guarda provisória. O Código Civil de 2002 exterminou a adoção simples. Atualmente, apenas é possível a adoção plena, que será regida pelo ECA de forma principal quando o adotando for menor de 18 anos, e de forma subsidiária ao adotando maior. No caso de adoção de criança e adolescente, a competência será exclusiva da Justiça da Infância e Juventude.

Com base no inciso IV, será competente a Justiça da Infância e Juventude para o julgamento de mandados de segurança que envolvam direito líquido e certo de criança ou adolescente, de ação civil pública com fundamento no ECA, assim como nas demais ações cíveis que tenham como causa de pedir direito individual, difuso ou coletivo afeto à infância e à juventude. Fica excetuada apenas a competência da Justiça Federal e a competência originária dos Tribunais Superiores, conforme dispõe a previsão do artigo 209 do ECA. Para os conceitos de direitos individuais, coletivos e difusos, remetemos o leitor ao capítulo destinado ao estudo de tais direitos.

Consoante o disposto no inciso V, compete à Justiça da Infância e Juventude o julgamento e a aplicação de penalidades às entidades governamentais ou não-governamentais que pratiquem irregularidades. O procedimento para apuração das irregularidades será o seguido nos artigos 191 a 193 do ECA.

Determina o inciso VI a competência para aplicar as penalidades administrativas (e.g.: multa) decorrentes da prática das infrações administrativas cometidas contra norma de proteção à criança ou adolescente. Estudaremos as infrações administrativas em capítulo próprio.

Finalizando a competência sem restrições do *caput* do artigo 148, estabelece o inciso VII a competência para conhecer de casos encaminhados pelo Conselho Tutelar, aplicando as medidas cabíveis. Os casos que o Conselho Tutelar não consegue solucionar são encaminhados à Justiça da Infância e Juventude.

Conforme mencionamos, o leitor deve atentar para a distinção entre o *caput* e o parágrafo único do artigo 148. Todas as situações descritas no parágrafo único somente poderão ser julgadas pela Justiça da Infância e Juventude quando a criança ou adolescente estiver em situação de risco (definida no artigo 98). Dessa forma, se a criança, representada por sua genitora, ajuizar ação de alimentos, esta será em regra de competência da Vara de Família. Já no caso de situação de risco vivida pela criança, a competência seria da Justiça da Infância e Juventude. O mesmo se dá no que tange às ações de guarda[69] ou tutela.

Quanto à previsão de emancipação da alínea “e”, chamamos a atenção do leitor para o fato de ser o procedimento em referência judicial, apenas em virtude de existência de situação de risco, pois fora dessa hipótese o procedimento se dará em cartório, sendo meramente administrativo, desde que os pais estejam presentes e ambos concordem com a emancipação. Nos casos em que houver discordância entre os pais, o juiz da Infância e Juventude apenas conhecerá do pedido inerente ao exercício do poder familiar se a criança ou adolescente estiver em situação de risco, com fundamento na alínea “d” do parágrafo único do artigo 148.

Apesar de o artigo 148, parágrafo único, trazer restrição à competência da Justiça da Infância e Juventude, entendemos que a regra processual também deverá ser interpretada nos moldes do artigo 6º do ECA, principalmente considerando os fins sociais aos quais a lei se destina e o princípio do superior interesse do menor. Dessa forma, entendemos possível que, muito embora a competência se dê em razão da matéria, não se trata de caso de anulação da decisão proferida pelo juízo incompetente em qualquer situação (por exemplo, pelo juiz de Família), nos casos em que a decisão observou o espírito do Estatuto e que foi proferida em sentido idêntico pela Justiça da Infância e Juventude. Tal juízo poderá ser feito na esfera recursal para desprovimento do recurso.

Imaginemos o caso de decisão proferida pela Vara de Família determinando a retificação do registro de nascimento da criança, para inclusão do nome do pai. Ainda que a criança se encontre em situação de risco, não se pode permitir o rigor absoluto para exterminar a decisão proferida, devendo a mesma ser mantida. A regra da competência, como todas as demais previstas no ECA, se dirigem à ampla proteção e à prioridade da criança e do adolescente. Não pode a norma estatutária ser utilizada em prejuízo do menor.

Para tornar o entendimento da matéria mais didático ao leitor, vamos estabelecer os principais procedimentos e a correspondente competência territorial em razão da matéria:

---

69 Estende-se às ações de regulamentação de visitas.

Procedimento	Competência *ratione loci*	Competência *ratione materiae*
1 - Apuração de ato infracional	Lugar da ação ou omissão	Juizado da Infância e Juventude
2 - Adoção	Domicílio dos pais ou responsável ou local onde se encontre o adotando	Juizado da Infância e Juventude
3 - Guarda e tutela	Domicílio dos pais ou responsável ou local onde se encontre o adotando, no caso de falta dos pais	Juizado da Infância e Juventude (somente quando a criança ou adolescente estiver em situação de risco)
4 - Perda ou suspensão do Poder Familiar	Domicílio dos pais ou responsável ou local onde se encontre a criança ou adolescente, no caso de falta dos pais	Juizado da Infância e Juventude (somente quando a criança ou adolescente estiver em situação de risco)
5 - Conhecer de ações e aplicar medidas em virtude de irregularidades em entidades governamentais e não-governamentais	Domicílio da entidade jurídica	Juizado da Infância e Juventude
6 - Ação de alimentos	Domicílio dos pais ou responsável ou local onde se encontre a criança ou adolescente, no caso de falta dos pais	Juizado da Infância e Juventude (somente quando a criança ou adolescente estiver em situação de risco)
7 - Emancipação	Domicílio dos pais ou responsável ou local onde se encontre o adolescente, no caso de falta dos pais	Juizado da Infância e Juventude (somente quando o adolescente estiver em situação de risco). Fora destes casos, o procedimento é feito em cartório

Passemos a analisar a competência administrativa do Juízo da Infância e Juventude no que tange à disciplina de determinados assuntos mediante Portaria ou Alvará.

> *Art. 149. Compete à autoridade judiciária disciplinar, através de portaria, ou autorizar, mediante alvará:*
> *I - a entrada e permanência de criança ou adolescente, desacompanhado dos pais ou responsável, em:*
> *a) estádio, ginásio e campo desportivo;*
> *b) bailes ou promoções dançantes;*
> *c) boate ou congêneres;*
> *d) casa que explore comercialmente diversões eletrônicas;*
> *e) estúdios cinematográficos, de teatro, rádio e televisão.*
> *II - a participação de criança e adolescente em:*
> *a) espetáculos públicos e seus ensaios;*
> *b) certames de beleza.*
> *§ 1º Para os fins do disposto neste artigo, a autoridade judiciária levará em conta, dentre outros fatores:*
> *a) os princípios desta Lei;*
> *b) as peculiaridades locais;*
> *c) a existência de instalações adequadas;*
> *d) o tipo de frequência habitual ao local;*
> *e) a adequação do ambiente a eventual participação ou frequência de crianças e adolescentes;*
> *f) a natureza do espetáculo.*
> *§ 2º As medidas adotadas na conformidade deste artigo deverão ser fundamentadas, caso a caso, vedadas as determinações de caráter geral.*

O leitor deve ter muito cuidado na leitura e na interpretação do artigo 149, pois o legislador equiparou o ato administrativo ao ato jurisdicional, estabelecendo tanto no artigo 148 quanto no artigo 149 a competência da Justiça da Infância e Juventude. Inclusive, as decisões proferidas com base nesses incisos desafiarão o recurso de apelação (artigo 198). No entanto, é importante destacar que os atos elencados no artigo 149 são administrativos, diferentes dos atos jurisdicionais elencados no artigo 148.

Quando estudamos o direito à proteção ao trabalho, vimos que a Constituição Federal proíbe aos menores de 14 anos qualquer trabalho. E o trabalho artístico? Todos os dias assistimos crianças interpretando em novelas, filmes, peças teatrais, participando de desfiles, concursos, etc. Ao trabalho artístico não se aplicaria a proibição constitucional? O ECA não interpretou a atividade artística como um trabalho propriamente dito, mas sim como manifestação de dom artístico que não se poderia subtrair da criança ou do adolescente, desde que não se afigure prejudicial a ela no caso concreto e nem importe em exposição proibida pela lei. Dessa forma, o legislador estabeleceu no artigo 149, II, "a", que a participação de crianças em programas televisivos será tratada como uma analogia a sua participação em espetáculos públicos, desde que autorizada por alvará ou portaria.

A portaria é utilizada genericamente para disciplinar todas as situações que se encontrem previstas nas disposições da Justiça da Infância e Juventude. Já o alvará é emitido em determinado caso concreto. E.g.: a portaria pode definir a permissão em determinadas participações em atividades artísticas em horários específicos, enquanto o alvará pode permitir que determinada criança realize um desfile. É importante destacar que não se faz necessária a expedição de alvará para que a criança ou adolescente que frequente os locais definidos no inciso I do artigo 147 na companhia dos pais, pois o artigo menciona expressamente a necessidade de portaria ou alvará apenas para frequência da criança ou adolescente desacompanhada. Isso não se aplica ao inciso II, de forma que não basta que os pais autorizem a participação do filho menor em espetáculos públicos, em seus ensaios e em certames de beleza, sendo necessária a expedição de alvará do juiz que autorize a referida participação.

15 - DO ACESSO À JUSTIÇA - DOS PROCEDIMENTOS

Aos procedimentos regulados no Estatuto da Criança e do Adolescente aplicam-se subsidiariamente as normas gerais previstas na legislação processual pertinente.

É assegurada, sob pena de responsabilidade, prioridade absoluta na tramitação dos processos e procedimentos previstos no Estatuto, assim como na execução dos atos e diligências judiciais a eles referentes.

Se a medida judicial a ser adotada não corresponder a procedimento previsto no ECA ou em outra lei, a autoridade judiciária poderá investigar os fatos e ordenar de ofício as providências necessárias, ouvido o Ministério Público, o que não se aplica para o fim de afastamento da criança ou do adolescente de sua família de origem e em outros procedimentos necessariamente contenciosos.

15.1 - DA PERDA E DA SUSPENSÃO DO PODER FAMILIAR

O procedimento judicial para perda e suspensão do poder familiar é previsto nos artigos 155 a 163 do ECA.

O procedimento poderá ser iniciado pelo Ministério Público ou qualquer interessado (e.g.: requerente da adoção). Se há algum legitimado que tenha interesse em se manter com a criança, não deve o Ministério Público ajuizar a ação, pois não seria interessante para a celeridade da justiça.

Não pode o magistrado ex officio declarar a perda ou a suspensão do Poder Familiar. Ainda que o procedimento tenha seguimento na Vara de Família, deve ser obedecido o procedimento do ECA. Haverá competência da Justiça da Infância e Juventude se a criança ou adolescente vivenciar situação de risco.

- Petição inicial

A petição inicial deve obedecer ao disposto no artigo 156 do ECA, contendo:

• A autoridade judiciária a que for dirigida;

• Nome, estado civil, profissão e residência do requerente e do requerido, dispensada a qualificação em se tratando de pedido formulado pelo representante do Ministério Público;

• A exposição sumária do fato e o pedido;

• As provas que serão produzidas, oferecendo, desde logo, o rol de testemunhas e documentos.

Se, no entanto, o requerente não possui os dados completos, deve indicar os que tem em mãos.

- Suspensão liminar

O artigo 157 dispõe acerca da suspensão liminar ou incidental do poder familiar até o julgamento definitivo. O Ministério Público deve ser previamente ouvido. A criança deve ficar confiada a pessoa idônea, mediante termo de responsabilidade.

Tal dispositivo traz a previsão de uma tutela antecipada especial e se encontra de acordo com as disposições do Código de Processo Civil. Dessa forma, não há necessidade de um prévio procedimento cautelar para obtenção da liminar.

- Citação

O artigo 24 do Estatuto dispõe acerca do procedimento contraditório. Dessa forma, o artigo 158 dispõe acerca da observância do contraditório. O requerido deve ser citado, no prazo de 10 dias, para oferecer resposta escrita, indicando as provas que pretende produzir, o rol de testemunhas e os documentos. O parágrafo único estabelece ainda que serão esgotados todos os meios para a citação pessoal. Não sendo o requerido encontrado, devem ser expedidos ofícios com a finalidade de se obter sua localização. A citação por edital somente deve ser feita depois de esgotados todos os meios de se realizar a citação pessoal.

- Assistência de advogado dativo

O artigo 159 dispõe acerca da possibilidade de nomeação de advogado dativo para o requerido sem recursos. Essa hipótese é bastante comum na Justiça da Infância e Juventude.

- Requisição de documentos que interessem à causa

A requisição de documentos que interessem à causa é prevista pelo artigo 160. Podemos citar as fichas de clínicas, relatórios de estabelecimento de ensino, laudo de psicólogo, folha de antecedentes do requerido, etc.

- Falta de contestação do pedido

Não havendo contestação do pedido por parte do requerido, nos termos do artigo 161, a autoridade judiciária dará vista dos autos ao Ministério Público, se este não tiver sido o requerente. Trata-se de julgamento antecipado da lide. Poderá, ainda, a autoridade judicial determinar a realização de estudo social ou perícia por equipe interprofissional, bem como a oitiva de testemunhas. Se o pedido importar em modificação de guarda, será obrigatória a oitiva da criança ou adolescente, desde que possível e razoável.

- Existência de contestação

Havendo resposta, consoante o artigo 162, a autoridade judiciária dará vistas ao Ministério Público por cinco dias, designando audiência de instrução e julgamento. Nessa, serão ouvidas as testemunhas, haverá colheita da prova documental por meio de estudo social ou perícia, alegações orais por 20 minutos, prorrogáveis por mais 10. A decisão será proferida em audiência ou no prazo máximo de cinco dias.

O termo "designando", utilizado no artigo 162, gera controvérsia acerca da possibilidade de julgamento antecipado da lide. Há quem entenda que a designação da audiência de Instrução e Julgamento é obrigatória, sob pena de se caracterizar cerceamento de defesa. Para um segundo posicionamento, havendo provas fartas de motivos que ensejem a perda ou a suspensão do Poder Familiar, a designação obrigatória importaria em afronta ao melhor interesse da criança ou adolescente, assim como aos princípios da celeridade e economia processual.

- Averbação à margem do registro de nascimento

A própria sentença proferida pelo juiz já ordenará sua averbação à margem do registro de nascimento, em obediência ao disposto no artigo 163 do Estatuto.

- Restituição do poder familiar

Trata-se de matéria controvertida na doutrina e jurisprudência, pela redação do artigo 6º do Estatuto, que dispõe acerca da interpretação de acordo com os fins sociais a que a lei se destina. Dessa forma, já que há preferência de que a criança ou adolescente seja criada no seio de sua família natural, seria possível a restituição do poder familiar, sempre declarada por ato judicial fundamentado e amparado em sério estudo acerca da cessação dos motivos que deram ensejo à perda do poder familiar. Para um segundo posicionamento, a perda do poder familiar teria caráter definitivo, diferente da suspensão, não sendo possível sua restituição.

15.2 - DA DESTITUIÇÃO DA TUTELA

Prevê o artigo 164 do ECA a aplicação da lei processual civil. No que couber, determina a aplicação do procedimento para perda e suspensão do Poder Familiar. Vejamos o que prevê a lei processual (Código de Processo Civil) acerca do procedimento:

> *Seção II*
>
> *Da Remoção e Dispensa de Tutor ou Curador*
>
> *Art. 1.194. Incumbe ao órgão do Ministério Público, ou a quem tenha legítimo interesse, requerer, nos casos previstos na lei civil, a remoção do tutor ou curador.*
>
> *Art. 1.195. O tutor ou curador será citado para contestar*

a arguição no prazo de 5 (cinco) dias.

Art. 1.196. Findo o prazo, observar-se-á o disposto no art. 803.

Art. 1.197. Em caso de extrema gravidade, poderá o juiz suspender do exercício de suas funções o tutor ou curador, nomeando-lhe interinamente substituto.

Art. 1.198. Cessando as funções do tutor ou curador pelo decurso do prazo em que era obrigado a servir, ser-lhe-á lícito requerer a exoneração do encargo; não o fazendo dentro dos 10 (dez) dias seguintes à expiração do termo, entender-se-á reconduzido, salvo se o juiz o dispensar.

A legitimidade para se requerer a remoção do tutor é do Ministério Público ou de qualquer interessado. O interesse pode ser patrimonial ou não. Ou seja, tanto pode ser interessado um parente próximo que se preocupe com a criança ou adolescente, quanto um credor que teme pela destruição do patrimônio em questão. Nos casos de extrema gravidade, o juiz poderá suspender o exercício da tutela, com nomeação de substituto interino, tendo em vista o superior interesse do menor, que não poderá permanecer sem tutor.

Determina o Código de Processo Civil prazo de resposta de cinco dias para o tutor. Não sendo contestado o pedido, presumir-se-ão aceitos pelo requerido como verdadeiros os fatos alegados pelo requerente (artigos 285 e 319), caso em que o juiz decidirá dentro de cinco dias, consoante determina o artigo 803 do Código.

Pode-se perceber que o CPC prevê duas situações distintas:

a) A remoção do tutor, requerida por terceiro interessado ou pelo Ministério Público, como acabamos de ver;

b) A dispensa do tutor, caso em que o próprio tutor requer sua exoneração, de acordo com o disposto no artigo 1.198 do Código de Processo Civil. O encargo do tutor tem duração de dois anos, de acordo com a legislação cível, período após o qual pode ele requerer sua dispensa, sendo o único legitimado para tal. Caso não requeira tal dispensa no período de dez dias após o termo do prazo obrigatório, será considerado reconduzido, salvo se o juiz o dispensar.

15.3 - DA COLOCAÇÃO EM FAMÍLIA SUBSTITUTA

O ECA dispõe acerca do procedimento para colocação em família substituta ao longo dos artigos 165 a 170.

- Requisitos para a concessão de pedidos de colocação em família substituta

O artigo 165 estabelece os requisitos para a concessão de pedidos de colocação em família substituta: qualificação completa do requerente e de seu eventual cônjuge ou companheiro, com expressa anuência deste; indicação de eventual parentesco do requerente e de seu cônjuge ou companheiro com a criança ou adolescente, especificando se tem ou não parente vivo; qualificação completa da criança ou adolescente e de seus pais, se conhecidos; indicação do cartório onde foi inscrito o nascimento, anexando, se possível, uma cópia da respectiva certidão e declaração sobre a existência de bens, direitos ou rendimentos relativos à criança ou ao adolescente. Nos casos de adoção, devem ser observados esses, além de requisitos específicos, o que já analisamos quando do estudo da adoção.

Tais requisitos são necessários para a concessão do pedido. No entanto, para a caracterização do direito à colocação em família substituta, devem ser analisadas as disposições relacionadas no artigo 28. Essa forma não significa que o juiz não possa exigir requisitos mais específicos de acordo com a análise casuística, verificando-se a necessidade de uma investigação mais apurada e minuciosa.

- Consentimento dos pais

Em regra, o consentimento dos pais é necessário para a colocação da criança ou adolescente em família substituta. No entanto, estabelece o artigo 166 que, se os pais forem falecidos, tiverem sido destituídos ou suspensos do Poder Familiar, ou houverem aderido expressamente ao pedido de colocação em família substituta, este poderá ser formulado diretamente em cartório, em petição assinada pelos próprios requerentes, dispensada a assistência de advogado.

Quando o artigo 166 estabelece que pode o pedido ser formulado diretamente em cartório da Justiça da Infância e Juventude, isso significa que o procedimento passa a ser de jurisdição voluntária, podendo o pedido ser feito dessa forma tendo em vista a inexistência de lide, com a consequente desnecessidade do contraditório e da presença e assistência de advogado, consoante esclareceu a Lei 12.010/2009, que alterou o referido dispositivo. Não se entende, no entanto, proibição da presença de patrono constituído, que, se houver, estará presente em audiência para tomada de consentimento dos pais, na hipótese de pais vivos que queiram conceder autorização.

Ressalte-se que a ausência de consentimento somente é possível nos casos de pais falecidos, destituídos ou suspensos do Poder Familiar. No caso de mera suspensão do Poder Familiar. Torna-se perfeitamente adequada a colocação sob guarda ou tutela.

> *Art. 169. Nas hipóteses em que a destituição da tutela, a perda ou a suspensão do Poder Familiar constituir pressuposto lógico da medida principal de colocação em família substituta, será observado o procedimento contraditório previsto nas Seções II e III deste Capítulo.*
>
> *Parágrafo único. A perda ou a modificação da guarda poderá ser decretada nos mesmos autos do procedimento, observado o disposto no art. 35.*

- Inclusões da Lei 12.010/2009

A Lei 12.010/2009 incluiu mais seis parágrafos no artigo 166, que deixou de ter um parágrafo único e passou a ter sete parágrafos, que passam a dispor que:

> *§ 1º Na hipótese de concordância dos pais, esses serão ouvidos pela autoridade judiciária e pelo representante do Ministério Público, tomando-se por termo as declarações.*
>
> *§ 2º O consentimento dos titulares do Poder Familiar será precedido de orientações e esclarecimentos prestados pela equipe interprofissional da Justiça da Infância e da Juventude, em especial, no caso de adoção, sobre a irrevogabilidade da medida.*
>
> *§ 3º O consentimento dos titulares do Poder Familiar será colhido pela autoridade judiciária competente em audiência, presente o Ministério Público, garantida a livre manifestação de vontade e esgotados os esforços para manutenção da criança ou do adolescente na família natural ou extensa.*
>
> *§ 4º O consentimento prestado por escrito não terá validade se não for ratificado na audiência a que se refere o § 3o deste artigo.*

§ 5º O consentimento é retratável até a data da publicação da sentença constitutiva da adoção.

§ 6º O consentimento somente terá valor se for dado após o nascimento da criança.

§ 7º A família substituta receberá a devida orientação por intermédio de equipe técnica interprofissional a serviço do Poder Judiciário, preferencialmente com apoio dos técnicos responsáveis pela execução da política municipal de garantia do direito à convivência familiar.

- Estudo social e perícia por equipe interdisciplinar

O artigo 167 determina que a autoridade judiciária, de ofício ou a requerimento das partes ou do Ministério Público, determinará a realização de estudo social ou, se possível, perícia por equipe interprofissional, decidindo sobre a concessão de guarda provisória, bem como, no caso de adoção, sobre o estágio de convivência.

A Lei 12.010/2009 incluiu um parágrafo único no artigo 167 estabelecendo que deferida a concessão da guarda provisória ou do estágio de convivência, a criança ou o adolescente será entregue ao interessado, mediante termo de responsabilidade.

A previsão do artigo 167 dispõe sobre ato ulterior ao procedimento informal previsto nos artigos anteriores. A realização do estudo social ajudará na formação do convencimento do juiz, de forma que este possa perceber se os requisitos materiais para a colocação em família substituta estão presentes – como a presença de reais vantagens para o menor e de motivos legítimos para a adoção, de acordo com o que dispõe o artigo 43.

A decisão sobre a guarda provisória ou sobre o estágio de convivência (em caso de adoção) possui natureza de decisão interlocutória.

- Procedimento ulterior à concessão de guarda, tutela ou adoção

Determina o artigo 170:

Art. 170. Concedida a guarda ou a tutela, observar-se-á o disposto no art. 32, e, quanto à adoção, o contido no art. 47.

Parágrafo único. A colocação de criança ou adolescente sob a guarda de pessoa inscrita em programa de acolhimento familiar será comunicada pela autoridade judiciária à entidade por este responsável no prazo máximo de 5 (cinco) dias.

Após a concessão da guarda ou da tutela, o guardião ou tutor prestará compromisso, nos termos do citado artigo 32 do ECA:

> *Art. 32. Ao assumir a guarda ou a tutela, o responsável prestará compromisso de bem e fielmente desempenhar o encargo, mediante termo nos autos.*

Nos casos de adoção, o artigo 170 faz remissão ao artigo 47, que foi substancialmente alterado pela Lei 12.010/2009:

> *Art. 47. O vínculo da adoção constitui-se por sentença judicial, que será inscrita no registro civil mediante mandado do qual não se fornecerá certidão.*
>
> *§ 1º A inscrição consignará o nome dos adotantes como pais, bem como o nome de seus ascendentes.*
>
> *§ 2º O mandado judicial, que será arquivado, cancelará o registro original do adotado.*
>
> *§ 3º A pedido do adotante, o novo registro poderá ser lavrado no Cartório do Registro Civil do Município de sua residência.*
>
> *§ 4º Nenhuma observação sobre a origem do ato poderá constar nas certidões do registro.*
>
> *§ 5º A sentença conferirá ao adotado o nome do adotante e, a pedido de qualquer deles, poderá determinar a modificação do prenome.*
>
> *§ 6º Caso a modificação de prenome seja requerida pelo adotante, é obrigatória a oitiva do adotando, observado o disposto nos §§ 1º e 2º do art. 28 desta Lei.*
>
> *§ 7º A adoção produz seus efeitos a partir do trânsito em julgado da sentença constitutiva, exceto na hipótese prevista no § 6º do art. 42 desta Lei, caso em que terá força retroativa à data do óbito.*
>
> *§ 8o O processo relativo à adoção assim como outros a ele relacionados serão mantidos em arquivo, admitindo-se seu armazenamento em microfilme ou por outros meios, garantida a sua conservação para consulta a qualquer tempo.*

Acerca das disposições constantes do artigo 47, remetemos o leitor ao capítulo da adoção.

15.4 - DO PROCEDIMENTO PARA APURAÇÃO DE ATO INFRACIONAL ATRIBUÍDO A ADOLESCENTE

Conforme estudamos no capítulo destinado ao ato infracional, o adolescente não pratica crime, por ser considerado inimputável; portanto, o fato por ele praticado é considerado típico, ilícito, mas não culpável, definido pelo artigo 103 como ato infracional – conduta descrita como crime e contravenção. Logo, o menor de 18 anos, se não pratica infração penal, não pode receber pena e também não pode ser julgado de acordo com o Código de Processo Penal.

Para aplicação de qualquer medida ao adolescente, faz-se necessário o respeito ao procedimento previsto no Estatuto, que estabelecerá diretrizes a serem seguidas pala Autoridade Policial, pelo Ministério Público e pela Autoridade Judicial.

Podemos dizer que o procedimento para apuração do ato infracional desenvolve-se ao longo de três fases: uma policial, realizada preferencialmente em delegacia especializada, uma fase realizada junto à Promotoria da Infância e Juventude e ainda: uma fase judicial, realizada na Justiça da Infância e Juventude, com observância de ampla defesa e contraditório, para somente após o final de todo o procedimento, poder o adolescente em conflito com a lei ser submetido a uma medida socioeducativa.

Lembramos mais uma vez ao leitor que o procedimento em análise somente pode referir-se ao adolescente, pois, como já vimos, a criança infratora somente poderá ser submetida a medida de proteção elencada ou não no artigo 101, o que, em regra, é da competência do Conselho Tutelar.

– Indícios de participação de adolescente na prática de ato infracional

Quando não existir hipótese de apreensão em flagrante do adolescente, mas houver indícios da participação desse em ato infracional, a autoridade policial, após proceder a investigações, deve elaborar relatório e encaminhá-lo ao Ministério Público com eventuais documentos existentes. É o que dispõe o artigo 178 do Estatuto.

As investigações são efetuadas mediante procedimento administrativo semelhante ao inquérito policial, denominado Auto de Investigação de Ato Infracional (AIAI). Esse procedimento preparatório visa formar o convencimento do Ministério Público para a propositura da ação socioeducativa. Após sua conclusão, o relatório das investigações e demais documentos são encaminhados ao Ministério Público.

– Flagrante de ato infracional, limitação na condução do adolescente e o uso de algemas

O AIAI também pode ter início com o flagrante do ato infracional. O artigo 106 do Estatuto assegura, como direito individual, que nenhum adolescente será privado de sua liberdade senão em flagrante de ato infracional ou por ordem escrita e fundamentada da autoridade judiciária competente, sendo absolutamente impossível a apreensão do adolescente para averiguação de ato infracional supostamente praticado.

Sendo o adolescente apreendido em flagrante de ato infracional ou por ordem judicial, o artigo 178 traz limitação quanto à condução do adolescente em conflito com a lei. Este não pode ser conduzido ou transportado em compartimento fechado de viatura policial, em condições atentatórias à sua dignidade ou que impliquem risco à sua integridade física ou mental, sob pena de responsabilidade. Pensamos que tal norma deve ser interpretada com razoabilidade. O adolescente de alta periculosidade, que apresente risco para a vida daquele que o conduz, embora não possa ser conduzido em "camburão", em apreço à sua dignidade, pode ser transportado na parte traseira do veículo policial, ainda que seu acesso ao banco dianteiro seja impedido por dispositivo de segurança. O desrespeito ao que determina o artigo 178 acarretará a responsabilidade pelo crime previsto no artigo 232 do ECA.

O ECA nada prevê acerca do uso de algemas. Desta forma, podemos utilizar a súmula vinculante 11 do STF:

> *"Só é lícito o uso de algemas em caso de resistência e de fundado receio de fuga ou de perigo à integridade física própria ou alheia, por parte do preso ou de terceiros, justificada a excepcionalidade por escrito, sob pena de responsabilidade disciplinar civil e penal do agente ou da autoridade e de nulidade da prisão ou do ato processual a que se refere, sem prejuízo da responsabilidade civil do Estado"*

Vejamos a seguinte questão:

Morador de rua, de 13 anos de idade, que se recusa a ser levado para instituição de abrigo, pode ser algemado em face dos termos da Súmula Vinculante nº 11: "Só é lícito o uso de algemas em casos de resistência e de fundado receio de fuga ou de perigo à integridade física própria ou alheia, por parte do preso ou de terceiros, justificada a excepcionalidade por escrito, sob pena de responsabilidade disciplinar, civil e penal do agente ou da autoridade e de nulidade da prisão ou do ato processual a que se refere, sem prejuízo da responsabilidade civil do Estado."?

Resposta: Não seria possível o uso de algemas. Fazendo analogia ao Processo Penal, só podemos utilizar algemas ao adolescente em conflito com a lei. Ou seja, autor de ato infracional. Neste caso, o adolescente se recusa à aplicação de uma medida de proteção – o acolhimento institucional, sendo abusivo o uso de algemas.

Vejamos a jurisprudência do STJ acerca do tema:

> HABEAS CORPUS. PENAL. ESTATUTO DA CRIANÇA E DO ADOLESCENTE. ATO INFRACIONAL ANÁLOGO AO CRIME DE ROUBO CIRCUNSTANCIADO. USO DE ALGEMAS DURANTE A AUDIÊNCIA DE INSTRUÇÃO E JULGAMENTO DEVIDAMENTE FUNDAMENTADO. EMPREGO DE ARMA DE FOGO. AUSÊNCIA DE EXAME PERICIAL. POTENCIALIDADE LESIVA. EXISTÊNCIA DE OUTROS MEIOS DE PROVA.INCIDÊNCIA DA CAUSA ESPECIAL DE AUMENTO DE PENA. POSSIBILIDADE. ERESP N.º 961.831/RS. PRECEDENTES. MEDIDA SOCIOEDUCATIVA DE INTERNAÇÃO POR PRAZO INDETERMINADO ESTABELECIDA EM RAZÃO DA REITERAÇÃO EM INFRAÇÕES GRAVES. ART. 122, INCISOS I E II, DO ECA. PRECEDENTES DO STJ. ORDEM DENEGADA.
>
> 1. O uso de algemas durante a audiência de instrução e julgamento encontra-se devidamente fundamentado, tendo as instâncias ordinárias apontado elementos concretos que demonstraram a real necessidade dessa providência para garantir a segurança na realização do ato, considerando, sobretudo, o perfil violento do menor. (STJ - HC 168874 / DF – Ministra Laurita Vaz – 27/03/2012 – Quinta Turma)

> 1. O art. 199 da LEP dispõe que o emprego de algemas será disciplinado por decreto federal. Todavia, tal dispositivo legal ainda não foi regulamentado, de sorte que, para evitar o uso arbitrário destes grilhões, os quais, muitas vezes, eram manipulados desnecessariamente pela autoridade policial, tornando prisões vexatórias, bem como depreciando a situação de réus sem maior grau de periculosidade, foi editada, pelo Supremo Tribunal Federal, para suprir o vácuo normativo, e em consonância com princípios constitucionais, como da razoabilidade e da proporcionalidade, a Súmula Vinculante nº 11.
>
> 2. O uso de algemas constitui exceção, devendo a adoção de tal medida ser justificada concretamente, por escrito, em uma das seguintes hipóteses: a) resistência indevida da pessoa; b) fundado receio de fuga; ou c) perigo à integridade física própria ou alheia. Caso contrário, se for constatado que a utilização do aludido instrumento foi desarrazoada e desnecessária, poderá haver a responsabilização do agente ou autoridade, a par da declaração de nulidade do ato processual.
>
> 3. Na espécie, a utilização de algemas, quando da oitiva informal do paciente, foi fundamentada de forma idônea, uma vez que havia fundado receio de fuga e de risco à segurança de terceiros: educador social e estagiários da promotoria, os quais estavam próximos ao representado. Logo, não há falar em nulidade do ato processual, porquanto o paciente apresentava certo grau de periculosidade, que deveria ser contida, preventivamente, com o uso das algemas. (STJ - HC 160230 / PR - Ministro VASCO DELLA GIUSTINA (DESEMBARGADOR CONVOCADO DO TJ/RS) – Sexta Turma – 20/10/2011)

- Procedimento dividido em três fases

O procedimento para apuração de ato infracional atribuído a adolescente é dividido em três fases: policial, ministerial e judicial. Apenas após o devido processo legal, o adolescente poderá dar início ao cumprimento de uma medida socioeducativo. Após o advento da Lei 12594/12, há exigência inclusive da execução de medida socioeducativa e quando esta for de prestação de serviços à comunidade, liberdade assistida, semiliberdade ou internação, será instaurado processo de execução, de competência da Justiça da Infância e Juventude.

Antes de começarmos a discorrer sobre o tema, vejamos em um quadro esquemático a síntese do procedimento em caso de apreensão em flagrante do adolescente autor de ato infracional:

Ocorrendo uma dessas hipóteses, deve ser observado o procedimento traçado pelo artigo 171 e seguintes do Estatuto. Esse procedimento só é observado para ato infracional perpetrado por adolescente que pratica ato infracional, ao qual não devemos denominar adolescente infrator, mas sim adolescente em conflito com a lei. Quando uma criança é encontrada praticando ato infracional, deve ser encaminhada ao Conselho Tutelar.

No.

Válter Kenji Ishida[70] sustenta que:

> *O cometimento de delito grave por criança, deve ser acompanhado pela autoridade policial, já que os Conselhos Tutelares não são dotados de instrumentos nem são equipados visando fornecer segurança aos membros do Conselho. O Conselho teria atribuição na hipótese de delitos de menor gravidade.*

Sendo apreendido por força de ordem judicial, o adolescente será, desde logo, encaminhado à autoridade judiciária. Se for apreendido em flagrante de ato infracional, porém, deverá ser encaminhado à delegacia especializada, se

70 Ob cit, p. 288

houver. Caso não haja delegacia especializada na localidade, o adolescente será encaminhado à delegacia comum, onde será seguido o procedimento previsto no ECA. Ressalte-se que, ainda que o menor esteja praticando o ato em concurso com adulto, ambos serão encaminhados à DPCA, que encaminhará o adulto à repartição policial própria. Os agentes policiais não devem encaminhar o adolescente a outra delegacia para posterior transferência à delegacia especializada, exceto em ocasião de erro. Nesse caso, deverá a autoridade policial da delegacia providenciar a transferência do adolescente em conflito com a lei para a delegacia especializada nº 4.898/65.

Em seguida à comunicação, faz-se necessário verificar se o ato infracional foi cometido com ou sem violência ou grave ameaça à pessoa. A autoridade policial tem dois caminhos:

1º - Se o ato infracional foi praticado com violência ou grave ameaça, lavrará auto de apreensão (AAPAI – Auto de apreensão pela prática de ato infracional), que é um pouco semelhante ao auto de prisão em flagrante (APF) no Processo Penal, ouvindo as testemunhas e o adolescente, apreendendo o produto e os instrumentos do ato infracional e requisitando os exames ou perícias necessários à comprovação da materialidade e autoria.

2º - Nos atos infracionais praticados sem violência ou grave ameaça, basta a lavratura de um boletim de ocorrência circunstanciada, menos complexo. Em ambos os casos, a autoridade policial colocará o adolescente a par de seus direitos. Promovida a formalidade, a autoridade policial tem dois caminhos:

1º - Via de regra, há entrega imediata do adolescente aos pais ou responsável, sob termo de compromisso e responsabilidade de sua apresentação ao representante do Ministério Público no mesmo dia ou, sendo impossível, no primeiro dia útil imediato. No caso de liberação, a autoridade policial encaminha imediatamente ao Ministério Público a cópia do auto de apreensão ou boletim de ocorrência.

2º - A exceção, de acordo com o artigo 174, é a não liberação do adolescente, caso em que será feito pela autoridade policial um primeiro juízo de valor baseado na gravidade do ato infracional e sua repercussão social, caso em que ele acredite deva o adolescente permanecer sob internação para garantia de sua segurança pessoal ou manutenção da ordem pública.. No entanto, entendemos que, assim como ocorre no Processo Penal, a visão dada ao ECA deve ser constitucional, com aplicação da presunção a favor do adolescente, de forma que sua liberdade não possa ser relativizada com base na repercussão social do ato infracional. Dessa forma, apenas a necessidade da medida poderá justificar a privação provisória da liberdade.

A internação provisória em si somente será determinada pela autoridade judicial e poderá perdurar pelo máximo de 45 dias. Esgotado esse prazo, passa a existir constrangimento ilegal, sendo cabível habeas corpus para liberação imediata do adolescente. A internação provisória é conhecida tecnicamente como "atendimento acautelatório para adolescentes em conflito com a lei" e se justifica por indícios suficientes de autoria e materialidade e pela necessidade imperiosa da medida, consoante determina o artigo 108. Ou seja, esse é o juízo de valor a ser feito pela autoridade judiciária quando da decretação da internação provisória. Muito embora não conste do artigo 108, por critérios de razoabilidade e proporcionalidade, só deve o Juiz decretar a medida cautelar de internação provisória caso o ato infracional praticado gere a futura possibilidade de aplicação da medida socioeducativa de internação (casos previstos no artigo 122 do ECA), a justificar a privação da liberdade do adolescente. A internação provisória pode ser decretada a qualquer momento antes da sentença.

> 1. O ato infracional análogo ao crime de tráfico ilícito de entorpecentes, a despeito da sua natureza hedionda, não dá ensejo, por si só, à aplicação da medida socioeducativa de internação, já que a conduta não pressupõe violência ou grave ameaça a pessoa.
> 2. A decisão que decreta a internação antes da sentença deve demonstrar não só os indícios suficientes de autoria e materialidade, mas também a necessidade imperiosa da medida.
> 3. A gravidade do ato infracional e a suposta necessidade de garantir a segurança do adolescente não podem justificar, isoladamente, a privação total da liberdade, mesmo que provisoriamente, em razão da própria excepcionalidade da medida socioeducativa de internação.
> 4. Ordem concedida para, ratificando a liminar, cassar o acórdão que decretou a internação provisória. (STJ - HC 157364 / SP – Sexta Turma – Min. Maria Thereza de Assis Moura – 16/06/2011)

Sempre que não for o caso de entrega imediata do menor aos seus responsáveis, deve haver apresentação imediata do adolescente ao Ministério Público (artigo 175), com cópia do auto de apreensão ou boletim de ocorrência, não devendo o menor ser transportado em compartimento fechado de veículo policial. Se não for possível, endereçar-se-á o menor a uma entidade de atendimento, que terá prazo de 24 horas para apresentar ao Ministério Público. Se não houver unidade de atendimento na localidade, o adolescente permanece na delegacia em local adequado e deverá ser apresentado ao Ministério Público em 24 horas. Ou seja, neste caso, a autoridade policial ganha o prazo da entidade de atendimento, podendo o adolescente permanecer em sede policial. À falta de repartição policial especializada, o adolescente aguardará a apresentação em dependência separada da destinada a maiores. (o leitor deve ter cuidado para não confundir esse prazo com o máximo que um adolescente pode permanecer em sede policial na fase judicial, que ainda estudaremos– cinco dias; essa regra está prevista no artigo 185, parágrafo 2º). O estudo dos prazos é fundamental, pois o desrespeito a eles constitui crime, conforme estudaremos em capítulo próprio.

Em exemplo: a comarca de Miracema não possui entidade de atendimento. O menor pratica ato infracional no sábado à noite e não há promotor. O que ocorre? O delegado lavra o auto de apreensão e o menor continua na delegacia. Em 24 horas, tem de apresentá-lo ao Ministério Público. Se no domingo o plantão é em Campos, tem de levar o menor a Campos. Se o Ministério Público ouve o menor, depois este volta para a delegacia e lá pode permanecer por até cinco dias. Depois desse prazo, o adolescente deve ser encaminhado para uma entidade de atendimento.

O Promotor poderá requisitar ao Juiz da Infância e Juventude a internação provisória do adolescente.

Entendemos que, pelo poder geral de cautela, pode o Juiz da Infância e Juventude, decretar de ofício a internação provisória do adolescente. Lembrando ainda que o instituto não encontra plena equivalência à prisão cautelar no Processo Penal, tendo em vista que o objetivo no ECA é sempre protetivo ao adolescente.

Se, afastada a hipótese de flagrante, houver indícios de participação de adolescente na prática de ato infracional, a autoridade policial Instaurará procedimento investigatório, batizado na praxe policial como **Auto de Investigação de Ato Infracional** – AIAI, similar ao Inquérito e encaminhará ao representante do Ministério Público relatório das investigações e demais documentos.

– Procedimento após apresentação ao Ministério Público

Apresentado o adolescente, o representante do Ministério Público, no mesmo dia e à vista do auto de apreensão, boletim de ocorrência ou relatório policial, devidamente autuados pelo cartório judicial e com informação sobre os antecedentes do adolescente, procederá, imediata e informalmente, à sua oitiva e, em sendo possível, de seus pais ou responsável (tutor, guardião), vítima e testemunhas., consoante determina o artigo 179. O menor será levado ao Ministério Público pela autoridade policial ou pelos pais ou responsável. Caso os pais não levem o adolescente até lá, serão notificados, podendo o promotor solicitar o concurso das Polícias Civil e Militar. O artigo 179, parágrafo único, do ECA não impôs uma formalidade para a realização da notificação dos responsáveis legais para a oitiva informal; todavia, em conformidade com os princípios da proteção integral e prioridade absoluta, o ato deve ser efetuado da forma mais rápida e eficaz possível. Nada impede, assim, que, na impossibilidade de haver a notificação pelo órgão ministerial, possa-se requerer diligência ao Judiciário, uma vez que a lei informalizou o referido trâmite em benefício da agilidade. Todavia, o parquet deve demonstrar a incapacidade de notificar ou a necessidade da intervenção do Judiciário.

Entendemos ser necessária a oitiva do adolescente e não mera discricionariedade do Ministério Público, pois, com base nessa oitiva, poderá ser possível a remissão ou o arquivamento. Trata-se de direito subjetivo do adolescente. Acarretará nulidade da ação socioeducativa a ausência da oitiva. No entanto, esse entendimento não é pacífico. Há decisões no sentido de que a oitiva informal não se trata de condição de procedibilidade para a ação socioeducativa, não sendo necessária, consoante entendimento da Sexta Turma do Superior Tribunal de Justiça, no habeas corpus 121.733, de março de 2009, de relatoria do Ministro Og Fernandes:

> *A ausência de oitiva informal não gera a nulidade da representação se os elementos presentes já bastarem, por si sós, à formação do convencimento do magistrado.*

Entendemos ainda que a presença dos pais ou responsável é essencial à formalidade do ato. Nos termos do artigo 111, inciso, VI, do ECA, é assegurado ao adolescente, quando investigado por suposta prática de ato infracional, solicitar, em qualquer fase do procedimento, a presença de seus pais ou responsável.

Quanto à presença de advogado, o STJ entende que a mesma é dispensável por se tratar de ato extrajudicial, estando dispensados a ampla defesa e o contraditório:

> HABEAS CORPUS. ESTATUTO DA CRIANÇA E DO ADOLESCENTE. OITIVA INFORMAL. ATO EXTRAJUDICIAL. AUSÊNCIA DE DEFESA TÉCNICA. NULIDADE. NÃO CONFIGURAÇÃO. IRREGULARIDADE DO ATO. INEXISTÊNCIA DE PREJUÍZO. CONFISSÃO RATIFICADA EM JUÍZO SOB O CRIVO DO CONTRADITÓRIO. ART. 563 DO CPP. ORDEM DENEGADA.

> 1. A ausência de defesa técnica na audiência de oitiva informal do menor perante o Ministério Público não configura nulidade, mas mera irregularidade.
> 2. Inexistindo prejuízo à Defesa, em razão da ratificação do depoimento do menor perante o Juízo competente, sob o crivo do contraditório, não há como reconhecer a nulidade apontada, nos termos do art. 563 do Código de Processo Penal.
> 3. Ordem denegada. (HC 109241 / SP – Sexta Turma – Min. Maria Thereza de Assis Moura – 04/04/2011)

Quanto à presença dos responsáveis, o STJ entende que a mera ausência não presume o prejuízo a gerar nulidade:

> Não se vislumbra a ocorrência de nulidade de todo o procedimento judicial em razão da ausência dos pais no momento da oitiva informal (art. 179 do ECA) do paciente, se não houve demonstração do efetivo prejuízo. Na hipótese, a representação foi julgada procedente com base em outros elementos, colhidos durante o procedimento judicial. (HC 108432 / SP – Quinta Turma – Min. Felix Ficher – 02/10/2008)

A seguir, três providências se apresentam ao promotor da Infância e Juventude (artigo 180):

a) Promover o arquivamento

Em qualquer das situações previstas no artigo 189 (inexistência do ato infracional, o fato não constituir ato infracional, inexistência de prova de participação do adolescente no ato infracional, existência de excludente de antijuridicidade ou de culpabilidade, inexistência de prova suficiente para a condenação), o promotor poderá requerer o arquivamento e remeter os autos à autoridade judicial para homologação. Se o juiz não concordar, aplica-se a regra do artigo 181, parágrafo 2º, que, no mesmo sentido do artigo 28 do CPP, determina a remessa ao Procurador Geral de Justiça para que esse ofereça representação, designe outro membro do Ministério Público para que o faça ou ratifique o arquivamento, estando então a autoridade judicial obrigada a homologar.

b) Conceder remissão

A remissão é tratada a partir do artigo 126 do ECA. Trata-se de instituto que tem essência de perdão, que pode ser concedida em dois momentos:

1º - antes do início da ação socioeducativa, pelo **promotor**, como **forma de exclusão do processo**;

Antes de iniciado o procedimento judicial para apuração de ato infracional, o representante do Ministério Público poderá conceder a remissão, como forma de exclusão do processo, atendendo às circunstâncias e consequências do fato, ao contexto social, bem como à personalidade do adolescente e sua maior ou menor participação no ato infracional. A remissão não implica, necessariamente, o reconhecimento ou comprovação da responsabilidade, nem prevalece para efeito de antecedentes.

2º - durante a ação socioeducativa, pelo juiz, ouvido o Ministério Público, como forma de suspensão ou extinção do processo.

A remissão pode ser com ou sem encargo. A remissão com encargo é também chamada de condicionada; nela, o adolescente deve cumprir medida socioeducativa, com exceção da medida de internação ou semiliberdade. Estabelece o artigo 127 que a remissão pode incluir eventualmente a aplicação de qualquer das medidas previstas em lei, exceto a colocação em regime de semiliberdade e a internação. Muito já se discutiu acerca da constitucionalidade da remissão concedida pelo Ministério Público, indagando-se o fato de ela poder ser concedida com encargo (remissão condicionada), causaria ofensa ao devido processo legal.

Alguns juízes já declararam *incidenter tantum* a inconstitucionalidade do artigo 127 do ECA, entendendo que importaria em subtração de apreciação pelo Poder Judiciário. No entanto, a medida socioeducativa, como já vimos, não tem essência de pena, mas sim de instrumento para possibilitar orientação e reeducação. Nesse sentido, já decidiu o Supremo Tribunal Federal pela constitucionalidade do citado dispositivo, no RE 229382, de relatoria do Ministro Moreira Alves, em 26/06/2002:

> Recurso extraordinário. Artigo 127 do Estatuto da Criança e do Adolescente. - Embora sem respeitar o disposto no artigo 97 da Constituição, o acórdão recorrido deu expressamente pela inconstitucionalidade parcial do artigo 127 do Estatuto da Criança e do Adolescente que autoriza a acumulação da remissão com a aplicação de medida socioeducativa. - Constitucionalidade dessa norma, porquanto, em

face das características especiais do sistema de proteção ao adolescente implantado pela Lei 8.069/90, que mesmo no procedimento judicial para a apuração do ato infracional, como o próprio aresto recorrido reconhece, não se tem em vista a imposição de pena criminal ao adolescente em conflito com a lei, mas a aplicação de medida de caráter sócio pedagógico para fins de orientação e de reeducação, sendo que, em se tratando de remissão com aplicação de uma dessas medidas, ela se despe de qualquer característica de pena, porque não exige o reconhecimento ou a comprovação da responsabilidade, não prevalece para efeito de antecedentes, e não se admite a de medida dessa natureza que implique privação parcial ou total da liberdade, razão por que pode o Juiz, no curso do procedimento judicial, aplicá-la, para suspendê-lo ou extingui-lo (artigo 188 do ECA), em qualquer momento antes da sentença, e, portanto, antes de ter necessariamente por comprovadas a apuração da autoria e a materialidade do ato infracional. Recurso extraordinário conhecido em parte e nela provido.

Entendendo também pela constitucionalidade, são precisas as palavras de Leonardo Barreto Moreira Alves[71] , verbis:

> *Admitir a cumulação da remissão pré-processual com medida socioeducativa de regime aberto significa antecipar a aplicação desta medida sem que haja a necessidade de transcorrer todo o longo iter do processo de apuração do ato infracional, provocando a redução de custos para o Estado (que não aciona sua máquina judiciária) e para o próprio adolescente (que deixa de constituir advogado e de arcar com as custas processuais), isto sem falar na eliminação do desgaste psicológico inerente ao desenvolvimento em qualquer processo judicial, além do que traz uma efetiva celeridade aos feitos envolvendo ato infracional.*

A remissão concedida pelo Ministério Público exige homologação judicial. É nessa decisão que o Juiz fixará a medida a ser cumprida. Conforme lecionam João Batista Costa Saraiva e Tarcísio José Martins Costa,[72] "na verdade, a

71 in Brevíssimas Considerações sobre a Possibilidade de Cumulação da Remissão Pré-Processual com Medida Socioeducativa, Revista IOB de Direito Penal e Processual Penal, vol. 1, Porto Alegre, Ed. Síntese, 2000, p. 89

72 Estatuto da Criança e do Adolescente, Belo Horizonte, Del Rey, 2004, p. 264

remissão por iniciativa do Ministério Público é ato bilateral complexo, uma vez que só se completa mediante a homologação da autoridade judiciária".

Caso o juiz não concorde com a concessão da remissão, a hipótese será a mesma para a discordância em relação ao arquivamento. Remetemos o leitor ao tópico relativo ao arquivamento para não nos tornarmos repetitivos.

A medida aplicada no caso de remissão com encargo poderá ser revista judicialmente, a qualquer tempo, mediante pedido expresso do adolescente, de seu representante legal, ou do Ministério Público.

Havia controvérsia acerca de quem seria a autoridade competente para aplicar a medida socioeducativa cumulada com remissão. O Superior Tribunal de Justiça acabou com a discussão; o verbete da **Súmula 108 desse Tribunal dispõe que é o juiz quem aplica a medida socioeducativa , nunca o promotor**. Não existe mais tal discussão.

Entendendo que a remissão aplicada pelo MP é forma de exclusão do processo, isso significa que ao não representar, não será iniciada a fase judicial, o processo, a denominada ação socioeducativa. Por isso, a remissão é causa de exclusão do processo. Já se concedida pelo juiz, necessariamente há processo. Desta forma, a remissão ou suspenderá o processo (se aplicada com medida socioeducativa) ou extinguirá o processo (se aplicada sem medida socioeducativa). O promotor não concede remissão na fase judicial, assim como o juiz não concede remissão na fase pré-judicial.

c) Oferecer representação

A terceira possibilidade do Ministério Público é o oferecimento de representação, iniciando a ação socioeducativa.

A representação não possui a mesma natureza jurídica do processo penal; não se trata de condição, mas sim de uma peça processual oferecida pelo Ministério Público para dar início à ação socioeducativa. Essa peça inicial será dirigida à Justiça da Infância e Juventude, com indicação de breve resumo dos fatos, classificação do ato infracional e, quando necessário, rol de testemunhas, podendo ser deduzida oralmente em sessão diária instalada pela autoridade judiciária. Fazendo uma analogia, seria algo parecido com a denúncia no Processo Penal, pelo que se extrai de seus requisitos, elencados no artigo 182, parágrafo 1º.

> *Art. 182. Se, por qualquer razão, o representante do Ministério Público não promover o arquivamento ou conceder a remissão, oferecerá representação à autoridade judiciária, propondo a instauração de procedimento para aplicação da medida socioeducativa que se afigurar a mais adequada.*
>
> *§ 1º A representação será oferecida por petição, que conterá o breve resumo dos fatos e a classificação do ato infracional e, quando necessário, o rol de testemunhas, podendo ser deduzida oralmente, em sessão diária instalada pela autoridade judiciária.*
>
> *§ 2º A representação independe de prova pré-constituída da autoria e materialidade.*

O ECA não prevê a possibilidade de o Juiz não receber a representação. No entanto, a hipótese é objeto de análise jurisprudencial:

> HC. ECA. ATO INFRACIONAL EQUIPARADO AO DELITO DE USO DE ENTORPECENTES. LAUDO TOXICOLÓGICO PRELIMINAR. AUSÊNCIA DE COMPROVAÇÃO DA MATERIALIDADE DA CONDUTA. NECESSIDADE PARA A LAVRATURA DO FLAGRANTE E PARA O OFERECIMENTO DA REPRESENTAÇÃO. ART. 28 DA LEI N.º 11.343/2006.
>
> PRINCÍPIO DA RETROATIVIDADE DA LEI MAIS BENÉFICA. ORDEM CONCEDIDA.
>
> 1. Hipótese na qual o Magistrado de 1º grau rejeitou a representação oferecida contra o adolescente, por entender que a ausência de laudo de constatação impede o prosseguimento do feito, tendo ainda acrescentado que a falta de descrição da quantidade do entorpecente apreendido impede, inclusive, que seja verificada a tipicidade do ato infracional.
>
> 2. O Colegiado de origem deu provimento ao apelo ministerial, com base no art. 182, § 2º, do ECA, que afirma ser desnecessária a produção de prova pré-constituída de autoria e materialidade da conduta infracional para o oferecimento de representação.
>
> 3. Tratando-se de ato infracional, torna-se ainda mais relevante a exigência do referido laudo, em virtude em observância ao próprio espírito do Estatuto da Criança e do Adolescente, o qual visa à reintegração do jovem à sociedade, restando caracterizada a afronta aos

objetivos do sistema.

4. Caso seja reconhecida a desnecessidade do laudo preliminar, estar-se-ia admitindo a sujeição do jovem a procedimento de apuração de prática de ato infracional, muitas vezes em regime de internação provisória, sem que haja sequer prova inicial da materialidade da conduta, o que é vedado nas ações penais, devendo ser tal entendimento estendido aos feitos que tramitam perante o juízo menorista, com maior razão.

5. Não há que ser admitido o recebimento de representação em desfavor do jovem, atribuindo-lhe a prática de ato infracional equivalente ao delito de uso de drogas, pois a novel legislação de regência, qual seja, a Lei 10.343/06, não prevê a possibilidade de aplicação de pena em casos símiles ao dos autos.

6.Ordem concedida para cassar o acórdão recorrido e restabelecer a decisão monocrática que havia rejeitado a representação oferecida, determinando a imediata soltura do adolescente. (STJ - HABEAS CORPUS Nº 83.904 – Min. Jane Silva – 22/10/07)

O entendimento acima relativiza a disposição do artigo 182, parágrafo 2º do ECA de que a representação independe de prova pré-constituída de autoria e materialidade. É como se também se exigisse a justa causa para oferecimento da representação. Ou seja, um lastro probatório mínimo. Também entendemos pela necessidade de prova inicial mínima de autoria e materialidade, devendo a justa causa do Processo Penal ser estendida ao procedimento menorista para que o adolescente responda à ação socioeducativa apenas se presente lastro probatório mínimo.

Em sentido contrário, Márcio Mothé Fernandes:[73]

> *Embora diferente do Processo Penal, tal possibilidade não acarretará qualquer prejuízo para o adolescente, haja vista que ao final do procedimento, com exceção da medida de advertência, somente poderá ser aplicada medida socioeducativa mediante "a existência de provas suficientes da autoria e da materialidade da infração" (art. 114), a serem apuradas em Juízo.*

Muito embora a representação possa ser oral, ela também pode seguir a forma escrita.

---

73 Ação Socioeducativa Pública, Lumen Juris , 2ª. Ed, p. 44

- Ação Socioeducativa

Para que seja possível a aplicação de medida socioeducativa, é necessária a promoção da ação socioeducativa, não podendo o juiz aplicar diretamente tal medida sem prévio procedimento judicial, exceto se a medida resultar de remissão, para aqueles que entendem que o MP pode conceder remissão condicionada e o Juiz ao homologar pode aplicar a medida.

O Ministério Público é o legitimado exclusivo para a propositura da ação socioeducativa. Não pode o juiz, de ofício, dar início ao procedimento judicial.

Ressalte-se que a ação socioeducativa é modalidade de ação pública incondicionada, não havendo necessidade de representação do ofendido. O principal objetivo é a aplicação de medida socioeducativa, que visa, acima de tudo, à recuperação e orientação do adolescente.

Como vimos no tópico anterior, se não for o caso de arquivamento ou remissão, o promotor oferece representação, que é peça inicial da ação socioeducativa.

Primeiramente, o juiz vai determinar a citação do adolescente, embora a lei fale em notificação. O procedimento trazido pelo Estatuto constitui verdadeira ação, sendo a citação o ato próprio de comunicação para determinado adolescente responder a ela. O adolescente e seus pais ou responsável serão cientificados do teor da representação, e notificados a comparecer à audiência, acompanhados de advogado. Se os pais ou responsável não forem localizados, a autoridade judiciária dará curador especial ao adolescente.

O Juiz da Infância e Juventude geralmente nomeia o **Defensor Público como curador especial** do adolescente nestas hipóteses. O STJ admite que o defensor cumule as funções de defesa e de curador especial:

> PROCESSUAL PENAL. RECURSO ESPECIAL. ATO INFRACIONAL. AUDIÊNCIA DEAPRESENTAÇÃO. AUSÊNCIA DOS PAIS DO ADOLESCENTE. DEFENSOR PÚBLICO NOMEADO CURADOR ESPECIAL. DEFESA NÃO-PREJUDICADA. RECURSO CONHECIDO E PROVIDO.
>
> 1. Não fica prejudicada a defesa do adolescente quando presente o defensor público, operador da defesa técnica, que acumula as funções de defensor e curador especial na audiência de apresentação.
>
> 2. Recurso especial conhecido e provido para afastar a nulidade e determinar o prosseguimento do feito no Tribunal de origem. (REsp 912049 / RS – Quinta Turma – Min. Arnaldo Esteves Lima – 13/04/2009)

Ele vai aprazar uma audiência de apresentação mediante decisão interlocutória, decidindo ainda pela manutenção ou decretação de internação provisória. Essa audiência equivale a um interrogatório e é imprescindível ao desenvolvimento do procedimento. O adolescente deve ser citado pessoalmente, jamais por edital ou com hora certa. Não sendo localizado o adolescente, a autoridade judiciária expedirá mandado de busca e apreensão, determinando o sobrestamento do feito, até a efetiva apresentação. Quando o adolescente completar 21 anos, o processo deverá ser arquivado, em virtude de prescrição socioeducativa. Conclusão: Não há revelia inicial, só há revelia superveniente nesse procedimento, quando o adolescente comparece à audiência de apresentação e não comparece à audiência em continuação, sendo julgado ainda assim, porque a presença física do adolescente na audiência de apresentação obsta a revelia, não sendo necessária sua presença na audiência de continuação. Feita a audiência de apresentação, o juiz vai inquirir o adolescente.

É controvertida a necessidade da presença de advogado nessa primeira audiência. Entendemos pela necessidade sob pena de nulidade absoluta, se houver prejuízo, tendo em vista que nessa audiência poderá o Juiz conceder remissão com aplicação de medida socioeducativa, o que na verdade será possível a qualquer momento antes da sentença, desde que com prévia oitiva do adolescente e manifestação do Ministério Público, além da presença de seu defensor.

> CRIMINAL. HABEAS CORPUS. ECA. ATO INFRACIONAL EQUIPARADO A TRÁFICO DE ENTORPECENTES. AUDIÊNCIA DE APRESENTAÇÃO. ADOLESCENTE OUVIDO SEM A PRESENÇA DE DEFENSOR. INTERNAÇÃO PROVISÓRIA DETERMINADA. OFENSA AO DEVIDO PROCESSO LEGAL E À AMPLA DEFESA. NULIDADE CONFIGURADA. FALTA DE JUSTIFICATIVA PARA A INTERNAÇÃO. ALEGAÇÃO PREJUDICADA. ORDEM CONCEDIDA.
>
> I. É necessário que o adolescente tenha defensor constituído para patrocinar sua defesa em todas as fases do procedimento, sendo certo que, não podendo o réu constituir advogado, deve o magistrado nomear-lhe defensor dativo ou remeter os autos à Defensoria Pública, sendo tal direito irrenunciável.
>
> II. Se o menor foi ouvido na audiência de apresentação desacompanhado de defensor - como no caso dos autos -, resta configurada ofensa aos Princípios do Devido Processo Legal e da Ampla Defesa, o que

ocasiona a nulidade absoluta do processo, não havendo, portanto, que se falar em prejuízo. Precedentes desta Corte.

III. Reconhecida a nulidade do processo a que responde o adolescente, resta prejudicada a alegação de falta de justificativa para a aplicação da medida socioeducativa de internação ao menor.

IV. Deve ser anulada a audiência de apresentação e oitiva do adolescente, bem como os atos subsequentes, a fim de que sejam renovados, garantindo ao menor a presença de defesa técnica em todos os atos.

V. Ordem concedida, nos termos do voto do Relator. (STJ - HC 160705 / SP – Quinta Turma – Min Gilson Dipp – 02/08/2011)

No mesmo sentido, decisão proferida pela Sexta Turma do Superior Tribunal de Justiça no HC 67826, de relatoria da Ministra Maria Thereza de Assis Moura, em 09/06/2009:

CRIANÇA E ADOLESCENTE. HABEAS CORPUS. **AUDIÊNCIA DE APRESENTAÇÃO. DEFESA TÉCNICA. PRESCINDIBILIDADE. CONSTRANGIMENTO. RECONHECIMENTO.**

1. A remissão, nos moldes dos arts. 126 e ss. do ECA, implica a submissão a [sic] medida sócio educativa [sic] sem processo. Tal providência, com significativos efeitos na esfera pessoal do adolescente, deve

ser imantada pelo devido processo legal. **Dada a carga sancionatória da medida possivelmente assumida, é imperioso que o adolescente se faça acompanhar por advogado, visto que a defesa técnica, apanágio da ampla defesa, é irrenunciável.**

2. Ordem concedida para anular o processo e, via de consequência, reconhecer a prescrição do ato infracional imputado à paciente. (grifos nossos)

No mesmo sentido, decisão da Quinta Turma do Superior Tribunal de Justiça, em 15/09/2009, no julgamento do HC 92390, de relatoria do Ministro Napoleão Nunes Maia Filho:

1. **A jurisprudência deste Superior Tribunal firmou-se no sentido de reconhecer a nulidade da audiência de apresentação - e, por consequência, dos demais atos decisórios que lhe são posteriores -,**

em razão da ausência de defesa técnica.

2. Parecer do MPF pela concessão da ordem.

3. Ordem concedida, para anular a audiência de apresentação, e todos os atos decisórios que lhe são posteriores, para que seja renovada com a presença da defesa técnica.

A decisão que aplica medida socioeducativa na audiência de apresentação, cumulada com remissão, tem natureza de sentença definitiva, atacável mediante apelação. A jurisprudência vem considerando erro grosseiro a interposição de agravo.

Se o juiz decretar a internação provisória, esta não poderá ser cumprida em estabelecimento prisional. Inexistindo na comarca entidade própria, o adolescente deverá ser, imediatamente, transferido para a localidade mais próxima. Sendo impossível a pronta transferência, o adolescente aguardará sua remoção em repartição policial, desde que em seção isolada dos adultos e com instalações apropriadas, não podendo ultrapassar o prazo máximo de cinco dias, sob pena de responsabilidade. Senão cabível *Habeas Corpus* para sua liberação.

Se esse não tiver advogado constituído, o juiz nomeia defensor para apresentação de defesa prévia em três dias, com rol de testemunhas (artigo 186) e apraza audiência em continuação (que é semelhante a uma audiência de instrução e julgamento).

Na audiência em continuação, ouvidas as testemunhas arroladas na representação e na defesa prévia, cumpridas as diligências e juntado o relatório da equipe interprofissional, será dada a palavra ao representante do Ministério Público e ao defensor, sucessivamente, pelo tempo de vinte minutos para cada um, prorrogável por mais dez, a critério da autoridade judiciária, que em seguida proferirá decisão.

Se o adolescente, devidamente notificado, não comparecer, injustificadamente à audiência de apresentação, a autoridade judiciária designará nova data, determinando sua condução coercitiva.

Ao proferir sentença, o juiz aplicará a medida socioeducativa adequada, podendo cumulá-la com medida de proteção ou até mesmo, aplicar duas medidas socioeducativas. Se, no entanto, estiver comprovada a inexistência do fato, não houver prova da existência deste, não constituir ato infracional ou não existir prova de ter o adolescente concorrido para o ato infracional, o juiz não aplicará nenhuma medida, absolvendo o adolescente, de acordo com o que determina o artigo 189 do ECA. Caso o adolescente esteja internado, será colocado imediatamente em liberdade, sob pena de responsabilidade, caso em que a autoridade incorre em crime previsto no ECA, sendo cabível *Habeas Corpus* em favor do adolescente privado da liberdade.

A intimação da sentença que aplicar medida de internação ou regime de semiliberdade será feita - ao adolescente e ao seu defensor. Quando não for encontrado o adolescente, a seus pais ou responsável, sem prejuízo do defensor. Sendo outra a medida aplicada, a intimação se fará unicamente na pessoa do defensor. Recaindo a intimação na pessoa do adolescente, deverá este manifestar se deseja ou não recorrer da sentença.

O STJ entende que a apelação da sentença que aplica medida socioeducativa é recebida apenas no efeito devolutivo, não obstando o imediato cumprimento da medida aplicada, salvo quando há possibilidade de dano irreparável ou de difícil reparação:

> No habeas corpus preventivo, pretendia-se que o cumprimento de eventual medida socioeducativa a ser imposta pelo juízo fosse iniciada após o trânsito em julgado da sentença. Quanto a isso, a jurisprudência que se formou em torno da interpretação do art. 198, VI, do ECA (revogado pela Lei n. 12.012/2009) firmou-se no sentido de que a sentença que insere o adolescente na medida socioeducativa possui apenas o efeito devolutivo, o que não obsta o imediato cumprimento da medida aplicada, salvo quando há possibilidade de dano irreparável ou de difícil reparação, caso em que o apelo também é recebido no efeito suspensivo. No caso dos autos, não há como aferir a legalidade dessa eventual medida. Daí que não há coação ou ameaça concreta de lesão à liberdade de locomoção do paciente a afastar seu interesse de agir, imprescindível ao conhecimento da impetração ora em grau de recurso. Precedentes citados: RHC 21.380-RS, DJe 2/2/2009; HC 82.813-MG, DJ 1º/10/2007, e HC 54.633-SP, DJe 26/5/2008. RHC 26.386-PI, Rel. Min. Laurita Vaz, julgado em 18/5/2010. – Quinta Turma – Informativo 435

Da decisão que concede remissão com aplicação de medida socioeducativa será cabível apelação, assim como da decisão que promove o arquivamento, a que absolve ou sanciona o adolescente.

– Prazo para conclusão do procedimento

O artigo 183 dispõe que, quando o adolescente se encontrar preso provisoriamente, o prazo para encerramento do procedimento é de 45 dias. Consoante o artigo 108, o prazo máximo para a internação provisória é de 45 dias, o que justifica a norma do artigo 183 do Estatuto.

No entanto, o descumprimento do prazo para encerramento do procedimento, acarretará apenas a liberação do adolescente.

– Execução das medidas socioeducativas e a Lei 12.594/12

Como vimos anteriormente, a Lei 12594/12 instituiu o SINASE e alterou alguns dispositivos do ECA, além de dispor sobre a execução das medidas socioeducativas. Em síntese:

1) Foi criada uma nova entidade para cumprimento de medida socioeducativa: prestação de serviços a comunidade
2) Previsão de reavaliação a qualquer tempo da decisão judicial acerca da autorização para atividades externas.
3) Previsão expressa de que a internação por descumprimento deve ser precedida de decisão judical. O prazo da internação nessas hipóteses continua o mesmo: 3 meses.
4) Modifica disposição acerca do recurso, prevendo a que a aplicação também se refere à execução de medida socioeducativa, retira a exceção para o agravo, até porque o prazo do CPC já é de dez dias. A única exceção que permanece é o embargo de declaração.

Além destas mudanças no corpo do texto do ECA, também podemos identificar a regulamentação de diversos direitos implicitamente previstos em um sistema em que vigora princípio do melhor interesse do menor, sendo que algumas dessas novidades já são aplicadas.

Vejamos as principais novidades:

1- REGRA SOBRE A FORMAÇÃO DO PROCEDIMENTO DE EXECUÇÃO.

A nova lei determinou de forma expressa que algumas medidas, por serem de acompanhamento mais simples, comportam que a execução da medida se de nos autos do próprio processo. Ao passo que outras medidas, por exigirem um acompanhamento mais complexo, exigem que sejam formados novos autos independentes, onde correrá todo o processo.

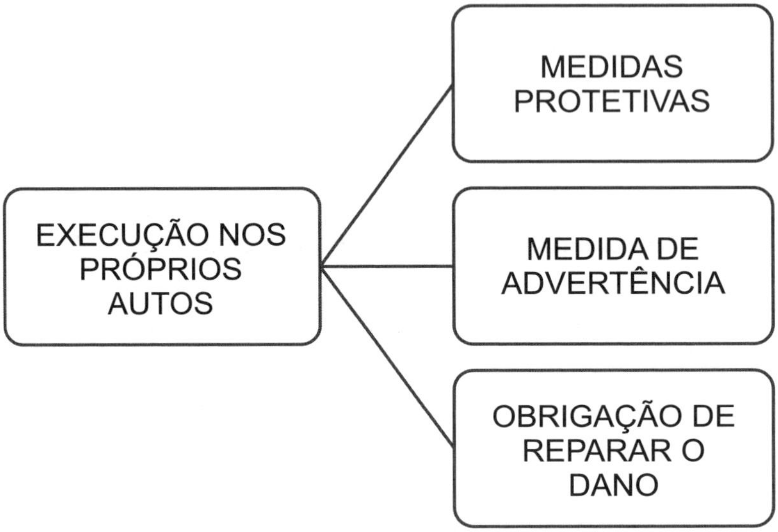

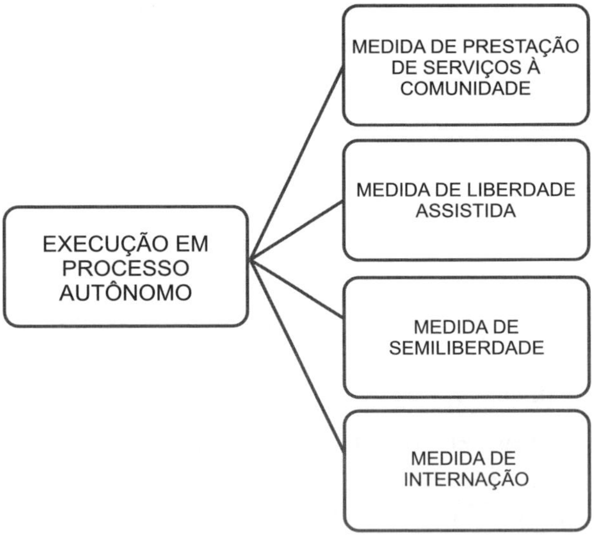

2- REAVALIAÇÃO DA MEDIDA

Foi estabelecida de maneira minuciosa o procedimento de reavaliação da medida, já anteriormente previsto no ECA, mas não disciplinado com as minúcias a que desce a nova lei. Vejamos as principais determinações:

a)Prazo máximo da reavaliação: 6 MESES

b) No entanto, a reavaliação da manutenção, da substituição ou da suspensão das medidas de meio aberto ou de privação da liberdade e do respectivo plano individual pode ser solicitada a qualquer tempo.

c)quem pode pedir a reavaliação:
- direção do programa de atendimento do qual o menor faz parte
- defensor
- MP
- o próprio adolescente
- pais ou responsáveis

d) Fatos aptos a justificarem a reavaliação:

I - o desempenho adequado do adolescente com base no seu plano de atendimento individual, antes do prazo da reavaliação obrigatória;

II - a inadaptação do adolescente ao programa e o reiterado descumprimento das atividades do plano individual; e

III - a necessidade de modificação das atividades do plano individual que importem em maior restrição da liberdade do adolescente.

e)O juiz pode determinar a realização de audiência para melhor avaliação do caso.

IMPORTANTE:

A gravidade do ato infracional, os antecedentes e o tempo de duração da medida não são fatores que, por si, justifiquem a não substituição da medida por outra menos grave

f) Substituição por medida mais gravosa:

F.1) apenas em situações excepcionais

F.2) exige fundamentaçao em parecer técnico

f.3) deve ser precedida de audiência

3-UNIFICAÇÃO DE MEDIDAS

Se no transcurso da execução houver nova sentença determinando aplicação de outra medida: juiz unificará as medidas, ouvindo previamente defesa e MP no prazo de três dias, decidindo em igual prazo.

Pratica de ato infracional antes da execução da medida será desconsiderado para efeitos de cumprimento de nova medida.

4-EXTINÇÃO DA MEDIDA

A nova lei determinou ainda os casos de extinção da medida:

I - pela morte do adolescente;

II - pela realização de sua finalidade;

III - pela aplicação de pena privativa de liberdade, a ser cumprida em regime fechado ou semiaberto, em execução provisória ou definitiva;

IV - pela condição de doença grave, que torne o adolescente incapaz de submeter-se ao cumprimento da medida; e

V - nas demais hipóteses previstas em lei.

No caso de o maior de 18 (dezoito) anos, em cumprimento de medida socioeducativa, responder a processo-crime, caberá à autoridade judiciária decidir sobre eventual extinção da execução, cientificando da decisão o juízo criminal competente.

5-VALIDADE DO MANDADO DE APREENSÃO

A nova lei determinou prazo de validade para mandados de busca e apreensão de menores: 6 MESES, cujo prazo começa a corre com sua expedição.

6- REVISÃO JUDICIAL

Qualquer sanção aplicada ao adolescente enseja a possibilidade de revisão judicial, podendo a mesma ser suspensa até o do julgamento do incidente.

Os legitimados são os mesmos que os para pedido de reavaliação.

7- VEDAÇÃO DE ISOLAMENTO

A lei também proibiu de maneira expressa a sanção de isolamento. Abriu, no entanto, uma exceção: Quando o isolamento for imprescindível para a segurança do próprio menor ou de outros menores.

Nesses casos deve haver comunicação, no prazo máximo de 24 horas, aos seguintes interessados:

a) autoridade judiciaria

b) MP

c) defensor

8- DIREITO DE VISITA

Outro ponto em que o legislador desceu em minúcias foi sobre o direito de visita.

Principais pontos:

a) Tem direito de visita: conjugue companheiro, pais ou responsáveis, parentes e amigos.

b) Dias e horários de visita: Devem ser determinados pela direção do
programa de atendimento.

c) Estabelece o direito de visita intima que será permitida a pessoa casada ou que viva em união estável. Tendo o visitante documento de identificação pessoal, intransferível e específico para a realização da visita íntima.

d) É garantido o direito de vista dos filhos independemente da idade destes.

c) Regulamento interno: estabelecerá hipóteses de proibição de objetos.

9-DIREITOS DO ADOLESCENTE INTERNADO

Estabelece a lei uma série de direitos ao interno, que, pela sua importância, destacamos em sua integralidade:

I- ser acompanhado por seus pais ou responsável e por seu defensor, em qualquer fase do procedimento administrativo ou judicial;

II - ser incluído em programa de meio aberto quando inexistir vaga para o cumprimento de medida de privação da liberdade, exceto nos casos de ato infracional cometido mediante grave ameaça ou violência à pessoa, quando o adolescente deverá ser internado em unidade mais próxima de seu local de residência;

III - ser respeitado em sua personalidade, intimidade, liberdade de pensamento e religião e em todos os direitos não expressamente limitados na sentença;

IV - peticionar, por escrito ou verbalmente, diretamente a qualquer autoridade ou órgão público, devendo, obrigatoriamente, ser respondido em até 15 (quinze) dias;

V – ser informado, inclusive por escrito, das normas de organização e funcionamento do programa de atendimento e também das previsões de natureza disciplinar;

VI - receber, sempre que solicitar, informações sobre a evolução de seu plano individual, participando, obrigatoriamente, de sua elaboração e, se for o caso, reavaliação;

VII – receber assistência integral à sua saúde, conforme o disposto no art. 60 desta lei; e

VIII - ter atendimento garantido em creche e pré- escola aos filhos de 0 (zero) a 5 (cinco) anos.

10 – PRINCÍPIOS GERAIS DO PAD

Por último, destacamos os princípios gerais que a lei trouxe acerca do PAD e que vem ser observados pelas entidades de atendimento socioeducativo.

São os seguintes os referidos princípios:

I - tipificação explícita das infrações como leves, médias e graves e determinação das correspondentes sanções;

II - exigência da instauração formal de processo disciplinar para a aplicação de qualquer sanção, garantidos a ampla defesa e o contraditório;

III - obrigatoriedade de audiência do socioeducando nos casos em que seja necessária a instauração de processo disciplinar;

IV - sanção de duração determinada;

V - enumeração das causas ou circunstâncias que eximam, atenuem ou agravem a sanção a ser imposta ao socioeducando, bem como os requisitos para a extinção dessa;

VI - enumeração explícita das garantias de defesa;

VII - garantia de solicitação e rito de apreciação dos recursos cabíveis;

VIII - apuração da falta disciplinar por comissão composta por, no mínimo, 3 (três) integrantes, sendo 1 (um), obrigatoriamente, oriundo da equipe técnica

A lei também importou princípios do direito penal no que tange à nova previsão de possibilidade das entidades de atendimento estabelecerem em seus regimentos sanções disciplinares:

> *art. 74. não será aplicada sanção disciplinar sem expressa e anterior previsão legal ou regulamentar e o devido processo administrativo.*
>
> *art. 75. não será aplicada sanção disciplinar ao socioeducando que tenha praticado a falta:*
>
> *I - por coação irresistível ou por motivo de força maior;*
>
> *II - em legítima defesa, própria ou de outrem.*

Passaremos agora ao estudo, de forma minuciosa, da execução das medidas socioeducativas pelo adolescente em conflito com a lei:

Verificada a prática de ato infracional, devem ser observados os direitos individuais, que já estavam presentes nos artigos 106 a 109 do Estatuto. Além disso, os artigos 109 e 110 traziam previsão das garantias processuais:

Direitos individuais do adolescente:

- Não privação de sua liberdade, senão em flagrante de ato infracional ou por ordem escrita e fundamentada da autoridade judiciária competente;
- Identificação dos responsáveis pela sua apreensão;
- Informação de seus direitos;
- Comunicação de sua apreensão à autoridade judiciária, à família ou a pessoa por ele indicada;
- Prazo máximo de internação provisória de 45 dias;
- Não identificação criminal se já for civilmente identificado.

Garantias processuais:

- Devido processo legal;
- Citação;
- Igualdade na relação processual, podendo confrontar-se com testemunhas e produzir provas;
- Defesa técnica por advogado;
- Assistência judiciária gratuita e integral, se necessário;
- Direito de se apresentar (audiência de apresentação);
- Direito de solicitar a presença de seus pais ou responsável em qualquer fase do procedimento.

Especificamente em relação à medida de internação, prevê o ECA ainda direitos e garantias específicas:

> *Art. 123. A internação deverá ser cumprida em entidade exclusiva para adolescentes, em local distinto daquele destinado ao abrigo, obedecida rigorosa separação por critérios de idade, compleição física e gravidade da infração.*
>
> *Parágrafo único. Durante o período de internação, inclusive provisória, serão obrigatórias atividades pedagógicas.*
>
> *Art. 124. São direitos do adolescente privado de liberda-*

> *de, entre outros, os seguintes:*
>
> *I - entrevistar-se pessoalmente com o representante do Ministério Público;*
>
> *II - peticionar diretamente a qualquer autoridade;*
>
> *III - avistar-se reservadamente com seu defensor;*
>
> *IV - ser informado de sua situação processual, sempre que solicitada;*
>
> *V - ser tratado com respeito e dignidade;*
>
> *VI - permanecer internado na mesma localidade ou naquela mais próxima ao domicílio de seus pais ou responsável;*
>
> *VII - receber visitas, ao menos, semanalmente;*
>
> *VIII - corresponder-se com seus familiares e amigos;*
>
> *IX - ter acesso aos objetos necessários à higiene e asseio pessoal;*
>
> *X - habitar alojamento em condições adequadas de higiene e salubridade;*
>
> *XI - receber escolarização e profissionalização;*
>
> *XII - realizar atividades culturais, esportivas e de lazer:*
>
> *XIII - ter acesso aos meios de comunicação social;*
>
> *XIV - receber assistência religiosa, segundo a sua crença, e desde que assim o deseje;*
>
> *XV - manter a posse de seus objetos pessoais e dispor de local seguro para guardá-los, recebendo comprovante daqueles porventura depositados em poder da entidade;*
>
> *XVI - receber, quando de sua desinternação, os documentos pessoais indispensáveis à vida em sociedade.*
>
> *§ 1º Em nenhum caso haverá incomunicabilidade.*
>
> *§ 2º A autoridade judiciária poderá suspender temporariamente a visita, inclusive de pais ou responsável, se existirem motivos sérios e fundados de sua prejudicialidade aos interesses do adolescente.*
>
> *Art. 125. É dever do Estado zelar pela integridade física e mental dos internos, cabendo-lhe adotar as medidas adequadas de contenção e segurança.*

O descumprimento aos direitos e garantias do adolescente pode ensejar prática de crime, previsto no Estatuto (artigos 230, 231, 232, 234 e 235), como veremos no capítulo destinado ao estudo das infrações penais.

Na determinação da consequência (aplicação de medidas), assim como em sua execução, antes da entrada em vigor da Lei 12.594/12, não podíamos valer-nos da autonomia do Direito da Criança e do Adolescente, pois este era lacunoso quanto à execução das medidas socioeducativas. Essa lacuna acabava gerando subjetivismo e discricionariedade, conceitos perniciosos e contrários à proteção integral. Como dizia Emílio Garcia Mendez, citando Luigi Ferraioli:[74] "a ausência de regras nunca é tal; a ausência de regras sempre é a regra do mais forte".

Novamente, citamos o brilhante artigo do Professor João Batista Costa Saraiva, em que ele sustenta:

> *O Princípio do Superior Interesse da Criança, já tratado neste trabalho, somente pode ser compreendido quando submetido àqueles.* **Isso não faz o Direito da Criança autônomo da Ordem Constitucional e Normativa, ao contrário, submete-o àquela, como dimensão única de sua eficácia e legitimação.**
>
> *Assim, como já o disse em outra ocasião,* **há que se reafirmar que não se constrói cidadania sem responsabilidade e não pode haver responsabilização sem o devido processo e o rigor garantista**. *Isso se extrai da ordem constitucional, da normativa internacional, dos preceitos do direito penal. Repetindo, para afirmar o conceito: Direito Penal este, que será juvenil, porque especial, distinto, próprio da condição peculiar de pessoa em desenvolvimento do sujeito desta norma.(grifos nossos)*

Os direitos e as garantias processuais no cumprimento das medidas socioeducativas foi extremamente enriquecido com o advento da Lei 12.594/12, assim como trouxe a lei regulamentação específica para a execução das medidas decorrentes do processo de conhecimento e consequente aplicação pela prática de ato infracional pelo adolescente.

a) SINASE (Sistema Nacional Socioeducativo)

A Lei 12.594/12 **instituiu o Sistema Nacional de Atendimento Socioeducativo (Sinase) e regulamentou a execução das medidas destinadas a adolescente que pratique ato infracional** e altera as Leis nos 8.069, de 13 de julho de 1990 (Estatuto da Criança e do Adolescente); 7.560, de 19 de dezembro de

---

74 Apud SARAIVA, João Batista Costa, ob. cit.

1986, 7.998, de 11 de janeiro de 1990, 5.537, de 21 de novembro de 1968, 8.315, de 23 de dezembro de 1991, 8.706, de 14 de setembro de 1993, os Decretos-Leis nos 4.048, de 22 de janeiro de 1942, 8.621, de 10 de janeiro de 1946, e a Consolidação das Leis do Trabalho (CLT), aprovada pelo Decreto-Lei no 5.452, de 1o de maio de 1943.A lei foi publicada no dia 19 de janeiro de 2012, retificada a publicação no dia 20 de janeiro, com período de vacatio legis de noventa dias, tendo entrado em vigor no dia 18 de abril de 2012.

A execução das medidas socioeducativas não passa a ser tratada dentro do ECA, mas sim a partir do artigo 35 da Lei 12.594/12, que passa a integrar o conjunto normativo do Direito da Criança e do Adolescente.

b) Princípios regentes da execução das medidas socioeducativas

A lei estabelece princípios regentes da execução das medidas socioeducativas. São eles:

I - **legalidade**, não podendo o adolescente receber tratamento mais gravoso do que o conferido ao adulto;

II - **excepcionalidade da intervenção judicial e da imposição de medidas**, favorecendo-se meios de auto composição de conflitos;

III - **prioridade a práticas ou medidas que sejam restaurativas** e, sempre que possível, atendam às necessidades das vítimas;

IV - **proporcionalidade em relação à ofensa cometida**;

V - **brevidade da medida em resposta ao ato cometido**, em especial o respeito ao que dispõe o art. 122 da Lei no 8.069, de 13 de julho de 1990 (Estatuto da Criança e do Adolescente);

VI - **individualização**, considerando-se a idade, capacidades e circunstâncias pessoais do adolescente;

VII - **mínima intervenção**, restrita ao necessário para a realização dos objetivos da medida;

VIII - **não discriminação do adolescente**, notadamente em razão de etnia, gênero, nacionalidade, classe social, orientação religiosa, política ou sexual, ou associação ou pertencimento a qualquer minoria ou **status**; e

IX - **fortalecimento dos vínculos familiares e comunitários** no processo socioeducativo.

Com base nesses princípios, pode-se afirmar que não recebendo tratamento mais gravoso que o adulto, alguns dispositivos do ECA merecerão reinterpretação, como o de que a representação independe de prova pré-constituída de autoria e materialidade, uma vez que a denúncia no processo penal, depende de lastro probatório mínimo (justa causa).

Da mesma forma, não pode lei posterior que prejudique o adolescente lhe ser aplicada, de maneira que não receba tratamento mais gravoso que o conferido ao adulto.

Com a previsão da auto composição dos conflitos, entendemos que passa a ser possível a aplicação do artigo 74 da Lei 9.099/95 nos atos infracionais análogos às infrações penas de menor potencial ofensivo que dependam de queixa ou de representação, de forma que a composição civil afaste o procedimento judicial, além de outras formas que possam vir a ser previstas em lei para relativizar a intervenção judicial.

Na prioridade de medidas restaurativas, pode-se priorizar ainda mais a reparação do dano como medida socioeducativa, mesmo em atos patrimoniais com violência, desde que esta seja leve, ou ameaça à pessoa.

c) Competência para a execução das medidas socioeducativas

A competência jurisdicional para a execução das medidas socioeducativas é da Justiça da Infância e Juventude, com intervenção obrigatória do Ministério Público e da defesa, sob pena de nulidade, garantidas as prerrogativas estabelecidas no ECA.

d) Processo de execução

As medidas de proteção, de advertência e de reparação do dano, quando aplicadas de forma isolada, serão executadas nos próprios autos do processo de conhecimento.

Para aplicação das medidas socioeducativas de prestação de serviços à comunidade, liberdade assistida, semiliberdade ou internação, assim como em caso de aplicação de medida socioeducativa decorrente de remissão como forma de suspensão do processo, será constituído processo de execução para cada adolescente. Em qualquer das hipóteses, fica vedada a divulgação de atos judiciais, policiais e administrativos que digam respeito a crianças e adolescentes a que se atribua autoria de ato infracional. Qualquer notícia a respeito do fato não poderá identificar a criança ou adolescente, vedando-se fotografia, referência a nome, apelido, filiação, parentesco, residência e, inclusive, iniciais do nome e sobrenome. A expedição de cópia ou certidão de atos a que se refere o artigo anterior somente será deferida pela autoridade judiciária competente, se demonstrado o interesse e justificada a finalidade.

O processo de execução, nos casos de aplicação das medidas de prestação de serviços à comunidade, liberdade assistida, semiliberdade ou internação, deverá ser autuado com as seguintes peças:

> I - documentos de caráter pessoal do adolescente existentes no processo de conhecimento, especialmente os que comprovem sua idade; e
> II - as indicadas pela autoridade judiciária, sempre que houver necessidade e, obrigatoriamente:
> a) cópia da representação;
> b) cópia da certidão de antecedentes;
> c) cópia da sentença ou acórdão; e
> d) cópia de estudos técnicos realizados durante a fase de conhecimento.

Autuadas as peças, a autoridade judiciária encaminhará, imediatamente, cópia integral do expediente ao órgão gestor do atendimento socioeducativo, solicitando designação do programa ou da unidade de cumprimento da medida.

e) Plano Individual de Atendimento (PIA)

O cumprimento das medidas socioeducativas, em regime de prestação de serviços à comunidade, liberdade assistida, semiliberdade ou internação, dependerá de Plano Individual de Atendimento (PIA), instrumento de previsão, registro e gestão das atividades a serem desenvolvidas com o adolescente.

O PIA deverá contemplar a participação dos pais ou responsáveis, os quais têm o dever de contribuir com o processo ressocializador do adolescente, sendo esses passíveis de responsabilização administrativa, nos termos do art. 249 da Lei 8.069, de 13 de julho de 1990 (Estatuto da Criança e do Adolescente), civil e criminal.

O PIA será elaborado sob a responsabilidade da equipe técnica do respectivo programa de atendimento, com a participação efetiva do adolescente e de sua família, representada por seus pais ou responsável.

Constarão do plano individual, no mínimo:

I - os resultados da avaliação interdisciplinar;

II - os objetivos declarados pelo adolescente;

III - a previsão de suas atividades de integração social e/ou capacitação profissional;

IV - atividades de integração e apoio à família;

V - formas de participação da família para efetivo cumprimento do plano individual; e

VI - as medidas específicas de atenção à sua saúde.

Para o cumprimento das medidas de semiliberdade ou de internação, o plano individual conterá, ainda:

I - a designação do programa de atendimento mais adequado para o cumprimento da medida;

II - a definição das atividades internas e externas, individuais ou coletivas, das quais o adolescente poderá participar; e

III - a fixação das metas para o alcance de desenvolvimento de atividades externas.

Parágrafo único. O PIA será elaborado no prazo de até 45 (quarenta e cinco) dias da data do ingresso do adolescente no programa de atendimento.

Para o cumprimento das medidas de prestação de serviços à comunidade e de liberdade assistida, o PIA será elaborado no prazo de até 15 (quinze) dias do ingresso do adolescente no programa de atendimento.

Para a elaboração do PIA, a direção do respectivo programa de atendimento, pessoalmente ou por meio de membro da equipe técnica, terá acesso aos autos do procedimento de apuração do ato infracional e aos dos procedimentos de apuração de outros atos infracionais atribuídos ao mesmo adolescente.

A autoridade judiciária dará vistas da proposta de plano individual ao defensor e ao Ministério Público pelo prazo sucessivo de 3 (três) dias, contados do recebimento da proposta encaminhada pela direção do programa de atendimento.

A impugnação ou complementação do plano individual, requerida pelo defensor ou pelo Ministério Público, deverá ser fundamentada, podendo a autoridade judiciária indeferi-la, se entender insuficiente a motivação.

Admitida a impugnação, ou se entender que o plano é inadequado, a autoridade judiciária designará, se necessário, audiência da qual cientificará o defensor, o Ministério Público, a direção do programa de atendimento, o adolescente e seus pais ou responsável.

A impugnação não suspenderá a execução do plano individual, salvo determinação judicial em contrário.

Findo o prazo sem impugnação, considerar-se-á o plano individual homologado.

f) Continuidade da execução

As medidas socioeducativas de liberdade assistida, de semiliberdade e de internação deverão ser reavaliadas no máximo a cada 6 (seis) meses, podendo a autoridade judiciária, se necessário, designar audiência, no prazo máximo de 10 (dez) dias, cientificando o defensor, o Ministério Público, a direção do programa de atendimento, o adolescente e seus pais ou responsável.

Por ocasião da reavaliação da medida, é obrigatória a apresentação pela direção do programa de atendimento de relatório da equipe técnica sobre a evolução do adolescente no cumprimento do plano individual.

O acesso ao plano individual será restrito aos servidores do respectivo programa de atendimento, ao adolescente e a seus pais ou responsável, ao Ministério Público e ao defensor, exceto expressa autorização judicial.

A audiência será instruída com o relatório da equipe técnica do programa de atendimento sobre a evolução do plano individual de atendimento e com qualquer outro parecer técnico requerido pelas partes e deferido pela autoridade judiciária.

A gravidade do ato infracional, os antecedentes e o tempo de duração da medida não são fatores que, por si, justifiquem a não substituição da medida por outra menos grave.

Considera-se mais grave a internação, em relação a todas as demais medidas, e mais grave a semiliberdade, em relação às medidas de meio aberto.

A reavaliação da manutenção, da substituição ou da suspensão das medidas de meio aberto ou de privação da liberdade e do respectivo plano individual pode ser solicitada a qualquer tempo, a pedido da direção do programa de atendimento, do defensor, do Ministério Público, do adolescente, de seus pais ou responsável.

Justifica o pedido de reavaliação, entre outros motivos:

I - o desempenho adequado do adolescente com base no seu plano de atendimento individual, antes do prazo da reavaliação obrigatória;

II - a inadaptação do adolescente ao programa e o reiterado descumprimento das atividades do plano individual; e

III - a necessidade de modificação das atividades do plano individual que importem em maior restrição da liberdade do adolescente.

A autoridade judiciária poderá indeferir o pedido, de pronto, se entender insuficiente a motivação.

§ 3º Admitido o processamento do pedido, a autoridade judiciária, se necessário, designará audiência, observando o princípio do § 1º do art. 42 desta Lei.

A substituição por medida mais gravosa somente ocorrerá em situações excepcionais, após o devido processo legal, inclusive na hipótese do inciso III do art. 122 da Lei nº 8.069, de 13 de julho de 1990 (Estatuto da Criança e do Adolescente), e deve ser:

I - fundamentada em parecer técnico;

II - precedida de prévia audiência

Na hipótese de substituição da medida ou modificação das atividades do plano individual, a autoridade judiciária remeterá o inteiro teor da decisão à direção do programa de atendimento, assim como as peças que entender relevantes à nova situação jurídica do adolescente.

No caso de a substituição da medida importar em vinculação do adolescente a outro programa de atendimento, o plano individual e o histórico do cumprimento da medida deverão acompanhar a transferência.

g) Aplicação de nova medida, extinção da medida e processo-crime

Se, no transcurso da execução, sobrevier sentença de aplicação de nova medida, a autoridade judiciária procederá à unificação, ouvidos, previamente, o Ministério Público e o defensor, no prazo de 3 (três) dias sucessivos, decidindo-se em igual prazo.

É vedado à autoridade judiciária determinar reinício de cumprimento de medida socioeducativa, ou deixar de considerar os prazos máximos, e de liberação compulsória previstos na Lei nº 8.069, de 13 de julho de 1990 (Estatuto da Criança e do Adolescente), excetuada a hipótese de medida aplicada por ato infracional praticado durante a execução.

É vedado à autoridade judiciária aplicar nova medida de internação, por atos infracionais praticados anteriormente, a adolescente que já tenha concluído cumprimento de medida socioeducativa dessa natureza, ou que tenha sido transferido para cumprimento de medida menos rigorosa, sendo tais atos absorvidos por aqueles aos quais se impôs a medida socioeducativa extrema.

A medida socioeducativa será declarada extinta:

I - pela morte do adolescente;

II - pela realização de sua finalidade;

III - pela aplicação de pena privativa de liberdade, a ser cumprida em regime fechado ou semiaberto, em execução provisória ou definitiva;

IV - pela condição de doença grave, que torne o adolescente incapaz de submeter-se ao cumprimento da medida; e

V - nas demais hipóteses previstas em lei.

No caso de o maior de 18 (dezoito) anos, em cumprimento de medida socioeducativa, responder a processo-crime, caberá à autoridade judiciária decidir sobre eventual extinção da execução, cientificando da decisão o juízo criminal competente.

h) Direitos do adolescente em cumprimento de medida socioeducativa

A Lei 12.594/12 especifica ainda, em rol exemplificativo, quais são os direitos do adolescente em cumprimento de medida socioeducativa:

I - ser acompanhado por seus pais ou responsável e por seu defensor, em qualquer fase do procedimento administrativo ou judicial;

II - ser incluído em programa de meio aberto quando inexistir vaga para o cumprimento de medida de privação da liberdade, exceto nos casos de ato infracional cometido mediante grave ameaça ou violência à pessoa, quando o adolescente deverá ser internado em Unidade mais próxima de seu local de residência;

III - ser respeitado em sua personalidade, intimidade, liberdade de pensamento e religião e em todos os direitos não expressamente limitados na sentença;

IV - peticionar, por escrito ou verbalmente, diretamente a qualquer autoridade ou órgão público, devendo, obrigatoriamente, ser respondido em até 15 (quinze) dias;

V - ser informado, inclusive por escrito, das normas de organização e funcionamento do programa de atendimento e também das previsões de natureza disciplinar;

VI - receber, sempre que solicitar, informações sobre a evolução de seu plano individual, participando, obrigatoriamente, de sua elaboração e, se for o caso, reavaliação;

VII - receber assistência integral à sua saúde, conforme o disposto no art. 60 desta Lei; e

VIII - ter atendimento garantido em creche e pré-escola aos filhos de 0 (zero) a 5 (cinco) anos.

As garantias processuais destinadas a adolescente autor de ato infracional previstas na Lei nº 8.069, de 13 de julho de 1990 (Estatuto da Criança e do Adolescente), aplicam-se integralmente na execução das medidas socioeducativas, inclusive no âmbito administrativo.

A oferta irregular de programas de atendimento socioeducativo em meio aberto não poderá ser invocada como motivo para aplicação ou manutenção de medida de privação da liberdade.

Além da já existente permissão de atividades externas a critério da equipe técnica, salvo decisão judicial em contrária, no artigo 121, parágrafo 1º do ECA, a Lei 12.594/12 passa a dispor que, a direção do programa de execução de medida de privação da liberdade poderá autorizar a saída, monitorada, do adolescente nos casos de tratamento médico, doença grave ou falecimento, devidamente comprovados, de pai, mãe, filho, cônjuge, companheiro ou irmão, com imediata comunicação ao juízo competente.

A decisão judicial relativa à execução de medida socioeducativa será proferida após manifestação do defensor e do Ministério Público.

Em qualquer caso, o tempo de prisão cautelar não convertida em pena privativa de liberdade deve ser descontado do prazo de cumprimento da medida socioeducativa.

O mandado de busca e apreensão do adolescente terá vigência máxima de 6 (seis) meses, a contar da data da expedição, podendo, se necessário, ser renovado, fundamentadamente.

O defensor, o Ministério Público, o adolescente e seus pais ou responsável poderão postular revisão judicial de qualquer sanção disciplinar aplicada, podendo a autoridade judiciária suspender a execução da sanção até decisão final do incidente.

Postulada a revisão depois de ouvida a autoridade colegiada que aplicou a sanção e havendo provas a produzir em audiência, procederá ao magistrado na forma do § 1º do art. 42 desta Lei.

É vedada a aplicação de sanção disciplinar de isolamento a adolescente interno, exceto seja essa imprescindível para garantia da segurança de outros internos ou do próprio adolescente a quem seja imposta a sanção, sendo necessária ainda comunicação ao defensor, ao Ministério Público e à autoridade judiciária em até 24 (vinte e quatro) horas.

i) Direito à saúde

A Lei preocupou-se ainda com a atenção integral à saúde do adolescente no sistema socioeducativo, estabelecendo as diretrizes deste direito:

I - previsão, nos planos de atendimento socioeducativo, em todas as esferas, da implantação de ações de promoção da saúde, com o objetivo de integrar as ações socioeducativas, estimulando a autonomia, a melhoria das relações interpessoais e o fortalecimento de redes de apoio aos adolescentes e suas famílias;

II - inclusão de ações e serviços para a promoção, proteção, prevenção de agravos e doenças e recuperação da saúde;

III - cuidados especiais em saúde mental, incluindo os relacionados ao uso de álcool e outras substâncias psicoativas, e atenção aos adolescentes com deficiências;

IV - disponibilização de ações de atenção à saúde sexual e reprodutiva e à prevenção de doenças sexualmente transmissíveis;

V - garantia de acesso a todos os níveis de atenção à saúde, por meio de referência e contra referência, de acordo com as normas do Sistema Único de Saúde (SUS);

VI - capacitação das equipes de saúde e dos profissionais das entidades de atendimento, bem como daqueles que atuam nas unidades de saúde de referência voltadas às especificidades de saúde dessa população e de suas famílias;

VII - inclusão, nos Sistemas de Informação de Saúde do SUS, bem como no Sistema de Informações sobre Atendimento Socioeducativo, de dados e indicadores de saúde da população de adolescentes em atendimento socioeducativo; e

VIII - estruturação das unidades de internação conforme as normas de referência do SUS e do Sinase, visando ao atendimento das necessidades de Atenção Básica.

Dispõe ainda que as entidades que ofereçam programas de atendimento socioeducativo em meio aberto e de semiliberdade deverão prestar orientações aos socioeducandos sobre o acesso aos serviços e às unidades do SUS. As entidades que ofereçam programas de privação de liberdade deverão contar com uma equipe mínima de profissionais de saúde cuja composição esteja em conformidade com as normas de referência do SUS.

O filho de adolescente nascido nos estabelecimentos que ofereçam programas de privação de liberdade não terá tal informação lançada em seu registro de nascimento. Serão asseguradas as condições necessárias para que a adolescente submetida à execução de medida socioeducativa de privação de liberdade permaneça com o seu filho durante o período de amamentação.

j) Adolescentes portadores de Transtorno Mental e com Dependência de Álcool e de Substância Psicoativa

Complementando todo o panorama de direitos estabelecidos aos adolescentes no cumprimento das medidas socioeducativas, a lei não deixou de se preocupar com os portadores de Transtorno Mental e com Dependência de Álcool e de Substância Psicoativa:

O adolescente em cumprimento de medida socioeducativa que apresente indícios de transtorno mental, de deficiência mental, ou associadas, deverá ser avaliado por equipe técnica multidisciplinar e multissetorial.

As competências, a composição e a atuação da equipe técnica multidisciplinar e multissetorial deverão seguir, conjuntamente, as normas de referência do SUS e do Sinase, na forma do regulamento.

A avaliação da equipe técnica multidisciplinar e multissetorial subsidiará a elaboração e execução da terapêutica a ser adotada, a qual será incluída no PIA do adolescente, prevendo, se necessário, ações voltadas para a família. As informações produzidas na avaliação são consideradas sigilosas.

Excepcionalmente, o juiz poderá suspender a execução da medida socioeducativa, ouvidos o defensor e o Ministério Público, com vistas a incluir o adolescente em programa de atenção integral à saúde mental que melhor atenda aos objetivos terapêuticos estabelecidos para o seu caso específico. Suspensa a execução da medida socioeducativa, o juiz designará o responsável por acompanhar e informar sobre a evolução do atendimento ao adolescente. A suspensão da execução da medida socioeducativa será avaliada, no mínimo, a cada 6 (seis) meses. O tratamento a que se submeterá o adolescente deverá observar o previsto na Lei nº 10.216, de 6 de abril de 2001, que dispõe sobre a proteção e os direitos das pessoas portadoras de transtornos mentais e redireciona o modelo assistencial em saúde mental.

Enquanto não cessada a jurisdição da Infância e Juventude, a autoridade judiciária, em caso de adolescente com indícios de transtorno mental, de deficiência mental, ou associadas, poderá remeter cópia dos autos ao Ministério Público para eventual propositura de interdição e outras providências pertinentes.

k) Direito à visitação

No que tange ao direito de visitação, a visita do cônjuge, companheiro, pais ou responsáveis, parentes e amigos a adolescente a quem foi aplicada medida socioeducativa de internação observará dias e horários próprios definidos pela direção do programa de atendimento.

É assegurado ao adolescente casado ou que viva, comprovadamente, em união estável o direito à visita íntima. O visitante será identificado e registrado pela direção do programa de atendimento, que emitirá documento de identificação, pessoal e intransferível, específico para a realização da visita íntima.

É garantido aos adolescentes em cumprimento de medida socioeducativa de internação o direito de receber visita dos filhos, independentemente da idade desses.

O regulamento interno estabelecerá as hipóteses de proibição da entrada de objetos na unidade de internação, vedando o acesso aos seus portadores.

l) Regime disciplinar

A Lei 12.594/12 passa a prever que as entidades de atendimento de socioeducativo devem em seus respectivos regimentos prever regime disciplinar.

No entanto, a previsão do regime disciplinar, deve obedecer a princípios preestabelecidos na lei:

I - tipificação explícita das infrações como leves, médias e graves e determinação das correspondentes sanções;

II - exigência da instauração formal de processo disciplinar para a aplicação de qualquer sanção, garantidos a ampla defesa e o contraditório;

III - obrigatoriedade de audiência do socioeducando nos casos em que seja necessária a instauração de processo disciplinar;

IV - sanção de duração determinada;

V - enumeração das causas ou circunstâncias que eximam, atenuem ou agravem a sanção a ser imposta ao socioeducando, bem como os requisitos para a extinção dessa;

VI - enumeração explícita das garantias de defesa;

VII - garantia de solicitação e rito de apreciação dos recursos cabíveis; e

VIII - apuração da falta disciplinar por comissão composta por, no mínimo, 3 (três) integrantes, sendo 1 (um), obrigatoriamente, oriundo da equipe técnica.

Estabelece ainda a Lei 12.594/12 que o regime disciplinar é independente da responsabilidade civil ou penal que advenha do ato cometido.

Nenhum socioeducando poderá desempenhar função ou tarefa de apuração disciplinar ou aplicação de sanção nas entidades de atendimento socioeducativo.

Não será aplicada sanção disciplinar sem expressa e anterior previsão legal ou regulamentar e o devido processo administrativo.

Não será aplicada sanção disciplinar ao socioeducando que tenha praticado a falta:

I - por coação irresistível ou por motivo de força maior;

II - em legítima defesa, própria ou de outrem.

APLICAÇÃO EM CONCURSO:

01 - Compete à direção do programa de prestação de serviços à comunidade ou de liberdade assistida, segundo a Lei nº 12.594/12,

a) credenciar orientadores de medida, após seleção pelo Conselho Municipal dos Direitos da Criança e do Adolescente.

b) sofrer impugnação do programa através de procedimento administrativo instaurado pelo Conselho Municipal dos Direitos da Criança e do Adolescente.

c) delegar a supervisão dos programas ao Conselho Tutelar.

d) comunicar, semestralmente, o rol de orientadores credenciados ao Ministério Púbico e ao Poder Judiciário.

e) encaminhar relatório do educando, solicitando a substituição da medida socioeducativa em curso, quando autorizado pelo juiz competente.

Gabarito: D

Artigos 13 e 14 da Lei 12594/12

02 - A respeito do financiamento e cofinanciamento do sistema socioeducativo, a Lei nº 12.594/12 dispõe: FCC - 2014 - TJ-CE - Juiz

a) Incumbe aos Estados manter programas de execução das medidas de liberdade assistida, semiliberdade e de internação, bem como editar normas complementares para organização de seu sistema e dos sistemas municipais.

b) O Conselho Estadual de Direitos da Criança e do Adolescente definirá, anualmente, o percentual de recursos dos Fundos dos Direitos da Criança e do Adolescente a serem aplicados nas ações previstas pela Lei em destaque.

c) Compete ao município cofinanciar, juntamente com os demais entes federados, a execução de programas e ações destinadas ao atendimento inicial de adolescente apreendido para apuração de ato infracional.

d) Somente os entes federados estaduais e municipais deverão prestar informações sobre o desempenho de suas ações através do Sistema de Informações sobre Atendimento Socioeducativo, já que são os que executam diretamente as medidas socioeducativas privativas de liberdade e em meio aberto.

e) O Sinase será cofinanciado com recursos dos orçamentos fiscais, além de outras fontes, exceto com os recursos da seguridade social.

Gabarito: C

Artigo 5o da Lei 12594/12

03 - A respeito dos regimes disciplinares previstos na Lei nº 12.594 (SINASE), de 12 de janeiro de 2012, é correto afirmar que: FCC - 2013 - DPE-SP - Defensor Público

a) é obrigatória a audiência do adolescente ou jovem que tiver sido acusado da prática de falta disciplinar, somente no caso de aplicação da sanção excepcional de isolamento.

b) não se exige a instauração formal de processo disciplinar para aplicação da sanção de admoestação verbal decorrente de falta disciplinar.

c) deverá ser garantida a participação de um socioeducando na composição da comissão de apuração da falta disciplinar.

d) as entidades de atendimento, em seu regimento, deverão prever as infrações como leves, médias e graves.

e) é dispensável a instauração do processo disciplinar caso a falta incorra em responsabilização penal ou infracional, caso em que deverá ser lavrado somente boletim de ocorrência.

Gabarito: D

Artigo 71

04 - Sobre o Sistema Nacional de Atendimento Socioeducativo, analise as proposições abaixo e assinale a alternativa correta: TJ-SC - 2013 - TJ-SC - Juiz

I. Entende-se por Sinase o conjunto ordenado de princípios, regras e critérios que envolvem a execução de medidas socioeducativas, incluindo-se nele, por adesão, os sistemas estaduais, distrital e municipais, bem como todos os planos, políticas e programas específicos de atendimento a adolescente em conflito com a lei.

II. São vedados à União o desenvolvimento e a oferta de programas próprios de atendimento socioeducativo.

III. A composição da equipe técnica do programa de atendimento socioeducativo deverá ser interdisciplinar, compreendendo, no mínimo, profissionais das áreas de saúde, educação, jurídica, assistência social e religiosa, de acordo com as normas de referência.

IV. Os Planos de Atendimento Socioeducativo deverão, obrigatoriamente, prever ações articuladas nas áreas de educação, saúde, assistência social, cultura, capacitação para o trabalho e esporte, para os adolescentes atendidos, em conformidade com os princípios elencados no Estatuto da Criança e do Adolescente.

a) Somente as proposições I e II estão corretas.

b) Somente as proposições III e IV estão corretas.
c) Somente as proposições I, II e IV estão corretas.
d) Somente as proposições II, III e IV estão corretas.
e) Todas as proposições estão corretas.

Gabarito: C

Artigos 8o e 12

05 - Segundo a Lei no 12.594/12, que dispõe sobre o Sistema Nacional de Atendimento Socioeducativo, a reavaliação da medida socioeducativa dar-se-á : FCC - 2013 - DPE-AM - Defensor Público

a) no prazo máximo de seis meses, somente pelo juiz competente, com base nos relatórios anteriores emitidos pela direção do programa de atendimento e sua equipe.

b) com relação às medidas de prestação de serviços à comunidade, liberdade assistida, semiliberdade e internação, desde que atingido o prazo máximo de seis meses.

c) somente a pedido da direção do programa de atendimento que acompanhar o cumprimento da medida de prestação de serviços à comunidade, liberdade assistida, semiliberdade ou internação.

d) a qualquer tempo, desde que solicitada pela direção do programa de atendimento, pelo defensor, pelo Ministério Público, pelo adolescente ou por seus pais ou responsáveis.

e) no prazo mínimo de doze meses, pelo defensor, caso ainda não haja indicação da direção do programa de atendimento pela substituição por medida menos gravosa.

Gabarito: D

Artigos 42 e 43 da Lei 12594/12

16 - DO ACESSO À JUSTIÇA - DA APURAÇÃO DE INFRAÇÃO ADMINISTRATIVA ÀS NORMAS DE PROTEÇÃO À CRIANÇA E AO ADOLESCENTE

Tal procedimento está previsto nos artigos 194 a 197 do ECA.

O ECA prevê duas espécies de infrações: Penais e administrativas. As infrações penais estão previstas a partir do artigo 228 do ECA, são sancionadas com pena privativa de liberdade, alternativa ou cumulativamente com pena de multa e são julgadas pelo Juiz criminal. Jamais haverá competência da Justiça da Infância e Juventude para julgar crime cometido contra criança ou adolescente.

Já as infrações administrativas estão previstas a partir do artigo 245 do ECA e são sancionadas, em regra, com multa.

A apuração e a aplicação da sanção é de competência da Justiça da Infância e Juventude, de acordo com o disposto no artigo 148, VI do ECA:

> *Art. 148. A Justiça da Infância e da Juventude é competente para:*
>
> ...
>
> *VI - aplicar penalidades administrativas nos casos de infrações contra norma de proteção à criança ou adolescente;*

Para aplicar tais penalidades, deve ser seguido o procedimento estabelecido a partir do artigo 194:O procedimento terá início por representação do Ministério Público, ou do Conselho Tutelar, ou auto de infração elaborado por servidor efetivo ou voluntário credenciado, e assinado por duas testemunhas, se possível.

No procedimento iniciado com o auto de infração, poderão ser usadas fórmulas impressas, especificando-se a natureza e as circunstâncias da infração.

Sempre que possível, à verificação da infração se seguirá a lavratura do auto, certificando-se, em caso contrário, dos motivos do retardamento.

O requerido terá prazo de dez dias para apresentação de defesa, contado da data da intimação, que será feita:

I - pelo autuante, no próprio auto, quando este for lavrado na presença do requerido;

II - por oficial de justiça ou funcionário legalmente habilitado, que entregará cópia do auto ou da representação ao requerido, ou a seu representante legal, lavrando certidão;

III - por via postal, com aviso de recebimento, se não for encontrado o requerido ou seu representante legal;

IV - por edital, com prazo de trinta dias, se incerto ou não sabido o paradeiro do requerido ou de seu representante legal.

Não sendo apresentada a defesa no prazo legal, a autoridade judiciária dará vista dos autos do Ministério Público, por cinco dias, decidindo em igual prazo.

Apresentada a defesa, a autoridade judiciária procederá na conformidade do artigo anterior, ou, sendo necessário, designará audiência de instrução e julgamento. Colhida a prova oral, manifestar-se-ão sucessivamente o Ministério Público e o procurador do requerido, pelo tempo de vinte minutos para cada um, prorrogável por mais dez, a critério da autoridade judiciária, que em seguida proferirá sentença.

16.1 - DO ACESSO À JUSTIÇA - DOS RECURSOS E SUA ALTERAÇÃO PELA Lei 12.594/12

O Capítulo IV do Título VI do ECA dispõe acerca dos recursos, estabelecendo em seu artigo 198 a adoção do sistema recursal do Código de Processo Civil. Com a alteração promovida pela Lei 12.594/12, passa a constar expressamente no *caput* do artigo 198, que o sistema recursal do Código de Processo Civil é adotado, inclusive no que tange à execução das medidas socioeducativas. Dessa forma, são cabíveis: recursos de apelação, agravo, embargos infringentes, embargos de declaração, recurso ordinário, recurso especial, recurso extraordinário, embargos de divergência em recurso especial e recurso extraordinário, conforme previsão do artigo 496 do Código de Processo Civil.

O recurso pode ser interposto pela parte vencida, pelo terceiro prejudicado e pelo Ministério Público. Este último tem legitimidade para recorrer tanto no processo de que é parte como naqueles em que oficiou como fiscal da lei.

Quanto à contagem do prazo, será aplicável o disposto no artigo 506 do Código de Processo Civil:

> *Art. 506. O prazo para a interposição do recurso, aplicável em todos os casos o disposto no art. 184 e seus parágrafos, contar-se-á da data:*
>
> *I - da leitura da sentença em audiência;*
>
> *II - da intimação às partes, quando a sentença não for proferida em audiência;*
>
> *III - da publicação do dispositivo do acórdão no órgão oficial.*

No que tange o Ministério Público e à Defensoria, a contagem do prazo se iniciará a partir da ciência (que será lançada nos autos), devendo a intimação ser pessoal. No entanto, esse não é o entendimento de nossos Tribunais Superiores:

> I - A jurisprudência do Supremo Tribunal Federal e do Superior Tribunal de Justiça pacificaram-se no sentido de que os prazos para o Ministério Público começam a correr na data em que os autos com vista ingressam no protocolo administrativo da instituição, sendo irrelevante, para efeito da contagem, a data em que o membro do Parquet após o seu "ciente" da decisão.
>
> II - Intempestividade manifesta do recurso. Agravo não conhecido. (STJ AgRg no Ag 607704 / GO - Ministro PAULO FURTADO (DESEMBARGADOR CONVOCADO DO TJ/BA) (8165) – Terceira Turma – 19/03/2009)

Considerando-se a data da ciência como data da intimação, a partir do dia seguinte será contado o prazo, tendo em vista que, na contagem do prazo processual, será excluído o dia do começo e incluído o do vencimento. Com a entrada em vigor da Lei 12.594/12, muita discussão será gerada com as disposições relacionadas aos prazos previstos a partir do artigo 177 do Código de Processo Civil, inclusive no que tange o prazo em dobro para o Ministério Público e para a Fazenda Pública recorrerem (art. 188, CPC). Ressalte-se ainda que a Defensoria Pública também possui prazo em dobro. Isso porque **o inciso II do artigo 198 sofreu alteração pela Lei 12.594/12**. A antiga redação dispunha:

> *II - em todos os recursos, salvo o de agravo de instrumento e de embargos de declaração, o prazo para interpor e para responder será sempre de dez dias;*

A nova redação dispõe:

> *II - em todos os recursos, salvo nos embargos de declaração, o prazo para o Ministério Público e para a defesa será sempre de 10 (dez) dias;*

Entendemos que, por mais que o processo deva ser ágil no que tange a direitos afetos à Infância e Juventude, o prazo em dobro do MP e da Defensoria deve ser respeitado, afastando-se a previsão do novo Inciso II do artigo 198, tendo em vista que a previsão de um prazo exíguo pode prejudicar a construção de tese a ser utilizado em benefício do menor.

Não podemos esquecer que a mera previsão do prazo de dez dias já é reduzido em comparação ao Código de Processo Civil:

> *Art. 508. Na apelação, nos embargos infringentes, no recurso ordinário, no recurso especial, no recurso extraordinário e nos embargos de divergência, o prazo para interpor e para responder é de 15 (quinze) dias.*

Não se pode reduzir ainda mais, afastando prerrogativa do MP e da Defensoria Pública, que na verdade se constituem em benefício da parte e não da própria Instituição.

Determina o ECA, no que tange aos recursos, algumas peculiaridades que irão preponderar sobre as disposições genéricas do Código de Processo Civil quanto aos recursos. Traz o ECA regras específicas no que se refere:

a) Ao preparo – artigo 198, I, ECA. Os recursos serão interpostos independentemente de preparo. No Código de Processo Civil, a dispensa de preparo só ocorre nos casos previstos no artigo 511, quando os recursos são interpostos pelo Ministério Público, pela União, pelos Estados e Municípios e respectivas autarquias, e pelos que gozam de isenção legal. Nas demais situações, a ausência ou insuficiência de preparo causa a deserção.

b) Prazo recursal – artigo 198, II, ECA. Em todos os recursos, o prazo será de dez dias. O ECA excepcionava o agravo e embargos de declaração, cujos prazos eram os previstos no Código de Processo Civil, respectivamente dez e cinco dias (artigos 522 e 536 do CPC). A tempestividade será aferida pelo juiz, por se tratar de pressuposto objetivo de admissibilidade recursal. Logo, o prazo do agravo, de acordo com o artigo 522 do CPC já era mesmo de dez dias. Com a nova redação do Inciso II, vimos que a Lei 12.594/12, só excepciona os embargos de declaração, caso em que o prazo será de cinco dias.

c) Preferência de julgamento e dispensa de revisor – artigo 198, III, ECA. Não se aplica o disposto no artigo 551 do Código de Processo Civil, que determina: "Tratando-se de apelação, de embargos infringentes e de ação rescisória, os autos serão conclusos ao revisor".

d) Prazo de resposta do agravado – artigo 198, IV, ECA. O prazo será de cinco dias para oferecer resposta e indicar as peças a serem trasladadas. Ou seja, não se aplica o disposto no artigo 527, V, do CPC, que determina o prazo de resposta de dez dias.

e) Extração, conferência e conserto do traslado – artigo 198, V, ECA. O prazo será de 48 horas. O CPC não traz mais previsão de prazo, tendo sido revogada a antiga disposição do artigo 525, que estabelecia o prazo de 15 dias prorrogável por mais dez dias.

f) Efeito na apelação – artigo 198, VI, ECA. **Como regra, a apelação será recebida em seu efeito devolutivo**. No entanto, será recebida também em **efeito suspensivo quando interposta contra sentença que deferir a adoção internacional e, a juízo da autoridade judiciária, sempre que houver perigo de dano irreparável ou de difícil reparação**. Trata-se de previsão bem distinta do que é disposto no artigo 520 do CPC, que prevê como regra a atribuição de efeito devolutivo e suspensivo à apelação, excetuando alguns casos, como o de condenação em ação de alimentos, em que não se atribui o efeito suspensivo. Também haverá efeito meramente devolutivo quando a sentença destitui um ou ambos os pais do poder familiar.

g) **Juízo de retratação** – artigo 198, VII, ECA. De forma distinta do previsto no CPC e também no CPP, a apelação no ECA admite juízo de retratação. O mesmo ocorre com o agravo, em sentido também contrário à reforma do CPC, caso em que a autoridade judiciária deverá proferir despacho fundamentado, mantendo ou reformando a decisão no prazo de cinco dias. Caso o juiz mantenha sua decisão, o escrivão deverá remeter o recurso à superior instância em 24 horas, independente de novo pedido do recorrente. Caso a decisão seja reformada pelo juiz, a remessa à superior instância dependerá de pedido expresso da parte interessada ou do Ministério Público, no prazo de cinco dias contados da intimação.

Como vimos anteriormente, o ECA deu o mesmo tratamento à decisão judicial e à decisão administrativa. Sendo assim, determina o artigo 199 o cabimento do recurso de apelação contra as decisões baseadas no artigo 149 do ECA, que são decisões administrativas.

Assunto também relevante diz respeito ao Enunciado 267 do STF, quanto à impossibilidade de ser utilizado o mandado de segurança contra ato judicial passível de recurso ou correição. No mesmo sentido, o Tribunal de Justiça do Rio de Janeiro, MS 2009.004.00676, 20ª Câmara Cível, 14/10/2009:

> *1- **A hipótese de ação mandamental contra ato judicial é vedada pelo ordenamento jurídico em vigor, não se podendo utilizá-la como substituto de recurso expressamente previsto**. 2- O artigo 198 do ECA prevê a adoção do Agravo de Instrumento para as decisões interlocutórias proferidas no âmbito daquele Estatuto.3- Havendo já decisão proferida em outro writ reconhe-*

> *cendo não ser a via do mandamus a adequada para se recorrer de decisão que concedeu liminar nos autos de ação cautelar de exibição de documentos, ocorreu a perda de objeto do mandado de segurança interposto contra decisão proferida nos autos do processo de acolhimento, que determinou a apresentação da mesma documentação. 3- Extinção do processo sem resolução do mérito na forma do inciso VI, do artigo 267, do CPC.*

O assistente de acusação não tem legitimidade para recorrer. Como vimos, o sistema recursal é o do CPC.

Neste sentido, o posicionamento do Superior Tribunal de Justiça:

> *A questão cinge-se em saber se é possível o recurso da apelação do assistente da acusação no ECA. Consta dos autos que o menor foi representado pelo ato infracional análogo ao crime tipificado no art. 121, § 2º, II, do CP. A sentença julgou procedente a representação, aplicando-lhe medida socioeducativa de semiliberdade por prazo indeterminado e desclassificando a conduta para o ato infracional análogo ao crime tipificado no art. 129, § 3º, do CP. A defesa e o assistente de acusação interpuseram apelação, tendo o tribunal local negado provimento ao recurso do menor e dado provimento ao recurso do assistente de acusação para aplicar uma medida mais rigorosa: a internação. A defesa interpôs recurso especial, sustentando contrariedade aos arts. 118, 120, 121, § 5º, 122, § 2º, e 198 do ECA e 27 do CP. O recurso foi inadmitido na origem, subindo a esta Corte por meio de provimento dado a agravo de instrumento. A Turma entendeu que, na Lei n. 8.069/1990, a figura do assistente de acusação é estranha aos procedimentos recursais da Justiça da Infância e Adolescência. Assim, os recursos interpostos em processos de competência especializada devem seguir a sistemática do CPC, não havendo previsão legal para aplicação das normas previstas no CPP. Dessa forma, a disciplina estabelecida nos arts. 268 a 273 do CPP não tem aplicabilidade nos procedimentos regidos pelo ECA, que possui caráter especial, faltando, portanto, legitimidade ao apelo interposto por assistente de acusação, por manifesta ausência de previsão legal. Diante dessas e de outras considerações a Turma não conheceu do recurso e concedeu o habeas corpus de ofício, para anular o acórdão referente à apelação do assistente de acusação restabelecendo o decisum de primeiro grau. Precedentes citados: REsp 1.044.203-RS, DJe 16/3/2009, e REsp 605.025-MG, DJ 21/11/2005. REsp 1.089.564-DF, Rel. Min. Sebastião Reis Júnior, julgado em 15/3/2012. – Informativo 493*

17 - DO ACESSO À JUSTIÇA - DO MINISTÉRIO PÚBLICO E DO ADVOGADO

O Capítulo V do Título VI do ECA dispõe acerca do Ministério Público nos artigos 200 a 205, e o Capítulo VI dispõe acerca do advogado nos artigos 206 e 207.

- Ministério Público

Art. 200. As funções do Ministério Público previstas nesta Lei serão exercidas nos termos da respectiva lei orgânica.

Art. 201. Compete ao Ministério Público:

I - conceder a remissão como forma de exclusão do processo;

II - promover e acompanhar os procedimentos relativos às infrações atribuídas a adolescentes;

III - promover e acompanhar as ações de alimentos e os procedimentos de suspensão e destituição do Poder Familiar, nomeação e remoção de tutores, curadores e guardiães, bem como oficiar em todos os demais procedimentos da competência da Justiça da Infância e da Juventude;

IV - promover, de ofício ou por solicitação dos interessados, a especialização e a inscrição de hipoteca legal e a prestação de contas dos tutores, curadores e quaisquer administradores de bens de crianças e adolescentes nas hipóteses do art. 98;

V - promover o inquérito civil e a ação civil pública para a proteção dos interesses individuais, difusos ou coletivos relativos à infância e à adolescência, inclusive os definidos no art. 220, § 3º inciso II, da Constituição Federal;

VI - instaurar procedimentos administrativos e, para instruí-los:

a) expedir notificações para colher depoimentos ou esclarecimentos e, em caso de não comparecimento injustificado, requisitar condução coercitiva, inclusive pela polícia civil ou militar;

b) requisitar informações, exames, perícias e documentos de autoridades municipais, estaduais e federais, da administração direta ou indireta, bem como promover inspeções e diligên-

cias investigatórias;

c) requisitar informações e documentos a particulares e instituições privadas;

VII - instaurar sindicâncias, requisitar diligências investigatórias e determinar a instauração de inquérito policial, para apuração de ilícitos ou infrações às normas de proteção à infância e à juventude;

VIII - zelar pelo efetivo respeito aos direitos e garantias legais assegurados às crianças e adolescentes, promovendo as medidas judiciais e extrajudiciais cabíveis;

IX - impetrar mandado de segurança, de injunção e habeas corpus, em qualquer juízo, instância ou tribunal, na defesa dos interesses sociais e individuais indisponíveis afetos à criança e ao adolescente;

X - representar ao juízo visando à aplicação de penalidade por infrações cometidas contra as normas de proteção à infância e à juventude, sem prejuízo da promoção da responsabilidade civil e penal do infrator, quando cabível;

XI - inspecionar as entidades públicas e particulares de atendimento e os programas de que trata esta Lei, adotando de pronto as medidas administrativas ou judiciais necessárias à remoção de irregularidades porventura verificadas;

XII - requisitar força policial, bem como a colaboração dos serviços médicos, hospitalares, educacionais e de assistência social, públicos ou privados, para o desempenho de suas atribuições.

§ 1º A legitimação do Ministério Público para as ações cíveis previstas neste artigo não impede a de terceiros, nas mesmas hipóteses, segundo dispuserem a Constituição e esta Lei.

§ 2º As atribuições constantes deste artigo não excluem outras, desde que compatíveis com a finalidade do Ministério Público.

§ 3º O representante do Ministério Público, no exercício de suas funções, terá livre acesso a todo local onde se encontre criança ou adolescente.

§ 4º O representante do Ministério Público será responsável pelo uso indevido das informações e documentos que requisitar, nas hipóteses legais de sigilo.

> *§ 5º Para o exercício da atribuição de que trata o inciso VIII deste artigo, poderá o representante do Ministério Público:*
>
> *a) reduzir a termo as declarações do reclamante, instaurando o competente procedimento, sob sua presidência;*
>
> *b) entender-se diretamente com a pessoa ou autoridade reclamada, em dia, local e horário previamente notificados ou acertados;*
>
> *c) efetuar recomendações visando à melhoria dos serviços públicos e de relevância pública afetos à criança e ao adolescente, fixando prazo razoável para sua perfeita adequação.*
>
> *Art. 202. Nos processos e procedimentos em que não for parte, atuará obrigatoriamente o Ministério Público na defesa dos direitos e interesses de que cuida esta Lei, hipótese em que terá vista dos autos depois das partes, podendo juntar documentos e requerer diligências, usando os recursos cabíveis.*
>
> *Art. 203. A intimação do Ministério Público, em qualquer caso, será feita pessoalmente.*
>
> *Art. 204. A falta de intervenção do Ministério Público acarreta a nulidade do feito, que será declarada de ofício pelo juiz ou a requerimento de qualquer interessado.*
>
> *Art. 205. As manifestações processuais do representante do Ministério Público deverão ser fundamentadas.*

Quando o artigo 200 menciona a Lei Orgânica do Ministério Público, trata-se da Lei 8.625/1993, que é a Lei Orgânica Nacional, além do disposto em cada Lei Orgânica dos Ministérios Públicos Estaduais.

A atuação do Ministério Público para garantia do Direito da Criança e do Adolescente é extremamente ampla, devendo suas manifestações processuais serem sempre fundamentadas. Além dos casos em que atua como parte, o Ministério Público sempre atuará, consoante o disposto no artigo 202, em procedimentos que digam respeito aos interesses e direitos previstos no ECA, como custus legis, fiscal da lei. Sua ausência gera nulidade absoluta, podendo ser alegada por qualquer interessado e até mesmo declarada de ofício pelo juiz.

Como mencionamos no capítulo anterior, muito embora o STJ e STF se manifestem pela ausência de necessidade de que se poste o ciente para início do prazo do recurso, entendemos com a devida vênia que, no que tange ao superior interesse do menor e de acordo com a doutrina da proteção integral, é necessário o ciente para que se dê o início do prazo a partir do dia seguinte.

O Ministério Público promove e acompanha todas as ações e procedimentos da Infância e da Juventude, conforme artigo 201, III e VIII, da Lei 8.069/1990, zelando pela ordem jurídica, pelos interesses das crianças e adolescentes e afastando a necessidade de intervenção de qualquer outro órgão ou pessoa para suprir a referida atividade.

Estabelece ainda o inciso I que o Ministério Público poderá conceder remissão como forma de exclusão do processo. Trata-se de remissão distinta da concedida pelo juiz da Infância e Juventude. Durante o estudo do procedimento de apuração de ato infracional atribuído a adolescente, vimos que o juiz poderá conceder remissão como forma de suspensão ou extinção do processo. Já o Ministério Público poderá conceder remissão antes de iniciada a ação socioeducativa, caso não promova o arquivamento ou conceda remissão. Por isso, a remissão concedida pelo Ministério Público é forma de exclusão do processo.

Quando o inciso III estabelece que o Ministério Público poderá promover a ação de destituição ou suspensão do Poder Familiar, é importante destacar que ele, na Ação de Destituição de Poder Familiar, não figura como representante legal, e sim como substituto processual dos menores, nos termos do artigo 201, inciso III, do ECA.

Indaga-se, nesse caso, se poderia haver aplicação analógica do artigo 9º do CPC, de forma que fosse nomeado curador especial ao menor. Pensamos que, mesmo que se admita a aplicação por analogia, seria preciso demonstrar a efetiva colisão de interesses entre o Parquet e os menores cujos direitos se supõe que aquele vise a resguardar, não valendo a simples alegação genérica e abstrata de conflito potencial. Nas situações de atuação do Ministério Público que se dão em interesse de criança ou adolescente, desnecessária é a nomeação de defensor público como curador especial, caso não se apresente colisão entre os interesses do genitor ou genitora, ou ainda do Ministério Público com o menor.

A legitimidade do Ministério Público para interceder a favor dos interesses relativos à infância e adolescência admite que as medidas que entender necessárias sejam ajuizadas inclusive em face do poder público, como para fornecimento de medicamentos, por exemplo, mesmo que de cunho individual, pois tal legitimidade encontra-se estabelecida no artigo 201, inciso V, do ECA, e no artigo 127 da CF.

Os incisos VI e VIII estabelecem o poder de requisição do Ministério Público. Tem o Ministério Público poderes para requisitar direta e administrativamente todas as informações que se fizerem necessárias para a instrução de procedimentos administrativos que instaure e processos em que atue.

Em julgado recente, o STJ reconheceu a legitimidade do Ministério Público para a propositura de ação de alimentos. Vejamos:

> O Ministério Público tem legitimidade ativa para ajuizar ação de alimentos em proveito de criança ou adolescente, independentemente do exercício do poder familiar dos pais, ou de o infante se encontrar nas situações de risco descritas no art. 98 do Estatuto da Criança e do Adolescente (ECA), ou de quaisquer outros questionamentos acerca da existência ou eficiência da Defensoria Pública na comarca. (STJ - REsp 1.265.821-BA e REsp 1.327.471-MT, Rel. Min. Luis Felipe Salomão, julgados em 14/5/2014. – Informativo 541

- Do advogado

Assim como o Ministério Público, a presença do advogado é de extrema importância e, em algumas situações, é obrigatória, de forma que seja garantido o direito constitucional à ampla defesa, em seu viés de defesa técnica.

No que tange a presença do advogado, dispõe o ECA:

> *Art. 206. A criança ou o adolescente, seus pais ou responsável, e qualquer pessoa que tenha legítimo interesse na solução da lide poderão intervir nos procedimentos de que trata esta Lei, através de advogado, o qual será intimado para todos os atos, pessoalmente ou por publicação oficial, respeitado o segredo de justiça.*
>
> *Parágrafo único. Será prestada assistência judiciária integral e gratuita àqueles que dela necessitarem.*
>
> *Art. 207. Nenhum adolescente a quem se atribua a prática de ato infracional, ainda que ausente ou foragido, será processado sem defensor.*
>
> *§ 1º Se o adolescente não tiver defensor, ser-lhe-á nomeado pelo juiz, ressalvado o direito de, a todo tempo, constituir outro de sua preferência.*
>
> *§ 2º A ausência do defensor não determinará o adiamento de nenhum ato do processo, devendo o juiz nomear substituto, ainda que provisoriamente, ou para o só efeito do ato.*
>
> *§ 3º Será dispensada a outorga de mandato, quando se tratar de defensor nomeado ou, sido constituído, tiver sido indicado por ocasião de ato formal com a presença da autoridade judiciária.*

É bastante genérica a previsão do artigo 206, derivando diretamente dos ditames constitucionais que garantem o acesso à justiça e a assistência judiciária integral e gratuita aos que dela necessitarem.

Em capítulo específico, estudamos o procedimento para apuração de ato infracional atribuído a adolescente. Vimos que o adolescente em conflito com a lei será assistido, preferencialmente, por seu advogado constituído; caso contrário, deverá o juiz nomear defensor, ainda que para a prática de um único ato (defensor ad hoc), tendo em vista que a ausência de advogado constituído não acarretará o adiamento de ato processual.

No entanto, quando a lei fala em "processado" no artigo 207, cabe analisarmos a partir de qual momento passa a ser necessária a assistência do advogado. Em sede ministerial, a presença do advogado seria necessária? A questão desafia controvérsia. Alguns sustentam a desnecessidade, por não se tratar de processo e por não haver expressa previsão legal. No entanto, entendemos, como parte da doutrina, ser fundamental a presença do advogado e do responsável, sob pena de nulidade, para que haja validade da remissão com encargo.

Para melhor entendimento acerca do instituto, remetemos o leitor para o capítulo em que tratamos das modalidades de remissão. A necessidade da presença do defensor decorre das garantias processuais indicadas no artigo 111, III, do ECA. No mesmo sentido dispõe a Convenção Internacional da Criança e do Adolescente. A aceitação de uma medida socioeducativa na esfera de uma remissão, ao contrário do que defende parte da jurisprudência, exige a participação efetiva de advogado.

João Batista Costa Saraiva sustenta:[75]

> *Evidentemente que se na remissão concertada pelo Ministério Público, de caráter pré-processual, vier proposta a aplicação de alguma medida sócio educativa, em nome do contraditório, haverá de o adolescente estar acompanhado de Defensor na audiência pré-processual realizada junto ao Ministério Público onde operou-se [sic] a transação expressa na remissão. Diz-se tal porque evidentemente quando resultar a remissão de decisão do Juiz, no curso do processo, estará o adolescente representado por defensor, eis que não se admite em juízo adolescente representado pela prática de ato infracional sem o respectivo defensor. Embora esta exigência de defensor na audiência prévia com*

75 SARAIVA, João Batista Costa. Direito Penal Juvenil – adolescente e ato infracional. Ed. Liv. do Advogado, 2002, p. 59 e 60.

> *o Ministério Público não esteja expressamente prevista no ECA, decorre de uma interpretação sistemática das garantias constitucionais asseguradas a todos. Não é possível que se pretenda reviver nesta etapa pré-processual, porém decisiva, onde pode vir a ser concertado cumprimento de uma medida sócio educativa, um novo Juizado de Menores, sem possibilidade de defesa do adolescente, posto que evidentemente, frente ao Ministério Público estão os pais ou responsáveis do adolescente em flagrante desvantagem. Visando à previsão legal expressa da presença de defensor nesta audiência já existe projeto de Lei em tramitação na Câmara dos Deputados, sendo que a proposta de Lei de Diretrizes Sócio educativas – LDSE contempla expressamente este caso em seu art. 12.*

Quanto à alegada ausência de previsão legal, pensamos que não é porque o artigo 181 do ECA se omite em relação ao advogado que sua participação é subtraída. Não podemos esquecer que a interpretação do ECA se dá nos termos definidos no artigo 6º.

Logo, não tendo a remissão sido concedida na presença do representante e do advogado do adolescente em conflito com a lei, caberá ao Magistrado não homologar a remissão concedida pelo representante do Ministério Público, devendo nova remissão ser concedida, desta vez com a presença do defensor.

Conforme estudamos no capítulo referente ao procedimento para apuração de ato infracional atribuído a adolescente, em sede judicial, ocorrem duas audiências: a audiência de apresentação e a audiência em continuação. Não é pacífico o entendimento pela necessidade de advogado na primeira audiência. Concordamos com o posicionamento reiterado e recente do STJ no sentido de ser necessária a presença do defensor na audiência de apresentação, de forma que se garanta a defesa técnica, viés da ampla defesa. Caso a audiência seja realizada sem o defensor, deve ser impetrado habeas corpus, devendo este ser conhecido e concedida a ordem, em virtude de existência de constrangimento ilegal. Faz-se necessária a anulação da audiência de apresentação e de todos os atos subsequentes, para que sejam renovados com a presença de defesa técnica.

> CRIANÇA E ADOLESCENTE. HABEAS CORPUS. AUDIÊNCIA DE APRESENTAÇÃO. DEFESA TÉCNICA. PRESCINDIBILIDADE. CONSTRANGIMENTO. RECONHECIMENTO. 1. A re-

missão, nos moldes dos arts. 126 e ss. do ECA, implica a submissão a medida sócio educativa sem processo. Tal providência, com significativos efeitos na esfera pessoal do adolescente, deve ser imantada pelo devido processo legal. Dada a carga sancionatória da medida possivelmente assumida, é imperioso que o adolescente se faça acompanhar por advogado, visto que a defesa técnica, apanágio da ampla defesa, é irrenunciável.

2. Ordem concedida para anular o processo e, via de consequência, reconhecer a prescrição do ato infracional imputado à paciente. (HC 67826/SP – Min Maria Thereza de Assis Moura, Sexta Turma, 09/06/2009) No mesmo sentido, HC 121892/MG, Min Arnaldo Esteves Lima, Quinta Turma, 04/06/2009)

Quanto à outorga de mandato (procuração), dispõe o ECA acerca de sua dispensabilidade em duas situações: sendo o defensor nomeado pelo juiz, ou quando o advogado tenha sido constituído no momento do ato, com a presença do juiz.

APLICAÇÃO EM CONCURSO:

Vejamos, de forma geral, as questões de concursos relacionadas ao Acesso à Justiça:

01 - Com nítida inspiração na doutrina da proteção integral, o ECA garantiu à criança e ao adolescente o mais amplo acesso à Justiça, como forma de viabilizar a efetivação de seus direitos, consagrou-lhes o acesso a todos os órgãos do Poder Judiciário, assim como lhes assegurou o acesso a órgãos que exercem funções essenciais à Justiça, como o Ministério Público e a Defensoria. Tendo em conta tal ampla proteção, assinale a alternativa correta. FGV - 2011 - OAB - Exame de Ordem Unificado - V - Primeira Fase

a) As custas e emolumentos nas ações de destituição do poder familiar, perda ou modificação da tutela deverão ser custeadas pela parte sucumbente ao final do processo.

b) Na hipótese de colisão de interesses entre a criança ou adolescente e seus pais ou responsável, a autoridade judiciária lhes dará curador especial, o mesmo ocorrendo nas hipóteses de carência de representação ou assistência legal, ainda que eventual.

c) Em obediência ao princípio da publicidade, é permitida a divulgação de atos judiciais e administrativos que digam respeito à autoria de ato infracional praticado por adolescente, podendo ser expedida certidão ou extraída cópia dos autos, independentemente da demonstração do interesse e justificativa acerca da finalidade. Tais fatos, no entanto, se noticiados pela imprensa escrita ou falada, devem conter apenas as iniciais do nome e sobrenome do menor, sendo vedadas as demais formas expositivas, como fotografia, referência ao nome, apelido, etc.

d) A assistência judiciária gratuita será prestada aos que dela necessitarem por defensor público, sendo admitida a nomeação pelo juiz de advogado se o adolescente não tiver defensor, não podendo, posteriormente, o adolescente constituir outro de sua preferência.

Gabarito: B

Artigo 142 do ECA

02 - Considerando as disposições legais do Estatuto da Criança e do Adolescente a respeito da defesa judicial, é INCORRETO afirmar que: FUNDEP - 2010 - TJ-MG - Comissário da Infância e da Juventude

a) a ausência de defensor não determinará o adiamento de nenhum ato processual, devendo ser nomeado substituto, ainda que provisório.

b) será dispensada a outorga de mandato, quando se tratar de defensor nomeado.

c) o adolescente a quem se atribua a prática de ato infracional não será processado sem defensor, caso não esteja foragido.

d) será prestada assistência judiciária integral e gratuita àqueles que dela necessitarem.

Gabarito: C

Artigo 207 do ECA

18 - DO ACESSO À JUSTIÇA - DA PROTEÇÃO JUDICIAL AOS INTERESSES INDIVIDUAIS, DIFUSOS E COLETIVOS

1 – Previsão legal

O Estatuto menciona os direitos fundamentais em seus artigos 7º a 27, além de mencionar os direitos individuais e as garantias processuais dos adolescentes, respectivamente em seus artigos 106 a 109 e 110 a 111.

O capítulo VII do Título VI do ECA, que trata do acesso à justiça, dispõe acerca da proteção judicial dos interesses individuais, difusos e coletivos:

> *Art. 208. Regem-se pelas disposições desta Lei as ações de responsabilidade por ofensa aos direitos assegurados à criança e ao adolescente, referentes ao não oferecimento ou oferta irregular:*
>
> *I - do ensino obrigatório;*
>
> *II - de atendimento educacional especializado aos portadores de deficiência;*
>
> *III - de atendimento em creche e pré-escola às crianças de zero a seis anos de idade;*
>
> *IV - de ensino noturno regular, adequado às condições do educando;*
>
> *V - de programas suplementares de oferta de material didático-escolar, transporte e assistência à saúde do educando do ensino fundamental;*
>
> *VI - de serviço de assistência social visando à proteção à família, à maternidade, à infância e à adolescência, bem como ao amparo às crianças e adolescentes que dele necessitem;*
>
> *VII - de acesso às ações e serviços de saúde;*
>
> *VIII - de escolarização e profissionalização dos adolescentes privados de liberdade.*
>
> *IX - de ações, serviços e programas de orientação, apoio e promoção social de famílias e destinados ao pleno exercício do direito à convivência familiar por crianças e adolescentes.*
>
> *X - de programas de atendimento para a execução das medidas socioeducativas e aplicação de medidas de proteção.*
>
> *§ 1o As hipóteses previstas neste artigo não excluem da proteção judicial outros interesses individuais, difusos ou cole-*

> *tivos, próprios da infância e da adolescência, protegidos pela Constituição e pela Lei.*
>
> *§ 2o A investigação do desaparecimento de crianças ou adolescentes será realizada imediatamente após notificação aos órgãos competentes, que deverão comunicar o fato aos portos, aeroportos, Polícia Rodoviária e companhias de transporte interestaduais e internacionais, fornecendo-lhes todos os dados necessários à identificação do desaparecido.*

Com a inclusão do Inciso X pela Lei 12.594/12, passa a ser possível a tutela, por exemplo, por meio de ação civil pública relacionada ao não oferecimento ou oferta irregular de programas de atendimento para a execução das medidas socioeducativas e aplicação de medidas de proteção

Fazendo um paralelo, podemos perceber que o Código de Defesa do Consumidor também menciona interesses como sinônimo de direitos. A Lei 8.078/1990, Código de Defesa do Consumidor, em seu artigo 81, traz a seguinte disposição:

> *Art.81 – a defesa dos interesses e direitos dos consumidores e das vítimas poderá ser exercida em juízo individualmente, ou a título coletivo.*
>
> *Parágrafo único – a defesa coletiva será exercida quando se tratar de:*
>
> *I – interesses ou direitos difusos, assim entendidos, para os efeitos deste Código, os transindividuais, de natureza indivisível, de que sejam titulares pessoas indeterminadas e ligadas por circunstancias de fato.*
>
> *II – interesses ou direitos coletivos, assim entendidos , para efeitos deste Código, os transindividuais de natureza indivisível de que seja titular grupo, categoria ou classe de pessoas ligadas entre si ou com a parte contrária por uma relação jurídica base;*
>
> *III – interesses ou direitos individuais homogêneos, assim entendidos os decorrentes de origem comum.*

De acordo com a Constituição Federal:

> *Art. 127 – O Ministério Público é instituição permanente, essencial à função jurisdicional do Estado, incumbindo-lhe a*

defesa da ordem jurídica, do regime democrático e dos interesses sociais e individuais indisponíveis.

2 – Interesses x Direitos

Apesar da equiparação entre interesse e direito, cabe ressaltar que o primeiro é bem mais amplo que o segundo. José dos Santos Carvalho Filho leciona que:[76]

> *Nem todo interesse, porém, recebe a proteção jurídica, e , sendo assim, não enseja a possibilidade de qualquer mecanismo para sua satisfação. O interesse a que a ordem jurídica confere elementos de proteção é o interesse jurídico. Somente quando o indivíduo for titular desse interesse é que poderá socorrer-se dos instrumentos que a lei põe a seu alcance para que seja satisfeito.*

O direito subjetivo, ao contrário, sempre merece a tutela do ordenamento jurídico. A despeito das diversas correntes que procuram identificar o direito subjetivo (e alguns autores até o negam, como é o caso de Duguit e Kelsen), pode dizer-se que tem sido acolhida a noção de que resulta ele de dois fatores: o poder da vontade e a proteção do direito objetivo. Simples e correta, portanto, a definição de Washington de Barros Monteiro, para quem se pode conceituar o direito subjetivo como todo poder da vontade dos particulares, reconhecido ou outorgado pelo ordenamento jurídico.

A conclusão é, portanto, a de que o interesse jurídico se configura como o núcleo do direito subjetivo, com o que não se pode conceber qualquer tipo de proteção que não seja a voltada para os interesses jurídicos, que figuram no centro dos direitos subjetivos.

Desse modo, em que pese a divulgação da expressão interesses difusos e coletivos não só na doutrina mas até mesmo no texto constitucional, a ideia que encerra há de ser a de interesses juridicamente protegidos, vale dizer, interesses necessariamente integrantes do círculo relativo aos direitos subjetivos. Quando se fala, pois, em interesses difusos ou coletivos, dever-se-á conceber a noção de que se trata de direitos difusos ou coletivos.

---

76 FILHO, José dos Santos Carvalho. Ação Civil Pública, 3a. ed. Ed. Lúmen Júris, 2001, p.27.

3 – Distinção de direitos individuais, difusos e coletivos

Como já vimos, o Código de Defesa do Consumidor trouxe uma sucinta conceituação de direitos individuais, difusos e coletivos. Essa conceituação por si só não basta para que se possa entender o alcance e as distinções de tais direitos.

É muito comum ouvirmos a seguinte distinção: o direito difuso pertence a um conjunto de pessoas indeterminadas e indetermináveis; o direito coletivo pertence a uma coletividade (determinado grupo ou classe) formada de pessoas indeterminadas, mas determináveis; o direito individual pertence a cada indivíduo, de maneira particular, sendo perfeitamente determinado.

Essa distinção envolve apenas a titularidade dos direitos, aspecto meramente subjetivo. No entanto, inúmeras são as distinções trazidas pela doutrina acerca desses direitos. Edgar Moreira da Silva[77] se utiliza de um quadro comparativo, ensinando que os interesses difusos são transindividuais (aspecto subjetivo), indivisíveis (aspecto objetivo) e oriundos de uma circunstância ou uma situação fáticas. No tocante aos interesses coletivos, professa que eles são transindividuais (aspecto subjetivo), indivisíveis (aspecto objetivo) e decorrentes de uma relação jurídica base. Com relação aos interesses individuais homogêneos, leciona que são individuais (aspecto subjetivo), divisíveis (aspecto objetivo) e de origem comum.

Adão Bomfim Bezerra, do Ministério Público de Goiás, traz a seguinte distinção, também baseada em aspecto subjetivo:

> *Interesse individual – diz-se aquele que se refere a um só individuo e, por isso, sujeito, quase sempre, à manifestação do próprio interessado diretamente em juízo (...)*
>
> *Interesse difuso – diz respeito a uma pluralidade de pessoas, sem que uma só delas tenha legitimação para defendê-lo em seu próprio nome. Por natureza, o interesse difuso é imensurável em termos de manifestação de seus destinatários. Não se pode determinar com precisão quais os indivíduos que se encontram concretamente em situação de interesse comum. É o que se dá no art. 220, par. 3°., II da CF, quanto à produção e programação das emissoras de radio e televisão, atendendo aos princípios de preferência e finalidades, promoção da cultura nacional e regio-*

77 Apud SILVA, Jorge Alberto Quadros de Carvalho, in Código de Defesa do Consumidor Anotado e Legislação Complementar, 3º ed., Saraiva, São Paulo, 2003 , p. 302 e 303

nal e respeito aos valores éticos e sociais da pessoa e da família, consagrados no art. 221 da mesma CF.

O interesse difuso, sobre o individual e o coletivo, é o que mais se avulta como interesse público, porque não se contém no universo de grupo determinado.

Interesse coletivo – a soma de interesses individuais faz o interesse coletivo, o que equivale a poder ser definido em relação a um só indivíduo como em relação a qualquer de seus beneficiários. Contrariamente ao interesse difuso, o interesse coletivo é de possível quantificação quanto a quem o possa provocar individualmente. Antes do advento da Constituição Federal de 1988, o exercício da defesa do interesse coletivo se dava pela ação dos vários individualistas a quem assistia.

Os direitos coletivos e difusos são, ambos, portanto, transindividuais, conforme conceitua José dos Santos Carvalho Filho: "Estes entendidos como os direitos titularizados por grupos de indivíduos, e não por cada indivíduo singularmente considerado".

O direito individual é aquele que pertence a um só indivíduo, que geralmente o postula diretamente em juízo. No entanto, admite exceções quanto à legitimidade para a postulação. O Ministério Público, consoante o disposto no artigo 127 da CF, é responsável pela defesa dos interesses individuais indisponíveis. Tem ainda o Ministério Público legitimidade para a defesa dos direitos individuais relativos à infância e juventude, a serem tutelados por meio de ação civil pública, consoante o que dispõe o artigo 201, V, do Estatuto.

4 – Tutela dos direitos da criança e do adolescente – Remédios constitucionais para garantia e proteção dos direitos infanto-juvenis

O artigo 208 do Estatuto elencou algumas situações de não oferecimento ou de oferta irregular de alguns direitos da criança e do adolescente. Pela leitura do parágrafo único, percebemos que o rol é meramente exemplificativo. De maneira ampla, o referido artigo possibilita o ajuizamento de ações de responsabilidade para atacarem quaisquer condutas (por ação ou omissão) que ofendam interesses individuais, difusos ou coletivos.

O *caput* do artigo 212 do Estatuto dispõe que, para a defesa dos direitos das crianças e dos adolescentes, são admissíveis todas as espécies de ações pertinentes.

Art. 212. Para defesa dos direitos e interesses protegidos por esta Lei, são admissíveis todas as espécies de ações pertinentes.

Passemos a analisar os remédios constitucionais mais eficazes na tutela dos direitos infanto-juvenis.

4.1 – Ação Civil Pública

4.1.1 - Legitimidade

A ação civil pública, prevista na Lei 7.347/1985, alterada pela Lei 12529/11, foi recepcionada pela CF/1988, que a mencionou em seu artigo 129, III, dentre as funções institucionais do Ministério Público. O referido artigo menciona ainda o inquérito civil, que é procedimento administrativo preparatório para a propositura da ação civil pública.

A referida ação pode ser intentada em face de qualquer pessoa de direito público ou privado e visa à proteção, em geral, dos direitos difusos e coletivos.

A Constituição Federal, em seu artigo 127, conceitua o Ministério Público como instituição permanente, essencial à função jurisdicional, cabendo-lhe a defesa da ordem jurídica, do regime democrático e dos interesses sociais e individuais indisponíveis.

A Lei 8.625/1993, Lei Orgânica Nacional do Ministério Público, em seu artigo 25, IV, "a", confere legitimidade de forma ampla ao Ministério Público para esse promover o inquérito civil e a ação civil pública para proteção, prevenção e reparação dos danos causados a interesses individuais indisponíveis e homogêneos. Vários julgados mencionam que a referida Lei só poderia conferir legitimidade ao Ministério Público para a tutela dos direitos difusos e coletivos. Nessa linha de pensamento já se manifestaram o STJ e o STF. No entanto, esse posicionamento tem sido um pouco abrandado. Um assunto que gerava muita polêmica quanto à legitimidade do Ministério Público era a questão do aumento de mensalidades escolares, nas quais os tribunais costumavam não reconhecer a legitimidade do MP, alegando tratar-se de direito individual. O STF acabou por editar o verbete de Súmula 643, que dispõe: "O Ministério Público tem legitimidade para promover ação civil pública cujo fundamento seja a ilegalidade de reajuste de mensalidades escolares". Alguns sustentam que nesse caso seria possível a legitimidade, não por se tratar de direito individual, mas por estar ligado à educação, que é interesse de toda a sociedade.

Em sede do direito da infância e juventude, no entanto, há previsão expressa que permite o ajuizamento da referida ação para a tutela de direitos individuais. É o que dispõe o artigo 201, conforme redação abaixo.

> *Art. 201 – Compete ao Ministério Público:*
> *(...)*
> *V – promover o inquérito civil e a ação civil pública para a proteção dos interesses individuais, difusos ou coletivos relativos à infância e à adolescência, inclusive os definidos no art. 220, par. 3º., Inciso II, da Constituição Federal.*

Dessa maneira, colocando à parte a celeuma doutrinária e jurisprudencial, o Estatuto é expresso quanto à possibilidade da tutela dos direitos individuais, sendo legitimado o Ministério Público.

O Estatuto, em seu artigo 210, também confere legitimidade concorrente ao Ministério Público, União, Estados, Municípios, Distrito Federal e Territórios e associações legalmente constituídas há pelo menos um ano que incluam entre seus fins institucionais a defesa dos interesses e direitos protegidos pelo estatuto, dispensada a autorização da Assembleia, se houver prévia autorização estatutária. Ressalte-se que, em caso de abandono da ação pela associação, o Ministério Público ou outro legitimado poderá assumir a titularidade ativa. Valter Kenji Ishida[78] entende ser a assunção pelo Ministério Público facultativa.

> *Art. 210. Para as ações cíveis fundadas em interesses coletivos ou difusos, consideram-se legitimados concorrentemente:*
> *I - o Ministério Público;*
> *II - a União, os estados, os municípios, o Distrito Federal e os territórios;*
> *III - as associações legalmente constituídas há pelo menos um ano e que incluam entre seus fins institucionais a defesa dos interesses e direitos protegidos por esta Lei, dispensada a autorização da assembleia, se houver prévia autorização estatutária.*
> *§ 1º Admitir-se-á litisconsórcio facultativo entre os Ministérios Públicos da União e dos estados na defesa dos interesses e direitos de que cuida esta Lei.*
> *§ 2º Em caso de desistência ou abandono da ação por associação legitimada, o Ministério Público ou outro legitimado poderá assumir a titularidade ativa.*

78 Ob cit, p. 324

Percebemos, então, pela análise conjunta do Estatuto e do artigo 5º da Lei 7.347/1985, que a lei menorista não conferiu legitimidade às entidades da administração indireta, como faz o artigo 5º da Lei 7.347.

Em síntese, ao perceber ofensa a direito de criança ou adolescente atacados por meio de ação civil pública, necessário se faz observar qual o direito desrespeitado. Se de índole individual, a legitimidade para sua tutela é somente do Ministério Público, na forma do artigo 201. Se difuso ou coletivo, são legitimados concorrentes os elencados no artigo 210 do Estatuto.

Vejamos abaixo interessante julgado do Tribunal de Justiça do Rio de Janeiro:

> Ação Civil Pública com pedido de tutela antecipada para cumprimento de Obrigação de Fazer. Deficiente Físico portador de neoplasia da coluna vertebral. Frequência à escola. Garantia Constitucional. Responsabilidade do Município estabelecida como competência concorrente das três esferas de poder, nos termos do art. 23 da Carta Magna. A educação é dever do Estado e direito de todos. No caso de portadores de deficiência é assegurado direito a atendimento especial, especialmente na rede pública, conforme exegese dos artigos 205, 208, incisos III e VII da Constituição Federal. A Constituição é minuciosa e redundante na previsão de direitos a programas de assistência integral à saúde da criança e do adolescente, incluindo prevenção e atendimento especializado aos portadores de deficiência física, sensorial ou mental, dispondo a lei sobre normas que facilitem seu acesso a veículos de transportes coletivos, garantindo aos portadores de deficiência não só a matrícula em estabelecimento especial de ensino como também o acesso para frequentar[79] as aulas, conforme o previsto nos artigos 227, §§1º, II e 2º da Constituição Federal. Recurso que se nega seguimento nos termos do art. 557, *caput*, do CPC. (Apelação 2009;001.51110. Des Sergio Jerônimo, 09/11/2009, Nona Câmara Cível)

> Apelação cível. Ação civil pública. Inconformismo do Município de Barra do Piraí com a sentença que o condenou ao custeio de tratamento de menor que apresenta quadro de síndrome de Down, a ser realizado na Associação de Pais e Amigos dos Excepcionais - APAE. Encaminhamento ao Ministério Público pelo Conselho Tutelar do Município. Tratamento indicado em caráter de urgência eis que o menor possui tenra idade e é portador de cardiopatia congênita, conforme declaração médica. Inadmissível a imposição ao cidadão de expedientes

79 Grafia fixada pela reforma ortográfica que aboliu o uso do trema.

burocratizantes que impeçam ou obstaculizem o pronto implemento das possibilidades de recuperação de sua saúde. Supremacia de assistência à saúde garantida conforme disposição dos arts. 3º, 4º e 7º da Lei 8069/90. Art. 11 do ECA que explicitamente prevê o atendimento às crianças e adolescentes portadores de deficiência. Possibilidade de participação de entidades não governamentais e de pessoas jurídicas de direito privado na prestação dos serviços de assistência à saúde, na forma do art. 197 e 227 §1º CF/88. Recurso a que se nega seguimento, na forma do art. 557 *caput* CPC. (Apelação 2009.001.49163. Des Cristina Tereza Gaulia, 15/10/2009, Quinta Câmara Cível)

A Defensoria Pública também é parte legítima para ajuizar ação civil pública, consoante alteração realizada no art. 5º da Lei 7.347, pela Lei 11.448/2007, que incluiu tal legitimidade no inciso II do referido artigo.

4.1.2 – Competência

O artigo 2º da Lei 7.347/1985 determina a fixação da competência pelo local onde ocorrer o dano. O artigo 209 do Estatuto determina a fixação da competência pelo local onde ocorreu ou deve ocorrer a ação ou omissão, cujo juízo terá competência absoluta, ressalvada a competência da Justiça Federal e a competência originária dos Tribunais Superiores.

Ao prever o Estatuto a competência como absoluta, essa não se prorroga; nenhum outro juiz poderá processar e julgar o feito, observada a ressalva acima.

Em primeira análise, pode-se intuir que o Estatuto teria trazido regra diversa da fixada na Lei 7.347/1985, principalmente ao ressalvar a competência da Justiça Federal, no entanto, esse não é o entendimento de José dos Santos Carvalho Filho[80]:

> *(...) com relação à ressalva da competência da justiça federal, ... a ressalva diz respeito apenas à comarca que seja sede das justiças Federal e Estadual. A não ser assim, crianças e adolescentes protegidos pelo estatuto, cujos responsáveis legais ou eles mesmos teriam que deslocar-se para a comarca que tivesse juiz federal, o que pode significar grande distância e eventual perda de tempo e dinheiro. Desse modo, o foro da ação civil pública é o do local do dano ou da ameaça, sendo, pois, confirmado o art. 2º. da Lei 7347/85.*

80 Ob cit, p. 486

Nessa linha de pensamento, o STJ editou verbete de Súmula 183:

> *(...) compete ao juiz estadual, nas comarcas que não sejam sede de vara da Justiça Federal, processar e julgar ação civil pública, ainda que a União figure no processo.*

No entanto, a referida Súmula foi cancelada em 2000.

Apesar de tal entendimento trazer grande benefício à criança e ao adolescente, entendemos que deve prevalecer a competência da Justiça Federal, nos termos do artigo 109, I, da CF/1988. Exceções a essa regra devem ser expressas em lei, nos moldes do que dispõe o parágrafo 3º do mesmo artigo, que apenas faz ressalva expressa às causas em que forem parte instituição de Previdência Social e segurados. De lege ferenda, o legislador poderia prever a atuação delegada do juiz estadual nas comarcas que não fossem sede de Justiça Federal. Foi infeliz a exclusão trazida no Estatuto, pois em nada beneficia a criança e o adolescente.

A preocupação do legislador foi fixar a competência absoluta, justamente porque a maior parte dos danos causados às crianças e adolescentes decorre de conduta omissiva do Estado. Dessa maneira, se esse se omite na construção de escolas, cabível será a ação civil pública perante a Justiça da Infância e Juventude, nos termos do artigo 148, V, do Estatuto, e não perante a Vara de Fazenda Pública. O Código de Organização e Divisão Judiciária do Estado do Rio de Janeiro (CODJERJ), em seu artigo 94, prevê na comarca da capital desse Estado a existência de 12 juízos de direito de Varas da Fazenda Pública, definindo sua competência no artigo 97 para processar e julgar as causas em que o Estado, suas autarquias, empresas públicas, sociedades de economia mista e fundações forem partes. Tal previsão acaba causando alguma confusão. No entanto, prevalece a competência do Juízo de Infância e Juventude, por ser essa absoluta. Daí outro fundamento para a grande incongruência do legislador em não admitir a delegação de competência para o juiz estadual nas comarcas que não forem sede de Justiça Federal.

Vejamos julgado do STJ sobre o tema:

> 1. A pretensão deduzida na demanda enquadra-se na hipótese contida nos arts. 98, I, 148, IV, 208, VII e 209, todos da Lei 8.069/1990 (Estatuto da Criança e Adolescente), sendo da competência absoluta do Juízo da Vara da Infância e da Juventude a apreciação das controvérsias fundadas em interesses individuais, difusos ou coletivos vincula-

dos à criança e ao adolescente.

2. As medidas de proteção, tais como o fornecimento de medicamentos e tratamentos, são adotadas quando verificadas quaisquer das hipóteses do art. 98 do ECA.

3. A competência da Vara da Infância e da Juventude é absoluta e justifica-se pelo relevante interesse social e pela importância do bem jurídico a ser tutelado nos termos do art. 208, VII do ECA, bem como por se tratar de questão afeta a direitos individuais, difusos ou coletivos do infante, nos termos dos arts. 148, inciso IV, e 209, do Estatuto da Criança e do Adolescente. Precedentes do STJ.

4. O Estatuto da Criança e Adolescente é lex specialis e prevalece sobre a regra geral de competência das Varas de Fazenda Pública, quando o feito envolver Ação Civil Pública em favor da criança ou adolescente, na qual se pleiteia acesso às ações ou serviços e saúde, independentemente de a criança ou o adolescente estar em situação de abandono ou risco. (STJ - REsp 1486219 / MG – Segunda Turma – 2014)

O Ministério Público é parte legítima para, em ação civil pública, defender os interesses individuais, difusos ou coletivos em relação à infância e à adolescência. (STJ - REsp 509968 / SP – Terceira Turma – 2012)

O Ministério Público, em sede de ação civil pública, é parte legítima - legitimado extraordinário - para atuar na defesa dos interesses individuais, difusos ou coletivos em relação à infância e à adolescência. (STJ - REsp 1060665 / RJ – Segunda Turma – 2009)

É competente a Vara da Infância e da Juventude do local onde ocorreu a alegada omissão para processar e julgar ação civil pública ajuizada contra o Estado para a construção de locais adequados para a orientação e tratamento de crianças e adolescentes alcoólatras e toxicômanos, em face do que dispõem os arts. 148, IV, 208, VII, e 209, do Estatuto da Criança e do Adolescente. Prevalecem estes dispositivos sobre a regra geral que prevê como competentes as Varas de Fazenda Pública quando presentes como partes Estado e Município. (STJ AgRg no REsp 871204 / RJ – Primeira Turma – 2007)

4.1.3 – Pedido

O pedido, na ação civil pública, pode ser de condenação em dinheiro ou de cumprimento de obrigação de fazer ou não fazer, consoante artigo 3º da Lei 7.347/1985. Percebe-se, então, o caráter nitidamente condenatório dessa ação. No primeiro caso, ela seria condenatória pecuniária, de índole repressiva; no segundo, seria condenatória mandamental, de índole preventiva. Quanto a esta última hipótese, o artigo 213 do Estatuto determina que o juiz concederá a tutela específica da obrigação ou determinará providências que assegurem o resultado prático equivalente ao do adimplemento.

Os pedidos mais comuns em sede de ação civil pública são de construção de escolas, hospitais, instituições de acolhimento e outras instituições de defesa dos direitos das crianças e adolescentes.

Além da possibilidade de poder o legitimado ajuizar ação cautelar com pedido de liminar para garantir a eficácia do processo principal, consoante o que dispõe o artigo 4º da Lei 7.347/1985, ele pode, ainda, requerer liminar na própria ação civil pública, podendo o juiz concedê-la sem justificação prévia, nos moldes do artigo 12 da Lei 7.347/1985.

O artigo 213, parágrafo 1º, do Estatuto prevê a possibilidade de o juiz conceder a tutela liminarmente, inclusive com imposição de multa diária ao réu exigível após o trânsito em julgado da sentença favorável ao autor, independente de pedido deste. A multa reverterá ao fundo gerido pelo Conselho dos Direitos da Criança e do Adolescente.

Haveria distinção entre os dois artigos mencionados? Nesse ponto, necessário se faz diferenciar medida cautelar de tutela antecipada. A medida cautelar visa à garantia, à eficácia do pedido principal, podendo ser requerida via ação cautelar; é pedido feito para garantir o pedido principal. A tutela antecipada é a antecipação do próprio pedido da ação principal, visando à consecução deste no início do processo. Nas duas situações, cabível será a liminar, que nada mais é que o atendimento do pedido cautelar ou de tutela antecipada ab initio. Ressalte-se que, em reforma ao Código de Processo Civil, foi incluído o parágrafo 7º no artigo 273:[81] "Se o autor, a título de antecipação de tutela, requerer providência de natureza cautelar, poderá o juiz, quando presentes os respectivos pressupostos, deferir a medida cautelar em caráter incidental do processo ajuizado". Trata-se de fungibilidade entre as medidas analisadas.

---

81 Helly Lopes Meirelles sustenta o não cabimento da tutela antecipada para a ação civil pública (Mandado de Segurança, 22a. edição, Ed. Malheiros, 2000, 169.), mas admite que os tribunais a vem concedendo.

A seguinte questão se impõe: poderia ocorrer o contrário? Digamos que o Ministério Público ajuize a ação cautelar prevista no artigo 4º da Lei 7.347/1985 com pedido próprio da ação civil pública, portanto, pedido de antecipação de tutela. Poderia o juiz conhecer do pedido? A fungibilidade também funcionaria em caminho inverso? Caso se admitisse tal possibilidade, deveria o juiz determinar a emenda da inicial, de forma a que se adequasse ao rito da ação civil pública, que é o ordinário do Código de Processo Civil.

Ressalte-se que, consoante dispõe o artigo 219: "Nas ações de que trata este Capítulo, não haverá adiantamento de custas, emolumentos, honorários periciais e quaisquer outras despesas".

4.1.4 – Termo de ajustamento de conduta

O termo de ajustamento de conduta foi inovação trazida pelo Estatuto, com previsão em seu artigo 211. No mesmo ano, a Lei 8.078/1990 (Código de Defesa do Consumidor) incluiu o parágrafo 6º no artigo 5º da Lei 7.347/1985, trazendo tal previsão para a ação civil pública, de forma geral.

O termo de ajustamento de conduta (TAC) pode ser realizado por qualquer legitimado para a propositura da ação civil pública e quanto à legitimidade do Ministério Público consiste em uma espécie de atividade extrajudicial. Trata-se de equivalente jurisdicional com a mesma finalidade que pautaria eventual ação civil pública, porém cujo objetivo é alcançado de forma mais célere, atendendo à postura ideológica trazida pelo Estatuto.

No TAC, a entidade que ocuparia o polo passivo da ação civil pública se compromete com o legitimado a adequar sua conduta àquilo que a lei determina. O TAC tem qualidade de título executivo extrajudicial.

Válter Kenji Ishida[82] conceitua o TAC como "acordo pré-judicial". Carlos Roberto de Castro Jatahy[83], Procurador de Justiça, dispõe que:

> *segundo doutrina majoritária no Direito Brasileiro, com a qual concordamos, não se trata de nenhum acordo, ate porque não se pode admitir que o Ministério Público, na defesa de interesses difusos e coletivos, realiza transação com o causador do dano e ceda parcela de um interesse que é público. Os legitimados não têm a disponibilidade do direito material lesado.*

82 Ob cit, p. 282.

83 JATAHY, Carlos Roberto de Castro. O Ministério Público e o estado democrático de direito, 2007, Lumen Iuris, p. 56.

> *Como aduz Mazzilli (2003 p. 345), o Termo de Ajustamento de Conduta" é apenas uma garantia mínima que se utiliza o legitimado ativo em prol da coletividade, não podendo ele, portanto, transigir em nada.*

Resta analisar se, com a ocorrência do TAC, estaria afastada a possibilidade de ajuizamento da ação civil pública por qualquer outro legitimado. A nosso ver, sim, por faltar interesse de agir. Ora, se ao legitimado não é dado abrir mão de parcela do direito, mas apenas de tomar o compromisso de adequação às disposições legais, a qualquer outro legitimado faltaria interesse de agir, de se utilizar da via processual quando já existente o comprometimento de adequação à lei. Caso de descumprimento do TAC daria ensejo à execução, pois, conforme vimos, forma título executivo extrajudicial.

Vejamos o posicionamento do STJ acerca do tema:

> A Turma, por maioria, negou provimento ao recurso especial interposto pela cooperativa de trabalho médico e, com isso, manteve o posicionamento do tribunal a quo que declarou a legitimidade do Ministério Público (MP) para propor ação civil pública em prol do interesse de menor (conveniado da recorrente), qual seja, o custeio de tratamento quimioterápico em qualquer centro urbano. In casu, a recorrente não havia autorizado a realização da quimioterapia sob a alegação de que o contrato do plano de saúde firmado não previa a cobertura de tal tratamento, assim como não permitia a sua efetivação em localidade diversa da área de abrangência pactuada. Segundo a Min. Relatora, a hipótese dos autos trata do direito individual indisponível à saúde e, consequentemente, à vida, cuja proteção foi assegurada à criança e ao adolescente com absoluta prioridade pelo art. 227 da CF/1988, o que legitima a atuação do Parquet nos termos dos arts. 127, *caput*, e 129, III e X, ambos da CF/1988, do art. 25, IV, a, da Lei n. 8.625/1993, do art. 81 da Lei n. 8.078/1990 e dos arts. 201, V, e 208, VII, da Lei n. 8.069/1990. Ressaltou, ainda, que esse entendimento beneficia não apenas o menor, mas todos os contratantes do plano de saúde, tendo em vista a relevância social do direito ora tutelado. Precedentes citados: REsp 823.079-RS, DJ 2/10/2006; REsp 718.203-SP, DJ 13/2/2006, e REsp 208.068-SC, DJ 8/4/2002. REsp 976.021-MG, Rel. Min. Nancy Andrighi, julgado em 14/12/2010. – Informativo 460

No entanto, o STJ vem entendendo que com respeito à separação de poderes, não pode o MP, via Ação Civil Pública, compelir a municipalidade à construção de Instituições de acolhimento:

> O Ministério Público estadual ajuizou ação civil pública (ACP), objetivando compelir o município a promover a criação, instalação e manutenção de abrigo para crianças e adolescentes que necessitarem do serviço, de preferência em entidade mantida com o poder público municipal, bem como implementar a política de atendimento nos termos do art. 87, III, do Estatuto da Criança e do Adolescente (ECA). O juiz singular julgou procedente o pedido, condenando a fornecer, diretamente (em imóvel próprio ou alugado) ou mediante convênio com outra entidade, local apropriado para abrigo de crianças e adolescentes em situação de risco. O TJ deu provimento à remessa oficial, julgando prejudicado o apelo voluntário da municipalidade. Para o Min. Relator, o Tribunal a quo não emitiu juízo de valor acerca do disposto nos arts. 87, III, 101, VIII, e 208, VI, da Lei n. 8.069/1990, malgrado o recorrente tenha aviado embargos de declaração com o fim de vê-los examinados. A análise de eventual omissão, com a possibilidade de determinar o retorno dos autos à origem, só seria possível se houvesse fundamentação suficiente quanto à ofensa ao art. 535, II, do CPC, hipótese inexistente no caso. Some-se a isso o fato de que o acórdão impugnado, com base no princípio constitucional da separação dos poderes, consignou ser vedado ao Poder Judiciário interferir na formulação das políticas públicas, que constituam matéria sob reserva de governo. Diante disso, a Turma não conheceu do recurso. REsp 1.140.992-MG, Rel. Min. Castro Meira, julgado em 10/11/2009. – Informativo 415

4.2 – *Habeas corpus*

Dispõe a Constituição Federal:

> *Art. 5º*
>
> *(...)*
>
> *LXVIII – conceder-se-á habeas corpus sempre que alguém sofrer ou se achar ameaçado de sofrer violência ou coação em sua liberdade de locomoção, por ilegalidade ou abuso de poder;" (grifo nosso)*

O habeas corpus, ação autônoma de impugnação, de caráter sumário, sem excessivo formalismo em sua apreciação, é remédio constitucional que pode ser impetrado por qualquer pessoa, não havendo necessidade de capacidade postulatória, e pode, inclusive, ser concedido de ofício pela autoridade judiciária competente. Ressalte-se que o Ministério Público também é legitimado para a impetração de habeas corpus, pois lhe cabe a defesa da ordem jurídica e dos interesses sociais e individuais homogêneos.

Tão logo seja constatada a ilegalidade ou abuso de poder com consequente violação da liberdade de locomoção, será cabível o habeas corpus, que terá como paciente aquele que se encontra tolhido em sua liberdade. Autoridade coatora é a responsável pela prática do ato.

O habeas corpus poderá ser preventivo ou liberatório. O primeiro será cabível quando houver ameaça ao direito de locomoção, caso em que é expedido o salvo-conduto, de forma a evitar a lesão ao direito (artigo 659, parágrafo 4º do CPP). O segundo será cabível quando o direito de locomoção já tiver sido violado.

4.2.1 – Competência

A competência será determinada conforme a análise da autoridade coatora, seguindo-se critério territorial e hierárquico. Tratando-se de autoridade policial ou de ato de particular, competente será o juiz criminal da comarca onde estiver ocorrendo a coação ou ameaça.

Observemos o que dispõe o artigo 93 do CODJERJ (Código de Organização e Divisão Judiciária do Estado do Rio de Janeiro):

> *Compete aos juízes de direito, especialmente em matéria criminal:*
>
> *I – Processar e julgar:*
>
> *d) os habeas corpus e mandados de segurança contra atos das autoridades policiais e administrativas; (...)*

O Juízo da Infância e Juventude não é competente para o julgamento de habeas corpus, uma vez que eventual crime cometido contra criança e adolescente será julgado pelo juízo Criminal.

Tratando-se de ato do juiz da Infância e Juventude, competente será o Tribunal de Justiça, uma vez que o artigo 650, parágrafo 1º, do Código de Processo

Penal determina que: "a competência do juiz cessará sempre que a violência ou coação provier de autoridade judiciária de igual ou superior jurisdição". Dessa maneira, o juiz coator poderá revogar seu ato se perceber a ilegalidade, mas não poderá conceder habeas corpus, pois se ele mesmo é coator, competente será o tribunal que lhe é imediatamente superior.

No Estado do Rio de Janeiro, dispõe a Constituição Estadual:

> *Art. 161 – Compete ao Tribunal de Justiça:*
> *IV – processar e julgar originariamente:*
> *f) o habeas corpus, quando o coator ou paciente for autoridade ou funcionário cujos atos estejam sujeitos diretamente à sua jurisdição, ou se trate de crime cuja ação penal seja de sua competência originaria ou recursal;*

Voltando à análise do artigo 208 do Estatuto, vimos que o parágrafo 1º dispõe que as hipóteses previstas no artigo não excluem da proteção judicial outros interesses individuais, difusos ou coletivos, próprios da infância e da juventude, protegidos pela Constituição e pela lei. Estudamos também em capítulo anterior que o Estatuto consagra dentre os direitos fundamentais da criança e do adolescente, em seus artigos 15 e 16, o direito à liberdade. No artigo 16, I, do Estatuto, é elencado o direito de ir, vir e estar nos logradouros públicos e espaços comunitários, ressalvadas as restrições legais.

Quais seriam, frente a essa primeira análise, os direitos infanto-juvenis que desafiariam o remédio constitucional ora em estudo? Qualquer direito relativo à liberdade de locomoção, incluído o disposto no artigo 16, I. Os demais direitos que compõem a liberdade, constantes do rol do artigo 16, não estão relacionados à liberdade de locomoção, não sendo tutelados via habeas corpus.

No capítulo próprio, ao estudarmos o procedimento a ser aplicado ao adolescente em conflito com a lei, foi vista a possibilidade de internação provisória, cujo limite máximo é de 45 dias. Passado esse prazo, a internação passa a ser ilegal, dando ensejo, nos termos da Constituição, ao remédio constitucional em comento.

Outra hipótese a desafiar o habeas corpus, também referente à internação, está prevista no artigo 189, parágrafo único do ECA:

> *Art. 189. A autoridade judiciária não aplicará qualquer medida, desde que reconheça na sentença:*
> *I - estar provada a inexistência do fato;*

> *II - não haver prova da existência do fato;*
> *III - não constituir o fato ato infracional;*
> *IV - não existir prova de ter o adolescente concorrido para o ato infracional.*
> *Parágrafo único. Na hipótese deste artigo, estando o adolescente internado, será imediatamente colocado em liberdade.*

Não observada a imediata liberação do internado, configurada estará a ilegalidade, dando ensejo ao remédio heroico. O mesmo ocorre quanto à inobservância do que dispõem os artigos 174 e 175 do ECA:

> *Art. 174. Comparecendo qualquer dos pais ou responsável, o adolescente será prontamente liberado pela autoridade policial, sob termo de compromisso e responsabilidade de sua apresentação ao representante do Ministério Público, no mesmo dia ou, sendo impossível, no primeiro dia útil imediato, exceto quando, pela gravidade do ato infracional e sua repercussão social, deva o adolescente permanecer sob internação para garantia de sua segurança pessoal ou manutenção da ordem pública.*
> *Art. 175. Em caso de não liberação, a autoridade policial encaminhará, desde logo, o adolescente ao representante do Ministério Público, juntamente com cópia do auto de apreensão ou boletim de ocorrência.*
> *§ 1º Sendo impossível a apresentação imediata, a autoridade policial encaminhará o adolescente à entidade de atendimento, que fará a apresentação ao representante do Ministério Público no prazo de vinte e quatro horas.*
> *§ 2º Nas localidades onde não houver entidade de atendimento, a apresentação far-se-á pela autoridade policial. À falta de repartição policial especializada, o adolescente aguardará a apresentação em dependência separada da destinada a maiores, não podendo, em qualquer hipótese, exceder o prazo referido no parágrafo anterior.*

Nesses casos, poderiam ser autoridade coatora: a autoridade policial no caso do artigo 174 e 175, *caput* e parágrafo 1º; ou ainda, o responsável pela entidade de atendimento, em caso de descumprimento do disposto no parágrafo 1º do artigo 175.

Em síntese, podemos mencionar o artigo 106 do ECA:

> *Art. 106. Nenhum adolescente será privado de sua liberdade senão em flagrante de ato infracional ou por ordem escrita e fundamentada da autoridade judiciária competente.*

Dessa maneira, podemos afirmar que o habeas corpus será a medida adequada toda vez que houver desrespeito ao artigo 106 do Estatuto. Outro exemplo é a inobservância do disposto no artigo 121, parágrafos 3º e 5º, que determinam o prazo máximo da internação (três anos) e a idade máxima até a qual pode ser cumprida (21 anos).

O referido artigo não pode ser interpretado a contrário senso, pois, pelo que extraímos dos artigos analisados anteriormente, nem sempre que um adolescente é encontrado em flagrante de ato infracional ou que há ordem escrita e fundamentada de autoridade judiciária competente, poderá ser privado de sua liberdade. Vimos as hipóteses de imediata liberação após a apreensão e sabemos que há possibilidade de ordem judicial ilegal, o que desafiará a impetração de habeas corpus.

4.2.2 – Procedimento

Vimos que a autoridade competente, em regra, para o julgamento do habeas corpus será o juiz criminal ou a Câmara Criminal do Tribunal de Justiça.

Vimos ainda que o atentado ao direito de locomoção, em tese, configura crime, devendo ser aplicado o disposto no artigo 226 do ECA: "Aplicam-se aos crimes definidos nesta Lei as normas da Parte Geral do Código Penal e, quanto ao processo, as pertinentes ao Código de Processo Penal".

Considerando as duas premissas acima, pode-se afirmar que o procedimento a ser utilizado em sede de habeas corpus fundado em ameaça ou ofensa ao direito infanto-juvenil de locomoção será o procedimento disposto no Código de Processo Penal, artigos 647 a 667.

O artigo 648 do Código de Processo Penal dispõe em que casos a coação se considera ilegal:

> *I – quando não houver justa causa;*
>
> *II – quando alguém estiver preso por mais tempo do que determina a lei;*
>
> *III – quando quem ordenar a coação não tiver competên-*

> *cia para fazê-lo;*
> *IV - Quando houver cessado o motivo que autorizou a coação;*
> *V – quando não for alguém admitido a prestar fiança, nos casos em que a lei autoriza;*
> *VI – quando o processo for manifestamente nulo;*
> *VII – quando extinta a punibilidade*

Nem todos os casos elencados se ajustam às possibilidades de coação no direito de liberdade previsto no Estatuto da Criança e do Adolescente; os dispositivos são meramente explicativos de quais situações podem constituir afronta ao direito de locomoção.

Observemos, ainda, a norma do artigo 653 do Código de Processo Penal:

> *Ordenada a soltura do paciente em virtude de habeas corpus, será condenada nas custas a autoridade que, por má fé ou evidente abuso de poder, tiver determinado a coação.*

Quanto à legitimidade que já estudamos:

> *Art. 654 – o habeas corpus poderá ser impetrado por qualquer pessoa, em seu favor ou de outrem, bem como pelo Ministério Público*

O artigo 654, parágrafo 1º do Código de Processo Penal, elenca o que deve conter a petição de habeas corpus. No entanto, como bem salienta Ada Pelegrini Grinover:[84]

> *Conquanto a correta formulação do pedido constitua pressuposto processual para a instauração da relação processual, a natureza e a finalidade da ação de habeas corpus não recomendam excessivo formalismo na sua apreciação, ate porque, podendo o órgão jurisdicional conceder a ordem de ofício, será mais natural que releve certas deficiências e, se possível, auxilie o impetrante na regularização do pedido.*

Dentre os requisitos essenciais na petição de habeas corpus, podemos destacar a identificação e assinatura do impetrante, não podendo-se admitir o

84 Recursos no Processo Penal, 3a. Edição, Ed. Revista dos Tribunais, 2000, p. 360.

pedido anônimo. Quanto ao nome do paciente, sua falta não gera inépcia, desde que possível sua identificação. O mesmo ocorre em relação ao coator, bastando referência ao cargo. Deve o impetrante fazer menção à espécie de constrangimento. Ressalte-se que, ainda que não possa ser conhecido o habeas corpus por falta de alguma formalidade essencial, a autoridade judicial competente poderá concedê-lo de ofício.

Embora o Código seja omisso, pode o impetrante instruir a petição com documentos que comprovem o constrangimento ou ameaça, para que desde logo, com a prova pré-constituída, fique demonstrada a ilegalidade, até porque não se admite dilação probatória em sede de habeas corpus. É admissível e deve ser realizado o pedido de liminar para restituição imediata da liberdade do paciente. Apesar de a medida não estar expressa no Código de Processo Penal, a jurisprudência vem admitindo tal possibilidade. Cabe destacar que o defensor deve ter esse cuidado na melhor garantia do direito do assistido.

4.2.3 – Casos mais comuns de impetração de habeas corpus no STJ

- Adolescente internado fora das situações previstas no artigo 122 do ECA (HC 142579 STJ).
- Adolescente internado pela prática de tráfico de drogas (HC 298638 STJ)
- Ausência de fundamentação na aplicação de medida socioeducativa (HC 143584 STJ).
- Aplicação do princípio da insignificância (HC 136519).
- Ausência de intimação pessoal do defensor público (HC 128866 STJ).
- Extinção da medida socioeducativa pela prescrição (HC 120875 STJ).
- Audiência sem presença do defensor (HC 67826 STJ).
- Excesso no prazo de 45 dias da internação provisória (HC 131770 STJ).
- Ausência de alegações finais pela defensoria pública (HC 120231 STJ).
- Internação-sanção por prazo indeterminado (HC 121595 STJ).
- Situação precária da instituição de internação (HC 113324 STJ).
- Progressão para liberdade assistida (HC 107096 STJ).

- Jurisprudência atinente ao tema

O ato infracional cometido por adolescente equipara-se ao crime de homicídio qualificado (art. 121, § 2º, III e IV, do CP). A defesa, em habeas corpus, busca cessar definitivamente a medida socioeducativa de internação e a inclusão do paciente em medidas de proteção pertinentes porque, segundo o laudo técnico, ele é portador de distúrbios mentais. Ainda alega a defesa que o adolescente corre risco de morte diariamente por ser submetido a regime de ressocialização, o qual não tem capacidade de assimilar. Explica o Min. Relator que o § 1º do art. 12 do ECA, na imposição das medidas socioeducativas, leva em conta a capacidade de cumprimento do adolescente. Sendo assim, no caso concreto, como o adolescente apresenta distúrbios mentais, deve ser encaminhado a um atendimento individual e especializado compatível com sua limitação mental (§ 3º do mesmo artigo citado). Ante o exposto, a Turma concedeu a ordem para determinar que o paciente seja inserido na medida socioeducativa de liberdade assistida, associada ao acompanhamento ambulatorial psiquiátrico, psicopedagógico e familiar. Precedentes citados: HC 54.961-SP, DJ 22/5/2006, e HC 45.564-SP, DJ 6/2/2006. HC 88.043-SP, Rel. Min. Og Fernandes, julgado em 14/4/2009. – Sexta Turma – Informativo 390

2. "O ato infracional análogo ao tráfico de drogas, por si só, não conduz obrigatoriamente à imposição de medida socioeducativa de internação do adolescente" (STJ, Súmula 492).

3. Habeas corpus não conhecido. Ordem concedida, de ofício, para determinar que seja proferida outra decisão, aplicando medida socioeducativa diversa da internação, assegurado aos pacientes o direito de aguardar em semiliberdade novo pronunciamento jurisdicional. (STJ - HC 298638 / SP – Quinta Turma – 2014)

PROCESSUAL PENAL. HABEAS CORPUS SUBSTITUTIVO DE RECURSO ESPECIAL. CRIMES SEXUAIS CONTRA VULNERÁVEL. VARA DA INFÂNCIA E DA JUVENTUDE. COMPETÊNCIA. RECONHECIMENTO.

1. A jurisprudência do Superior Tribunal de Justiça, acompanhando orientação da Primeira Turma do Supremo Tribunal Federal, firou-se no sentido de que o habeas corpus não pode ser utilizado como substituto de recurso próprio, sob pena de desvirtuar a finalidade dessa garantia constitucional, exceto quando a ilegalidade apontada for flagrante, hipótese em que se conhece do writ.

2. Esta Corte Superior, perfilhando orientação emanada de ambas as Turmas do Supremo Tribunal Federal, tem reconhecido ser possível a norma estadual atribuir competência à Vara do Juizado da Infância e Juventude para julgar crimes de natureza sexual praticados contra crianças e adolescentes.

3. Habeas corpus não conhecido. (STJ - HC 301060 / RS – Quinta Turma – 2014)

4.3 – Mandado de segurança

Mandado de segurança, também denominado *writ* (ordem), remédio heroico, *mandamus*, é "a ação de fundamento constitucional pela qual se torna possível proteger o direito líquido e certo do interessado contra ato do Poder Público".[85] Pode ser preventivo ou repressivo, individual ou coletivo.

A Constituição Federal, em seu artigo 5º, LXIX, prevê a concessão do mandado de segurança, ação civil de rito sumário:

> *Conceder-se-á mandado de segurança para proteger direito líquido e certo, não amparado por habeas corpus ou habeas data, quando o responsável pela ilegalidade ou abuso de poder for autoridade pública ou agente de pessoa jurídica no exercício de atribuições do Poder Público.*

O inciso LXX do art. 5º dispõe sobre o mandado de segurança coletivo:

O mandado de segurança coletivo pode ser impetrado por:

partido político com representação no Congresso Nacional; organização sindical, entidade de classe ou associação legalmente constituída e em funcionamento há pelo menos um ano, em defesa dos interesses de seus membros ou associados;

Dispõe o artigo 212, parágrafo 2º do ECA:

> *§ 2º Contra atos ilegais ou abusivos de autoridade pública ou agente de pessoa jurídica no exercício de atribuições do Poder Público, que lesem direito líquido e certo previsto nesta Lei, caberá ação mandamental, que se regerá pelas normas da lei do mandado de segurança.*

85 FILHO, José dos Santos Carvalho. Manual de Direito Administrativo, 12a. Edição, Ed. Lúmen Júris, 2004, p. 933.

O legislador não trouxe nenhuma inovação quanto à ação mandamental. De lege ferenda, poderia ser incluído o ato ilegal ou abusivo de autoridade particular, o que atualmente vem sendo bastante discutido em sede doutrinária, uma vez que a legislação não permite que tal ato seja atacado pela via mandamental.

Dessa maneira, o mandado de segurança previsto no Estatuto será regido pelas normas constitucionais e pelas normas legais previstas na Lei 12.016/2009, diploma básico regulador da ação mandamental, que revogou a antiga Lei 1.533/1951.

Primeiramente, é necessária uma análise do objeto da referida ação: direito líquido e certo. Para parte da doutrina, líquido e certo seria o fato sobre o qual se funda o direito em si, porque o direito sempre seria líquido e certo quando existente.

Helly Lopes Meirelles[86] assim conceitua direito líquido e certo:

> *é o que se apresenta manifesto na sua existência, delimitado na sua extensão e apto a ser exercitado no momento de sua impetração. Por outras palavras, o direito invocado, para ser amparável por mandado de segurança, há de vir expresso em norma legal e trazer em si todos os requisitos e condições de sua aplicação ao impetrante.*

Dessa forma, o mandado de segurança não admite dilação probatória; a prova deve ser pré-constituída, exibindo desde logo elementos que conduzam à certeza e liquidez do direito.

4.3.1 – Competência

A Constituição Federal, em seus artigos 101, 105, 108 e 109, estabelece algumas regras de competência quanto ao julgamento da ação mandamental, respectivamente quanto ao STF, STJ, TRF e Juízes Federais.

Quanto à competência do Tribunal de Justiça estadual e dos juízes de direito, devem ser observadas as normas traçadas na Constituição Estadual e no Código de Organização Judiciária.

No Estado do Rio de Janeiro, a Constituição Estadual, em seu artigo 161, IV, "e", dispõe:

---

86 ob. cit. p. 35

Art. 161 – Compete ao Tribunal de Justiça:

IV – processar e julgar originariamente:

e) mandado de segurança e habeas data contra atos:

1 – do governador

2 – do próprio tribunal

3 – da mesa diretora e do Presidente da Assembleia Legislativa

4 – do Tribunal de Contas do Estado

5 – dos Secretários de Estado

6 – dos Procuradores Gerais de Justiça, do Estado e da Defensoria Pública

7 – do Prefeito da Capital e dos Municípios com mais de 200.000 eleitores

No Estado do Rio de Janeiro, quando se tratar de ato de autoridade estatal, autarquias ou pessoas naturais ou jurídicas que exerçam funções delegadas do poder público, no que se entender com essas funções, a competência para processar e julgar o mandado de segurança será dos juízes de direito das Varas de Fazenda Pública, consoante o que dispõe o artigo 97, I, "b", do CODJERJ.

Em se tratando de ato de autoridade municipal, competente também será o juiz de direito da Vara de Fazenda Pública, nos termos do artigo 97, IV, "b", c/c artigo 86, I, "b", do CODJERJ.

No entanto, no que concerne aos direitos infanto-juvenis, alguns tribunais vem decidindo tratar-se de competência do Juiz da Infância e Juventude.

Vejamos:

1. Compete à Vara da Infância e da Juventude processar e julgar mandado de segurança impetrado por menor com o objetivo de assegurar a matrícula em exame supletivo. Precedentes do STJ.

2. Aplicabilidade do art. 148, IV, c/c 209 da Lei n. 8.069/90.

3. Recurso especial provido. (STJ – REsp 1231489 / SE - Segunda Turma – 2013)

4.3.2 – Objeto da impugnação

O objeto da impugnação é a conduta abusiva ou ilegal de autoridade do poder público, em todas as suas extensões.

Devemos entender poder público de forma ampla, incluindo os atos de agentes dos entes da federação, das entidades da administração indireta e das pessoas jurídicas de direito privado, quando exerçam função pública delegada.

4.3.3 – Aspectos relevantes

Não é cabível mandado de segurança de ato do qual caiba recurso administrativo com efeito suspensivo, independentemente de caução; de decisão judicial da qual caiba recurso com efeito suspensivo e de decisão judicial transitada em julgado, consoante o que dispõe o artigo 5º da Lei 12.016/2009.

Helly Lopes Meirelles[87] já sustentava que, quando o recurso do ato judicial não tenha efeito suspensivo, poderia a parte impetrar mandado de segurança, de forma a não deixar desamparado o direito líquido e certo. Esse também já era o entendimento de Odete Medauar,[88] ao mencionar que:

> *O ordenamento admite mandado de segurança contra ato jurisdicional quando deste não caiba recurso ou só caiba recurso sem efeito suspensivo, desde que se demonstre a possibilidade de dano irreparável.*

No entanto, José dos Santos Carvalho Filho[89] mencionava que o problema da falta de efeito suspensivo no recurso foi parcialmente resolvido na reforma processual de 1995, que possibilitou, quando da interposição do recurso, o requerimento do efeito suspensivo. A questão foi abordada de forma mais específica na nova lei do mandado de segurança, sendo expressamente prevista a impossibilidade apenas quando cabível recurso com efeito suspensivo, diferente da antiga disposição do artigo 5º da Lei 1.533/1951.

É possível a liminar em mandado de segurança, consoante o que dispõe o artigo 7º, III, da Lei 12.016/2009, desde que relevante o fundamento e do ato impugnado puder resultar a ineficácia da medida, caso seja deferida, sendo facultado exigir do impetrante caução, fiança ou depósito, com o objetivo de assegurar o ressarcimento à pessoa jurídica.

Adequando as disposições acerca do mandado de segurança aos dispositivos do estatuto, podemos citar alguns exemplos em que será possível a impetração do *mandamus*:

---

87 ob cit p. 42.
88 Direito Administrativo Moderno, 8ª. Edição, Ed. Revista dos Tribunais, 2003, p. 479.
89 ob cit p. 938.

• Retenção irregular de histórico escolar de aluno;
• Falta de condições para que determinada mulher presa amamente seu filho;
• Denegação de rematrícula em estabelecimento de ensino;
• Denegação de matrícula em estabelecimento de ensino com fundamento de falta de vagas;
• Denegação de matrícula em estabelecimento de ensino com fundamento no não atingimento de idade mínima;[90]
• Denegação de atendimento em hospital público.

Vejamos alguns casos jurisprudenciais do TJ/RJ:

> Mandado de Segurança impetrado por menor que pretende matrícula escolar em instituição de ensino fundamental, esta negada ao fundamento de que teria idade inferior à mínima permitida, não obstante já ter concluído satisfatoriamente o ciclo de educação infantil. Preliminares de nulidade da sentença ao argumento de descumprimento do art. 3º da Lei 4.348/1964. Comparecimento espontâneo do apelante, que apresentou defesa regularmente no curso do feito. Nulidade que se verifica à luz do princípio do prejuízo, o que não se constatou neste feito. Preliminar de perda superveniente do interesse de agir que se refuta. Edição de Lei Estadual posterior à prolação da sentença pelo juízo de primeiro grau, momento em que se encontrava a pretensão autoral fortemente resistida. Lei nova que reforça o direito pretendido pela autora. Direito constitucional ao livre acesso à educação que se impõe, porquanto se trate de direito fundamental. Aplicação do princípio da proteção integral à criança e ao adolescente. Recurso a que se nega provimento e sentença que se confirma em Reexame Necessário.(Apelação 2009.227.04909 – Reexame necessário . Des Alexandre Câmara. Segunda Câmara Cível - 13/01/2010) (grifo nosso)

> Agravo interno. decisão monocrática ementada como a seguir: apelação cível. mandado de segurança. negativa de matrícula de criança em instituição de ensino fundamental por conta da deliberação do

90 O artigo 38, §1º, inciso II da Lei nº 9394/96 deve ser interpretado em consonância com os dispositivos Constitucionais que asseguram prioridade à educação da criança e do adolescente. Não se deve pôr obstáculo ao acesso aos níveis educacionais, se for apresentada capacidade para tal.

conselho de educação estadual nº 308/2007, publicado somente em 06/01/2009, na qual foi vedada a inscrição de criança cuja idade de seis anos se completasse após o 1º dia do ano letivo. impetrante que faz seis anos em março. preliminar de nulidade da sentença rejeitada por inexistência de prejuízo processual. ausência de interesse superveniente não caracterizada, haja vista a requerente estar cursando o ensino fundamental graças à liminar concedida no curso da demanda, a qual perderá seu efeito desde o deferimento caso não confirmada. o artigo 208, §1º da constituição federal assegura o acesso ao ensino obrigatório e gratuito como direito subjetivo. a lei de diretrizes e bases em seu artigo 4º, i, determina como obrigatório e gratuito o ensino fundamental. a administração pública deve promover as devidas alterações no sistema educacional, editando regras transitórias para não trazer retrocesso para formação do educando. não é razoável obrigar a criança repetir o ano da pré-escola. com a edição da Lei 5.488/2009 garantindo a matrícula das crianças que completarem seis anos até o dia 31 de dezembro de 2009, forçoso reconhecer o direito líquido e certo da impetrante. nega-se seguimento ao recurso, na forma do art.557, *caput* do cpc. desprovimento do recurso. (Apelação 2009.001.67404, Des Helena Cândido Lisboa, Terceira Câmara Cível, 09/12/2009) (grifos nossos)

4.4 – Ação Popular

4.4.1 - Conceito

Hely Lopes Meirelles[91] conceitua ação popular como:

> *(...) meio constitucional posto à disposição de qualquer cidadão para obter a invalidação de atos ou contratos administrativos – ou a estes equiparados – ilegais e lesivos do patrimônio federal, estadual e municipal, ou de suas autarquias, entidades paraestatais e pessoas jurídicas subvencionadas com dinheiros públicos.*

Najib Slaib Filho,[92] adaptando conceito de José Afonso da Silva, conceitua a ação popular como:

91 ob. cit. p. 115.

92 FILHO, Najib Slaibi. Direito Constitucional, Ed. Forense, 2004, p. 507.

(...) instituto processual civil, outorgado a qualquer cidadão como garantia político-constitucional, para a defesa do interesse da coletividade, mediante a provocação do controle jurisdicional corretivo da ilegalidade de atos lesivos ao patrimônio público, à moralidade administrativa, ao meio ambiente e ao patrimônio histórico e cultural.

A noção de patrimônio deve ser entendida em sentido amplo, de maneira a incluir a ilegalidade e lesividade do ato ao patrimônio moral e ético, e não somente pecuniário.

4.4.1 – previsão legal

A Constituição Federal prevê a ação popular em seu artigo 5º, LXXIII, quando dispõe que:

(...) qualquer cidadão é parte legítima para propor ação popular que vise a anular ato lesivo ao patrimônio público ou de entidade de que o Estado participe, à moralidade administrativa, ao meio ambiente e ao patrimônio histórico e cultural, ficando o autor, salvo comprovada má-fé, isento de custas judiciais e do ônus da sucumbência.

A Constituição Federal alargou a proteção por meio da ação popular, abrangendo a moralidade administrativa, o meio ambiente e os patrimônios histórico e cultural. No entanto, parece que houve certa redundância, uma vez que esses novos bens tutelados não deixam de fazer parte do patrimônio público.

A ação popular acha-se regulada pela Lei 4.717/1965, que traz alguns preceitos processuais, o que, segundo José dos Santos Carvalho Filho, confere a ela um rito especial, visando a uma melhor adequação aos objetivos constitucionais. Já Hely Lopes Meirelles[93] e Najib Slaibi Filho[94] mencionam que o rito conferido é o ordinário, com algumas alterações conferidas pela lei. Nesse sentido, dispõe o artigo 7º da Lei 4.717/1965.

Em vista da gratuidade conferida pela Constituição, não é mais aplicável o artigo 12 da Lei 4.717/1965, que dispõe acerca da condenação do réu à restituição das custas e despesas judiciais e extrajudiciais ao autor que as adiantou.

---

93 ob. cit p. 16.

94 ob. cit. p. 519.

Se comprovada a má-fé, o autor arcará com as despesas, nos termos do artigo 20 do CPC.

4.4.2 – Legitimidade

4.4.2.1 – Ativa

O cidadão é parte legítima para a propositura da presente ação. Cidadão é a pessoa que se encontra em pleno gozo de seus direitos políticos, disso fazendo prova com seu título de eleitor, ainda que não tenha aptidão para ser votado ou eleito, consoante dispõe o artigo 1º, parágrafo 3º da Lei 4.717/1965. Dessa maneira, conforme dispõe o enunciado 365 da Súmula do STF, pessoa jurídica não tem legitimidade para propositura da ação popular.

O Ministério Público pode funcionar na ação popular como substituto processual em caso de contumácia autoral, se não houver outro cidadão no polo ativo.

4.4.2.2 – Passiva

O artigo 6º da Lei 4.717/1965 traz a hipótese de litisconsórcio necessário, entendido como aquele que exige a presença de todos os litisconsortes na lide.

São sujeitos passivos da ação popular:

- A pessoa jurídica, dentre as mencionadas no artigo 1º da Lei 4.717, de onde emanou o ato;
- Autoridades, funcionários ou administradores que de qualquer modo contribuíram para o ato;
- Beneficiários diretos do ato.

A Lei 4.717/1965 traz curiosa peculiaridade no artigo 6º, parágrafo 3º, uma vez que possibilita que a parte ré não conteste a ação, colocando-se ao lado do autor, desde que se atenda ao interesse público:

> *§ 3º A pessoas jurídica de direito público ou de direito privado, cujo ato seja objeto de impugnação, poderá abster-se de contestar o pedido, ou poderá atuar ao lado do autor, desde que isso se afigure útil ao interesse público, a juízo do respectivo representante legal ou dirigente.*

4.4.3 – Competência

Para fixação da competência, deve-se observar de onde emanou o ato, devendo a ação ser proposta conforme o foro apropriado para a pessoa jurídica a que pertence o autor do ato, obedecidas as regras constitucionais e as regras de organização judiciária. Sendo parte a União, em regra, a competência será da Justiça Federal, consoante dispõe o artigo 109 da CF. No Estado do Rio de Janeiro, as Varas de Fazenda Pública são competentes para as ações em que sejam parte os Estados e os Municípios.

4.4.4 – Objeto

A ação popular visa à desconstituição do ato lesivo e ilegal, proveniente da administração pública direta ou indireta, consoante dispõe o artigo 6º da Lei 4.717/1965, seja esse ato administrativo ou material (admissão de pessoa, emissão de títulos, etc.), assim como a condenação dos responsáveis e beneficiários à indenização, consoante dispõe o artigo 11 da Lei 4.717/1965:

> *A sentença que, julgando procedente a ação popular; decretar a invalidade do ato impugnado, condenará ao pagamento de perdas e danos os responsáveis pela sua prática e os beneficiários dele, ressalvada a ação regressiva contra os funcionários causadores do dano, quando incorrerem em culpa.*

A sentença tem, portanto, conteúdo desconstitutivo e condenatório.

Ressalte-se que, conforme entendimento acolhido pelo Supremo Tribunal Federal, descabe ação popular para impugnar ato jurisdicional, pois esses se encontram sujeitos a um sistema próprio de impugnação, qual seja o sistema recursal.

4.4.5 – Utilização da ação popular no âmbito do Estatuto da Criança e do Adolescente

Conforme verificamos, a ação popular teve seu objeto ampliado pela Constituição Federal de 1988, de maneira a abranger a moralidade administrativa. É principalmente nesse aspecto que conseguimos visualizar sua incidência na tutela dos direitos infanto-juvenis.

Sempre que for praticado algum ato ilegal e lesivo à moralidade administrativa, que venha a violar direito assegurado à criança e ao adolescente, tal ato permitirá que qualquer cidadão ajuize ação popular. Tomemos como exemplo o ato de um prefeito que se utiliza com fins diversos de verba destinada à construção de escolas públicas. Tal ato é ilegal, caracterizando crime descrito no Decreto-Lei 201/1967. Além de configurar crime, claramente afronta a moralidade administrativa, violando diretamente o direito à educação, cujo dever de efetivação, com absoluta prioridade, pertence também ao poder público em seu sentido mais amplo.

4.4.5.1 – Concessão de liminar

O artigo 5º , parágrafo 4º, da Lei 4.717/1965 possibilita a concessão de liminar na defesa do patrimônio público para suspensão do ato lesivo impugnado. Note-se que o artigo não inclui a moralidade administrativa e os demais bens tutelados por meio da ação popular. Intuitivo, no entanto, que se entenda cabível a liminar também para a defesa dos demais bens tutelados. A omissão legal é resultante do texto original da lei, anterior à Constituição de 1988, baseado na Constituição de 1946, que só previa a defesa do patrimônio público.

19 - DOS CRIMES

O ECA prevê infrações de duas espécies: penais e administrativas. Podemos perceber que a distinção se encontra na gravidade das condutas praticadas. As condutas descritas como crime são bem mais ofensivas ao bem jurídico tutelado e por isso são alvo do Direito Penal, muito embora acreditemos que, neste capítulo do ECA, o princípio da intervenção mínima, que deve lastrear o Direito Penal, não se encontra presente, como nas condutas descritas nos artigos 228 e 229, que acreditamos que poderia ser descrita como infração administrativa, não apresentando lesividade suficiente que fundamente a interferência do Direito Penal.

Ao analisarmos cada artigo, destacaremos todos os aspectos importantes, inclusive abrangendo aspectos da jurisprudência dos Tribunais Superiores. Achamos de melhor didática tratar da parte procedimental, principalmente no que tange à competência, ao analisarmos os tipos penais que desafiam controvérsia nos Tribunais.

Antes de iniciarmos o estudo de cada um dos tipos penais, aproveitamos para lembrar rapidamente ao leitor a estrutura das condutas descritas ao longo deste capítulo.

Quando estudamos, em Direito Penal, o conceito analítico de crime, o afirmamos como fato típico, ilícito e culpável. O crime é uma das modalidades do gênero infração penal que se divide em crime (delito) ou contravenção. Em cada tipo penal incriminador, o legislador prevê um preceito primário e um preceito secundário. No preceito primário, é descrita a conduta. No preceito secundário, a pena. Dessa forma, respeita-se o princípio da legalidade, previsto no artigo 1º do CP e no artigo 5º, XXXIX, da CF.

Os tipos penais, em seu preceito primário, são formados por elementos objetivos (descritivos, que independem de valoração) e elemento subjetivo (em regra, o dolo). Alguns tipos penais são formados também por elemento normativo (aquele que depende de valoração). Outros possuem elemento subjetivo especial (um especial fim de agir, uma especial motivação), consubstanciando-se em delitos de intenção (quando o especial fim de agir está previsto expressamente no tipo penal) ou de tendência (quando se percebe a existência do especial fim de agir, mas ele não se encontra previsto expressamente no tipo penal).

Quando alguém pensa no resultado que deseja alcançar (cogitação), passa a dirigir sua conduta finalisticamente para alcançar tal resultado, passando a preparar e executar, para ao final atingir a consumação. Dessa forma, completa-se o *iter criminis* (caminho que se percorre na prática do crime), composto pela cogitação, preparação, execução e consumação. Há casos, no entanto, em que o *iter criminis* não se consume por circunstâncias alheias à vontade do agente. Assim, ele responderá por tentativa, desde que essa seja possível[95] e não se trate de impossibilidade de se atingir a consumação por ineficácia absoluta do meio ou por impropriedade absoluta do objeto, pois dessa forma haveria crime impossível (artigo 17 do CP), em que não se pune a tentativa.

Quando analisamos a consumação de cada um dos delitos, vemos que alguns deles dependem da existência de um resultado naturalístico (crimes materiais), enquanto outros se consumam com a prática da conduta, independente de o resultado se realizar (crimes formais) ou mesmo que tal resultado nem sequer exista (crimes de mera conduta), sendo claro que qualquer um deles apresenta um resultado jurídico: a lesão ou perigo de lesão ao bem jurídico tutelado.

Lembremos ainda que, em algumas situações durante a análise, o agente poderá praticar mais de um tipo penal. Então resolveremos eventual conflito aparente de normas (pelo princípio da consunção, da especialidade ou da subsidiariedade) ou, caso contrário, estaremos diante de hipótese de concurso de crimes (material, formal ou continuidade delitiva).

Identificaremos, ainda, quem é sujeito ativo (aquele que pratica a conduta) e sujeito passivo (aquele que sofre a conduta), assim como o objeto jurídico (bem jurídico tutelado) e o objeto material (pessoa ou coisa sobre a qual recai a conduta). Em cada um dos aspectos analisados, mencionaremos o entendimento dos Tribunais Superiores, quando já tiverem se manifestado sobre o tema.

Em cada um dos tipos penais, analisaremos a estrutura essencial, além de destacarmos alguns aspectos de maior importância.

Antes de elencar os crimes, o ECA nos traz algumas disposições gerais a todas as infrações penais:

De acordo com o artigo 225, as previsões do ECA não afastam as previsões da legislação penal, o que significa que as crianças ou adolescentes podem ser sujeitos passivos de crimes previstos no Código Penal (como maus tratos, homicídio, crimes sexuais contra vulnerável, etc.), assim como na lei especial (tortura, tráfico, etc.).

Quanto ao artigo 226, é importante destacar que as normas gerais do Código Penal devem ser aplicadas apenas às infrações penais, e não às administrativas. Ao longo deste capítulo, veremos, em cada tipo penal como se dará a aplicação das normas gerais do Código Penal e aquilo que for mais relevante acerca das normas processuais, como é o caso da grande discussão que envolve

95 Algumas infrações penais não admitem tentativa: contravenções, crimes culposos, habituais, omissivos próprios, unissubsistentes e preterdolosos.

a competência no artigo 241-A.

Por fim, a previsão do artigo 227 é desnecessária, pois a partir do momento em que a lei não traz outra modalidade de ação penal, incide a regra, sendo ela pública incondicionada, não havendo necessidade de tal disposição expressa.

Passemos à análise dos crimes em espécie:

> ***Art. 228***. *Deixar o encarregado de serviço ou o dirigente de estabelecimento de atenção à saúde de gestante de manter registro das atividades desenvolvidas, na forma e prazo referidos no art. 10 desta Lei, bem como de fornecer à parturiente ou a seu responsável, por ocasião da alta médica, declaração de nascimento, onde constem as intercorrências do parto e do desenvolvimento do neonato:*
>
> *Pena - detenção de seis meses a dois anos.*
>
> *Parágrafo único. Se o crime é culposo:*
>
> *Pena - detenção de dois a seis meses, ou multa.*

Como vimos no Capítulo 5, ao estudarmos os Direitos Fundamentais, o artigo 10 prevê os deveres dos hospitais e demais estabelecimentos de atenção à saúde da gestante, públicos e particulares:

> *I - manter registro das atividades desenvolvidas, através de prontuários individuais, pelo prazo de dezoito anos;*
>
> *II - identificar o recém-nascido mediante o registro de sua impressão plantar e digital e da impressão digital da mãe, sem prejuízo de outras formas normatizadas pela autoridade administrativa competente;*
>
> *III - proceder a exames visando ao diagnóstico e terapêutica de anormalidades no metabolismo do recém-nascido, bem como prestar orientação aos pais;*
>
> *IV - fornecer declaração de nascimento onde constem necessariamente as intercorrências do parto e do desenvolvimento do neonato;*
>
> *V - manter alojamento conjunto, possibilitando ao neonato a permanência junto à mãe*

- Análise da estrutura essencial

Sujeito ativo: encarregado de serviço ou dirigente do estabelecimento de atenção à saúde da gestante.

Sujeito passivo: a criança recém-nascida é sujeito passivo primário. Os pais ou responsável figuram como sujeitos passivos secundários.

Consumação: tratando-se de crime omissivo, a consumação ocorre no momento da omissão, sendo inadmissível a tentativa.

Objeto jurídico: proteção do direito à vida, à saúde e à informação.

Objeto material: registro das atividades desenvolvidas e declaração de nascimento.

Classificação: crime formal, próprio, de perigo abstrato, omissivo próprio, de concurso eventual e unissubsistente.

- Destaques especiais

O crime previsto no artigo 228 diz respeito ao descumprimento dos deveres previstos nos incisos I e IV do artigo 10. Trata-se de crime próprio, que só pode ser praticado pelo encarregado de serviço (o responsável pelas atividades descritas) ou dirigente de estabelecimento de atenção à saúde de gestante. Ressalte-se que o dirigente não responde somente por sua qualidade, mas também se houver dolo (*caput*) ou culpa (parágrafo único), não sendo possível a responsabilidade penal objetiva. Se apenas o encarregado de serviço tiver agido com um dos elementos, só ele responderá pelo delito. É importante destacar que, na análise casuística, devemos atentar para eventual excludente da ilicitude ou da culpabilidade. Exemplo: se o registro não é mantido pelo encarregado de serviço, em virtude de ordem recebida do dirigente do estabelecimento, não pode o encarregado responder por crime. Nesse caso, haverá excludente de culpabilidade por inexigibilidade de conduta diversa.

> ***Art. 229***. *Deixar o médico, enfermeiro ou dirigente de estabelecimento de atenção à saúde de gestante de identificar corretamente o neonato e a parturiente, por ocasião do parto, bem como deixar de proceder aos exames referidos no art. 10 desta Lei:*
>
> *Pena - detenção de seis meses a dois anos.*
>
> *Parágrafo único. Se o crime é culposo:*
>
> *Pena - detenção de dois a seis meses, ou multa.*

- Análise da estrutura essencial

Sujeito ativo: médico, enfermeiro ou dirigente de estabelecimento de atenção à saúde da gestante.

Sujeito passivo: neonato é o sujeito passivo principal, e a parturiente, o sujeito passivo secundário.

Consumação: tratando-se de crime omissivo próprio, estará consumado no primeiro momento da omissão.

Tentativa: inadmissível.

Objeto jurídico: direito do neonato à saúde e à vida.

Objetos materiais: o neonato e a parturiente, no que tange a conduta de deixar de identificá-los. Os exames, no que tange a omissão em sua realização.

Classificação: crime formal, próprio, de perigo abstrato, omissivo próprio, de concurso eventual e unissubsistente.

- Destaques especiais

O artigo 229 tipifica o desrespeito aos incisos II e III do artigo 10. Como os artigos 228 e 229 tipificam o desrespeito a incisos do mesmo artigo, cominando a mesma pena, não vemos razão para a tipificação em artigos distintos. O fato de haver sujeitos ativos diversos não seria o suficiente para a separação em artigos, que muito bem poderia ter sido feita em parágrafos. Ambas as condutas poderiam estar previstas no mesmo tipo penal. Destaque-se, ainda, que o desrespeito ao inciso V do artigo 10 (manter alojamento conjunto, possibilitando ao neonato a permanência junto à mãe) não está incluído em nenhum dos dois artigos analisados.

> ***Art. 230***. *Privar a criança ou o adolescente de sua liberdade, procedendo à sua apreensão sem estar em flagrante de ato infracional ou inexistindo ordem escrita da autoridade judiciária competente:*
>
> *Pena - detenção de seis meses a dois anos.*
>
> *Parágrafo único. Incide na mesma pena aquele que procede à apreensão sem observância das formalidades legais.*

- Análise da estrutura essencial

Sujeito ativo: qualquer pessoa.

Sujeito passivo: criança ou adolescente.

Consumação: com a apreensão da criança ou adolescente de forma indevida.

Tentativa: admissível.

Objeto jurídico: liberdade de locomoção da criança ou adolescente.

Objeto material: criança ou adolescente.

Classificação: crime comum, material, permanente, comissivo, de concurso eventual (unissubjetivo), plurissubsistente, de forma livre, de dano.

- Destaques especiais

O crime previsto no artigo 230 apenas se assemelha ao sequestro ou cárcere privado previsto no artigo 148 do CP. Isso porque o crime de sequestro apresenta uma maior restrição da liberdade, trata-se de crime mais grave, em que a privação da liberdade tem de se dar por tempo juridicamente relevante.

Estabelece o artigo 106 do ECA que o adolescente somente pode ser privado de sua liberdade em duas situações: estando em flagrante de ato infracional ou por ordem judicial escrita e fundamentada. Tais possibilidades não se aplicam à criança, nem mesmo pela prática de ato infracional, pois o ECA prevê apenas medidas de proteção aplicáveis a crianças, e nunca medidas socioeducativas, não admitindo sequer privação temporária da liberdade. Sendo assim, os casos de privar a criança de sua liberdade não se fundamenta no artigo 106 do ECA. Poderíamos falar apenas em uma espécie de restrição da liberdade da criança, mas não se trata de hipótese de prática de ato infracional, mas sim de alguma ordem judicial escrita e fundamentada que determine alguma restrição, como por exemplo a ordem de busca e apreensão do menor, que deverá ser conduzido ao seu representante legal. Pela prática de ato infracional, a criança não é apreendida, mas tão-somente encaminhada ao Conselho Tutelar, autoridade com atribuição para a aplicação de medida protetiva.

Quanto ao adolescente apreendido fora das hipóteses do artigo 106, a conduta do agente em regra será típica, ilícita e culpável. A hipótese concreta deve ser analisada, pois é possível que exista alguma excludente que afaste a existência de crime. Imaginemos a situação em que alguém priva adolescente de sua liberdade e o encaminha à autoridade policial, acreditando de forma justificada que havia flagrante de ato infracional. Nesse caso, o agente terá agido em erro de tipo, sendo afastado o dolo, e não pode responder pelo crime do artigo 230.

Caso a privação da liberdade seja mais efetiva e duradoura, a conduta pode caracterizar o crime de sequestro ou cárcere privado. É possível ainda que, caso o agente tenha dolo de causar à vítima sofrimento físico ou moral, usando a indevida privação da liberdade como meio, pode restar caracterizado o delito de tortura (Lei 9.455/1997).

O artigo 230 do ECA prevalece sobre o abuso de autoridade previsto na Lei 4.898/1965, caso a conduta venha a ser praticada por quem exerça cargo, emprego ou função pública.

Determina o parágrafo único que também incide na mesma pena aquele que procede à apreensão sem observância das formalidades legais. Os artigos 106, 107 e 109 trazem a previsão de várias formalidades necessárias na apreensão de adolescentes. Voltamos a ressaltar que a apreensão de criança por ato infracional será ilícita na modalidade do parágrafo único. Só é possível a apreensão de adolescente em flagrante de ato infracional, devendo a apreensão da criança ser sempre considerada como desrespeito às formalidades estabelecidas pelo ECA.

Por critérios de razoabilidade e proporcionalidade, é possível que a ilicitude seja excluída em virtude de estado de necessidade, desde que a apreensão cesse tão logo o perigo ao bem jurídico seja afastado. Outra hipótese pode ser a legítima defesa própria ou de terceiro. Imaginemos que um agente policial prive por alguns momentos uma criança de sua liberdade, pois a encontrou praticando ato infracional com emprego de violência contra a vítima. Nesse caso, a conduta do agente policial não pode ser considerada ilícita, pois está agindo em legítima defesa de terceiro.

> ***Art. 231***. *Deixar a autoridade policial responsável pela apreensão de criança ou adolescente de fazer imediata comunicação à autoridade judiciária competente e à família do apreendido ou à pessoa por ele indicada:*
>
> *Pena - detenção de seis meses a dois anos.*

- Análise da estrutura essencial

Sujeito ativo: autoridade policial responsável pela apreensão de criança ou adolescente.

Sujeito passivo: criança ou adolescente.

Consumação: no primeiro momento da omissão, quando a autoridade policial teve a oportunidade de fazer a comunicação e deixou de fazê-la.

Tentativa: não é admissível, por se tratar de crime omissivo próprio.

Objeto jurídico: liberdade de locomoção da criança ou adolescente.

Objeto material: criança ou adolescente.

Classificação: crime próprio, formal, omissivo próprio, permanente, de ação única, unissubjetivo, unissubsistente, de forma livre, de dano.

- Destaques especiais

Mais uma vez, a previsão foi imprópria, pois crianças nunca serão apreendidas para serem encaminhadas à autoridade policial. Ou seja, a autoridade policial não é responsável por apreensão de criança; esta pode tão-somente ser encaminhada ao Conselho Tutelar com atribuição para aplicação de medidas de proteção, consoante dispõe o artigo 136, I, do ECA.

O crime do artigo 231 é crime próprio, só pode ser praticado pela autoridade policial responsável pela apreensão e por sua comunicação, ou seja, a autoridade policial responsável pela lavratura do auto de apreensão ou do boletim de ocorrência circunstanciada. Embora o tipo penal mencione a expressão "imediata comunicação", deve haver razoabilidade na interpretação, devendo ser levada em conta a primeira oportunidade de comunicação pela autoridade policial, isso porque, em virtude do número de adolescentes apreendidos ou de outras situações casuísticas, pode não ser possível a comunicação imediata, sendo a conduta considerada atípica se houver a comunicação, ainda que não imediata, no primeiro momento que se afigure como possível.

Por análise conjunta com o artigo 230, percebe-se que a ausência de comunicação é da autoridade responsável pela apreensão por prática de ato infracional, pois caso contrário, esta seria por si ilegal, caracterizando a prática do delito previsto no artigo 230. Já no artigo 231, a apreensão em si é devida (cabe destacar – do adolescente pela prática do ato infracional), mas a autoridade policial deixa de respeitar o direito do adolescente de ter tal apreensão imediatamente comunicada à autoridade judiciária competente e à sua família ou pessoa por ele indicada.

Assim como vimos no artigo anterior, o artigo 231 também prepondera sobre a previsão de abuso de autoridade da Lei 4.898/1965.

Ressalte-se que o crime em comento é de menor potencial ofensivo, não importando em conduta de gravidade maior. Se o caso concreto mencionar ausência de comunicação e colocação do adolescente em cela de delegacia policial por tempo juridicamente relevante e apresentar o dolo de causar sofrimento físico ou mental , a conduta poderá caracterizar crime de sequestro ou de cárcere privado (artigo 148 do CP) ou até mesmo tortura (Lei 9.455/97). Caso a ausência de comunicação seja um meio para a privação indevida da liberdade, o crime do artigo 231 ficará absorvido pelo crime fim, aplicando-se o princípio da consunção.

> ***Art. 232***. *Submeter criança ou adolescente sob sua autoridade, guarda ou vigilância a vexame ou a constrangimento:*
> *Pena - detenção de seis meses a dois anos.*

- Análise da estrutura essencial

Sujeito ativo: aquele que exerça autoridade, guarda ou vigilância sobre o menor.

Sujeito passivo: criança ou adolescente.

Consumação: prática de ato que exponha a criança ou adolescente a vexame ou a constrangimento.

Tentativa: é admissível, de acordo com o meio eleito pelo sujeito ativo. Caso o meio eleito torne o crime unissubsistente, a tentativa será inadmissível.

Objeto jurídico: integridade física e emocional da criança e adolescente.

Objeto material: criança ou adolescente.

Classificação: crime próprio, material, instantâneo ou permanente, de acordo com o meio eleito, assim como unissubsistente ou plurissubsistente, também de acordo com o meio eleito, de ação única, unissubjetivo, de forma livre, comissivo, de dano.

- Destaques especiais

A submissão a vexame ou constrangimento apenas pode ser praticada por quem exerce autoridade, guarda ou vigilância sobre o menor, tratando-se de crime próprio. Eventual submissão por outra pessoa pode caracterizar outro tipo penal, como crime contra a honra, se houver ofensa à dignidade ou decoro, constrangimento ilegal (artigo 146 do CP), caso a criança ou adolescente seja constrangida a fazer algo que a lei não obrigue ou a não fazer algo que a lei permita. É possível ainda a caracterização de lesão corporal, de contravenção penal de vias de fato.

As elementares vexame e constrangimento caracterizam elementos normativos do tipo penal que devem ser valorados no caso concreto. Caso a conduta seja praticada por quem exerça cargo, emprego ou função pública, o crime do artigo 232 prepondera sobre o de abuso de autoridade (Lei 4.898/1965). No entanto, caso exista dolo de causar intenso sofrimento físico ou mental, como forma de aplicar castigo pessoal ou medida de caráter preventivo, o delito caracterizado será de tortura (Lei 9.455/1997 – artigo 1º, II). É possível ainda que, caso exista o *animus corrigendi, disciplinandi*, com exposição da criança ou adolescente a perigo, a conduta passe a caracterizar o delito de maus tratos (artigo 136 do CP). Ou seja, o critério de distinção é o elemento subjetivo. No crime do artigo 232, o dolo é de causar vexame ou constrangimento; essa é a finalidade em si mesma. Caso o vexame ou constrangimento se apresentem como meios de uma conduta guiada por dolo de praticar outro tipo penal, o artigo 232 restará absorvido.

Artigo 233

O artigo 233 do ECA foi a primeira modalidade de tortura prevista em nosso ordenamento jurídico penal, tendo sido revogada pela Lei 9.455/1997. Na época da vigência do artigo 233, sua constitucionalidade foi questionada, tendo decidido o STF pela afirmação da constitucionalidade do referido artigo. Atualmente, a criança ou adolescente podem ser vítimas de algumas modalidades de torturas previstas na Lei 9.455/1997, sobre a qual incidirá causa de aumento de pena prevista no artigo 1º, parágrafo 4º, da referida Lei.

HC 70389 – Tribunal Pleno – 23/06/1994
Relator: Min Sydney Sanches p/ acórdão Min Celso de Mello
O crime de tortura, desde que praticado contra criança ou adolescente, constitui entidade delituosa autônoma cuja previsão típica encontra fundamento jurídico no art. 233 da Lei 8.069/90. Trata-se de preceito normativo que encerra tipo penal aberto suscetível de integração pelo magistrado, eis que o delito de tortura - por comportar formas múltiplas de execução - caracteriza- se pela inflição de tormentos e suplícios que exasperam, na dimensão física, moral ou psíquica em que se projetam os seus efeitos, o sofrimento da vítima por atos de desnecessária, abusiva e inaceitável crueldade. - **A norma inscrita no art. 233 da Lei 8.069/90, ao definir o crime de tortura contra a criança e o adolescente, ajusta-se, com extrema fidelidade, ao princípio constitucional da tipicidade dos delitos (CF, art. 5º, XXXIX)**. A TORTURA COMO PRÁTICA INACEITÁVEL DE OFENSA À DIGNIDADE DA PESSOA. **A simples referência normativa à tortura, constante da descrição típica consubstanciada no art.**

233 do Estatuto da Criança e do Adolescente, exterioriza um universo conceitual impregnado de noções com que o senso comum e o sentimento de decência das pessoas identificam as condutas aviltantes que traduzem, na concreção de sua prática, o gesto ominoso de ofensa à dignidade da pessoa humana. A tortura constitui a negação arbitrária dos direitos humanos, pois reflete - enquanto prática ilegítima, imoral e abusiva - um inaceitável ensaio de atuação estatal tendente a asfixiar e, até mesmo, a suprimir a dignidade, a autonomia e a liberdade com que o indivíduo foi dotado, de maneira indisponível, pelo ordenamento positivo. NECESSIDADE DE REPRESSÃO À TORTURA - CONVENÇÕES INTERNACIONAIS. - O Brasil, ao tipificar o crime de tortura contra crianças ou adolescentes, revelou-se fiel aos compromissos que assumiu na ordem internacional, especialmente àqueles decorrentes da Convenção de Nova York sobre os Direitos da Criança (1990), da Convenção contra a Tortura adotada pela Assembleia Geral da ONU (1984), da Convenção Interamericana contra a Tortura concluída em Cartagena (1985) e da Convenção Americana sobre Direitos Humanos (Pacto de São José da Costa Rica), formulada no âmbito da OEA (1969). Mais do que isso, o legislador brasileiro, ao conferir expressão típica a essa modalidade de infração delituosa, deu aplicação efetiva ao texto da Constituição Federal que impõe ao Poder Público a obrigação de proteger os menores contra toda a forma de violência, crueldade e opressão (art. 227, *caput*, in fine). TORTURA CONTRA MENOR PRATICADA POR POLICIAL MILITAR - COMPETÊNCIA DA JUSTIÇA COMUM DO ESTADO-MEMBRO. - O policial militar que, a pretexto de exercer atividade de repressão criminal em nome do Estado, inflige, mediante desempenho funcional abusivo, danos físicos a menor eventualmente sujeito ao seu poder de coerção, valendo-se desse meio executivo para intimidá-lo e coagi-lo à confissão de determinado delito, pratica, inequivocamente, o crime de tortura, tal como tipificado pelo art. 233 do Estatuto da Criança e do Adolescente, expondo-se, em função desse comportamento arbitrário, a todas as consequências jurídicas que de correm da Lei 8.072/90 (art. 2º), editada com fundamento no art. 5º, XLIII, da Constituição. - O crime de tortura contra criança ou adolescente, cuja prática absorve o delito de lesões corporais leves, submete-se à competência da Justiça comum do Estado-membro, eis que esse ilícito penal, por não guardar correspondência típica com qualquer dos comportamentos previstos pelo Código Penal Militar, refoge à esfera de atribuições da Justiça Militar estadual. (grifos nossos)

Art. 234. Deixar a autoridade competente, sem justa causa, de ordenar a imediata liberação de criança ou adolescente, tão logo tenha conhecimento da ilegalidade da apreensão:

Pena - detenção de seis meses a dois anos.

- Análise da estrutura essencial

Sujeito ativo: autoridade competente para ordenar a liberação de criança ou adolescente.

Sujeito passivo: criança ou adolescente.

Consumação: no primeiro momento em que o agente deveria ordenar a liberação e se absteve de ordená-la.

Tentativa: inadmissível, por se tratar de crime omissivo próprio.

Objeto jurídico: liberdade de locomoção da criança ou adolescente.

Objeto material: criança ou adolescente.

Classificação: crime próprio, material, permanente, de ação única, unissubjetivo, de forma livre, unissubsistente, omissivo próprio, de dano.

- Destaques especiais

O artigo 234 prevê modalidade de crime omissivo próprio praticado pela autoridade competente que deve ordenar a liberação de criança ou adolescente. Nucci[96] sustenta que somente o delegado de polícia ou o juiz podem ser sujeitos ativos do delito. Ousamos discordar, pois há situações em que o próprio diretor do estabelecimento de internação pode praticar a conduta. Imaginemos que o juiz determine a liberação de adolescente que esteja cumprindo medida socioeducativa de internação. Ao receber a ordem judicial de liberação, o diretor do estabelecimento deixa de ordenar a imediata liberação, omitindo-se frente à comunicação recebida. Entendemos que esse delito pode ser praticado pelo diretor como uma espécie de desobediência. Nesse exemplo, ele será a autoridade competente para ordenar a imediata liberação frente à existência de ordem judicial. A partir do momento em que a liberação foi determinada pela autoridade judicial, o diretor passa a ter ciência da ilegalidade da apreensão. Deixando de agir, estarão presentes todas as elementares do tipo penal em análise.

A expressão "sem justa causa" constitui elemento normativo do tipo, que deve ser valorado no caso concreto. A presença de justa causa exclui a tipicidade. O crime não admite modalidade culposa. A não liberação deve ser dolosa.

96 Ob cit, p. 243.

Como nos demais delitos que apresentam conflito com a lei de abuso de autoridade (Lei 4.898/1965), o tipo penal em análise prepondera em apreço à especialidade. A mesma conduta praticada contra pessoa adulta caracterizaria crime de abuso de autoridade.

> ***Art. 235***. *Descumprir, injustificadamente, prazo fixado nesta Lei em benefício de adolescente privado de liberdade:*
> *Pena - detenção de seis meses a dois anos.*

- Análise da estrutura essencial

Sujeito ativo: juiz ou autoridade policial.
Sujeito passivo: adolescente privado de liberdade.
Consumação: descumprimento do prazo.
Tentativa: inadmissível, por se tratar de crime omissivo próprio.
Objeto jurídico: liberdade de locomoção do adolescente.
Objeto material: o prazo estipulado no ECA.
Classificação: crime próprio, formal, permanente, de ação única (uninuclear), unissubsistente, de forma livre, omissivo próprio, de dano.

- Destaques especiais

A autoridade policial e o juiz devem respeitar vários prazos previstos no ECA a favor de adolescente privado da liberdade. Dentre eles, o prazo máximo da internação provisória (artigo 108: 45 dias), da internação-sanção (artigo 122, parágrafo 1º: 3 meses – trata-se de internação que substitui medida socioeducativa anteriormente imposta ao adolescente e descumprida de forma injustificada e reiterada), da internação decorrente de sentença transitada em julgado (artigo 121, parágrafo 3º: 3 anos), da reavaliação na medida de internação (artigo 121, parágrafo 2º: 6 meses) e da permanência em sede policial (artigo 175, parágrafo 1º: 24 horas – em caso de impossibilidade de apresentação imediata do adolescente ao Ministério Público, a autoridade policial encaminhará o adolescente à entidade de atendimento, que fará a apresentação ao representante do Ministério Público, ou o artigo 185, parágrafo 2º, que estabelece que, sendo impossível a pronta transferência, o adolescente aguardará sua remoção em repartição policial, desde que em seção isolada dos adultos e com instalações apropriadas, não podendo ultrapassar o prazo máximo de cinco dias, sob pena de responsabilidade).

O descumprimento de tais prazos deve dar-se de forma injustificada e dolosa. A elementar injustificada constitui elemento normativo do tipo penal, que deve ser valorado no caso concreto.

Trata-se de crime omissivo próprio que estará consumado com o descumprimento injustificado do prazo, o que por si só ofende a liberdade de locomoção do adolescente. O crime é material por ser necessária a ocorrência de resultado naturalístico, qual seja a continuidade indevida da privação da liberdade nos casos de descumprimento de prazo para a liberação, ou a permanência do adolescente em local inapropriado por período maior que o permitido na lei. Por se tratar de crime omissivo próprio, não se admite a tentativa.

O artigo 235, embora mencione prazo que abrange o período máximo de internação, não se confunde com o delito anterior. Caso o adolescente tenha sido apreendido ilegalmente, sua não liberação constitui crime previsto no artigo 234. Caso a não liberação seja resultante de inobservância de prazo fixado no ECA, o crime praticado será o previsto no artigo 235.

> ***Art. 236***. *Impedir ou embaraçar a ação de autoridade judiciária, membro do Conselho Tutelar ou representante do Ministério Público no exercício de função prevista nesta Lei:*
> *Pena - detenção de seis meses a dois anos.*

- Análise da estrutura essencial

Sujeito ativo: qualquer pessoa.

Sujeito passivo: Estado, especialmente presentado pelo Ministério Público, Conselho Tutelar ou Justiça da Infância e Juventude.

Consumação: primeiro ato que dificulte a ação da autoridade judiciária, membro do Conselho Tutelar ou representante do Ministério Público.

Tentativa: admite tentativa sempre que a conduta for fracionável.

Objeto jurídico: interesse da administração da justiça.

Objeto material: atuação da autoridade judiciária, membro do Conselho Tutelar ou representante do Ministério Público.

Classificação: crime comum, formal, instantâneo, de ação múltipla (ou conteúdo variado) unissubjetivo, plurissubsistente, de forma livre, comissivo ou omissivo, de perigo abstrato.

- Destaques especiais

Determina o artigo 95 do ECA que cabe ao juiz, ao Conselho Tutelar e ao Ministério Público a fiscalização das entidades governamentais e não governamentais de atendimento à criança ou ao adolescente.

Qualquer pessoa que dolosamente impeça ou atrapalhe, de qualquer forma, a atuação referida, ainda que posteriormente, incidirá nas penas do artigo 236. Por exemplo, caso alguém recuse o acesso de Promotor de Justiça a entidade de atendimento, mesmo que este consiga entrar na entidade alguns momentos depois com força policial, o crime já se terá consumado. Trata-se de crime comissivo formal e instantâneo. Ainda que comprovadamente não haja nenhuma irregularidade na entidade, o mero ato de dificultar a atividade fiscalizatória constitui crime.

É importante destacar que o crime não admite modalidade culposa. Logo, se a atuação for dificultada culposamente, haverá mera irregularidade, mas não tipicidade penal. Não se exige qualquer elemento subjetivo especial, somente o dolo (elemento subjetivo geral). O crime pode ser praticado na forma comissiva ou omissiva (e.g.: deixando as portas da entidade de acolhimento trancadas para impedir o acesso do Conselho Tutelar).

Caso haja impedimento de atividade fiscalizatória para esconder atividade criminosa (e.g.: para esconder a existência de tortura de adolescentes em conflito com a lei), a existência de outro crime não afastará a figura típica do artigo 236, havendo concurso material de crimes, esteja ou não a segunda figura delitiva prevista no ECA.

Mencionamos como exemplo a atividade fiscalizatória, mas é importante destacar que o tipo penal abrange qualquer ação do Ministério Público, do Conselho Tutelar e da Justiça da Infância e Juventude no exercício de função prevista nesta lei. O ECA prevê uma enorme variedade de funções para os órgãos citados. Na prática de ato infracional, por exemplo, o Promotor deve realizar oitiva do adolescente em conflito com a lei. Caso exista impedimento, com ocultação do adolescente em conflito com a lei, também estará caracterizado o delito do artigo 236. Isso não significa que não se possa excluir o crime por eventual excludente da culpabilidade, como a inexigibilidade de conduta diversa. Imaginemos que a mãe oculte o filho para ele não ser ouvido pelo Ministério Público. Entendemos haver excludente de culpabilidade por inexigibilidade de conduta diversa.

> ***Art. 237**. Subtrair criança ou adolescente ao poder de quem o tem sob sua guarda em virtude de lei ou ordem judicial, com o fim de colocação em lar substituto:*
> *Pena - reclusão de dois a seis anos, e multa.*

O artigo 237 prevê modalidade específica de subtração de menores. Um dos principais destaques é a distinção entre essa modalidade específica e a genérica, do artigo 249 do Código Penal, que, assim, dispõe:

> *Art. 249 - Subtrair menor de dezoito anos ou interdito ao poder de quem o tem sob sua guarda em virtude de lei ou de ordem judicial:*
> *Pena - detenção, de dois meses a dois anos, se o fato não constitui elemento de outro crime.*
> *§ 1º - O fato de ser o agente pai ou tutor do menor ou curador do interdito não o exime de pena, se destituído ou temporariamente privado do pátrio poder, tutela, curatela ou guarda.*
> *§ 2º - No caso de restituição do menor ou do interdito, se este não sofreu maus-tratos ou privações, o juiz pode deixar de aplicar pena*

- Análise da estrutura essencial

Sujeito ativo: qualquer pessoa.

Sujeito passivo: criança ou adolescente, além de quem exerce a guarda.

Consumação: no momento em que a criança ou adolescente é afastada do poder de quem o tenha sob sua guarda, desde que existente a finalidade de colocação em lar substituto.

Tentativa: admissível.

Objeto jurídico: proteção à convivência familiar, direito de permanecer em sua família natural, extensa ou substituta, e ainda se tutela o direito de guarda de quem a exerce.

Objeto material: criança ou adolescente.

Classificação: crime comum, material, instantâneo de efeitos permanentes, de ação única, unissubjetivo, plurissubsistente, de forma livre, comissivo, de dano.

- Destaques especiais

Podemos perceber que no artigo 237 do ECA existe um elemento subjetivo especial – o fim de colocação em lar substituto, finalidade inexistente no artigo 249 do Código Penal. A presença deste elemento especializa o crime previsto no ECA. Trata-se, portanto, de delito de intenção transcendental (de causar um resultado transcendente, ulterior). Não é necessária a colocação em família substituta para o crime estar consumado, bastando a finalidade. O crime é material por exigir resultado naturalístico (retirada da criança ou adolescente de quem o tenha sob sua guarda em virtude de lei ou ordem judicial), sendo desnecessária a efetivação da colocação na família substituta.

Sujeito ativo do crime é qualquer pessoa que não exerça a guarda em virtude de lei ou ordem judicial. Além do sujeito passivo primário (criança ou adolescente), o delito prevê uma dupla subjetividade passiva, atingindo como sujeito passivo secundário a pessoa que exerce a guarda em virtude de lei ou ordem judicial.

Sendo proibida a interpretação extensiva, não se perfaz o artigo 237 se houver subtração da criança ou do adolescente de quem o tenha sob guarda de fato, podendo restar caracterizado outro delito.

> ***Art. 238****. Prometer ou efetivar a entrega de filho ou pupilo a terceiro, mediante paga ou recompensa:*
>
> *Pena - reclusão de um a quatro anos, e multa.*
>
> *Parágrafo único. Incide nas mesmas penas quem oferece ou efetiva a paga ou recompensa.*

- Análise da estrutura essencial

Sujeito ativo: pai, mãe, tutor, guardião e aquele que oferece ou efetiva a paga ou recompensa (parágrafo único).

Sujeito passivo: criança ou adolescente.

Consumação: com a promessa ou com a entrega, caso não haja promessa anterior.

Tentativa: admissível na modalidade de entrega, desde que não haja promessa anterior.

Objeto jurídico: direito da criança ou adolescente de permanecer em sua família natural, extensa ou substituta.

Objeto material: criança ou adolescente.

Classificação: crime próprio, formal na modalidade de prometer, material na modalidade de efetivar a entrega sem anterior promessa (nos casos de promessa anterior, a efetivação da entrega é mero exaurimento), de conteúdo variado, unissubjetivo, plurissubsistente dependendo do meio escolhido pelo agente, de forma livre, comissivo, de perigo na modalidade de prometer e de dano na modalidade de efetivar a entrega.

- Destaques especiais

Com a tipificação da conduta, procura-se evitar o tráfico de crianças e adolescentes. É importante destacar que não há proibição de entrega do filho para adoção, mas essa entrega não pode ser voltada à finalidade de paga ou recompensa. O próprio ECA menciona, em várias passagens, o consentimento dos pais na adoção e a assistência psicológica à gestante que manifeste a vontade de entregar seu filho para adoção. Dessa forma, a tipificação envolve a entrega condicionada à paga ou recompensa. No entanto, o crime estará consumado com a mera promessa ou entrega do filho ou pupilo, desde que presente a especial finalidade exigida pelo tipo.

Pela exigência de elemento subjetivo especial, trata-se de delito de tendência transcendental, ou seja, de resultado ulterior (recebimento da paga ou recompensa).

É ainda importante destacar que a pessoa que promete ou efetiva a paga ou recompensa responde por figura correlata, estabelecida pelo parágrafo único.

O Código Penal prevê conduta semelhante no artigo 245:

> *Art. 245 - Entregar filho menor de 18 (dezoito) anos a pessoa em cuja companhia saiba ou deva saber que o menor fica moral ou materialmente em perigo:*
>
> *Pena - detenção, de 1 (um) a 2 (dois) anos.*
>
> *§ 1º - A pena é de 1 (um) a 4 (quatro) anos de reclusão, se o agente pratica delito para obter lucro, ou se o menor é enviado para o exterior.*
>
> *§ 2º - Incorre, também, na pena do parágrafo anterior quem, embora excluído o perigo moral ou material, auxilia a efetivação de ato destinado ao envio de menor para o exterior, com o fito de obter lucro.*

Ainda que a entrega, com finalidade de obter paga ou recompensa, se dê a pessoa em cuja companhia a criança ou adolescente fique moral ou materialmente em perigo, prepondera o artigo 238 do ECA, por ser especial em relação ao artigo 245 do Código Penal. Trata-se de aplicação do princípio da especialidade.

> ***Art. 239****. Promover ou auxiliar a efetivação de ato destinado ao envio de criança ou adolescente para o exterior com inobservância das formalidades legais ou com o fito de obter lucro:*
>
> *Pena - reclusão de quatro a seis anos, e multa.*
>
> *Parágrafo único. Se há emprego de violência, grave ameaça ou fraude:*
>
> *Pena - reclusão, de 6 (seis) a 8 (oito) anos, além da pena correspondente à violência.*

- Análise da estrutura essencial

Sujeito ativo: qualquer pessoa.

Sujeito passivo: criança ou adolescente.

Consumação: com a efetivação do ato destinado ao envio da criança ou do adolescente, sendo desnecessário o envio em si.

Tentativa: admissível.

Objeto jurídico: proteção à família da criança ou do adolescente.

Objeto material: criança ou adolescente.

Classificação: crime comum, formal, de conteúdo variado, unissubjetivo, plurissubsistente, de forma livre, comissivo, de perigo abstrato

- Destaques especiais

Assim como no artigo anterior, aqui também podemos aplicar o princípio da especialidade em relação ao artigo 245 do Código Penal. A conduta tipificada no artigo 239 consiste em promover (efetivar, praticar o ato) ou auxiliar (colaborar com o responsável por promover a efetivação) a efetivação de ato destinado ao envio de criança ou adolescente para o exterior (outro país), sem observar as formalidades legais ou com intenção de obter lucro. Trata-se de hipótese de alternatividade entre a forma de envio e a finalidade especial. Ou seja, o crime estará consumado com a efetivação de ato destinado ao envio sem observar as formalidades legais. Observadas as formalidades legais, haverá o crime se presente intuito de lucro.

Na modalidade de inobservância das formalidades legais, constitui-se tipo penal em branco, por ser necessária a complementação das formalidades que são exigidas para o envio de criança ou adolescente para o exterior. Levando em conta que as formalidades são provenientes de lei, trata-se de tipo penal em branco homogêneo. Nos casos de formalidades previstas dentro do próprio Estatuto da Criança e do Adolescente, estamos diante de tipo penal em branco homogêneo homovitelino.

Na modalidade de finalidade especial de lucro, trata-se de delito de intenção transcendental, ou seja, é desejado resultado ulterior (que, no entanto, não precisa se realizar para que o crime esteja consumado). Não é necessário o envio da criança ou adolescente para o exterior, bastando à consumação a prática do ato destinado ao envio para que o crime esteja consumado. Trata-se, portanto, de crime formal, sem necessidade de ocorrência do resultado naturalístico.

O STJ enfrentou recentemente a controvérsia acerca da natureza do crime quanto à sua consumação:

> A Turma, ao prosseguir o julgamento, entendeu, por maioria, que o delito previsto no art. 239 da Lei n. 8.069/1990 (ECA), de auxiliar na prática de ato ilícito com o escopo de enviar criança ou adolescente ao exterior sem a observância das formalidades legais (adoção) ou com o fito de obter lucro, é crime de mera conduta, o que afasta a tese de tentativa a incidir na hipótese, em que presos os ora pacientes antes da expedição de passaportes. O Min. Nilson Naves, vencido, sustentava a possibilidade da tentativa, ao entrever que a estrutura do tipo mais se aproxima ao dos crimes de resultado (de caráter material) ao exigir o envio da criança ao exterior para consumação do delito. HC 39.332-RJ, Rel. originário Min. Nilson Naves, Rel. para acórdão Min. Hamilton Carvalhido, julgado em 9/12/2005.

Pornografia infantil, não necessariamente pedofilia – análise dos artigos 240 e 241, alterados pela Lei 11.829/2008

A Convenção Internacional dos Direitos da Criança, aprovada em 1989 pela Assembleia Geral das Nações Unidas, define que os países signatários devem tomar "todas as medidas legislativas, administrativas, sociais e educativas" adequadas à proteção da criança, inclusive no que se refere à violência sexual (artigo 19).

Em sua origem, o ECA trouxe a previsão de pornografia infantil de forma bastante tímida, nos artigos 240 e 241. Punia a conduta de "produzir ou dirigir representação teatral, televisiva ou película cinematográfica, utilizando-se de criança ou adolescente em cena de sexo explícito ou pornográfica", cominando pena de reclusão de um a quatro anos e prevendo a conduta de "fotografar ou publicar cena de sexo explícito ou pornográfica envolvendo criança ou adolescente", cominando pena de reclusão de um a quatro anos.

No entanto, logo após o advento do ECA, tornou-se frenético o uso da *internet*, que trouxe indiscutivelmente inúmeros benefícios para toda a sociedade, contribuindo de forma intensa para a comunicação mundial, levando a várias pessoas o acesso a informações da ciência e tecnologia, cultura, política, educação, comércio, e possibilitando, assim, um grande avanço na troca de informações, ligando computadores de todo o planeta com grande celeridade. Já no início da década, existiam mais de 600 milhões de usuários de computadores em todo o planeta, que, em mais de 190 países, já acessavam a *internet*. No Brasil, já eram mais de 8 milhões de usuários.

Infelizmente, esses benefícios não chegaram sozinhos. Trouxeram consigo os crimes cibernéticos ou digitais, que aumentam diariamente em todo o mundo, e o pior: crimes que podem afetar o mundo todo sem que o agressor saia de casa. A *internet* mal usada pode tornar-se uma arma, dando margem ao desrespeito ao direito da criança e do adolescente. A rede foi utilizada por um grupo que aproveitou o anonimato para divulgar materiais obscenos e relativos à pornografia infantil.[97] Não estamos falando especificamente de pedofilia, pois essa traz consigo a análise de doença mental, mas da pornografia infantil em si, o que deflagra uma sociedade deficitária em ética e moral.

São milhões de sites com conteúdo de pornografia infantil. São milhares de criminosos que muitas vezes se fazem passar por crianças para aliciarem menores com mais facilidade, aproveitando-se de sua inocência. Encontra-se frequente divulgação de pornografia com crianças e adolescentes na *internet* para a satisfação sexual virtual de algumas pessoas. Há uma preocupação geral em modificar legislações internacionais para impedir tal prática. Congressos, seminários e encontros a respeito do abuso sexual contra crianças e adolescentes e de como enfrentar o problema ocorrem em todos os países do mundo há pelo menos 20 anos.[98]

A partir de 1998, o crime de pornografia infantil na *internet* passou a ser

---

97 Gustavo CORREIA, Aspectos Jurídicos da *Internet*, p. 45 apud Carla Rodrigues Araújo de CASTRO, Crimes de Informática, p.44.

98 Lauro Monteiro FILHO, Artigo: Pedofilia, 23 de junho de 2000, www.abrapia.org.br.

encarado com maior seriedade. A criação da Organização Centro-Brasileira de Direitos da Criança e do Adolescente (conhecida como Kids-Denúncia) pela advogada Cristina Leonardo e pela jornalista Wal Ribeiro culminou em grandes descobertas de crimes de pornografia praticados no país. Foram 500 denúncias nos três primeiros meses. O Kids-Denúncia foi uma das primeiras - e significativas - centrais de denúncias para casos de pornografia infantil no Brasil, que ganhou repercussão, respeito e colaboração internacional. No Brasil, levantou discussões, uniu internautas em torno de um objetivo comum e provocou ações oficiais de defesa e proteção dos direitos humanos, tema tão polêmico quanto fascinante e necessário à sociedade.[99]

O estupro de uma menina de cinco anos de idade foi denunciado. Um adolescente recebeu fotos do estupro por *e-mail*. Ao abrir a sequência de fotos, descobriu tratar-se de uma série de material de pornografia infantil e crimes sexuais, incluindo o estupro de uma menina de cinco anos. Imediatamente, chamou a mãe. Jornalista com um profundo senso de justiça, Marta Serrat tentou denunciar o fato à Interpol e à Polícia Federal, mas recebia sempre como resposta que, no Brasil, não havia tecnologia suficiente para a investigação de crimes praticados por computador, os denominados crimes cibernéticos. Persistente e determinada, Marta Serrat assistiu na TV uma reportagem sobre um caso de pornografia resolvido pela advogada Cristina Leonardo, coordenadora da organização não governamental de defesa dos direitos humanos Centro Brasileiro, e resolveu procurá-la. Cristina encaminhou o caso ao Ministério Público Estadual do Rio de Janeiro e ao FBI.

A denúncia instigou o Ministério Público a criar setores de combate a pornografia infantil virtual, e esse realizou, nos anos seguintes, as Operações Catedral I e II. O FBI chegou a uma rede de pornografia infantil americana comandada por um religioso, na qual as vítimas usadas como modelos das fotos eram crianças desaparecidas nos Estados Unidos. Muitas delas foram mortas e tiveram seus corpos enterrados em covas clandestinas nos cemitérios americanos.[100] O então Ministro Renan Calheiros resolveu montar uma força-tarefa, mas logo saiu do Ministério.

A Operação Catedral, montada pelo Promotor de Justiça Romero Lyra, tratava-se do Ministério Público unido à Polícia Militar e à Polícia Civil contra a pornografia infantil. 15 computadores foram apreendidos, além de CDs e periféricos. Foram descobertas 1.263 vítimas em mais de 750 mil imagens. Foi descoberto o clube País das Maravilhas, no qual, para se tornar sócio, deveria

99 "Kids-denúncia" www.kids-denuncia.org.br.
100 "Kids-denúncia" www.kids-denuncia.org.br.

ser feito um depósito de dez mil imagens de crianças em cenas de sexo. Sete ingleses foram presos; um deles era escoteiro e convivia com crianças. A justiça inglesa elevou de três para dez anos a pena por pornografia infantil na época.

Muito pouco pode ser feito no Brasil contra esse crime até poucos anos atrás. A atuação da polícia em crimes cibernéticos requer uma investigação especializada e uma ação efetiva. Falta visão, planejamento, preparo e treinamento.

A partir de 1999, o FBI passou a investigar oficialmente as denúncias, chegando a visitar o Brasil por três vezes entre 1999 e 2000. Foi descoberta uma rede de tráfico de crianças comandada por um religioso. Foram também descobertos laboratórios de fotos de pornografia infantil dentro de universidades. O FBI solicitou, então, ao Brasil um relatório do que teria sido feito para evitar ou diminuir a prática dos crimes de pornografia infantil.

Era necessária urgente alteração no ECA, pois exibir fotos de crianças estupradas e muitas vezes mortas não é liberdade, mas violação dos direitos de quem não tem opção nem condições de escolha e defesa. A mais grave violação de direitos da infância e da juventude.

Durante muito tempo, os provedores de *internet* se eximiram de tomar ciência do que acontecia no ambiente virtual, em salas de bate-papo, que são um campo livre para os aliciadores, mesmo quando eram notificados da existência de pornografia infantil.

O aparecimento da pornografia infantil na *internet* reacendeu o debate a respeito do estabelecimento de mecanismos técnicos, éticos e jurídicos eficazes no combate à delinquência eletrônica. Torna-se de extrema importância, portanto, um estudo sistematizado em relação ao tema.

Não utilizaremos o termo "pedofilia", mas sim "pornografia infantil", pois pedofilia designa desordem mental e de personalidade, além de desvio sexual, assim caracterizado pela Organização Mundial de Saúde. A identificação da doença depende de perícia. Caso reconhecida, nada impedirá a utilização dos dispositivos relacionados à semi-imputabilidade e inimputabilidade, nos termos definidos no artigo 26, *caput*, e parágrafo único do Código Penal. Dessa forma, crime de pornografia infantil, assim como qualquer outro, pode ter como sujeito ativo aquele que não possui a desordem mental pedofilia, podendo ser praticado até mesmo com intuito de lucro ou simplesmente por ausência de valores morais e respeito ao próximo. A doença, se existente, pode inclusive afastar a culpabilidade, o que não acontece em caso de prática de pornografia infantil pelo imputável.

A maioria dos crimes envolvendo atos sexuais contra crianças são realizados por pessoas que não são clinicamente pedófilas (mas sim que realizaram tal ato por outras razões, tal como aproveitar-se da vulnerabilidade da vítima), e não por pessoas que sentem atração sexual primária por crianças.

A Classificação Internacional de Doenças (CID-10), da Organização Mundial da Saúde, item F65.4, define a pedofilia como "preferência sexual por crianças, quer se trate de meninos, meninas ou de crianças de um ou do outro sexo, geralmente pré-púberes ou não".

O Diagnostic and Statistical Manual of Mental Disorders, 4th edition (DSM-IV), da Associação de Psiquiatras Americanos, define uma pessoa como pedófila caso ela preencha os três requisitos abaixo:

- Por um período de ao menos seis meses, a pessoa possui intensa atração sexual, fantasias sexuais ou outros comportamentos de caráter sexual por pessoas menores de 13 anos de idade.

- A pessoa decide realizar seus desejos, seu comportamento é afetado por seus desejos, e/ou tais desejos causam estresse ou dificuldades intra e/ou interpessoais.

- A pessoa possui mais do que 16 anos de idade e é ao menos cinco anos mais velha do que a(s) criança(s) citada(s) no critério. Esse critério não se aplica exatamente a indivíduos com 12-13 anos de idade ou mais envolvidos em um relacionamento amoroso (namoro) com um indivíduo ao final da adolescência – entre 17 e 20 anos de idade. Nesta faixa etária, geralmente acontecem diversos relacionamentos entre adolescentes de idades diferentes. Namoro entre adolescentes e jovens não é considerado pedofilia por especialistas no assunto (e.g.: o namoro entre uma adolescente de 14 anos e um jovem de 18 anos). No entanto, em 2013 foi elaborado o DSM V.

Note que o ato sexual entre pedófilo e criança não precisa estar presente e que uma pessoa pode ser considerada clinicamente como pedófila apenas pela presença de fantasias ou desejos sexuais, desde que se cumpram todos os três critérios.[101]

No entanto, há na doutrina corrente pela inexistência de separação dos termos, da qual respeitosamente discordamos. Nesse sentido, Nucci:[102]

> *(...) parece-nos positiva a edição da lei 11829/08, com a geração de inéditas figuras incriminadoras, mormente em tempos de internet e fácil acesso dos jovens à informação. Ademais, cumpre salientar o maior detalhamento às atitudes dos denominados pedófilos, que se valem da rede mundial de computadores,*

---

101 http://superane.com.br/kids.php?idnot=341&tit=pedofilia

102 Ob cit, p. 253.

> *em especial, para suas atividades criminosas. A pedofilia é um distúrbio psicossocial, consistente em intenso desejo de manter práticas sexuais, reais ou fantasiosas, com crianças. É natural que, por extensão, possa-se entender como pedófilo, igualmente, aquele que se liga a adolescentes, em particular os mais novos.*

Com todo esse debate aceso acerca da pornografia infantil, grande polêmica começou a ser gerada quanto à extensão da conduta "publicar", então prevista no artigo 241, que dizia respeito a cena de sexo explícito ou pornográfica envolvendo criança ou adolescente. Nessa época, alguns sustentavam que o posterior surgimento da *internet* não permitiria ao tipo penal alcançar a conduta daqueles que usaram esse meio para tornar as imagens públicas. Outros estabeleciam que publicar já envolveria a conduta de tornar público por qualquer meio, fosse ele já existente ou futuro, sendo o crime de forma livre e não de forma vinculada. A análise chegou aos Tribunais Superiores, que acabaram posicionando-se favoravelmente à aplicação do artigo 241 em sua redação original. Tal posicionamento, à época, tornou-se amplamente majoritário.

Outro aspecto questionado à época seria acerca da conduta de divulgar. Aquele que divulgasse a imagem de forma restrita, por *e-mail*, estaria publicando a imagem? Qual seria o conceito de publicar? Destacamos abaixo algumas decisões anteriores à primeira alteração do ECA no que tange aos crimes de pornografia infantil:

> V. Hipótese em que o Tribunal a quo afastou a tipicidade da conduta dos réus, sob o fundamento de que o ato de divulgar não é sinônimo de publicar, pois "nem todo aquele que divulga, publica", entendendo que os réus divulgavam o material, "de forma restrita, em comunicação pessoal, utilizando a *internet*", concluindo que não estariam, desta forma, publicando as imagens.
>
> VI. Se os recorridos trocaram fotos pornográficas envolvendo crianças e adolescentes através da *internet*, resta caracterizada a conduta descrita no tipo penal previsto no art. 241 do Estatuto da Criança e do Adolescente, uma vez que permitiram a difusão da imagem para um número indeterminado de pessoas, tornando-as públicas, portanto.
>
> VII. Para a caracterização do disposto no art. 241 do Estatuto da Criança e do Adolescente, "não se exige dano individual efetivo, bastando o potencial. Significa não se exigir que, em face da publicação,

haja dano real à imagem, respeito à dignidade etc. De alguma criança ou adolescente, individualmente lesados. O tipo se contenta com o dano à imagem abstratamente considerada.”.

VIII. O Estatuto da Criança e do Adolescente garante a proteção integral a todas as crianças e adolescentes, acima de qualquer individualização. (Resp 617221 STJ – Min Gilson Dipp – 19/10/2004)

“Crime de Computador”: publicação de cena de sexo infanto-juvenil (E.C.A., art. 241), mediante inserção em rede BBS/*Internet* de computadores, atribuída a menores: tipicidade: prova pericial necessária à demonstração da autoria: HC deferido em parte. 1. O tipo cogitado - na modalidade de “publicar cena de sexo explícito ou pornográfica envolvendo criança ou adolescente” - ao contrário do que sucede por exemplo aos da Lei de Imprensa, no tocante ao processo da publicação incriminada é uma norma aberta: basta-lhe à realização do núcleo da ação punível a idoneidade técnica do veículo utilizado à difusão da imagem para número indeterminado de pessoas, que parece indiscutível na inserção de fotos obscenas em rede BBS/*Internet* de computador. 2. Não se trata no caso, pois, de colmatar lacuna da lei incriminadora por analogia: uma vez que se compreenda na decisão típica da conduta criminada, o meio técnico empregado para realizá- la pode até ser de invenção posterior à edição da lei penal: a invenção da pólvora não reclamou redefinição do homicídio para tornar explícito que nela se compreendia a morte dada a outrem mediante arma de fogo. 3. Se a solução da controvérsia de fato sobre a autoria da inserção incriminada pende de informações técnicas de telemática que ainda pairam acima do conhecimento do homem comum, impõe-se a realização de prova pericial. (STF – HC 76689 – 22/09/1998 – Min Sepúlveda Pertence – Primeira Turma)

Nesta decisão, o entendimento acerca do conceito do verbo “publicar” foi amplo. Mesmo sem previsão expressa da publicação por meio informatizado, a Primeira Turma decidiu pela tipicidade da conduta de tornar pública a cena de sexo infanto-juvenil por meio da *internet*. O entendimento baseou-se na natureza do artigo 241, de norma aberta e de forma livre, ao admitir a subsunção ao tipo penal de qualquer conduta que tornasse a imagem pública, ainda que o meio fosse superveniente à previsão típica.

Quando o entendimento pela possibilidade de tipificação se tornou, por fim, majoritário, de forma a permitir que a publicação pela *internet* fosse considerada crime previsto no artigo 241, o ECA foi alterado pela Lei 10.764/2003, tendo sido dada nova redação aos artigos 240 e 241, que passaram a prever as seguintes condutas:

> *Art. 240. Produzir ou dirigir representação teatral, televisiva, cinematográfica, atividade fotográfica ou de qualquer outro meio visual, utilizando-se de criança ou adolescente em cena pornográfica, de sexo explícito ou vexatória:*
>
> *Pena - reclusão, de 2 (dois) a 6 (seis) anos, e multa.*
>
> *§ 1o Incorre na mesma pena quem, nas condições referidas neste artigo, contracena com criança ou adolescente.*
>
> *§ 2o A pena é de reclusão de 3 (três) a 8 (oito) anos:*
>
> *I - se o agente comete o crime no exercício de cargo ou função;*
>
> *II - se o agente comete o crime com o fim de obter para si ou para outrem vantagem patrimonial.*
>
> *Art. 241. Apresentar, produzir, vender, fornecer, divulgar ou publicar, por qualquer meio de comunicação, inclusive rede mundial de computadores ou internet, fotografias ou imagens com pornografia ou cenas de sexo explícito envolvendo criança ou adolescente:*
>
> *Pena - reclusão de 2 (dois) a 6 (seis) anos, e multa.*
>
> *§ 1º Incorre na mesma pena quem:*
>
> *I - agencia, autoriza, facilita ou, de qualquer modo, intermedeia a participação de criança ou adolescente em produção referida neste artigo;*
>
> *II - assegura os meios ou serviços para o armazenamento das fotografias, cenas ou imagens produzidas na forma do caput deste artigo;*
>
> *III - assegura, por qualquer meio, o acesso, na rede mundial de computadores ou internet, das fotografias, cenas ou imagens produzidas na forma do caput deste artigo.*
>
> *§ 2º A pena é de reclusão de 3 (três) a 8 (oito) anos:*
>
> *I - se o agente comete o crime prevalecendo-se do exercício de cargo ou função;*
>
> *II - se o agente comete o crime com o fim de obter para si ou para outrem vantagem patrimonial.*

Com essa alteração, o artigo 240 passa a conter a expressão "película" antes de "cinematográfica", além de incluir a "atividade fotográfica", além de qualquer outro meio visual, incluindo, portanto, hipótese de interpretação analógica, tornando-se mais amplo. Foi incluída a "cena vexatória". No preceito secundário, a pena passou de um a quatro para dois a seis anos anos de reclusão, caracterizando-se como *novatio legis in pejus*.

Já no artigo 241, a reestruturação foi total. O legislador passou a esclarecer a amplitude do verbo *publicar*, além de incluir os verbos: *apresentar, produzir, vender, fornecer, divulgar* fotografias ou imagens com pornografia ou cenas de sexo explícito envolvendo criança ou adolescente. A pena é elevada para dois a seis anos de reclusão. São incluídos os parágrafos 1º e 2º, trazendo figuras equiparadas e qualificadas, respectivamente.

Com a tardia alteração dos artigos 240 e 241, quando a jurisprudência já reconhecia a tipicidade da conduta de tornar pública a imagem por meio da *internet*, surgiram duas novas indagações envolvendo os artigos 240 e 241:

1ª) Considerando-se que, a partir de 2003, a publicação por qualquer meio, inclusive pela rede mundial de computadores ou *internet*, passou a estar tipificada no artigo 241, isso significaria que antes a conduta não era típica? E, caso a resposta fosse positiva, não estaria a nova lei retroagindo para prejudicar o réu, em flagrante desobediência ao disposto no artigo 5º, XL, da Constituição Federal, que estabelece que a lei penal não pode retroagir, salvo para beneficiar o réu?

2ª) Além disso, surgiu ainda uma segunda polêmica quanto ao antigo artigo 241 em comparação ao novo artigo 240: retirado o verbo "fotografar" do artigo 241 e introduzida "produção de atividade fotográfica" no artigo 240, teria havido *abolitio criminis* na modalidade de fotografar ou seria caso de continuidade típica, só que repassada ao artigo 240? Transcrevemos abaixo alguns julgados sobre o tema:

- A favor da *abolitio criminis* do verbo "fotografar":

(...) 4 No que tange à figura do artigo 214 do ECA, forçoso é reconhecerseá abolitio criminis, face ao advento da Lei 10.764/12.11.2003 que deu nova redação ao citado artigo, deixando de punir a simples tirado de fotografias de crianças, exigindo par a tipificação que as mesmas sejam veiculadas pelos meios de difusão. Ocorre que com o advento da Lei 10.764 de 12.11.03 deuse nova redação ao citado artigo 241 do ECA, não se recriminado mias a simples ação de fotografar. O artigo 241 da ECA dispunha: "Fotografar ou publicar cena de sexo explícito ou pornografia envolvendo criança ou adolescente". Já a citada

Lei 10.764 de 12 de novembro de 2003, dando nova redação ao antigo artigo 241 do ECA descreveu como ação nuclear do tipo: "Apresentar, produzir, vender, fornecer, divulgar ou publicar, por qualquer meio de comunicação, inclusive rede mundial de computadores ou *internet*, fotografias ou imagens com pornografia ou cenas de sexo explícito envolvendo criança ou adolescente". Como se vê a conduta imputada ao réu (a de fotografar, etc...) não se insere no novo tipo legal, o qual pune a divulgação, a publicação de foto ou imagens pornográficas envolvendo crianças ou adolescentes. A simples tomada de fotos não mais é considerada criminosa. Destarte, a ação descrita na exordial (fotografar) passou a ser atípica, em face de nova redação dado ao artigo 241 da ECA. (3ª Câmara Criminal do Tribunal de Justiça do Estado de São Paulo) (grifos nossos)

- Contra a *abolitio criminis*:

RECURSO ESPECIAL. REEXAME DE MATÉRIA FÁTICA. DISSÍDIO JURISPRUDENCIAL. AUSÊNCIA DE REQUISITOS. NÃO CONHECIMENTO. VIOLAÇÃO DOS ARTS. 240 E 241 DO ECA. ATIPICIDADE NÃO CARACTERIZADA. Fica caracterizada a impossibilidade de análise da caracterização do crime de concussão e da existência de concurso material com relação ao crime previsto no art. 240 do ECA; havendo necessidade de reexame de provas, inadmissível em face de recurso especial. Violação dos arts. 240 e 241 do ECA. Não se pode falar em violação dos dispositivos referidos, **pois a alteração da redação dos mesmos pela Lei 10.764 não exclui o delito de fotografar crianças e adolescentes, mas ampliou o rol que configura o crime**. Recurso parcialmente conhecido e desprovido. (STJ - REsp 704.744/RN, Rel. Ministro JOSÉ ARNALDO DA FONSECA, QUINTA TURMA, julgado em 26.04.2005, DJ 23.05.2005 p. 342) (grifos nossos)

ART. 241 DA Lei 8.069/90 (estatuto DA CRIANÇA E DO adolescente). NOVA REDAÇÃO DADA PELA Lei 10.764/03. ART. 240 DO ECA (NOVA REDAÇÃO). **Se a conduta do acusado, de fotografar crianças e adolescentes em cenas pornográficas, não tipificou o delito previsto no art. 241 do ECA, já que as fotos não chegaram a ser disponibilizadas em meio de comunicação, inclusive a *Internet*, mesmo assim é possível sua condenação nas sanções do art.**

240 do mesmo estatuto, cuja redação também foi alterada pela Lei 10.764/03. (TJRS, Apelação nº 700088981524, 8ª Câmara Criminal, rel. Des. Marco Antonio Ribeiro de Oliveira, j. 11/08/2004, RJTJRS 244 – julho de 2005) (grifos nossos)

Na doutrina, leciona Martha de Toledo Machado:

> **Produzir** apresentação teatral, televisiva, cinematográfica, atividade fotográfica ou de qualquer outro meio visual, significa realizar, fabricar, concretizar, tais formas de comunicação, reunindo os meios necessários para tanto. A **produção** referida no tipo consubstancia-se num conjunto de atos, que engloba o levantamento de fundos para a realização da atividade, a reunião do equipamento e materiais necessários à realização do filme, da peça de teatro, da fotografia e da **imagem digitalizada**, da comunicação visual consubstanciada em **slides** para exibição através de programas de computador, a obtenção do local para desenvolvimento da atividade, a reunião de materiais e organização do cenário, da iluminação, da sonoplastia, a arregimentação de pessoas para contracenar na **peça de comunicação**, como também daquelas necessárias para a concretização dela, como operadores de câmeras, de som, pessoal de apoio, etc. Esse conjunto de atos pode ser praticado por um ou mais pessoas, respondendo todas elas pelo crime" (cf. Estatuto da Criança e do Adolescente Comentado, Coordenador Munir Cury, São Paulo, 7ª ed. Revista e atualizada, 2005, p. 796) (grifos nossos)

Por fim, dois posicionamentos acerca do tema se tornaram dominantes, com a reforma promovida pela Lei 10.764/2003:

1º) Fotografar criança ou adolescente em cenas de sexo explícito ou pornográficas seria crime previsto no artigo 240, na modalidade de "produzir (...) atividade fotográfica", que abrangeria a conduta de fotografar. Com isso, a conduta foi apenas retirada do artigo 241, mas houve continuidade típica no artigo 240 do ECA.

2º) "Publicar" significa tornar público, independente do meio escolhido. O artigo 241, mesmo em sua redação original, abrangeria a conduta de publicar pela *internet*. Tratava-se, portanto, de uma norma penal aberta, de um crime de forma livre. A alteração produzida pela Lei 10.764/2003 apenas teria esclarecido, explicado, a abrangência do verbo "publicar". Não se trataria, portanto, de retroatividade de lei penal maléfica.

No entanto, nova alteração promovida em 2008 modificou o cenário da tipificação da pornografia infantil, agora de forma muito mais ampla, procurando o legislador alcançar todas as condutas que se relacionassem a qualquer prática atentatória à criança ou ao adolescente. O artigo 240 sofreu nova reestruturação, voltando o verbo "fotografar" a estar expressamente previsto na lei. Foram criados os artigos 241-A, 241-B, 241-C, 241-D e 241-E. Além de tipificação de várias condutas, o arcabouço de proteção passa a contar com norma explicativa, fixando o legislador os limites da expressão "cena de sexo explícito ou pornográfica".

Passemos à análise dos artigos alterados, mantendo a mesma metodologia de estudo quanto à estrutura essencial e os destaques importantes, mas sempre de forma comparativa com a antiga redação e com a nova reforma do Código Penal quanto aos crimes sexuais contra vulnerável.

> ***Art. 240***. *Produzir, reproduzir, dirigir, fotografar, filmar ou registrar, por qualquer meio, cena de sexo explícito ou pornográfica, envolvendo criança ou adolescente:*
>
> *Pena – reclusão, de 4 (quatro) a 8 (oito) anos, e multa.*
>
> *§ 1º Incorre nas mesmas penas quem agencia, facilita, recruta, coage, ou de qualquer modo intermedeia a participação de criança ou adolescente nas cenas referidas no caput deste artigo, ou ainda quem com esses contracena.*
>
> *§ 2º Aumenta-se a pena de 1/3 (um terço) se o agente comete o crime:*
>
> *I – no exercício de cargo ou função pública ou a pretexto de exercê-la;*
>
> *II – prevalecendo-se de relações domésticas, de coabitação ou de hospitalidade; ou*
>
> *III – prevalecendo-se de relações de parentesco consanguíneo ou afim até o terceiro grau, ou por adoção, de tutor, curador, preceptor, empregador da vítima ou de quem, a qualquer outro título, tenha autoridade sobre ela, ou com seu consentimento.*

- Análise da estrutura essencial

Sujeito ativo: qualquer pessoa. Eventual qualidade especial majora a pena.

Sujeito passivo: criança ou adolescente.

Consumação: com a produção, reprodução, direção, fotografia, filmagem ou registro da cena de sexo explícito ou pornográfica, tratando-se de crime formal.

Tentativa: admissível.

Objeto jurídico: a dignidade e liberdade sexual da criança e adolescente.

Objeto material: a criança ou adolescente.

Classificação: crime comum, formal, instantâneo, de forma livre, de conteúdo variado (de ação múltipla), comissivo ou omissivo impróprio, unissubjetivo, plurissubsistente, de perigo.

- Destaques especiais

Com a alteração promovida pela Lei 11.829/2008, o artigo 240 incluiu os verbos "reproduzir", "fotografar", "filmar" e "registrar". Manteve a possibilidade da prática por qualquer meio, aboliu a "cena vexatória", mantendo tão-somente a cena de sexo explícito ou pornográfica. O preceito secundário passou a prever pena de reclusão quatro a oito anos. Foi mantida a previsão típica da conduta daquele que contracena com a criança ou adolescente, incorrendo ele na mesma pena do *caput*. Como forma equiparada, também foi incluída a conduta daquele que agencia, facilita, recruta, coage, ou de qualquer modo intermedia a participação de criança ou adolescente em cenas de sexo explícito ou pornográficas. A seguir, transcrevemos julgado do STJ quanto à conduta de quem permite que as imagens sejam filmadas em seu apartamento:

> A Turma, ao prosseguir o julgamento, entendeu, por maioria, que o delito previsto no art. 239 da Lei n. 8.069/1990 (ECA), de auxiliar na prática de ato ilícito com o escopo de enviar criança ou adolescente ao exterior sem a observância das formalidades legais (adoção) ou com o fito de obter lucro, é crime de mera conduta, o que afasta a tese de tentativa a incidir na hipótese, em que presos os ora pacientes antes da expedição de passaportes. O Min. Nilson Naves, vencido, sustentava a possibilidade da tentativa, ao entrever que a estrutura do tipo mais se aproxima ao dos crimes de resultado (de caráter material) ao exigir o envio da criança ao exterior para consumação do delito. HC 39.332-RJ, Rel. originário Min. Nilson Naves, Rel. para acórdão Min. Hamilton Carvalhido, 5ª. Turma - julgado em 9/12/2005

Quanto ao parágrafo 2º, esse deixa de prever forma qualificada (nova escala penal), passando a constituir causa de aumento de pena e mantendo a prática no exercício de função pública, assim como incluindo o pretexto de exercê-la. A finalidade especial de obter vantagem patrimonial foi retirada do tipo penal, podendo ser considerada na dosimetria da pena como circunstância judicial. Foi incluída, ainda, como causa de aumento, o fato de prevalecer-se de relações domésticas, de coabitação ou de hospitalidade; prevalecer-se de relações de parentesco consanguíneo ou afim até terceiro grau, de adoção, de tutor, curador, preceptor, empregador da vítima ou de quem, a qualquer outro título, tenha autoridade sobre ela, ou com seu consentimento.

Em termos gerais, o tipo penal constitui *novatio legis in pejus*, cominando pena mais gravosa e incluindo novas condutas típicas e causas de aumento. No entanto, promoveu a descriminalização da cena vexatória,[103] além de retirar a punição mais exacerbada da existência de finalidade patrimonial.

Lembramos ao leitor que a condição de causas de aumento de pena faz com que, na dosimetria da pena, se tenha uma valoração cuidadosa da culpabilidade nas circunstâncias judiciais. Ou seja, nenhuma dessas causas de aumento pode ter sido valorada nas circunstâncias judiciais, mas tão-somente na terceira fase da dosimetria, pois valorar na pena-base e, posteriormente, na terceira fase, além de constituir *bis in idem*, caracterizaria responsabilidade penal objetiva quanto à causa de aumento de pena.

Para se responder pelo delito em estudo, as imagens não precisam ser divulgadas, vendidas ou publicadas. A simples conduta de registrar as cenas descritas no artigo já constitui a consumação do crime. No entanto, a posterior conduta relacionada ao produto do crime será punida em concurso de crimes, exceto se o planejamento inicial do autor já se direcionava à conduta posterior. Esclarecendo: se o agente já produz as fotos com o intuito de vendê-las, sustentamos deva ele responder pelo crime-fim (artigo 241), ficando a conduta anterior absorvida em virtude da aplicação do princípio da consunção. Quanto às condutas previstas no artigo 240, o tipo penal é misto alternativo. Dessa forma, a prática de mais de um verbo dentro do mesmo contexto não caracteriza concurso de crimes, mas sim crime único.

Outro destaque de grande importância relaciona-se com a conduta daquele que contracena com criança ou adolescente. Caso o sujeito passivo tenha idade inferior a 14 anos, o agente responde pelo crime de estupro de vulnerável em virtude da prática de qualquer ato libidinoso, consoante dispõe o artigo 217-A

103 Quanto às condutas relacionadas às cenas que não se adequem à previsão do artigo 241-E, houve abolitio criminis.

do Código Penal, incluído pela Lei 12.015/2010. Em virtude da semelhança de bens jurídicos tutelados e da unidade de conduta na prática de ato libidinoso no momento em que existe a cena, entendemos pela aplicabilidade apenas do artigo 217-A, frente ao princípio da especialidade. Entendemos que a conduta prevista no artigo 217-A derrogou tacitamente a previsão típica daquele que contracena com a criança ou adolescente, desde que o sujeito passivo tenha idade inferior a 14 anos.

Na análise do artigo 240 e dos demais artigos que estudaremos, é fundamental a menção inicial ao artigo 241-E, que traz o conceito de cena de sexo explícito ou pornográfica, assim dispondo:

> *Para efeito dos crimes previstos nesta Lei, a expressão "cena de sexo explícito ou pornográfica" compreende qualquer situação que envolva criança ou adolescente em atividades sexuais explícitas, reais ou simuladas, ou exibição dos órgãos genitais de uma criança ou adolescente para fins primordialmente sexuais.*

Entendemos que, em geral, a reforma é bem-vinda, exceto no que tange o disposto neste artigo. O legislador, ao prever o conceito das cenas mencionadas nos artigos 240, 241 e 241-A a D, transformou os citados tipos penais em normas em branco, a terem seus elementos complementados pela disposição do artigo 241-E. No que tange a finalidade primordialmente sexual, de fato, apenas essa merece tipificação, pois, caso contrário, os pais que tirassem fotos de seus filhos em uma praia de nudismo, por exemplo, incorreriam em crime. No entanto, ao prever o conceito das cenas de sexo explícito e, principalmente, das pornográficas, o legislador transformou elementos normativos, que muito bem poderiam ter sido valorados pelo Magistrado casuisticamente, em elementos objetivos, que não admitem valoração. A previsão restringiu a aplicação dos artigos anteriores. Imaginemos aquele que fotografa criança de seis anos, de *lingerie*, em pose sensual, mas sem mostrar seus órgãos genitais. Em virtude do disposto no artigo 241-E, sua conduta não encontraria tipificação no artigo 240 do ECA. A não ser que se sustente que a definição é exemplificativa, o que nos parece temerário em termos principiológicos do Direito Penal, a conduta seria atípica.

O artigo 241-E ofende claramente a proteção conferida a crianças e adolescentes no artigo 227 da Constituição Federal, que estabelece:

É dever da família, da sociedade e do Estado assegurar à criança e ao adolescente, com absoluta prioridade, o direito à vida, à saúde, à alimentação, à educação, ao lazer, à profissionalização, à cultura, à dignidade, ao respeito, à liberdade e à convivência familiar e comunitária, além de colocá-los a salvo de toda forma de negligência, discriminação, exploração, violência, crueldade e opressão.

Afastar a incidência do Direito Penal em caso de tão grave ofensa à infância e à juventude foi um retrocesso no que tange ao direito à dignidade da criança. De qualquer forma, a tese defensiva de atipicidade é perfeitamente viável e possui amparo legal.

Art. 241*. Vender ou expor à venda fotografia, vídeo ou outro registro que contenha cena de sexo explícito ou pornográfica envolvendo criança ou adolescente:*

Pena – reclusão, de 4 (quatro) a 8 (oito) anos, e multa.

- Análise da estrutura essencial

Sujeito ativo: qualquer pessoa.

Sujeito passivo: criança ou adolescente.

Consumação: com a venda, se não houver anterior exposição. Caso contrário, a mera exposição à venda já faz com que o crime esteja consumado.

Tentativa: admissível na modalidade plurissubsistente.

Objeto jurídico: a proteção à formação moral da criança e adolescente e sua dignidade sexual.

Objeto material: fotografia, vídeo ou outro registro contendo as imagens.

Classificação: crime comum, formal, instantâneo, de forma livre, de conteúdo variado (de ação múltipla), comissivo, unissubjetivo, plurissubsistente na modalidade de vender, unissubsistente na modalidade de expor à venda, de perigo.

- Destaques importantes

As antigas condutas previstas no artigo 241 foram divididas e somadas a várias outras ao longo dos diversos artigos com numeração 241. Neste que começamos a estudar, o legislador previu apenas as condutas de comercialização, ou seja, a de vender ou de expor à venda. Nessa modalidade, o intuito de lucro não é necessário. Trata-se de delito de tendência; o fim especial de agir não está expressamente previsto no tipo penal.

Na modalidade de expor à venda, o crime é permanente. Já na modalidade de vender, é instantâneo. Como vimos no tópico anterior, em regra, se foi o próprio agente quem produziu as imagens, haverá possibilidade de concurso de crimes. Entendemos que crimes da mesma espécie são aqueles que possuem o mesmo bem jurídico tutelado, sendo possível o reconhecimento da continuidade delitiva nos dos artigos 240 e 241, desde que preenchidos os demais requisitos do artigo 241, inclusive o elemento subjetivo, ou seja, a unidade de desígnio.

Neste artigo, também é necessária a consulta ao artigo 241-E, que definirá cena de sexo explícito ou pornográfica. Dessa forma, o artigo 241 constitui norma penal em branco a ser complementada em seu elemento objetivo pelo disposto no artigo 241-E do próprio Estatuto. Trata-se, assim, de norma penal em branco homogênea homovitelina.

As demais condutas relacionadas a cenas de sexo explícito ou pornográficas estarão tipificadas nos artigos seguintes.

> ***Art. 241-A**. Oferecer, trocar, disponibilizar, transmitir, distribuir, publicar ou divulgar por qualquer meio, inclusive por meio de sistema de informática ou telemático, fotografia, vídeo ou outro registro que contenha cena de sexo explícito ou pornográfica envolvendo criança ou adolescente:*
>
> *Pena – reclusão, de 3 (três) a 6 (seis) anos, e multa.*
>
> *§ 1º Nas mesmas penas incorre quem:*
>
> *I – assegura os meios ou serviços para o armazenamento das fotografias, cenas ou imagens de que trata o caput deste artigo;*
>
> *II – assegura, por qualquer meio, o acesso por rede de computadores às fotografias, cenas ou imagens de que trata o caput deste artigo.*
>
> *§ 2º As condutas tipificadas nos incisos I e II do § 1º deste artigo são puníveis quando o responsável legal pela prestação do serviço, oficialmente notificado, deixa de desabilitar o acesso ao conteúdo ilícito de que trata o caput deste artigo.*

- Análise da estrutura essencial

Sujeito ativo: qualquer pessoa.

Sujeito passivo: criança ou adolescente.

Consumação: com a prática das condutas previstas no tipo penal, ou seja, com oferecimento, troca, disponibilização, transmissão, distribuição, publicação ou divulgação. Nas formas equiparadas, no momento em que o armazenamento ou o acesso é assegurado.

Tentativa: admissível.

Objeto jurídico: a proteção à formação moral da criança e adolescente e sua dignidade sexual.

Objeto material: fotografia, vídeo ou outro registro que contenha cena de sexo explícito ou pornográfica envolvendo criança ou adolescente.

Classificação: crime comum, formal, instantâneo, permanente nas modalidades de "disponibilizar e divulgar", de forma livre, de conteúdo variado (de ação múltipla), comissivo ou omissivo impróprio, unissubjetivo, plurissubsistente, de perigo.

- Destaques importantes

Vários verbos foram incluídos nesta nova modalidade típica. Trata-se de tipo penal misto alternativo. A prática de mais de uma conduta em um único contexto não caracteriza concurso de crimes.

O *caput* abrange praticamente todas as formas de se dar publicidade a imagens. A troca ou envio de imagens por *e-mail*, por exemplo, caracteriza o crime. Não há necessidade de disponibilização para número indeterminado de pessoas, sequer há necessidade de conhecimento das imagens por mais de uma pessoa. O simples envio de uma pessoa para a outra já caracteriza o crime. Ao passo que a conduta com intuito comercial, ou seja, a venda, se encontra no artigo anterior, neste artigo pode-se alcançar qualquer disponibilização gratuita para uma ou várias pessoas, fator que deve ser analisado na dosimetria da pena, na primeira fase, como consequência do crime. O crime também estará consumado ainda que o destinatário não queira receber as imagens, pois o tipo penal prevê a conduta de oferecer.

Ao abranger o meio telemático, é possível a punição daquele que enviar as imagens por mensagem de celular ou qualquer aparelho de transmissão. Ou seja, o tipo penal em análise é um dos mais amplos do ECA.

O parágrafo 1º traz condutas equiparadas, determinando a responsabilidade penal daquele que assegura os meios ou serviços para o armazenamento das fotografias, cenas ou imagens de sexo explícito ou pornográficas, bem como ao que assegura o acesso a elas. No entanto, é importante destacar que não se pode exigir dos responsáveis pelos provedores que eles controlem a cada segundo todas as imagens que são publicadas ou acessadas. Por questão de razoabilidade, o legislador estabeleceu no parágrafo 2º, como condição objetiva de punibilidade, a notificação oficial. Imaginemos que o responsável pelo provedor de armazenamento das imagens receba notificação oficial para desabilitar o conteúdo com pornografia infantil e, ainda assim, deixa de desabilitá-la. Apenas nessa situação é que o responsável pelo provedor poderá incorrer na mesma pena.

- A competência na visão dos Tribunais Superiores

Questão que tem gerado amplas discussões no âmbito do STJ e STF se relaciona à determinação da competência quanto ao crime previsto neste artigo, na modalidade de publicar a imagem – principalmente se a publicação se der pela *internet*, podendo ser acessada de qualquer lugar do mundo. Questiona-se, para a determinação da competência da Justiça Estadual ou Federal e da aplicação da lei penal brasileira (aspecto penal), qual seria o momento da consumação do crime, de forma a se aplicar a teoria do resultado, fixada no CPP, para determinação da competência.

Outro aspecto de importância é a determinação do lugar do crime, tendo em vista que a conduta é praticada no Brasil, mas teria de se aferir se o resultado ocorre aqui ou em território estrangeiro, pois, neste último caso, iria além das fronteiras nacionais, atraindo a competência da Justiça Federal. Indaga-se, ainda, se seria relevante o local em que se encontra sediado o provedor, pois é possível, por exemplo, que a publicação se dê em um Estado e o provedor se encontre localizado em outro, ou que o provedor se encontre sediado fora do Brasil, embora a publicação tenha se dado por computador localizado em território nacional.

Colacionamos a seguir vários julgados dos Tribunais Superiores acerca do tema, de forma que o leitor possa ter uma visão de como a questão vem sendo orientada na jurisprudência:

> Não tendo sido identificado o responsável e o local em que ocorrido o ato de publicação de imagens pedófilo-pornográficas em site de relacionamento de abrangência internacional, competirá ao juízo fede-

ral que primeiro tomar conhecimento do fato apurar o suposto crime de publicação de pornografia envolvendo criança ou adolescente (art. 241 do ECA). STJ - CC 130.134-TO, Rel. Min. Marilza Maynard (Desembargadora convocada do TJ-SE), julgado em 9/10/2013 – Terceira Seção

A consumação do crime previsto no art. 241 do ECA (publicar cena pornográfica que envolva criança ou adolescente), para fins de fixação de competência, dá-se no ato da publicação das imagens. Essa é solução que mais se coaduna com o espírito do legislador insculpido no art. 70 do CPP. Destarte, é irrelevante, para tal fixação, a localização do provedor de acesso à *Internet* onde as imagens estavam armazenadas ou mesmo o local da efetiva visualização pelos usuários. (STJ - CC 29.886-SP, Rel. Min. Maria Thereza de Assis Moura, julgado em 12/12/2007 – Terceira Seção – Informativo 342) (grifos nossos)

Trata-se de conflito negativo de competência em que o juízo federal do RJ e o juízo federal do júri e das execuções penais de SP declararam-se incompetentes para presidir inquérito policial que apura delito tipificado no art. 241 da Lei n. 8.069/1990 supostamente praticado pelo paciente, enquanto teria vinculado imagens pornográficas de crianças e adolescentes na *Internet*. Explica o Min. Relator que, **de acordo com o entendimento deste Superior Tribunal, o delito previsto no art. 241 do ECA ocorre no momento da publicação das imagens, ou seja, no lançamento das fotografias de pornografia infantil na *Internet*.** Por isso, **o local em que se encontra sediado o provedor de acesso ao ambiente virtual não é relevante para a fixação da competência. Diante do exposto, a Seção declarou competente o juízo do júri e das execuções penais de São Paulo, o suscitado, levando em conta ser o local do lançamento das fotos na** *Internet*, de acordo com a documentação dos autos. Precedente citado: STJ - CC 29.886-SP, DJ 1º/2/2008. CC 66.981-RJ, Rel. Min. Og Fernandes, julgado em 16/2/2009 – Terceira Seção – Informativo 384 (grifos nossos)

Discute-se a competência para processar e julgar diversos crimes veiculados em sites da *Internet*: divulgação de imagens pornográficas de crianças e adolescentes, estelionato, facilitação de prostituição e corrupção de menores. **O juízo federal reconheceu como de sua competência o delito de divulgação de imagens pornográficas e suscitou o conflito de competência em relação aos demais delitos.** Por outro lado, o parecer do Ministério Público Federal reconheceu a existência de conexão probatória ou instrumental (em que o vínculo é objetivo, pois as infrações nutrem relação de causa e efeito). Por esse motivo, todos os delitos deveriam ser apreciados pela Justiça Federal. Para a Min. Relatora, é imprescindível verificar se, entre os crimes de estelionato, facilitação de prostituição e corrupção de menores, haveria vínculo etiológico com o delito do art. 241 do ECA, esse último de competência da Justiça Federal. Assim, sob esse prisma, o delito contra o patrimônio perpetrado por meio de outro site não tem liame instrumental, relação de causa e efeito, para justificar a competência federal. Ademais, o fato de esse delito, em tese, ter extravasado limites estaduais não autoriza o reconhecimento de afetação de bens jurídicos da União, nem nas hipóteses elencadas no art. 109 da CF/1988. **Já os crimes de facilitação de prostituição e corrupção de menores praticados no mesmo site do crime de divulgação de imagens pornográficas de crianças e adolescentes, em razão do reconhecimento da conexão instrumental ou probatória e à luz da Súm. n. 122-STJ, devem ser julgados na Justiça Federal**. Com esse entendimento, a Seção declarou competente o juízo de Direito da vara criminal, o suscitado, para processar e julgar o crime de estelionato, e o juízo federal criminal e juizado especial, o suscitante, para julgar os demais crimes. (STJ - CC 101.306-PR, Rel. Min. Maria Thereza de Assis Moura, julgado em 16/2/2009 – Terceira Seção – Informativo 384) (grifos nossos)

No julgado abaixo, a Primeira Turma do STF, no HC 86829, de relatoria do Ministro Ricardo Lewandowski, entendeu que a consumação se opera com o acesso, que, tendo sido além das fronteiras brasileiras, atrai a competência da Justiça Federal:

EMENTA: PROCESSO PENAL. COMPETÊNCIA. CRIME TIPIFICADO NO ESTATUTO DA CRIANÇA E DO ADOLESCENTE.

> **CONSUMAÇÃO E EXAURIMENTO NO EXTERIOR. COMPETÊNCIA DA JUSTIÇA FEDERAL.** I - Compete à Justiça Federal processar e julgar os crimes cuja consumação se deu em território estrangeiro (art. 109, V, CF). II - **O crime tipificado no art. 241 do Estatuto da Criança e do Adolescente, consubstanciado na divulgação ou publicação, pela** *internet*, **de fotografias pornográficas ou de cenas de sexo explícito envolvendo crianças ou adolescentes, cujo acesso se deu além das fronteiras nacionais, atrai a competência da Justiça Federal** para o seu processamento e julgamento. III - Ordem denegada. (grifos nossos)

O Código Penal determina o lugar do crime com a adoção da teoria mista, ou seja, considera-se praticado o crime no lugar da ação ou omissão, assim como onde ocorreu ou deveria ocorrer o resultado. Com isso, definido o lugar do crime, passamos à análise de seu momento. Adotando o artigo 4º do CP a teoria da atividade, considera-se como momento do crime o momento da ação ou omissão. Tais definições servem para fixarmos os critérios definidos na lei penal sobre a aplicação da lei no tempo e no espaço (artigos 2º a 8º do Código Penal).

No entanto, definir momento do crime não se confunde com definir sua consumação, o que será de extrema relevância para determinar aspectos processuais como a competência. A consumação depende da natureza do crime, e é aí que chegamos ao problema – o crime seria formal ou material? Estaria ele consumado com a conduta de publicar as imagens? Ou seria material, etária relacionado ao acesso a elas, dependendo, portanto, de resultado naturalístico? No primeiro caso, o acesso seria mero exaurimento.

O STJ vem orientando, como vimos, no sentido de que a consumação se daria com a publicação, sendo o crime formal. No entanto, determina a competência da Justiça Federal. Ocorre que o inciso utilizado para a fundamentação menciona "os crimes previstos em tratados e convenções internacionais, quando, iniciada a execução no país, o resultado tenha ou devesse ter ocorrido no estrangeiro, ou reciprocamente". No entanto, analisando tal dispositivo, parece mais coerente a determinação visualizada no julgado do STF pela consumação do crime em território estrangeiro, pois assim teríamos a existência de Convenção (Convenção Internacional dos Direitos da Criança), com o resultado ocorrendo em território estrangeiro – a não ser que concluíssemos pela utilização do inciso do artigo 109, que determina a competência da Justiça Federal para processar e julgar os crimes que representam grave violação de direitos humanos.

Entendemos ser o crime de natureza formal, estando consumado no momento da publicação das imagens. Com isso, seria irrelevante o local da sede do provedor. Sendo assim, ainda que o provedor se localizasse em território estrangeiro, a consumação do crime teria ocorrido no território nacional (lugar) e no momento da publicação (tempo). Há equivalência entre a conduta praticada (teoria da atividade definida no artigo 4º do CP) e sua consumação, que serviria para definição de critérios de competência. Perceba o leitor que estamos analisando ao mesmo tempo critérios materiais (tempo e lugar) e critérios processuais (resultado para determinação da competência). No entanto, entendemos que, ainda assim, a competência seria da Justiça Federal, por se tratar de grave violação de direitos humanos (artigo 109, V-A, da CF). A competência seria dela em termos territoriais, do lugar onde ocorreu a publicação, de acordo com o disposto no artigo 69, I, e artigo 70 do Código de Processo Penal, tendo em vista que a consumação, em nosso entendimento, se opera com a publicação das imagens. Nesse sentido, TRF4 – 2008.72.01.003498-0/SC.

Verifica-se, ainda, que a hipótese não se encaixa dentro da classificação técnica de crimes plurilocais (aqueles em que a execução se inicia no território nacional e o resultado se opera em território estrangeiro). No caso da publicação das imagens, o resultado se opera em território nacional e, ao mesmo tempo, em território estrangeiro, pois as fotos estarão acessíveis ao público mundial. Pensamos que o critério de definição de competência deveria conter dispositivo específico para alguns crimes cibernéticos, de forma que o resultado pudesse ser entendido de forma dúplice, como ocorrendo em dois lugares ao mesmo tempo. Perceba o leitor que defendemos que o resultado se dá com a publicação, mas isso ainda não resolve o aspecto da competência *rationi loci*, pois o local não seria necessariamente onde se encontra o computador ou o agente, mas sim que, com a publicação em si, que, tendo sido em rede mundial de computadores, ocorreu em todos os territórios, tornando-se pública de forma plurilocal.

Enquanto não temos hipótese mais específica de determinação de competência em alguns crimes cibernéticos, pensamos que deve ser reinterpretado o conceito técnico de crime plurilocal, de forma que possam a execução e a consumação se dar em um território e, ao mesmo tempo, em outros territórios estrangeiros. Entendendo dessa forma, poderíamos fixar a consumação dentro e fora do território nacional simultaneamente, e consequentemente seria reforçada a competência da Justiça Federal, com base no artigo 109, ainda antes da alteração pela EC 45/2004.

Nos casos em que houver conexão ou continência entre dois ou mais crimes de competência da Justiça Estadual Comum e da Justiça Federal, prevalece a competência da Justiça Federal, que exerce a *vis attractiva* sobre a Justiça Estadual, consoante o disposto no Enunciado 122 da Súmula do STJ. Nesse caso, ainda que a Justiça Federal absolva o réu pelo crime que determinou sua competência, permanecerá competente para o julgamento dos demais delitos.

No que tange à divulgação por *e-mail*, a resolução se torna mais simples. Se alguém envia um *e-mail* do Rio de Janeiro para São Paulo, a competência será determinada com o resultado, que se dará com o simples envio da mensagem, desde que haja potencial de divulgação.[104] No momento em que há envio, há divulgação, desde que alguém possa receber a imagem enviada. A abertura do *e-mail* caracteriza mero exaurimento. Nesse caso, a competência seria da justiça comum estadual, territorialmente (*rationi loci*) do Rio de Janeiro.

> ***Art. 241-B****. Adquirir, possuir ou armazenar, por qualquer meio, fotografia, vídeo ou outra forma de registro que contenha cena de sexo explícito ou pornográfica envolvendo criança ou adolescente:*
>
> *Pena – reclusão, de 1 (um) a 4 (quatro) anos, e multa.*
>
> *§ 1º A pena é diminuída de 1 (um) a 2/3 (dois terços) se de pequena quantidade o material a que se refere o caput deste artigo.*
>
> *§ 2º Não há crime se a posse ou o armazenamento tem a finalidade de comunicar às autoridades competentes a ocorrência das condutas descritas nos arts. 240, 241, 241-A e 241-C desta Lei, quando a comunicação for feita por:*
>
> *I – agente público no exercício de suas funções;*
>
> *II – membro de entidade, legalmente constituída, que inclua, entre suas finalidades institucionais, o recebimento, o processamento e o encaminhamento de notícia dos crimes referidos neste parágrafo;*
>
> *III – representante legal e funcionários responsáveis de provedor de acesso ou serviço prestado por meio de rede de computadores, até o recebimento do material relativo à notícia feita à autoridade policial, ao Ministério Público ou ao Poder Judiciário.*
>
> *§ 3º As pessoas referidas no § 2º deste artigo deverão manter sob sigilo o material ilícito referido.*

---

104 Isso porque é possível que seja hipótese de crime impossível. Imaginemos que, por equívoco, o agente envie o anexo para *e-mail* inexistente. Terá sido impossível a divulgação em si, embora a conduta tenha se iniciado.

- Análise da estrutura essencial

Sujeito ativo: qualquer pessoa.

Sujeito passivo: criança ou adolescente.

Consumação: com a aquisição, posse ou armazenamento do material, sendo relevante a quantidade do material apenas para diminuição da pena.

Tentativa: admissível.

Objeto jurídico: a proteção à formação moral da criança ou adolescente e sua dignidade sexual.

Objeto material: fotografia, vídeo ou outro registro que contenha cena de sexo explícito ou pornográfica envolvendo criança ou adolescente.

Classificação: crime comum, formal, instantâneo, de forma livre, de conteúdo variado (de ação múltipla), comissivo ou omissivo impróprio, unissubjetivo, plurissubsistente ou unissubsistente, dependendo da conduta praticada, de perigo.

- Destaques importantes

Assim como a conduta ativa (oferecer, vender, trocar, disponibilizar, publicar, etc.) é tipificada nos artigos anteriores, também houve previsão típica para as condutas daquele que, de qualquer forma, recebe a fotografia, vídeo ou outra forma de registro que contenha cena de sexo explícito ou pornográfica envolvendo criança ou adolescente. A conduta típica abrange a aquisição onerosa ou gratuita, assim como a posse e o armazenamento do material. Sendo assim, aquele que, navegando pela *internet*, encontra material infanto-juvenil pornográfico e salva o arquivo em seu computador, está praticando o crime aqui previsto. Se a conduta se referir a apenas uma foto, por exemplo, ou seja, se o material for de pequena quantidade, é possível ao juiz, na terceira fase da dosimetria da pena, aplicar a causa de diminuição prevista no parágrafo 1º.

Ressalte-se que, na situação de o agente receber as imagens por *e-mail* e apagá-las, o simples recebimento não caracteriza crime, desde que ele não armazene e não imprima as imagens. Nessa situação, não haveria dolo. O simples recebimento sem aquisição, armazenamento ou posse não caracteriza o crime, até mesmo porque a ciência de seu conteúdo apenas se daria com a abertura da mensagem ou do anexo. Ainda na situação em que o agente salve primeiro o anexo para abrir em seguida, não tendo ciência do conteúdo, não haverá tipicidade, por ausência de dolo em armazenar a imagem descrita no tipo penal. O desconhecimento do tipo de imagem faria o agente incidir em erro de tipo, que afasta o dolo, não havendo previsão típica de conduta culposa.

O parágrafo 2º prevê excludente de ilicitude em três situações: agente público no exercício de suas funções; membro de entidade legalmente constituída que inclua, entre suas finalidades institucionais, o recebimento, processamento e encaminhamento de notícia dos crimes referidos nesse parágrafo; e representante legal e funcionários responsáveis de provedor de acesso ou serviço prestado por meio de rede de computadores, até o recebimento do material relativo à notícia feita à autoridade policial, ao Ministério Público ou ao Poder Judiciário. Todas essas pessoas devem manter sigilo sobre o material ilícito. Atenção: o armazenamento não é permitido nem mesmo por aquele que tem finalidade de denunciar, pois a excludente apenas se aplica às pessoas referidas no parágrafo segundo.

É importante perceber que as várias modalidades previstas nos artigos 240 e 241 a 241-D acabam por excepcionar, em várias situações, a teoria monista. Se alguém vende uma cena pornográfica envolvendo criança ou adolescente e outra pessoa a compra e entrega a outra para que guarde a imagem, não teremos concurso de agentes, mas sim o primeiro agente respondendo pelo artigo 241, o segundo pelo artigo 241-A e o terceiro pelo artigo 241-B.

> ***Art. 241-C****. Simular a participação de criança ou adolescente em cena de sexo explícito ou pornográfica por meio de adulteração, montagem ou modificação de fotografia, vídeo ou qualquer outra forma de representação visual:*
>
> *Pena – reclusão, de 1 (um) a 3 (três) anos, e multa.*
>
> *Parágrafo único. Incorre nas mesmas penas quem vende, expõe à venda, disponibiliza, distribui, publica ou divulga por qualquer meio, adquire, possui ou armazena o material produzido na forma do caput deste artigo.*

- Análise da estrutura essencial

Sujeito ativo: qualquer pessoa.

Sujeito passivo: criança ou adolescente envolvido na cena simulada. Caso a imagem seja falsa, mera simulação visual, o sujeito passivo é a coletividade.

Consumação: com a adulteração, montagem ou modificação de fotografia, vídeo ou qualquer outra forma de representação visual, simulando a participação de criança ou adolescente, tratando-se de crime formal.

Tentativa: admissível.

Objeto jurídico: a proteção à formação moral de toda criança e adolescente e sua dignidade sexual.

Objeto material: fotografia, vídeo ou qualquer outra forma de representação visual que contenha cena simulada de sexo explícito ou pornográfica, envolvendo ainda que simulação da figura de criança ou adolescente.

Classificação: crime comum, formal, instantâneo, de forma livre, de conteúdo variado (de ação múltipla), comissivo ou omissivo impróprio, unissubjetivo, plurissubsistente, de perigo.

- Destaques importantes

Gera dúvida a amplitude desta simulação. O agente que fizesse uma montagem, mas sem utilizar imagens reais de crianças ou de adolescentes como base, praticaria o crime do artigo 241-C? Tentaremos ser mais claros:

Determinada pessoa pega a imagem de uma mulher adulta, de seu corpo, mas faz uma montagem com uma pintura de alta resolução, dando a entender que aquela imagem seria de uma adolescente. Ocorre que a pintura não foi inspirada em alguém especificamente, mas sim uma imagem criada. Haveria crime?

Pensamos que sim, pois não entendemos esse delito como necessariamente tendo como sujeito passivo uma criança ou adolescente utilizada na montagem ou adulteração, mas sim um tipo penal vago, que ofende a toda a coletividade. A conduta de simulação está apta a gerar manifestação de libido com base em imagem que pareça ser de criança ou adolescente. A intenção do legislador, dentro de uma interpretação teleológica, foi de proibir qualquer manifestação que pudesse ofender o respeito que se deve ter aos direitos de toda criança e adolescente, e não de alguma especificamente.

Antes da reforma produzida pela Lei 11.829/2008, não seria típica a conduta daquele que fizesse mera montagem ou representação visual (ex.: pintura, desenho), insinuando a prática de sexo explícito ou de imagem pornográfica de criança ou adolescente. Com isso, teríamos a proibição de filmes pornôs com crianças ou adolescentes, mas não teríamos a proibição de desenhos animados simulando as mesmas práticas. Entendemos que, com a novel tipificação, as condutas passam a ser atingidas pelo artigo 241-C.

Outro aspecto interessante é o eventual concurso de crimes no caso de o agente se ter valido de montagem com base em fotografia real. Imaginemos que ele adquira a fotografia de uma criança nua e faça uma montagem, simulando a prática de sexo explícito com um adulto. Entendemos que, nesse caso, haverá concurso de crimes, na modalidade possível de continuidade delitiva, entre os crimes previstos no artigo 241-B e no 241-C.

> ***Art. 241-D****. Aliciar, assediar, instigar ou constranger, por qualquer meio de comunicação, criança, com o fim de com ela praticar ato libidinoso:*
>
> *Pena – reclusão, de 1 (um) a 3 (três) anos, e multa.*
>
> *Parágrafo único. Nas mesmas penas incorre quem:*
>
> *I – facilita ou induz o acesso à criança de material contendo cena de sexo explícito ou pornográfica com o fim de com ela praticar ato libidinoso;*
>
> *II – pratica as condutas descritas no caput deste artigo com o fim de induzir criança a se exibir de forma pornográfica ou sexualmente explícita.*

- Análise da estrutura essencial

Sujeito ativo: qualquer pessoa.

Sujeito passivo: apenas a criança.

Consumação: com o aliciamento, assédio ou constrangimento para fim de prática de ato libidinoso ou exibição sexual. Com a facilitação ou induzimento de acesso da criança ao material pornográfico, desde que existente o fim especial de agir.

Tentativa: admissível.

Objeto jurídico: a proteção à formação moral da criança e adolescente e sua dignidade sexual.

Objeto material: a criança.

Classificação: crime comum, formal, instantâneo, de forma livre, de conteúdo variado (de ação múltipla), comissivo ou omissivo impróprio, unissubjetivo, plurissubsistente de acordo com o meio eleito, de perigo.

- Destaques importantes

O grande destaque deste tipo penal é o sujeito passivo, pois, enquanto os demais crimes estudados mencionam criança e adolescente, o artigo 241-D menciona apenas a criança como sujeito passivo.

O tipo penal prevê a conduta de quem alicia, assedia ou constrange criança com a finalidade de com ela praticar ato libidinoso. Trata-se de delito de intenção. A conduta do agente também pode ser direcionada à exposição sexual da criança. Dessa forma, aquele que, pelo computador, por meio de *webcam*, induz uma criança a se exibir nua, pratica o crime previsto no artigo 241-D, ainda que não tenha finalidade de com ela praticar ato libidinoso. Trata-se de forma equiparada ao *caput*, na forma do parágrafo 1º, assim como a conduta de facilitar ou induzir o acesso de criança a material pornográfico, visando com ela praticar ato libidinoso.

O artigo 241-D tipifica três situações distintas:

a) Aliciar, assediar ou constranger criança, visando à prática de ato libidinoso com ela.
b) Aliciar, assediar ou constranger criança, para que ela se exiba sexualmente.
c) Facilitar ou induzir o acesso da criança a material pornográfico, visando à prática de ato libidinoso com ela.

A intenção de praticar ato libidinoso com a criança está presente em duas modalidades. No entanto, o crime é formal, estando consumado com o mero aliciamento, assédio ou constrangimento, quando existente a especial finalidade. Se efetivamente o agente praticar ato libidinoso com a criança, o crime passa a ser o estupro de vulnerável, definido no artigo 217-A do Código Penal, incluído pela Lei 12.015/2009, ficando o crime do artigo 241-D absorvido, em apreço ao princípio da consunção, inclusive em sua forma tentada. Esclarecendo: se o agente iniciar os atos de execução para a prática do ato libidinoso, não ocorrendo este por circunstâncias alheias à sua vontade, haverá tentativa do crime previsto no artigo 217-A do CP, e não consumação do crime do artigo 241-D.

Estabelece o artigo 217-A do Código Penal:

> *Art. 217-A. Ter conjunção carnal ou praticar outro ato libidinoso com menor de 14 (catorze) anos:*
>
> *Pena – reclusão, de 8 (oito) a 15 (quinze) anos.*
>
> *§ 1° Incorre na mesma pena quem pratica as ações descritas no caput com alguém que, por enfermidade ou deficiência mental, não tem o necessário discernimento para a prática do ato, ou que, por qualquer outra causa, não pode oferecer resistência.*
>
> *§ 2° (VETADO).*
>
> *§ 3° Se da conduta resulta lesão corporal de natureza grave:*
> *Pena – reclusão, de 10 (dez) a 20 (vinte) anos.*

> *§ 4° Se da conduta resulta morte:*
> *Pena – reclusão, de 12 (doze) a 30 (trinta) anos.*

Muito embora a conduta esteja prevista fora do ECA, faremos breve análise, de forma que o leitor possa identificar a prática desse crime, em detrimento do artigo 241-D do ECA.

No artigo 217-A, *caput*, o legislador definiu como vulnerável a pessoa menor de 14 anos, alcançando a criança e parte da adolescência.

O termo "vulnerável" constitui elemento objetivo do tipo penal, cujo conceito é trazido pelo próprio artigo, não permitindo valoração quando preenchido o conceito legal. Dessa forma, não há de se analisar se o menor de 14 anos era vulnerável naquele caso concreto, mas tão-somente se ele era menor de 14 anos, o que, per se, caracteriza a condição de vulnerável pela ficção legal absoluta.

Nucci,[105] apesar de sustentar o caráter absoluto da vulnerabilidade, sustenta que a previsão da figura do vulnerável não será capaz de sepultar a discussão existente entre presunção absoluta ou relativa:

> *A proteção conferida aos menores de 14 anos, considerados vulneráveis, continuará a despertar debate doutrinário e jurisprudencial. O nascimento de tipo penal inédito não tornará sepulta a discussão acerca do caráter relativo ou absoluto da anterior presunção de violência. Agora, subsumida na figura de vulnerabilidade, pode-se tratar da mesma como sendo absoluta ou relativa.*

Conforme mencionamos em nossa obra Manual de Direito Penal, defendemos que, em uma análise que não venha causar mais danos que proteção a alguns vulneráveis, entendemos que se trata o artigo 217-A de delito de tendência, havendo elemento subjetivo especial de se aproveitar da condição de vulnerável. Dessa forma, por ausência de elemento subjetivo especial, acreditamos não haver o crime quando, por exemplo, um jovem de 18 anos namora uma menina menor de 14 anos com consentimento dos pais, desde que não esteja presente nenhuma forma de exploração.

Cabe ainda destacar que, se o agente aliciar a criança, não com a finalidade de praticar ato libidinoso com ela, mas sim de que ela venha a praticar com outra pessoa, satisfazendo a lascívia de outrem, seu crime será o de corrupção de menores, artigo 218 do CP, alterado substancialmente pela Lei 12.015/2009:

105 NUCCI, Guilherme de Souza. Crimes contra a dignidade sexual. RT, 2009, p. 37.

> *Art. 218. Induzir alguém menor de 14 (catorze) anos a satisfazer a lascívia de outrem:*
>
> *Pena – reclusão, de 2 (dois) a 5 (cinco) anos.*
>
> *Parágrafo único – vetado.*

No entanto, se o agente convence a criança a praticar o ato libidinoso com terceiro, em conluio com este, será partícipe do delito de estupro de vulnerável, se houver a prática do ato libidinoso.

> *Art. 241-E. Para efeito dos crimes previstos nesta Lei, a expressão "cena de sexo explícito ou pornográfica" compreende qualquer situação que envolva criança ou adolescente em atividades sexuais explícitas, reais ou simuladas, ou exibição dos órgãos genitais de uma criança ou adolescente para fins primordialmente sexuais.*

Acerca do disposto neste artigo, remetemos o leitor aos comentários que fizemos no artigo 240, para não nos tornarmos repetitivos.

> **Art. 242**. *Vender, fornecer ainda que gratuitamente ou entregar, de qualquer forma, a criança ou adolescente arma, munição ou explosivo:*
>
> *Pena - reclusão, de 3 (três) a 6 (seis) anos.*

- Análise da estrutura essencial

Sujeito ativo: qualquer pessoa.

Sujeito passivo: criança ou adolescente.

Consumação: com a aquisição, recebimento pela criança ou adolescente.

Tentativa: é possível, nas hipóteses em que a criança ou adolescente estiverem para receber a mercadoria, não sendo a mesma recebida por circunstâncias alheias à vontade do agente.

Objeto jurídico: formação moral da criança ou adolescente.

Objeto material: arma, munição ou explosivo.

Classificação: crime comum, material, comissivo, plurissubsistente, unissubjetivo, instantâneo, de forma livre, de conteúdo variado, doloso, de perigo.

- Destaques importantes

Com a alteração pela Lei 10.764/2003, a pena do crime tipificado no artigo 242 do ECA foi modificada, tornando-se mais gravosa - reclusão de três a seis anos.

A previsão do artigo 242 visa punir a desobediência ao disposto no artigo 81, que proíbe a venda a crianças e adolescentes de arma, munição ou explosivo.

A principal problemática que envolve este artigo é sua comparação com o Estatuto do Desarmamento. Teria ocorrido a revogação parcial e tácita do artigo 242, no que tange à arma de fogo, pela Lei 10.826/2003?

Vejamos os artigos 16 e 17 do Estatuto do Desarmamento (Lei 10.826/2003):

> *Posse ou porte ilegal de arma de fogo de uso restrito*
>
> *Art. 16. Possuir, deter, portar, adquirir, fornecer, receber, ter em depósito, transportar, ceder, ainda que gratuitamente, emprestar, remeter, empregar, manter sob guarda ou ocultar arma de fogo, acessório ou munição de uso proibido ou restrito, sem autorização e em desacordo com determinação legal ou regulamentar:*
>
> *Pena - reclusão, de três a seis anos, e multa.*
>
> *Parágrafo único.* ***Nas mesmas penas incorre quem****:*
>
> *I - suprimir ou alterar marca, numeração ou qualquer sinal de identificação de arma de fogo ou artefato;*
>
> *II- modificar as características de arma de fogo, de forma a torna-la equivalente a arma de fogo de uso proibido ou restrito ou para fins de dificultar ou de qualquer modo induzir a erro autoridade policial, perito ou juiz;*
>
> *III - possuir, detiver, fabricar ou empregar artefato explosivo ou incendiário, sem autorização ou em desacordo com determinação legal ou regulamentar; "IV - portar, possuir, adquirir, transportar ou fornecer arma de fogo com numeração, marca ou qualquer 'outro sinal de identificação raspado, suprimido ou adulterado;*
>
> *V -* ***vender, entregar ou fornecer, ainda que gratuitamente, arma de fogo, acessório, munição ou explosivo a criança ou adolescente****;*
>
> *VI - produzir, recarregar ou reciclar, sem autorização legal, ou adulterar, de qualquer forma, munição ou explosivo. (grifos nossos)*

Comércio ilegal de arma de fogo

Art. 17. Adquirir, alugar, receber, transportar, conduzir, ocultar, ter em depósito, desmontar, montar, remontar, adulterar, ***vender/expor*** *à venda. ou de qualquer forma utilizam; em proveito próprio ou alheio.* ***no exercício de atividade comercial ou industrial, arma de fogo, acessório ou munição****, sem autorização ou em desacordo com determinação legal ou regulamentar:*

Pena - reclusão de quatro a oito anos, e multa.

Parágrafo único. Equipara-se à atividade comercial ou industrial, para efeito deste artigo, qualquer forma de prestação de serviço, fabricação ou comércio irregular ou clandestino, inclusive o exercido em residência. (grifos nossos)

Parece-nos, portanto, que fica clara a derrogação do artigo 242 do ECA no que tange a entrega, de qualquer forma, gratuita ou onerosa, de arma de fogo, munição ou explosivo à criança ou adolescente, que passa a estar prevista no artigo 16, parágrafo único, V, independente da espécie de arma, ou, no artigo 17, caso a venda se dê no exercício de atividade comercial ou industrial.

Leciona Martha de Toledo Machado:[106]

Por outro lado, é de ver que a Lei 10.826/2003 expressamente dispõe sobre registro, posse e comercialização de armas de fogo e munição, ao passo que o tipo penal do art. 242 do ECA incrimina a venda ou fornecimento, ainda que gratuito, de arma, a criança ou adolescente. E no conceito jurídico de arma também estão incluídas as chamadas armas brancas, como punhais, adagas, sabres, floretes, espadas, etc.

De modo que, quanto àquelas armas que não se inserem no conceito de arma de fogo, continua em vigor o art. 242 do ECA, apenando-se as condutas com reclusão de três a seis anos, em face da alteração introduzida pela Lei 10.764, de 12.11.2003.

A hipótese não se confunde com a previsão do artigo 13 da Lei 10.826/2003, pois essa prevê conduta culposa e omissiva:

Omissão de cautela

Art. 13. Deixar de observar as cautelas necessárias para

106 In http://www.promenino.org.br acessado em 13/02/2010, 21:34.

impedir que menor de 18 (dezoito) anos ou pessoa portadora de deficiência mental se apodere de arma de fogo que esteja sob sua posse ou que seja de sua propriedade:

Pena – detenção, de 1 (um) a 2 (dois) anos, e multa.

Parágrafo único. Nas mesmas penas incorrem o proprietário ou diretor responsável de empresa de segurança e transporte de valores que deixarem de registrar ocorrência policial e de comunicar à Polícia Federal perda, furto, roubo ou outras formas de extravio de arma de fogo, acessório ou munição que estejam sob sua guarda, nas primeiras 24 (vinte quatro) horas depois de ocorrido o fato.

A entrega dolosa de arma de fogo, explosivo ou munição a criança ou adolescente caracteriza o crime do artigo 16, V, da Lei 10.826/2003, enquanto a omissão na cautela necessária para impedir o apoderamento de arma de fogo por menor de 18 anos caracteriza o delito previsto no artigo 13.

Art. 243*. Vender, fornecer ainda que gratuitamente, ministrar ou entregar, de qualquer forma, a criança ou adolescente, sem justa causa, produtos cujos componentes possam causar dependência física ou psíquica, ainda que por utilização indevida:*

Pena - detenção de 2 (dois) a 4 (quatro) anos, e multa, se o fato não constitui crime mais grave.

- Análise da estrutura essencial

Sujeito ativo: qualquer pessoa.

Sujeito passivo: criança ou adolescente.

Consumação: com o recebimento, pela criança ou adolescente, do produto cujo componente possa causar dependência física ou psíquica.

Tentativa: admissível.

Objeto jurídico: a formação moral e a integridade física e psíquica da criança e adolescente.

Objeto material: criança ou adolescente.

Classificação: crime comum, material, comissivo, doloso, instantâneo, plurissubsistente, unissubjetivo, de conteúdo variado, de forma livre, de perigo.

- Destaques importantes

O artigo 81 do ECA prevê a proibição de venda a crianças e adolescentes de vários produtos, dentre eles, as substâncias que possam causar dependência física ou psíquica.

> *Art. 81. É proibida a venda à criança ou ao adolescente de:*
> *I - armas, munições e explosivos;*
> *II - bebidas alcoólicas;*
> *III - produtos cujos componentes possam causar dependência física ou psíquica ainda que por utilização indevida;*
> *IV - fogos de estampido e de artifício, exceto aqueles que pelo seu reduzido potencial sejam incapazes de provocar qualquer dano físico em caso de utilização indevida;*
> *V - revistas e publicações a que alude o art. 78;*
> *VI - bilhetes lotéricos e equivalentes.*

No entanto, o artigo 81 fez uma separação desnecessária entre dois incisos: bebidas alcóolicas e produtos cujos componentes possam causar dependência física ou psíquica ainda que por utilização indevida. Afinal, já é incontestável na Medicina que o álcool está dentre as substâncias que podem causar dependência. No entanto, cabe indagar se o artigo 243 abrangeria as bebidas alcóolicas, pois, de acordo com esse entendimento, a contravenção prevista no artigo 63 da Lei das Contravenções Penais – LCP (DL 3688/41) estaria revogada em seu inciso I. Há projeto de lei do Senado visando incluir o artigo 243-A no ECA, passando a tipificar expressamente a venda de bebidas alcóolicas. Vejamos o que dispõe o artigo 63 da LCP:

> ***Art. 63. Servir bebidas alcoólicas:***
> *I – a menor de dezoito anos;*
> *II – a quem se acha em estado de embriaguez;*
> *III – a pessoa que o agente sabe sofrer das faculdades mentais;*
> *IV – a pessoa que o agente sabe estar judicialmente proibida de frequentar lugares onde se consome bebida de tal natureza:*
> *Pena – prisão simples, de dois meses a um ano, ou multa, de quinhentos mil réis a cinco contos de réis.*

Três entendimentos foram construídos acerca do tema:

1º) O crime do artigo 243 abrange a venda de bebidas alcóolicas, revogando parcialmente a contravenção penal do artigo 63. A bebida alcóolica está incluída entre as substâncias que podem causar dependência. Além disso, o legislador não fez menção ao artigo 81, não havendo por que vincular e restringir sua aplicação com base na distinção feita nesse artigo.

2º) No que tange a bebida alcóolica, não estaria caracterizado o crime do artigo 243, mas sim a contravenção penal do artigo 63. Tendo em vista que, se o artigo 81 separou as substâncias, poderia ter mencionado a bebida no artigo 243, mas não o fez. Não se poderia permitir uma analogia *in malam partem* para alcançar aquele que servisse bebida alcóolica a menor de 18 anos. Dessa forma, servir bebida alcóolica a criança ou adolescente continuaria caracterizando contravenção penal, diferente de outras substâncias que podem causar dependência física ou psíquica, ainda que por uso indevido. Trata-se de entendimento majoritário.

3º) Caracteriza mera infração administrativa. Trata-se de combinação necessária do artigo 81, II, com o artigo 249 do ECA, tendo em vista que a proibição de venda de bebida alcóolica sempre é contida em portaria da Justiça da Infância e Juventude.

Vejamos o entendimento que vem sendo aplicado pela Quinta Turma do STJ:

> A distinção estabelecida no art. 81 do ECA das categorias "bebida alcoólica" e "produtos cujos componentes possam causar dependência física ou psíquica" exclui aquela do objeto material previsto no delito disposto no art. 243 da Lei 8.069/90; caso contrário, estar-se-ia incorrendo em analogia in malam partem (Precedentes do STJ). REsp 942288 / RS – Min Jorge Mussi – Quinta Turma – 28/02/2008

> Não esbarra no óbice da Súmula 07/ STJ a pretensão recursal que visa ao reconhecimento de que o art. 243 do ECA proíbe, de forma genérica, a venda de bebidas alcóolicas a crianças e adolescentes. A exegese do aludido dispositivo revela que, ao estabelecer as condutas delituosas em espécie, o legislador excluiu, deliberadamente, a venda de bebidas alcóolicas. REsp 331794 / RS – Min José Arnaldo da Fonseca – Quinta Turma – 25/02/2003

No mesmo sentido:

> DESCLASSIFICAÇÃO. ART. 63. INC. I, DECRETO-LEI 3.688/41
> Conforme reiterados precedentes desta Câmara, tal fato se enquadra como contravenção penal (art. 63. inc. I, Decreto-Lei 3.688/41) e não como crime definido no Estatuto da Criança e do Adolescente. O art. 243 da Lei 8.069/90 prevê o delito de fornecimento a menor de substância que cause dependência física ou psíquica. Todavia, esse mesmo diploma legal, em seu art. 81, faz expressa distinção entre bebidas alcoólicas e substâncias que causem dependência física ou psíquica, penalizando, em seu art. 243, exclusivamente, o fornecimento destas a menores e, evidentemente, excluindo o fornecimento de bebidas como crime. (Apelação Crime Nº 70021710694, Sétima Câmara Criminal, Tribunal de Justiça do RS, Relator: Naele Ochoa Piazzeta, Julgado em 24/04/2008)

No Tribunal de Justiça de Minas Gerais e do Mato Grosso, predomina o entendimento de que a conduta caracteriza mera infração administrativa:

> O proprietário ou responsável pelo estabelecimento comercial que, dolosa ou culposamente, não cumpre o seu dever de fiscalização quanto à venda de bebidas alcoólicas, permitindo a sua aquisição e consumo por adolescente, menor de 18 anos, infringe a proibição contida no art. 81, II, e, ao descumprir determinação da autoridade judiciária ou Conselho Tutelar, comete a infração administrativa prevista no art. 249, ambos do Estatuto da Criança e do Adolescente. - Sujeita-se à pena de multa, de natureza administrativa, que pode ser fixada a partir do valor de 3 'salários de referência', o que equivale a 3 salários-mínimos, conforme Lei 7.789/89. (TJ/MG APELAÇÃO CÍVEL Nº 1.0637.07.046005-9/001 - COMARCA DE SÃO LOURENÇO - APELANTE(S): BAR QUINZINHO - APELADO (A) (S): MINISTÉRIO PÚBLICO ESTADO MINAS GERAIS - RELATOR: EXMO. SR. DES. ARMANDO FREIRE)

Na doutrina, concordamos com Ishida,[107] que discorda do posicionamento adotado pelo STJ:

> *Não compartilhamos deste entendimento, porque a restrição quanto à taxatividade do tipo penal deve ser feita não como conjugação de dois artigos (o art. 81 e o art. 243), mas com base única e exclusivamente no tipo penal: o art. 243. Neste, o intérprete deve buscar o conceito de produto cujo componente possa causar dependência física ou psíquica, não se verificando como a bebida alcóolica possa ser excluída do mesmo.*[108]

Esther Kosowski[109], conceitua o crime em questão da seguinte forma:

> *Conceito: a conceituação desse crime prende-se à tipificação dos atos de fornecer (dar ainda que a título gratuito), ministrar (servir, aplicar) ou entregar (mesmo como intermediação) a criança ou adolescente, sem justa causa, produtos que possam causar dependência física ou psíquica, ainda que por utilização indevida, mesmo que não proibidos ou ilegais.*

Em nosso entendimento, o artigo 243 caracteriza um tipo penal aberto que contém elemento normativo que deve ser valorado, mas não uma norma penal em branco. Se entendêssemos o artigo 243 como norma penal em branco, buscaríamos uma complementação para seu elemento objetivo (que independe de valoração) no artigo 81.

Outro destaque importante é quanto à hipótese de a substância que causa dependência ser droga. Nesse caso, deverá incidir a Lei 11.343/2006, respondendo o agente por tráfico de drogas.

Dessa forma, poderiam caracterizar o crime do artigo 243 os medicamentos que causem dependência, a cola de sapateiro, o cigarro, etc. Ressalte-se que o tipo penal contém a expressão "sem justa causa", que se caracteriza como

---

107 Ob cit, p. 421.

108 No mesmo sentido, decisão de vários Tribunais Estaduais: 1 - TJ/PR - 4ª C. Criminal - AC 0451825-4 - Ipiranga - Rel.: Juiz Conv. Antônio Loyola Vieira - Unanime - J. 03.04.2008 2 - TJ/MT Numero: 2892 Ano: 2007 Magistrado: DESA. SHELMA LOMBARDI DE KATO 3 - TJ/MA Nº Processo 240812005 Acórdão: 0637432006, Relator: MARIA MADALENA ALVES SEREJO Data: 07/12/2006 Órgão: IGARAPÉ GRANDE Processo: APELAÇÃO CRIMINAL 4 - TJ/GO TERCEIRA CAMARA CIVEL FONTE: DJ 13192 de 09/12/1999 ACÓRDÃO: 04/11/1999 RELATOR: DES GERALDO DEUSIMAR ALENCAR REDATOR: RECURSO: 50240-9/188 - APELACAO CIVEL 5 - TJ/AC Processo: 2003.000182-0 Julgamento: 30/09/2003 Órgão Julgador: Câmara Cível Classe: Câmara Cível – Des. Eva Evangelista

109 ao comentar o artigo no Estatuto da Criança e do Adolescente Comentado – Comentários Jurídicos e Sociais, 8ª edição, Editora Malheiros, Coordenador: Munir Cury p. 804.

elemento normativo do tipo penal, exigindo juízo de valoração. O juiz deve aferir, no caso concreto, se houve justa causa para o fornecimento, como o caso de tratamento de doença mental com remédio que cause dependência, de forma a conseguir a cura ou melhores condições de vida para a criança ou adolescente.

Permitir o acesso de criança a adolescente a bar, caracteriza a infração administrativa prevista no art. 258. Nesse sentido:

> INFRAÇÃO ADMINISTRATIVA. Estabelecimento comercial (BAR). Acesso de adolescente. Autuação do proprietário pelo Comissário de Menores. Arts. 149, Inc. I, Alínea "d" e 258 do Estatuto da Criança e do Adolescente. Fato demonstrado de acordo com a prova carreada aos autos e não elidido pelo apelante. Pertinência da sanção. Recurso Desprovido. (Apelação n.º 96.1589-9, de Rolândia, TJPR, Relator: Des. Octávio Valeixo, Revista Igualdade n.º 15, MP-PR)

> JUÍZO DA INFÂNCIA E DA ADOLESCÊNCIA. BEBIDA ALCOÓLICA. Presença de menor em estabelecimento comercial. Intimação da infração. Falta de resposta. Sanção. Cerceamento de defesa. Inexistência. I- Comete infração administrativa punível consoante dispõe a Lei n.º 8.069, de 13 de julho de 1990 (Estatuto da Criança e do Adolescente) o dono ou responsável pelo estabelecimento onde se consomem bebidas alcoólicas ou locais de diversão ou espetáculo, sem observância das disposições legais pertinentes. II - Constando do auto de infração que o responsável pelo estabelecimento infrator foi intimado para, no prazo de dez (10) dias apresentar defesa escrita ou meios de prova que tiver, não há falar-se em ausência de citação ou cerceamento de defesa. III - No caso sub judice tem aplicação o disposto no art. 258 do ECA (Estatuto da Criança e do Adolescente). Apelo improvido. (Apelação Cível 41243 - 0/188, TJGO, Primeira Câmara Cível, 05.08.97, Rel Des. Arivaldo da Silva Chaves)

Art. 244. *Vender, fornecer ainda que gratuitamente ou entregar, de qualquer forma, a criança ou adolescente fogos de estampido ou de artifício, exceto aqueles que, pelo seu reduzido potencial, sejam incapazes de provocar qualquer dano físico em caso de utilização indevida:*

Pena - detenção de seis meses a dois anos, e multa.

- Análise da estrutura essencial

Sujeito ativo: qualquer pessoa.

Sujeito passivo: criança ou adolescente.

Consumação: com o recebimento, pela criança ou adolescente, dos fogos de estampido ou de artifício.

Tentativa: admissível.

Objeto jurídico: a integridade física da criança e adolescente.

Objeto material: criança ou adolescente.

Classificação: crime comum, material,[110] comissivo, doloso, instantâneo, plurissubsistente, unissubjetivo, de conteúdo variado, de forma livre, de perigo.

- Destaques importantes

A previsão do artigo 244 da Lei 8.069/1990 visa à tutela da criança e do adolescente contra o dano potencial de disporem eles de fogos de estampido ou artificio[111] que neles possam provocar qualquer dano físico em caso de utilização indevida. Preventivamente, proíbese a venda de tais produtos a eles.

Mais uma vez, o legislador tipificou a conduta que desrespeita as proibições previstas no artigo 81 do ECA. Vejamos:

> *Art. 81. É proibida a venda à criança ou ao adolescente de:*
> *(...)*
> *IV - fogos de estampido e de artifício, exceto aqueles que pelo seu reduzido potencial sejam incapazes de provocar qualquer dano físico em caso de utilização indevida;*

Distintamente dos dois artigos anteriores, o artigo 244 permanece inteiramente em vigor, abrangendo a venda ou fornecimento, por qualquer forma, de fogos de estampido e de artifício. O reduzido potencial lesivo exclui a própria tipicidade, tendo em vista que o artigo 244 afasta a tipicidade da conduta.

110 Para Nucci, ob. cit., p. 275 e Kosowski, Esther, Estatuto da Criança e do Adolescente Comentado, Malheiros, 4ª. Ed, Coordenação CURY, Munir, p. 781, trata-se de crime formal, sob a argumentação de que o referido crime é de perigo, não sendo necessário o resultado naturalístico (ofensa à integridade física) para a consumação. Ousamos discordar. De fato, o crime é de perigo, o que faz com que afirmemos que não é necessária a ocorrência de dano para a consumação. No entanto, visualizamos a necessidade de ocorrência de resultado naturalístico, qual seja o recebimento dos fogos pela criança ou adolescente.

111 Conceituado pelo Decreto Federal nº 3.665, em seu artigo 3º, LII – "designação comum de peças pirotécnicas preparadas para transmitir a inflamação a fim de produzir luz, ruído, incêndios ou explosões, e normalmente empregada em festividades". Os requisitos para a comercialização estão previstos também no referido Decreto.

Trata-se de norma penal em branco que depende de complementação com base no Decreto nº 3.665/2000, que dá nova redação ao Regulamento para a Fiscalização de Produtos Controlados (R-105), classificando os fogos da seguinte forma:

> *Art. 112. É proibida a fabricação de fogos de artifício e artifícios pirotécnicos contendo altos explosivos em suas composições ou substâncias tóxicas.*
>
> *§ 1º Os fogos a que se referem este artigo são classificados em:*
>
> *I - Classe A:*
>
> *a) fogos de vista, sem estampido;*
>
> *b) fogos de estampido que contenham até 20 (vinte) centigramas de pólvora, por peça; e*
>
> *c) balões pirotécnicos.*
>
> *II - Classe B:*
>
> *a) fogos de estampido que contenham até 25 (vinte e cinco) centigramas de pólvora, por peça;*
>
> *b) foguetes com ou sem flecha, de apito ou de lágrimas, sem bomba; e*
>
> *c) "pots-à-feu", "morteirinhos de jardim", "serpentes voadoras" e outros equiparáveis.*
>
> *III - Classe C:*
>
> *a) fogos de estampido que contenham acima de 25 (vinte e cinco) centigramas de pólvora, por peça; e*
>
> *b) foguetes, com ou sem flecha, cujas bombas contenham até 6 (seis) gramas de pólvora, por peça;*
>
> *IV - Classe D:*
>
> *a) fogos de estampido, com mais de 2,50 (dois vírgula cinquenta) gramas de pólvora, por peça;*
>
> *b) foguetes, com ou sem flecha, cujas bombas contenham mais de 6 (seis) gramas de pólvora;*
>
> *c) baterias;*
>
> *d) morteiros com tubos de ferro; e*
>
> *e) demais fogos de artifício.*
>
> *§ 2º* ***Os fogos incluídos na Classe A podem ser vendidos a quaisquer pessoas, inclusive menores****, e sua queima é livre, exceto nas portas, janelas, terraços, etc., dando para a via pública.*

> *§ 3º* ***Os fogos incluídos na Classe B podem ser vendidos a quaisquer pessoas, inclusive menores****, sendo sua queima proibida nos seguintes lugares:*
>
> *I - nas portas, janelas, terraços, etc., dando para a via pública e na própria via pública; e*
>
> *II - nas proximidades dos hospitais, estabelecimentos de ensino e outros locais determinados pelas autoridades competentes.*
>
> *§ 4º* ***Os fogos incluídos nas Classes C e D não podem ser vendidos a menores de dezoito anos*** *e sua queima depende de licença da autoridade competente, com hora e local previamente designados, nos seguintes casos:*
>
> *I - festa pública, seja qual for o local; e*
>
> *II - dentro do perímetro urbano, seja qual for o objetivo.*
>
> *§ 5º Os fogos de artifício a que se refere este artigo somente poderão ser expostos à venda devidamente acondicionados e com rótulos explicativos de seu efeito e de seu manejo e, onde estejam discriminadas sua denominação usual, sua classificação e procedência. (grifos nossos)*

De acordo com o disposto acima, deve haver perícia para determinação da espécie de fogos que foram comercializados ou entregues à criança ou adolescente, pois se forem das classes C ou D, o agente incorrerá na prática do crime previsto no artigo 244 do ECA. O tipo penal não alcança apenas os comerciantes, mas qualquer pessoa que venha a praticar as condutas descritas.

A possibilidade de venda ou fornecimento de fogos de reduzido potencial lesivo, que podem ser utilizados por menores de 18 anos, não afasta a adequação às normas locais. Ou seja, ainda que a venda seja lícita, a utilização pela criança ou adolescente deve se adequar às normas acerca do local em que é não permitida a utilização dos fogos por ordem legal, sob pena de caracterizar ato infracional análogo ao crime de desobediência. Caso a desobediência se dê por parte de pais que estejam com seus filhos e que recebam a ordem para que não sejam utilizados os fogos, poderão responder penalmente pelo crime de desobediência (artigo 330 do CP).

Vejamos o julgado abaixo, que enfrenta a tese de erro de proibição quanto à venda de fogos a menores de 18 anos:

A imputação é de que o réu vendeu, em seu estabelecimento comercial, aos adolescentes A. C. C. e L. R. S., de 15 e 12 anos respectivamente (documentos às fls.), fogos de estampido e de artificio, ou seja, vinte e cinco bombinhas tipo "Rojão" e cinquenta[112] tipo "Traque", apreendidos, pouco depois, em poder dos menores, quando eles detonavam as bombas perto de uma escola pública. Quanto à autoria, as provas são amplas e seguras. Os adolescentes A. e L. mencionaram, desde o início, terem adquirido os fogos de artificio e estampidos diretamente do réu, em seu estabelecimento comercial (fls.).

Os policiais N. e J., que surpreenderam os menores na rua, na posse dos rojões e bombinhas, prestaram relatos semelhantes. Logo em seguida, dirigiramse ao estabelecimento indicado por A. e L. e, ali, conversaram com o réu, que confirmou a venda de fogos de artificio e estampidos aos adolescentes (fls.). 0 próprio acusado confessou a venda de "rojões" e "bombinhas" aos menores, falando que não tinha conhecimento da proibição de vender esse tipo de fogos de artificio e estampidos para menores (fls.).

Tal alegação, no entanto, é inaceitável, por tratarse de comerciante experiente, que, na ocasião, já tinha o aludido estabelecimento comercial há cerca de três anos (cf. depoimento de testemunhas de defesa à fls.), que, anteriormente, foi proprietário ou gerenciou outras empresas (fls.), que já foi processado por outros delitos (fls.) e que contava, então, quase 50 anos de idade. Não há que falarse, em relação à pessoa com essa experiência de vida, em falta de conhecimento da ilicitude de sua conduta.

Por outro lado, constitui a infração em tela "vender, fornecer ainda que gratuitamente ou entregar, de qualquer forma, a criança ou adolescente fogos de estampido ou de artificio, exceto aqueles que, pelo seu reduzido potencial, sejam incapazes de provocar qualquer dano físico em caso de utilização indevida" (art. 244 da Lei 8.069/90 Estatuto da Criança e do Adolescente).

Como bem anotado no parecer ministerial, "a previsão típicopenal do art. 244 da Lei 8.069/90 visa tutelar a criança e o adolescente contra o perigo potencial de disporem eles de fogos de estampido ou artificio, que neles possa provocar qualquer dano físico em caso de utilização indevida. E, preventivamente, proíbese a venda de tais produtos dano-

112 Alterada a grafia visando adequá-la à reforma ortográfica vigente.

sos (potencialmente) às crianças e aos adolescentes (art. 81, IV/ECA), criminalizandose a conduta (art. 244/ECA)" (fls.).

No caso, referindose ao material apreendido, consignouse no laudo de exame pericial que o mesmo "poderá provocar dano físico em caso de utilização indevida, ou mesmo utilização devida sem os percalços de segurança", especialmente "se somarmos a quantidade de pólvora existente em cada unidade, evidentemente haverá detonação maior comumente chamado "efeito dominó" (fls.).

Resulta claro, pois, do exame técnico que o material apreendido não é daqueles que, pelo seu reduzido potencial, sejam incapazes de provocar qualquer dano físico em caso de utilização indevida. Ap. 953.333/3 – 14ª C. J. 8.8.95 Rel. Juiz Renê Ricupero – TACrim SP

Outro julgado também interessante é relacionado à dispensa de perícia, quando a caixa dos fogos já prevê que a venda dos mesmos é proibida a menores de 18 anos:

FORNECIMENTO DE FOGOS DE ESTAMPIDO OU DE ARTIFÍCIO - Venda a menores - Exame pericial - Desnecessidade - Caracterização - Inteligência: art. 244 do Estatuto da Criança e do Adolescente

34 - Em sede do delito previsto no art. 244 do ECA, estando presente o próprio corpo de delito em face da apreensão das coisas, "fogos", é desnecessário o exame pericial, máxime existindo nas laterais das caixas o aviso de que sua venda é proibida para menores de 18 anos.

(Apelação nº 744.295/6, Julgado em 16/06/1.993, 6ª Câmara, Relator: - Penteado Navarro, RJDTACRIM 18/70) (grifo nosso)

Art. 244-A*. Submeter criança ou adolescente, como tais definidos no caput do art. 2o desta Lei, à prostituição ou à exploração sexual:*

Pena - reclusão de quatro a dez anos, e multa.

§ 1º Incorrem nas mesmas penas o proprietário, o gerente ou o responsável pelo local em que se verifique a submissão de criança ou adolescente às práticas referidas no caput deste artigo.

§ 2º Constitui efeito obrigatório da condenação a cassação da licença de localização e de funcionamento do estabelecimento.

O artigo 244-A do ECA foi tacitamente revogado pela Lei 12.015/2009, que incluiu no Código Penal o artigo 218-B, o qual dispõe:

> *Favorecimento da prostituição ou outra forma de exploração sexual de vulnerável – art. 218-B*
>
> *Art. 218-B. Submeter, induzir ou atrair à prostituição ou outra forma de exploração sexual alguém menor de 18 (dezoito) anos ou que, por enfermidade ou deficiência mental, não tem o necessário discernimento para a prática do ato, facilitá-la, impedir ou dificultar que a abandone:*
>
> *Pena – reclusão, de 4 (quatro) a 10 (dez) anos.*
>
> *§ 1° Se o crime é praticado com o fim de obter vantagem econômica, aplica-se também multa.*
>
> *§ 2° Incorre nas mesmas penas:*
>
> *I – quem pratica conjunção carnal ou outro ato libidinoso com alguém menor de 18 (dezoito) e maior de 14 (catorze) anos na situação descrita no caput deste artigo;*
>
> *II – o proprietário, o gerente ou o responsável pelo local em que se verifiquem as práticas referidas no caput deste artigo.*
>
> *§ 3° Na hipótese do inciso II do § 2º, constitui efeito obrigatório da condenação a cassação da licença de localização e de funcionamento do estabelecimento.*

O artigo 218-B do Código Penal é mais amplo que o artigo 244-A do ECA, passando a prever as condutas de induzir, atrair, facilitar a prostituição ou qualquer outra forma de exploração sexual, além de tipificar as condutas de dificultar ou impedir o abandono da prostituição ou da exploração sexual. Na verdade, passamos a ter no capítulo referente aos crimes contra vulnerável uma modalidade especial de favorecimento à prostituição (que já era prevista no artigo 228 do Código Penal e que alcançava a conduta direcionada a adultos). Outra novidade do artigo 218-B é que a conduta do cliente passa a ser abrangida pelo tipo penal, que em seu parágrafo 2º prevê que incorre na mesma pena quem pratica a conjunção carnal ou outro ato libidinoso com alguém menor de 18 e maior de 14 anos.[113]

A conduta do cliente e da prostituta menor de 18 anos já gerou muita celeuma, principalmente na jurisprudência. Vejamos abaixo julgado do STJ, que

113 Se a conduta for direcionada ao menor de 14 anos, o agente incorre no crime de estupro de vulnerável (art. 217-A do Código Penal).

tantas discussões gerou na época:

> PENAL. EXPLORAÇÃO SEXUAL. ART. 244-A DO ECA. RÉUS QUE SE APROVEITAM DOS SERVIÇOS PRESTADOS. VÍTIMAS JÁ INICIADAS NA PROSTITUIÇÃO. NÃO-ENQUADRAMENTO NO TIPO PENAL. EXPLORAÇÃO POR PARTE DOS AGENTES NÃO-CONFIGURADA. RECURSO ESPECIAL IMPROVIDO. 1.O Superior Tribunal de Justiça tem entendimento no sentido de que o crime previsto no art. 244-A do ECA não abrange a figura do cliente ocasional, diante da ausência de exploração sexual nos termos da definição legal. Exige-se a submissão do infante à prostituição ou à exploração sexual, o que não ocorreu no presente feito. Resp 884.333/SC, Rel. Min. GILSON DIPP, Quinta Turma, DJ 29/6/07. 2. Recurso especial improvido. Resp 820018 Rel Ministro Arnaldo Esteves Lima – Quinta Turma – 05/05/2009

Com a atual previsão mais ampla contida no artigo 218-B do Código Penal, o cliente da prostituta também responderá penalmente, com a mesma pena daquele que favorece diretamente a prostituição. Dessa forma, passamos a ter no Código Penal dois crimes de favorecimento da prostituição: artigo 218-B (contra vulnerável) e artigo 228. Apenas o primeiro tipifica a conduta do cliente, ainda que ocasional. Cabe destacar que os julgados do STJ que se referem à atipicidade da conduta do cliente ocasional dizem respeito a condutas praticadas antes do advento da Lei 12015/09, muito embora os julgados em si sejam bem posteriores, como é o caso do Resp 1361521.

Vejamos o atual posicionamento do STJ:

> O cliente que conscientemente se serve da prostituição de adolescente, com ele praticando conjunção carnal ou outro ato libidinoso, incorre no tipo previsto no inciso I do § 2º do art. 218-B do CP (favorecimento da prostituição ou de outra forma de exploração sexual de criança ou adolescente ou de vulnerável), ainda que a vítima seja atuante na prostituição e que a relação sexual tenha sido eventual, sem habitualidade. Assim dispõe o art. 218-B do CP, incluído pela Lei 12.015/2009: "Submeter, induzir ou atrair à prostituição ou outra forma de exploração sexual alguém menor de 18 (dezoito) anos ou que, por enfermidade ou deficiência mental, não tem o necessário discernimen-

to para a prática do ato, facilitá-la, impedir ou dificultar que a abandone: Pena - reclusão, de 4 (quatro) a 10 (dez) anos". O inciso I do § 2º do referido artigo, por sua vez, prescreve o seguinte: "Incorre nas mesmas penas: I - quem pratica conjunção carnal ou outro ato libidinoso com alguém menor de 18 (dezoito) e maior de 14 (catorze) anos na situação descrita no *caput* deste artigo". Da análise da previsão típica do art. 218-B do CP, especialmente do inciso I do § 2º, extrai-se que o fato de já ser a vítima corrompida, atuante na prostituição, é irrelevante para o tipo penal. Não se pune a provocação de deterioração moral, mas o incentivo à atividade de prostituição, inclusive por aproveitamento eventual dessa atividade como cliente. Pune-se não somente quem atua para a prostituição do adolescente – induzindo, facilitando ou submetendo à prática ou, ainda, dificultando ou impedindo seu abandono –, mas também quem se serve desta atividade. Trata-se de ação político-social de defesa do adolescente, mesmo contra a vontade deste, pretendendo afastá-lo do trabalho de prostituição pela falta de quem se sirva de seu atendimento. A condição de vulnerável é no tipo penal admitida por critério biológico ou etário, neste último caso pela constatação objetiva da faixa etária, de 14 a 18 anos, independentemente de demonstração concreta dessa condição de incapacidade plena de auto-gestão. O tipo penal, tampouco, faz qualquer exigência de habitualidade da mantença de relações sexuais com adolescente submetido à prostituição. Habitualidade há na atividade de prostituição do adolescente, não nos contatos com aquele que de sua atividade serve-se. Basta único contato consciente com adolescente submetido à prostituição para que se configure o crime. A propósito, não tem relação com a hipótese em análise os precedentes pertinentes ao art. 244-A do ECA, pois nesse caso é exigida a submissão (condição de poder sobre alguém) à prostituição (esta atividade sim, com habitualidade). No art. 218-B, § 2º, I, pune-se outra ação, a mera prática de relação sexual com adolescentesubmetido à prostituição – e nessa conduta não se exige reiteração, poder de mando, ou introdução da vítima na habitualidade da prostituição. HC 288.374-AM, Rel. Min. Nefi Cordeiro, julgado em 5/6/2014. – Informativo 543

A reprimenda permaneceu a mesma já anteriormente contida no ECA – reclusão de quatro a dez anos –, tendo sido afastada a previsão de multa, podendo o atual artigo 218-B retroagir nesse aspecto. Naquilo em que for maléfico (ex.:

tipificação da conduta do cliente), o referido tipo penal será irretroativo, em apreço ao disposto no artigo 5º, XL, da Constituição Federal.

Traçaremos abaixo a estrutura essencial e os destaques importantes do artigo 218-B do Código Penal, que revogou o artigo 244-A do ECA:

- Análise da estrutura essencial

Sujeito ativo: qualquer pessoa.

Sujeito passivo: criança ou adolescente, inclusive os que já estão na vida de prostituição nas modalidades de dificultar ou impedir o abandono.

Consumação: com o estabelecimento do menor de 18 anos na vida de prostituição (nas modalidades de induzir, atrair, facilitar), no primeiro momento em que o menor de 18 anos deseja abandonar a vida de prostituição e não consegue (nas modalidades de dificultar ou impedir o abandono), com a prática do ato libidinoso (quanto ao cliente que pratica o ato libidinoso).

Tentativa: admissível.

Objeto jurídico: a dignidade e a liberdade sexual da criança e adolescente, pessoas vulneráveis, além de tutelar ainda aquele que, por enfermidade ou deficiência mental, não tem o necessário discernimento para a prática do ato.

Objeto material: criança ou adolescente.

Classificação: crime comum, material nas modalidades de atrair, induzir e facilitar, assim como na de praticar ato libidinoso; formal nas modalidades de dificultar ou impedir o abandono da prostituição, comissivo, doloso, instantâneo nas modalidades de atrair, induzir, dificultar ou impedir; permanente na modalidade de submeter; plurissubsistente; unissubjetivo; de conteúdo variado; de forma livre; de perigo.

- Destaques importantes

Colacionamos a seguir algumas lições de nossa obra *Manual de Direito Penal:*

A inclusão desse artigo visa reforçar o combate ao incremento da prostituição de crianças e adolescentes na mesma esteira já seguida pelo ECA. Trata-se de modalidade especial de favorecimento da prostituição, que antes apenas era prevista no Código Penal no art. 228, que se encontra dentro do Capítulo VI, que dispõe sobre o lenocínio e tráfico de pessoas.

Com a inclusão do referido artigo, a Lei n° 12.015/2009 acabou por revogar tacitamente o art. 244-A do ECA.

O art. 218-B contém todas as condutas antes descritas do art. 244-A do ECA, sendo ainda mais amplo. O ECA previa a conduta de submeter, o Código Penal vai além, tipificando ainda a conduta de induzir, atrair, facilitar e ainda dificultar ou impedir que o menor abandone a prostituição. Da mesma forma, o art. 244-A do ECA prevê a punição do proprietário, gerente ou responsável, assim como estabelece a cassação da licença de localização e funcionamento como efeito obrigatório da condenação. O legislador trouxe, ainda, a possibilidade de aplicação cumulativa de multa caso haja intuito de lucro.

Podemos perceber que o art. 218-B foi mais amplo também em seu conceito de vulnerável. Nos arts. 217-A, 218 e 218-A, é considerado vulnerável pela idade o menor de 14 anos. No art. 218-B, a proteção se estende até os 18 anos incompletos. Diferentemente das modalidades anteriores previstas no art. 218 e 218-A, o legislador ainda previu como vulnerável um dos já mencionados no estupro de vulnerável: aquele que, por enfermidade ou deficiência mental, não possuir o necessário discernimento para a prática do ato.

Trata-se de tipo penal misto alternativo, que prevê as condutas dolosas de submeter, atrair, induzir e ainda facilitar, assim como dificultar ou impedir que o vulnerável abandone a prostituição ou outra forma de exploração sexual. Caso o agente pratique mais de uma conduta descrita no tipo penal, responderá por um único crime. Na modalidade de submeter, exige-se a habitualidade como elemento subjetivo especial. Dessa forma, seria possível a consumação do crime no dia de inauguração de um estabelecimento de prostituição infantil, desde que comprovada a intenção de habitualidade. Entendemos que a habitualidade constitui elemento subjetivo especial do tipo penal, não sendo necessária a efetiva reiteração de condutas para a consumação do crime.

Caso alguém mantenha estabelecimento destinado à prostituição ou outra forma de exploração sexual de crianças e adolescentes, o delito em análise é especial sobre o previsto no art. 229 do Código Penal, que deve ser aplicado quando a exploração sexual estiver voltada para pessoas que não estejam previstas no conceito de vulnerabilidade.

O artigo estabelece que o proprietário, o gerente e o responsável pelo estabelecimento também respondem pelo crime. No entanto, é importante destacar que não se trata de hipótese de responsabilidade penal objetiva. Somente haverá responsabilidade penal nos casos em que o proprietário tiver ciência do comércio carnal que era exercido no local, ou seja, se agir com dolo, não sendo permitida sua punição sequer a título de culpa, tendo em vista que o tipo penal não prevê modalidade culposa. Quanto ao gerente ou responsável, é bem mais difícil que não tenham conhecimento desse comércio.

O crime é comum, podendo ser praticado por qualquer pessoa. Sujeito passivo do delito é apenas o vulnerável. Eventual alegação de erro de tipo pode ocasionar a desclassificação para o crime previsto no art. 228 ou, ainda, conduzir à atipicidade da conduta.

O Código Penal destina dois artigos, na parte geral, para tratar dos efeitos da condenação. O art. 91 prevê os efeitos genéricos e automáticos da condenação, enquanto o art. 92 prevê os efeitos específicos e não automáticos da condenação, que dependem de menção fundamentada do juiz na sentença. No entanto, tal previsão não afasta a possibilidade de efeitos específicos trazidos em leis especiais ou até mesmo na parte especial do Código Penal, como fez o legislador ao incluir o art. 218-B e seu § 3º.

No entanto, não significa que a aplicação do efeito obrigatório e automático do art. 218-B exclua a aplicação dos efeitos previstos nos arts. 91 e 92 do Código Penal, que continuam sendo plenamente aplicados.

O legislador trouxe a previsão de forma apartada da exploração sexual e da prostituição.

O Professor Rogério Greco esclarece:

> *A partir do I Congresso Mundial contra a Exploração Sexual Comercial de Crianças e Adolescentes, realizado em Estocolmo, em 1996, foram definidas quatro modalidades de exploração sexual, a saber: prostituição, turismo sexual, pornografia e tráfico para fins sexuais.*[114]

Portanto, não é necessário o lucro obtido para que o agente responda pelo crime. De qualquer forma, considerando-se a figura de vulnerável do menor de 18 anos e a proteção a sua dignidade sexual, haverá o crime.

Entendemos a habitualidade como elemento subjetivo especial. Ou seja, basta que o agente tenha a intenção de habitualidade. Mesmo sendo o crime habitual, entendemos possível sua consumação com uma única conduta, ou seja, até mesmo no dia da inauguração do estabelecimento, quando estivermos diante da modalidade "submeter". Logo, seria possível a tentativa quando a casa estivesse pronta para a inauguração, mesmo que nenhum ato de prostituição ou exploração sexual ainda tenha sido praticado dentro dela, havendo impedimento por circunstâncias alheias à vontade do indivíduo. No entanto, destacamos ao leitor que nosso posicionamento não é majoritário. Para a maioria da doutrina, cada ato isolado é um indiferente penal, não havendo tentativa de crime habitual.

114 GRECO, Rogério. Adendo disponível em www. editoraimpetus.com.br

Na modalidade de submeter, o crime também é permanente.

Nas modalidades de atrair e induzir, o crime estará consumado quando a vítima se instalar em uma vida de prostituição ou exploração sexual, bastando a prática de um único ato. Não se trata de crime formal, não bastando o mero induzimento ou atração.

Nas modalidades de dificultar ou impedir, o crime estará consumado no primeiro momento em que a vítima tentar abandonar a prostituição ou exploração sexual e não conseguir. Ainda que a vítima consiga abandonar posteriormente, o crime já estará consumado.

> ***Art. 244-B***. *Corromper ou facilitar a corrupção de menor de 18 (dezoito) anos, com ele praticando infração penal ou induzindo-o a praticá-la: Pena - reclusão, de 1 (um) a 4 (quatro) anos.*
>
> *§ 1º Incorre nas penas previstas no caput deste artigo quem pratica as condutas ali tipificadas utilizando-se de quaisquer meios eletrônicos, inclusive salas de bate-papo da internet.*
>
> *§ 2º As penas previstas no caput deste artigo são aumentadas de um terço no caso de a infração cometida ou induzida estar incluída no rol do art. 1º da Lei nº 8.072, de 25 de julho de 1990.*

- Análise da estrutura essencial

Sujeito ativo: qualquer pessoa.
Sujeito passivo: criança e adolescente.
Consumação: com a prática do ato infracional.
Tentativa: admissível.
Objeto jurídico: formação moral da criança e do adolescente.
Objeto material: criança e adolescente.
Classificação: Classificação: crime comum, formal, comissivo, doloso, instantâneo, plurissubsistente, unissubjetivo, de conteúdo variado, de forma livre, de perigo.

- Destaques importantes

O artigo 244-B foi incluído pela Lei 12.015/2009, que revogou a Lei 2.252/1954, que assim dispunha:

> *Art 1º Constitui crime, punido com a pena de reclusão de 1 (um) a 4 (quatro) anos e multa de Cr$1.000,00 (mil cruzeiros) a Cr$10.000,00 (dez mil cruzeiros), corromper ou facilitar a corrupção de pessoa menor de 18 (dezoito) anos, com ela praticando, infração penal ou induzindo-a a praticá-la.*

Podemos perceber que a revogação da Lei 2.252/1954 não operou a abolitio criminis do crime de corrupção de menores, havendo continuidade típico-normativa no Estatuto da Criança e do Adolescente. A conduta agora prevista no artigo 244-B é mais abrangente que a tipificação anterior. Passa a trazer, como forma equiparada no parágrafo 1º, a conduta de quem corrompe o menor de 18 anos por meio eletrônico, inclusive sala de bate-papo e *internet*. Nosso entendimento, no entanto, é no sentido de que o parágrafo 1º apenas contém norma explicativa que esclarece a abrangência do tipo penal. Tenha-se em vista que, mesmo antes da reforma, o tipo penal não limitava meio pelo qual se praticava a corrupção, sendo delito de forma livre e não de forma vinculada. Logo, entendemos que aqueles que praticaram a conduta antes da vigência do artigo 244-B teriam incorrido no crime de forma livre do artigo 1º da Lei 2.252/1954.

Quanto à nova previsão no ECA, a princípio permaneceu a mesma dúvida antes levantada pela doutrina e pela jurisprudência: o crime seria material ou formal? Ou seja, seria necessária a comprovação da efetiva corrupção, ou bastaria a prática da conduta descrita no tipo? A vítima já corrompida poderia ser sujeito passivo do delito? No entanto, foi editado o enunciado 500 da súmula do STJ: a configuração do crime previsto no artigo 244-B do Estatuto da Criança e do Adolescente independe da prova da efetiva corrupção do menor, por se tratar de delito formal. Desta forma, é desnecessária a efetiva demonstração de corrupção do menor, bastando a prática do ato infracional pela criança ou adolescente, em companhia ou incitada pelo maior.

Na doutrina, Cezar Roberto Bitencourt[115] assim se manifesta quanto ao artigo 218 do CP, que continha, antes da reforma promovida pela Lei 12.015/2009, hipótese semelhante à que analisamos, mas relacionada à prática de ato libidinoso:

> *Sujeito passivo (...), pode ser do sexo masculino ou feminino, com idade entre quatorze e dezoito anos, desde que ainda não seja sexualmente corrompido.*

115 Tratado de Direito Penal. Volume 4. 2ª. ed. São Paulo: Saraiva, 2007, p. 56.

Rogério Greco[116] vislumbra a ocorrência de "crime impossível" (artigo 17, CP) quando o menor já é corrompido, tanto no caso do crime previsto no Código Penal, como naquele da legislação esparsa, eis que "não se pode corromper aquele que já está completamente corrompido".

Nucci[117] também segue a mesma linha ora exposta, asseverando que:

> *É importante ressaltar que não comete o crime previsto neste artigo o maior de 18 anos que pratica crime ou contravenção na companhia do menor já corrompido, isto é, acostumado à prática de atos infracionais. O objetivo do tipo penal é evitar que ocorra a deturpação na formação da personalidade do menor de 18 anos. Se este já está corrompido, considera-se crime impossível qualquer atuação do maior, nos termos do artigo 17 do Código Penal.*

Trazendo à colação os ensinamentos de Nelson Hungria, Mirabete[118] chama a atenção para a necessidade de certo escalonamento do grau de corrupção dos menores:

> *Admite-se a ocorrência do crime ainda que o menor apresente alguma corrupção. Afirma Hungria: 'Em total estado de corrupção, afinal de contas, só se deve considerar a prostituta, a garçonete à Margueritte (inveterada em práticas luxuriosas), o uranista habitual'. Mas se a corrupção tem graus, em seu plano inclinado que conduz à total depravação (RJTJ 73/323), pode-se considerar moralmente corrompida aquela pessoa já experimentada nos prazeres carnais, normais ou anormais, dedicando-se a práticas luxuriosas e hábitos lascivos. A corrupção, em suma, é considerada em contraposto à ingenuidade sexual da maior parte dos menores da mesma idade. Não perde a proteção legal a menor que não tem uma conduta 'primorosa' (RT 428/301) ou a que tem namorados, frequenta[119] bailes e festas (RT 521/482). Por outro lado, não ocorre o crime, com relação a menor que 'denota plena emancipação de costumes, através de comportamento desdobrado em atos típicos de quem já se acha corrom-*

116 Curso de Direito Penal. Volume III. 4ª. ed. Niterói: Impetus, 2007, p. 542 – 543.

117 NUCCI, Guilherme de Souza. Op. Cit., p. 197 – 198.

118 MIRABETE, Julio Fabbrini, FABBRINI, Renato N. Manual de Direito Penal. Volume II. 25ª. ed. São Paulo: Atlas, 2007, p. 428.

119 Grafia alterada visando adequar-se à reforma ortográfica vigente.

pida (RT 422/93, 485/298, 543/409, 544/421, 591/328), ou que, mesmo virgem, se entrega ao agente ao primeiro encontro' (RT 409/105, 444/310).

Hungria[120] buscou sustentação na doutrina e na jurisprudência italianas para sustentar uma gradação da corrupção dos menores, de modo a não deixar ao desamparo aqueles que sofreram uma corrupção inicial ou parcial, mas somente quem se possa reconhecer como inteiramente corrompido.

Por fim, voltamos a um ponto já abordado quando da análise da competência da Justiça da Infância e Juventude no que tange ao julgamento de crime previsto no ECA. No julgamento do HC 113018 do RS, o STF reconheceu constitucional a lei estadual que conferiu ao Conselho da Magistratura poderes para atribuir aos 1º e 2º Juizados da Infância e Juventude, entre outras competências, a de processar e julgar crimes de natureza sexuais praticados contra crianças e adolescentes, nos exatos limites da atribuição que a Carta Magna confere aos Tribunais, entendendo que não há violação aos princípios constitucionais da legalidade, do juiz natural e do devido processo legal, visto que a leitura interpretativa do art. 96, I, a , da Constituição Federal admite que haja alteração da competência dos órgãos do Poder Judiciário por deliberação dos Tribunais. A especialização de varas consiste em alteração de competência territorial em razão da matéria, e não alteração de competência material, regida pelo art. 22 da Constituição Federal.

No mesmo sentido, o STJ:

> Esta Corte Superior, perfilhando orientação emanada de ambas as Turmas do Supremo Tribunal Federal, tem reconhecido ser possível a norma estadual atribuir competência à Vara do Juizado da Infância e Juventude para julgar crimes de natureza sexual praticados contra crianças e adolescentes. (HC 301060 / RS – Quinta Turma – 2014)

Vejamos a jurisprudência dos nossos Tribunais acerca dos crimes previstos no ECA:

> 1. Demonstrado que o crime de atentado violento ao pudor foi praticado para facilitar a prática do delito previsto no artigo 241 do ECA, resta configurada a hipótese de conexão e, confirmada a divulgação

120 HUNGRIA, Nelson, LACERDA, Romão Côrtes de, FRAGOSO, Heleno Cláudio. Comentários ao Código Penal. Volume VIII. 5ª. ed. Rio de Janeiro: Forense, 1981, p. 195.

internacional das fotografias, a competência da Justiça Federal para o processamento dos crimes.

2. A incompetência ratione loci é relativa e, não arguida no momento próprio, opera-se a preclusão, com a prorrogação da competência.

3. A conduta imputada de praticar atos libidinosos com crianças, menores de 14 anos de idade, caracteriza em tese crime do art. 214, c/c o art. 224, alínea "a", ambos do Código Penal. A remessa de fotos dessas práticas, além de outras fotografias de crianças submetidas à prática de atos libidinosos, por meio eletrônico, configura o art. 241 da Lei n. 8.069/90, com a redação que lhe dá a Lei nº 10.764/2003 - não cabendo ressalva de sigilo à comunicação eletrônica, meio que foi para a imputada divulgação pornográfica.

4. Habeas Corpus não conhecido. (STJ - HC 46444 / RJ – Sexta Turma – 2014)

I. Hipótese na qual o paciente foi condenado como incurso no art. 233 do ECA, tendo tal conduta sido, posteriormente, tipificada na Lei dos Crimes de Tortura, com a imposição do gravame de crime hediondo.

II. Evidenciado que o fato atribuído ao paciente ocorreu antes da vigência da Lei n.º 9.455/97, em razão do princípio da irretroatividade da lei penal mais gravosa, não se pode considerar que o réu tenha cometido crime hediondo.(STJ - HC 48551 / RJ – Quinta Turma – 2006)

I- O crime de tráfico internacional descrito no art. 239, do ECA, não exige, para a sua consumação, a saída da criança ou adolescente para o exterior, contentando-se com a execução de qualquer ato de promoção ou auxílio da efetivação de ato destinado ao envio da vítima ao estrangeiro, sem as formalidades legais, ou com o fito de obter lucro.

II- Trata-se de crime formal, que se consuma com a simples prática de qualquer ato destinado ao envio de criança ou adolescente ao exterior, com ou sem obtenção de lucro, nas circunstâncias referidas no tipo penal. Precedentes do STJ. (STJ - AgRg no AREsp 160951 / RJ Quinta Turma – 2013)

1. O Supremo Tribunal Federal se posicionou no sentido de que Tribunal de Justiça estadual, ao estabelecer a organização e divisão judiciária, pode atribuir a competência para o julgamento de crimes

sexuais contra crianças e adolescentes ao Juízo da Vara da Infância e Juventude, por agregação, ou a qualquer outro Juízo que entender adequado.

2. No caso, o Tribunal acriano, autorizado pelo Código de Organização e Divisão Judiciárias do Estado do Acre, fixou a competência das Varas da Infância e da Juventude da Comarca de Rio Branco, por meio da Resolução n.º 134/2009, que atribuiu à 2.ª Vara Especializada competência para julgar "procedimentos criminais envolvendo criança e adolescente na condição de vítimas de Crimes contra a Dignidade Sexual - Parte Especial do Código Penal, Título VI - e os previstos nos artigos 240, 241, 241-A, 241-B, 241-C, 241-D e 244-A, da Lei n.º 8.069/90 - Estatuto da Criança e do Adolescente".

3. Não há portanto, na hipótese em apreço, análoga ao referido julgado da Suprema Corte, nulidade da ação penal por incompetência absoluta do Juízo da 2.ª Vara da Infância e da Juventude da Comarca de Rio Branco - Acre. 4. Recurso desprovido. (STJ - RHC 40468 / AC Quinta Turma – 2013)

1. A consumação do delito, que atualmente tem previsão no art. 241 -A do Estatuto da Criança e do Adolescente, "ocorre no ato de publicação das imagens pedófilo-pornográficas, sendo indiferente a localização do provedor de acesso à rede mundial de computadores onde tais imagens encontram-se armazenadas, ou a sua efetiva visualização pelos usuários" (CC 29.886/SP, Rel. Ministra MARIA THEREZA DE ASSIS MOURA, TERCEIRA SEÇÃO, julgado em 12/12/2007, DJ 01/02/2008, p. 427).

2. A conduta delituosa a ser apurada, na hipótese, refere-se à veiculação de imagens de pornografia infantil pela *internet*. De acordo com as provas amealhadas até o momento, a postagem do conteúdo ilícito ocorreu na comarca de São Paulo/SP, local onde se deve considerar consumado o delito. Portanto, esse é o foro competente para o julgamento da causa, conforme a regra geral inserta no art. 70 do Código de Processo Penal.

3. Ainda que se entenda pela configuração do concurso de crimes, na medida em que se verificaram posteriores acessos ao perfil oriundos de Resende/RJ, a competência também seria do juízo suscitado, pela aplicação do regramento do art. 71 do Código de Processo Penal.

4. Conflito conhecido para declarar competente o Juízo Federal da 8ª Vara Criminal da Seção Judiciária do Estado de São Paulo, ora suscitado. (STJ – CC 93739 / RJ - Terceira Seção – 2014)

1. A Terceira Seção desta Corte Superior entende que "o simples fato de o crime ter sido cometido através da rede mundial de computadores não atrai, necessariamente, a competência da Justiça Federal para o processamento e julgamento do processo, sendo indispensável que se configure alguma das hipóteses previstas no art. 109 da CF" (CC 99.133/SP, Relator Min. Napoleão Nunes Maia Filho, 3ª S., DJe 19.12.2008).

2. Na espécie, a conduta foi supostamente perpetrada via rede mundial de computadores, com o auxílio de software denominado MSN Messenger.

3. O programa de computador MSN Messenger consiste em sistema interpessoal de comunicação instantânea, que permite ao usuários conversar, vizualizar e interagir, inclusive por áudio e vídeo, como se a estivessem realizando pessoalmente.

4. Desse modo, depreende-se a interpessoalidade (limitação entre as partes) das comunicações como requisito estrutural do programa de computador utilizado para a prática do delito previsto no art. 241-D do ECA, que ora se apura.

5. Na espécie, inexiste qualquer indício de que as trocas de mensagens levadas à termo com as vítimas extrapolaram as fronteiras do Brasil. Transnacionalidade da conduta delituosa não configurada.

6. Conflito conhecido para declarar competente o JUÍZO DE DIREITO DA 7ª VARA CRIMINAL DE TERESINA - PI, ora suscitado. (STJ - CC 132279 / PI – Terceira Seção)

Artigo 241 A do ECA

1. O Brasil comprometeu-se a combater mediante tratado internacional o crime de pedofilia, circunstância que atrai a competência da Justiça Federal, nos termos do art. 109, inciso V, da Constituição Federal.

2. Além de se tratar de delito praticado por meio da rede mundial de computadores, o que por si só já revela o caráter transnacional do delito, tem-se que as próprias instâncias ordinárias chegaram a essa

conclusão, com base em fatos e provas carreadas aos autos, elementos esses que não podem ser revistos na via exígua do mandamus.

3. Agravo regimental a que se nega provimento. (STJ - AgRg no HC 29850 / PR – Quinta Turma – 2013)

1. A redação do art. 243 do Estatuto da Criança e do Adolescente ("Vender, fornecer ainda que gratuitamente, ministrar ou entregar, de qualquer forma, a criança ou adolescente, sem justa causa, produtos cujos componentes possam causar dependência física ou psíquica, ainda que por utilização indevida"), pela peculiaridade que ostenta, não faz distinção entre produtos lícitos ou ilícitos.

A norma penal, na verdade, pretende coibir a venda ou fornecimento de produtos que possam causar dependência física ou psíquica ao infante.

2. O cigarro, embora lícito, possui, sabidamente, substância que causa dependência, qual seja, a nicotina, circunstância essa reconhecida de forma expressa pelo inciso VII do § 2.º do art. 3.ºCda Lei n.º 9.294/1995, sendo notório os malefícios que causa à saúde de seus usuários. Portanto, a conduta de fornecê-lo à criança ou adolescente adequa-se perfeitamente na descrição típica do art. 243 do ECA.

3. O delito em tela é de mera conduta (crime de perigo abstrato), sem a exigência de resultado naturalístico. Por isso, a condição da menor de usuária do produto não tem o condão de afastar a tipicidade da conduta de quem lhe forneceu maços de cigarros.

4. Recurso especial provido para restabelecer a sentença condenatória. (STJ - REsp 1359455 / MT – Quinta Turma – 2014)

1. Na via especial, a discussão acerca da classificação jurídica dos fatos dispostos nos autos mitiga a incidência da Súmula 7/STJ.

2. O crime de corrupção de menores é de natureza formal, bastando a participação do menor de 18 anos na prática de infração penal para que se verifique a subsunção da conduta do agente imputável ao tipo descrito no art. 244-B da Lei n. 8.069/1990.

3. A configuração do crime do art. 244-B do Estatuto da Criança e do Adolescente independe da prova da efetiva corrupção do menor, por se tratar de delito formal (Súmula 500/STJ).

4. O documento hábil ao qual a Súmula 74/STJ faz referência não se

restringe à certidão de nascimento, ou seja, outros documentos dotados de fé pública, portanto, igualmente hábeis para comprovar a menoridade, também podem atestar a referida situação jurídica, como, por exemplo, a identificação realizada pela polícia civil. (STJ - AgRg no REsp 1396837 / MG – Sexta Turma – 2014)

APLICAÇÃO EM CONCURSO

01 - De acordo com o art. 228 do ECA, considera-se crime o fato de o encarregado de serviço ou o dirigente de estabelecimento de atenção à saúde de gestante deixar de manter registro das atividades desenvolvidas, na forma e prazo referidos no art. 10 do estatuto, bem como deixar de fornecer à parturiente ou a seu responsável, por ocasião da alta médica, declaração de nascimento, na qual constem as intercorrências do parto e do desenvolvimento do neonato. A ação penal adequada no caso de cometimento do crime descrito é a: CESPE - 2011 - TJ-ES - Juiz

a) personalíssima.

b) pública incondicionada.

c) pública condicionada à representação da gestante.

d) pública condicionada à requisição da autoridade administrativa competente.

e) privada.

Gabarito: B

02 - Analise as afirmações a seguir, identifique as que podem ser consideradas práticas de crime contra a criança e assinale a alternativa correta. ACAFE - 2014 - PC-SC - Delegado de Polícia

l Deixar a autoridade policial responsável pela sua apreensão de fazer imediata comunicação à autoridade judiciária competente e à família do apreendido ou à pessoa por ele indicada.

ll Recusar fornecer autorização para viajar dentro do país, quando a criança viajar acompanhada apenas por um dos genitores.

lll Subtrair criança ou adolescente ao poder de quem o tem sob sua guarda em virtude de lei ou ordem judicial, com o fim de colocação em lar substituto.

lV Vender, fornecer, ainda que gratuitamente, ministrar ou entregar, de qualquer forma, à criança ou adolescente, sem justa causa, produtos cujos componentes possam causar dependência física ou psíquica, ainda que por utilização indevida.

a) Todas as afirmações estão corretas.
b) Apenas I, II e III estão corretas.
c) Apenas III e IV estão corretas.
d) Apenas II e IV estão corretas.
e) Apenas I, III e IV estão corretas.

Gabarito: E

03 - De acordo com entendimento recentemente sumulado pelo STJ, o crime de corrupção de menores do art. 244-B da Lei n.º 8.069/90 (Estatuto da Criança e do Adolescente), é delito ________________ e, portanto, para sua configuração, _________da prova da efetiva corrupção do menor. VUNESP - 2014 - TJ-RJ - Juiz Substituto

Completam, correta e respectivamente, as lacunas as expressões contidas em
a) formal ... depende
b) material ... depende
c) material ... independe
d) formal ... independe

Gabarito: D

04 - Com relação ao crime de corrupção de menor, hoje tipificado no Estatuto da Criança e do Adolescente, é correto afirmar que, no atual entendimento do: FCC - 2014 - TJ-AP - Juiz

a) Supremo Tribunal Federal, trata-se de crime habitual que, portanto, exige prova de sua reiteração no tempo.

b) Superior Tribunal de Justiça, trata-se de crime material que, portanto, exige prova da concreta contaminação moral da vítima.

c) Superior Tribunal de Justiça e do Supremo Tribunal Federal, trata-se de crime formal que, portanto, prescinde de prova da concreta contaminação moral da vítima.

d) Supremo Tribunal Federal, trata-se de crime material que, portanto, exige prova da concreta contaminação moral da vítima.

e) Superior Tribunal de Justiça, trata-se de crime permanente que, portanto, exige prova de sua persistência no tempo.

Gabarito: C

Enunciado 500 do STJ

05 - Visando a combater a distribuição de imagens pornográficas com crianças e adolescentes através da rede mundial de computadores, a Lei nº 11.829/2008 alterou dispositivos do Estatuto da Criança e do Adolescente - ECA, aumentando penas e criando novos tipos penais. Considerando estas alterações, é correto afirmar que: FEC - 2012 - PC-RJ - Inspetor de Polícia - 6º Classe

a) o responsável por provedor de conteúdo de *internet* pode ser penalmente responsabilizado somente se, após ser oficialmente notificado, deixar de desabilitar o acesso ao conteúdo ilícito.

b) aquele que possui em seu computador imagens envolvendo crianças e adolescentes em cenas de sexo explícito ou pornográficas não é penalmente responsável.

c) aquele que simula através de montagem cena de sexo explícito envolvendo criança ou adolescente responde às mesmas penas do que o que produz cena verídica.

d) a exibição de órgãos sexuais de criança ou adolescente por meio eletrônico é considerado fato atípico.

e) o aliciamento de crianças através da rede de computadores, para o fim de com ela praticar ato libidinoso, é punido com as mesmas penas cominadas ao estupro de vulnerável.

Gabarito: A

As condutas tipificadas nos incisos I e II do § 1º do artigo 241-A da Lei nº 8069/90, alterada pela Lei nº 11.829/2008, são puníveis, nos termos do parágrafo segundo desse dispositivo legal, quando o responsável legal pela prestação do serviço, oficialmente notificado, deixa de desabilitar o acesso ao conteúdo ilícito de que trata o *caput* deste artigo.

06 - Valter, ocupante de cargo cujas atribuições incluem fornecer declaração de nascimento, não forneceu esse documento a Gabriela, quando ela recebeu alta médica, após dar à luz seu filho. CESPE - 2010 - MPE-SE - Promotor de Justiça

Nessa situação hipotética, a conduta de Valter

a) é atípica.

b) constitui crime preceituado no ECA, que pode ser punido a título de dolo ou culpa.

c) constitui crime preceituado no ECA, punido apenas na modalidade dolosa.

d) constituirá crime se ele puder ser considerado funcionário público, para fins penais.

e) constitui crime de prevaricação, previsto no CP.

Gabarito: B

Artigo 228

20 - DAS INFRAÇÕES ADMINISTRATIVAS E DO PROCEDIMENTO DE APURAÇÃO

A partir do artigo 245, o ECA passa a tipificar condutas como infrações administrativas, sancionadas, em regra, com multa.

Toda ação da administração pública, inclusive a sancionatória, depende de prévia autorização legal, em apreço ao princípio da legalidade. As sanções administrativas decorrem do poder punitivo do Estado.

Celso Antonio Bandeira de Melo[121] leciona que infração administrativa

> *(...) é o descumprimento voluntário de uma norma administrativa para o qual se prevê sanção cuja imposição é decidida por uma autoridade no exercício de função administrativa- ainda que não necessariamente aplicada nesta esfera.*

O descumprimento do dever jurídico possibilita a aplicação de medida sancionadora da qual o administrador não pode se furtar. Com isso, pode-se afirmar que a competência sancionadora da administração pública é vinculada: ocorrendo a infração administrativa, o responsável não pode deixar de aplicar a sanção, que possui função pedagógica e preventiva, visando a coibir e afastar comportamentos ilícitos.

No caso de aplicação de sanção ao servidor, a sanção é ato interno da administração e tem caráter disciplinar. No caso de aplicação ao administrado, a sanção é de caráter externo e não é correcional, assemelhando-se um pouco às finalidades da pena em Direito Penal.

Para tanto, faz-se necessário que os administrados compreendam exata e previamente o que está proibido, tanto como a correspondente sanção a ser aplicada na hipótese de vir a realizar a conduta desabonadora.

Assim como falamos em tipicidade no Direito Penal, essa também deve ser respeitada na esfera das infrações administrativas, o que decorre do princípio da legalidade. Trata-se de garantia de segurança jurídica ao cidadão, além de impedir a atuação arbitrária da Administração Pública.

A principal sanção administrativa é a multa, que se difere da multa fiscal e da multa penal. A multa administrativa é regida por critérios próprios, diferenciados, fixados na esfera administrativa. A aplicação das penalidades pecuniárias previstas nos artigos 245 e 258 do ECA não são mensuradas de acordo com as regras estabelecidas na Parte Geral do Código Penal.

121 Ob cit, p. 834

Os valores das multas administrativas aplicadas com fundamento na Lei nº 8.069/1990 - ECA - devem ser destinados ao fundo gerido pelo Conselho dos Direitos da Criança e do Adolescente do respectivo município,[122] conforme dispõe o artigo 214 da referida norma.

Outro aspecto importante concerne à prescrição da sanção administrativa. Não se aplica a disposição do artigo 226 do ECA:

> *Art. 226. Aplicam-se aos crimes definidos nesta Lei as normas da Parte Geral do Código Penal e, quanto ao processo, as pertinentes ao Código de Processo Penal.*

O artigo 226 somente se aplica no que tange aos crimes, os quais estudamos no capítulo anterior. Já a prescrição, no que tange as infrações administrativas, será de cinco anos, seguindo as regras do Direito Administrativo, e não do Direito Penal.

Nesse sentido:

> Noticiam os autos que a empresa, ora recorrida, foi denunciada, por meio de representação do MP estadual, ora recorrente, por ter aquela permitido o acesso de adolescentes em evento impróprio sem portar a necessária autorização dos pais ou responsáveis. Acolhida a representação pelo juiz de primeiro grau, aplicou-se à referida empresa a multa prevista no art. 258 do ECA. Em apelação, o TJ declarou prescrita a pretensão punitiva relativa à pena de multa aplicada, com base no art. 114, I, do CP, tendo em vista o disposto no art. 226 do ECA. Nesta sede, para a Min. Relatora, no que diz respeito às infrações administrativas disciplinadas a partir do art. 245 do ECA, não há qualquer referência à aplicação do CP. Assim, a penalidade imposta com amparo no art. 258 do ECA tem natureza administrativa, não se tratando de medida socioeducativa. Portanto, não há previsão de aplicação subsidiária do CP, como previsto no mencionado art. 226 do ECA. Desse modo, em se tratando de sanção administrativa, a multa imposta por força do art. 258 do ECA segue as regras do Direito Administrativo e não de Direito Penal, sendo de cinco anos o prazo para que ocorra a prescrição. Nesse contexto, a Turma deu provimento ao recurso, determinando o retorno dos autos ao Tribunal de origem para que seja julgada a apelação. Precedentes citados: REsp 849.184-RN, DJ 11/9/2007, e REsp 850.227-RN, DJ 27/2/2008. REsp 898.568-RN, Rel. Min. Eliana Calmon, julgado em 5/5/2009 (grifos nossos)

122 STJ - Resp 703241.

As regras da Parte Geral do Código Penal, em regra, não se aplicam às infrações administrativas previstas na Lei 8.069/1990, inclusive no que tange as regras relacionadas ao concurso de crimes:

> ESTATUTO DA CRIANÇA E DO ADOLESCENTE - Hotel - Hospedagem de adolescentes, desacompanhadas dos pais e sem autorização escritas destes - Infrações configuradas - Aplicação do critério punitivo estabelecido para o concurso formal de crimes, pretendida pelo recorrente - Inadmissibilidade, uma vez que as regras da Parte Geral do Código Penal não se aplicam às infrações previstas na Lei 8.069/90 - Pena de multa fixada corretamente, de acordo com o grau de censurabilidade da conduta do infrator - Recurso desprovido. (TJ- Paraná - RECURSO DE APELAÇÃO Nº 260-8, DE UMUARAMA - VARA DA INFÂNCIA E DA JUVENTUDE) (grifos nossos)

Com base na inaplicabilidade, em regra, da parte geral do Código Penal, não há infração tentada, continuada, aplicação da prescrição retroativa, erro de tipo, etc., e a multa aplicada à infração administrativa independe de dolo ou culpa, bastando a voluntariedade da conduta. As considerações acerca do que consistiria em circunstância agravante no Código Penal, como a confissão, não tem o condão de fundamentar a fixação da penalidade pecuniária no mínimo legal.

Mencionamos que a inaplicabilidade é parcial, pois concordamos com Ishida[123] no que tange a reincidência, tendo em vista que o ECA menciona expressamente tal nomenclatura, mas não define seu conceito, o que não deixa alternativa senão valermo-nos do conceito estabelecido no artigo 63 do CP. Dessa forma, será reincidente quem tenha sido condenado por infração administrativa, com trânsito em julgado, e, depois, cometa nova infração.

Sustentamos ainda a irretroatividade gravosa, em analogia ao artigo 2º do Código Penal e ao artigo 5º, XL, da Constituição Federal.[124]

O diploma menorista contemplou o procedimento para apuração das infrações administrativas nos artigos 194 a 197, da Lei nº 8.069/1990. Legitimados foram, *ad causam*, o Ministério Público, o Conselho Tutelar ou qualquer serventuário efetivo ou voluntário credenciado pelo respectivo Juízo da Infância e Juventude, *ex vi* do artigo 194, *caput*, do ECA. Para a movimentação do Poder Judiciário *in casu*, os legitimados deverão interpor a denominada representação, ou instá-lo via do auto de infração lavrado por quem de direito (art. 194, §§1º e 2º, ECA). Vejamos:

---

123 Ob cit, p. 427.

124 ISHIDA sustenta a aplicação do erro de proibição (art. 21 do Código Penal), ob cit, p. 429.

Da Apuração de Infração Administrativa às Normas de Proteção à Criança e ao Adolescente

Art. 194. O procedimento para imposição de penalidade administrativa por infração às normas de proteção à criança e ao adolescente terá início por representação do Ministério Público, ou do Conselho Tutelar, ou auto de infração elaborado por servidor efetivo ou voluntário credenciado, e assinado por duas testemunhas, se possível.

§ 1º No procedimento iniciado com o auto de infração, poderão ser usadas fórmulas impressas, especificando-se a natureza e as circunstâncias da infração.

§ 2º Sempre que possível, à verificação da infração seguir-se-á a lavratura do auto, certificando-se, em caso contrário, dos motivos do retardamento.

Art. 195. O requerido terá prazo de dez dias para apresentação de defesa, contado da data da intimação, que será feita:

I - pelo autuante, no próprio auto, quando este for lavrado na presença do requerido;

II - por oficial de justiça ou funcionário legalmente habilitado, que entregará cópia do auto ou da representação ao requerido, ou a seu representante legal, lavrando certidão;

III - por via postal, com aviso de recebimento, se não for encontrado o requerido ou seu representante legal;

IV - por edital, com prazo de trinta dias, se incerto ou não sabido o paradeiro do requerido ou de seu representante legal.

Art. 196. Não sendo apresentada a defesa no prazo legal, a autoridade judiciária dará vista dos autos do Ministério Público, por cinco dias, decidindo em igual prazo.

Art. 197. Apresentada a defesa, a autoridade judiciária procederá na conformidade do artigo anterior, ou, sendo necessário, designará audiência de instrução e julgamento. (Vide Lei 12.010, de 2009)

Parágrafo único. Colhida a prova oral, manifestar-se-ão sucessivamente o Ministério Público e o procurador do requerido, pelo tempo de vinte minutos para cada um, prorrogável por mais dez, a critério da autoridade judiciária, que em seguida proferirá sentença.

Todos esses artigos tratam do procedimento com respeito à ampla defesa e ao contraditório, após o qual a autoridade judiciária poderá aplicar a sanção prevista para a infração administrativa. Não se confunda o procedimento em epígrafe com o procedimento observado para o julgamento dos crimes praticados contra crianças ou adolescentes, que se darão pela Vara Criminal. O procedimento previsto para as infrações administrativas ocorrerá perante a Justiça da Infância e Juventude.

O Juízo da Infância e Juventude permitiu ao Conselho Tutelar, bem como aos serventuários efetivos ou voluntários credenciados, que representassem perante o juízo competente para o fim colimado em lei, não fazendo a legislação menção à obrigatoriedade de tal representação ser firmada por advogado habilitado. No entanto, caso entenda o Magistrado pela necessidade da representação, sob pena de ausência de pressuposto processual fatal, esse deve recebê-la como mera delação da infração administrativa, determinando *ex officio* a instauração do procedimento.

Entendemos, contudo, pela desnecessidade de representação por advogado habilitado, em virtude de clara dispensa de formalismo processual em vários dispositivos do ECA, desde que a mesma se dê em apreço ao superior interesse do menor, o que nos parece acontecer no caso em tela.

- Infrações administrativas em espécie

> ***Art. 245***. *Deixar o médico, professor ou responsável por estabelecimento de atenção à saúde e de ensino fundamental, pré-escola ou creche, de comunicar à autoridade competente os casos de que tenha conhecimento, envolvendo suspeita ou confirmação de maus-tratos contra criança ou adolescente:*
>
> *Pena - multa de três a vinte salários de referência, aplicando-se o dobro em caso de reincidência.*

- Destaques importantes

Trata-se de infração administrativa que somente pode ser praticada por médico, professor ou responsável por estabelecimento de atenção à saúde ou de Ensino Fundamental, pré-escola ou creche, tanto de natureza privada quanto pública.

A conduta sancionada é de caráter omissivo, praticada quando os sujeitos elencados deixam de comunicar à autoridade competente os casos de suspeita ou confirmação de maus-tratos contra criança ou adolescente, de que tenham conhecimento.

Aquele que praticar os maus-tratos responderá por crime, que poderá consistir no artigo 136 do Código Penal. No entanto, tratando o artigo 245 de infração de caráter administrativo, a tipicidade não é fechada como no Direito Penal. Logo, o agente que tomar conhecimento de crimes que denotem crueldade contra a criança ou adolescente (e.g.: estupro, lesão corporal, tortura, etc.) e deixar de comunicar o fato à autoridade competente incorrerá na prática da infração administrativa em estudo.

A lei 13010/14 também realizaria alteração no artigo 245, mas a alteração foi vetada.

Vejamos abaixo a classificação doutrinária de maus tratos:[125]

> *a) FÍSICOS: manifesta-se pelo uso de força física de forma não acidental, geralmente praticada pelos pais, responsáveis, familiares ou pessoas próximas à criança ou adolescente, com o objetivo claro ou não de ferir, deixando ou não marcas evidentes. São ações contundentes, cortantes ou calóricas, podendo ser exemplificadas por murros, tapas, chutes, mordidas, agressões com objetos, espancamentos e queimaduras. Tal conduta pode configurar o delito de lesões corporais, presente no artigo 129 do Código Penal ou até mesmo o homicídio previsto no artigo 121 do citado estatuto penal.*
>
> *b) PSICOLÓGICOS (emocionais): se apresentam por interferência negativa dos responsáveis pela criança ou adolescente, sendo que não deixam lesões evidentes. Entretanto, prejudicam psicologicamente a criança e o adolescente, formando nas mesmas, sentimento autodestrutivo, o que influencia em seu caráter e personalidade. Este tipo de maus tratos se configura por rejeições, hostilidade, frieza, agressões verbais, depreciação, desrespeito, discriminação, exigências incompatíveis com a idade da criança ou adolescente, chantagem, etc.*
>
> *c) SEXUAIS: a criança ou o adolescente é utilizado para gratificação sexual de um adulto, adolescente mais velho ou criança maior. Nesse caso, a prática de maus tratos envolve*

125 In http://www.abmp.org.br/doutrina.php?n=3, FERREIRA, Luiz Antonio Miguel e PENHA, Juliana Alvares - Responsabilidade médica em relação aos maus tratos de criança e do adolescente e a legislação menorista.

contato oral-genital, genital-genital, mão-genital, mão-seio, mão-retal, genital-retal, exploração sexual, abusos verbais, prostituição, exibição de pornografia e uso de criança ou adolescente para produção de pornografia. As condutas podem ser realizadas com ou sem violência. A verificação do abuso sexual se dá por meio da percepção de comportamentos exteriorizados pela criança ou adolescente, que fica lesada emocionalmente. Exemplifica-se tais atitudes por choros, insônia, impaciência, tristeza, falta de apetite, introspecção, autoflagelo, etc. Além disso, em conjunto com as condutas já apresentadas, o profissional pode observar a existência de lacerações, assaduras frequentes na região genital, vulvovaginites e infecções urinárias sem explicação clínica, edemas, lesões e etc. Cabe mencionar que o Código Penal coíbe esse tipo de conduta no capítulo que trata dos Crimes contra a liberdade sexual (artigos 213 a 216-A do CP) e o Estatuto da Criança e do Adolescente em seu artigo 244-A (crime de exploração sexual).

d) NEGLIGÊNCIA: ato de omissão do responsável pela criança ou adolescente, de modo que ele deixa de prover ou não provê adequadamente as necessidades básicas para o perfeito desenvolvimento. Ocorre nos casos em que a criança ou adolescente não é aprovisionado com os nutrientes adequados, além das situações em que não é oferecida proteção e supervisão adequada. Algumas formas de se verificar o abandono são demonstradas por meio de desnutrição, baixo peso, doenças frequentes e falta de higiene. A forma extrema de negligência se caracteriza pelo abandono, sendo que este, devido sua reprovabilidade, é tipificado pelo Código Penal nos dispositivos 244, 246 (abandono material e intelectual, respectivamente) e 133 (abandono de incapaz). Cabe ressaltar que o abandono pode acarretar a perda do Poder Familiar.

É importante destacar que a conduta omissiva quando o agente garantidor poderia agir para evitar o resultado ultrapassa os limites da infração administrativa, passando a ser crime omissivo impróprio. Imaginemos que a diretora de uma escola tome ciência de que uma professora espanca as crianças, como forma de aplicar castigo. A diretora teria o dever de evitar o resultado. Caso se abstenha, nada fazendo, inclusive deixando de comunicar o fato à autoridade competente, responderá pelo delito de tortura, na forma do artigo 1º, parágrafo 2º, da Lei 9.455/1997, que excepcionalmente transforma a conduta do agente garantidor em crime omissivo próprio. Caso o crime praticado pela professora fosse de maus-tratos (artigo 136 do CP), a diretora responderia por tal por omissão. Dessa forma, responderia pelo crime omissivo impróprio (ou comissivo, praticado por omissão). Trata-se de previsão contida no artigo 13, parágrafo 2º, do Código Penal. Portanto, o agente que pratica mera infração administrativa não é agente garantidor e oculta a prática do crime depois de tomar ciência de sua ocorrência, caso em que sequer poderá agir para evitar o resultado. A previsão contida no artigo 245 visa à garantia de investigação e punição contra aquele que impõe maus-tratos a crianças e adolescentes.

Vejamos:

> APELAÇÃO CÍVEL. ECA. INFRAÇÃO ADMINISTRATIVA. ART. 245 DO ECA. RECORRENTE QUE, NA CONDIÇÃO DE REPRESENTANTE DA ESCOLA, DEIXA DE COMUNICAR À AUTORIDADE COMPETENTE NOTÍCIA DE MAUS-TRATOS POR PARTE DE PROFESSORA DO ESTABELECIMENTO EDUCACIONAL. CONDUTA OMISSA AMPLAMENTE DEMONSTRADA NOS AUTOS. RECURSO DESPROVIDO. (Apelação Cível Nº 70012063517, Oitava Câmara Cível, Tribunal de Justiça do RS, Relator: Alfredo Guilherme Englert, Julgado em 15/09/2005)

Outro aspecto que merece comentário é que o artigo 245 acaba por afastar a existência do crime previsto no artigo 154 do Código Penal: a violação de sigilo profissional. Com a comunicação da prática de maus-tratos, de acordo com a tipicidade conglobante no Direito Penal, a conduta do médico e dos demais sujeitos descritos no artigo 245 será penalmente atípica por não ser considerada antinormativa, tendo em vista que o agente estará obedecendo ao preceito contido no artigo 245 do ECA.

A sanção aplicável no caso de descumprimento do dever de comunicação é de multa de três a vinte salários de referência, aplicando-se o dobro em caso de reincidência.

> ***Art. 246****. Impedir o responsável ou funcionário de entidade de atendimento o exercício dos direitos constantes nos incisos II, III, VII, VIII e XI do art. 124 desta Lei:*

Pena - multa de três a vinte salários de referência, aplicando-se o dobro em caso de reincidência.

- Destaques importantes

O artigo 246 tipifica a conduta do responsável ou funcionário de entidade de internação de adolescente em conflito com a lei quando impede o exercício dos seguintes direitos:

- peticionar diretamente a qualquer autoridade;
- avistar-se reservadamente com seu defensor;
- receber visitas, ao menos semanalmente;
- corresponder-se com seus familiares e amigos;
- receber escolarização e profissionalização.

O impedimento ao exercício dos direitos, por meio de violência ou grave ameaça, caracterizará crime de constrangimento ilegal ou até mesmo de tortura, dependendo da análise casuística.

Com a devida vênia, discordamos de Edmundo Oliveira[126] quando sustenta:

> *O Estatuto não define nem conceitua as entidades de atendimento, mas dele se infere que se trata de estabelecimentos governamentais ou particulares (parágrafo único do art. 90) que desenvolvam programas de acolhimento (arts. 92 e 93) ou desenvolvam programas de internação (art. 94).*

Tendo em vista que o artigo 124 do ECA menciona expressamente direitos do adolescente privado da liberdade, não visualizamos como o funcionário de entidade de acolhimento (atual acolhimento institucional) poderia ser autor da infração administrativa em estudo.

Considerando-se que a tipicidade, na esfera administrativa, não é tão fechada quanto no Direito Penal, é possível que o funcionário incorra na infração de embaraçar, atravancar, dificultar o exercício dos direitos mencionados. Ou seja, basta a criação de obstáculo ao exercício do direito.

126 Coordenador: CURY, Munir, ob cit, p. 793.

Art. 247. Divulgar, total ou parcialmente, sem autorização devida, por qualquer meio de comunicação, nome, ato ou documento de procedimento policial, administrativo ou judicial relativo à criança ou adolescente a que se atribua ato infracional:

Pena - multa de três a vinte salários de referência, aplicando-se o dobro em caso de reincidência.

§ 1º Incorre na mesma pena quem exibe, total ou parcialmente, fotografia de criança ou adolescente envolvido em ato infracional, ou qualquer ilustração que lhe diga respeito ou se refira a atos que lhe sejam atribuídos, de forma a permitir sua identificação, direta ou indiretamente.

§ 2º Se o fato for praticado por órgão de imprensa ou emissora de rádio ou televisão, além da pena prevista neste artigo, a autoridade judiciária poderá determinar a apreensão da publicação ou a suspensão da programação da emissora até por dois dias, bem como da publicação do periódico até por dois números. (Expressão declarada inconstitucional pela ADIN 869-2)

- Destaques importantes

Trata-se de infração administrativa que pode ser praticada por qualquer pessoa[127], diferente dos artigos anteriores. A conduta tipificada é de divulgar, total ou parcialmente, sem autorização devida, por qualquer meio de comunicação: nome, ato, documento de procedimento policial, administrativo ou judicial, ou fotografia de criança ou adolescente envolvido na prática de ato infracional.

A criança e o adolescente tem direito ao resguardo da imagem e intimidade. É vedado, por isso, aos órgãos de comunicação social narrar fatos infracionais de modo a identificar os menores. Entendemos que a divulgação do nome dos genitores[128] também é apta a caracterizar a infração administrativa, pois possibilita a rápida identificação do menor de 18 anos.

A infração em comento visa tutelar o direito à imagem e ao sigilo, em apreço ao que dispõem os artigos 143 e 144 do ECA:

Art. 143. É vedada a divulgação de atos judiciais, policiais e administrativos que digam respeito a crianças e adoles-

127 A divulgação de apelido somente constitui infração se for apta a identificar a criança ou adolescente.

128 Neste sentido, apud ISHIDA, ob cit, p. 435, TJSP RT 727/153.

centes a que se atribua autoria de ato infracional.

Parágrafo único. Qualquer notícia a respeito do fato não poderá identificar a criança ou adolescente, vedando-se fotografia, referência a nome, apelido, filiação, parentesco, residência e, inclusive, iniciais do nome e sobrenome.

Art. 144. A expedição de cópia ou certidão de atos a que se refere o artigo anterior somente será deferida pela autoridade judiciária competente, se demonstrado o interesse e justificada a finalidade.

Importante ainda destacar o artigo 5º, LX, da Constituição Federal:

> *LX - a lei só poderá restringir a publicidade dos atos processuais quando a defesa da intimidade ou o interesse social o exigirem;*

Quanto ao disposto no parágrafo 2º do artigo 247, o Supremo Tribunal Federal, por unanimidade, declarou sua inconstitucionalidade. Estabelecia-se, a título de pena, "a suspensão da programação da emissora até por dois dias, bem como da publicação do periódico até por dois números" para os veículos de comunicação que identificassem os menores infratores em suas reportagens. Na ADIn 869-2, ficou decidido que a referida sanção seria incompatível com o artigo 220 da Constituição de 1988, que estabeleceu que a liberdade de manifestação do pensamento, de criação, de expressão e de informação, sob qualquer forma, processo ou veículo, "não sofrerá qualquer restrição, observada o que nela estiver disposto". Logo, qualquer restrição à liberdade de pensamento deveria estar explícita ou implicitamente prevista na Constituição, o que não seria o caso da Lei em questão.

Vejamos alguns julgados que envolvem a infração administrativa em estudo:

> ECA. infração administrativa. violação dos artigos 143 e 247 do estatuto da criança e do adolescente. jornal de circulação local. identificação de menor suspeita de ter praticado ato infracional. salario de referencia. e correta a aplicação de pena ao jornal de circulação local quando comprovado que ele, novamente, violou o disposto nos artigos 143 e 247 do estatuto da criança e do adolescente, uma vez que divulgou na pagina policial o nome completo de uma menor que era suspeita

de ter praticado um ato infracional, possibilitando a sua identificação. o salario de referencia corresponde a 43% do salario-mínimo . apelo improvido. (Apelação cível nº 70003183258, sétima câmara cível, tribunal de justiça do RS, relator: des. José Carlos Teixeira Giorgis, julgado em 06/03/02)

ADMINISTRATIVO - ESTATUTO DA CRIANÇA E DO ADOLESCENTE (ECA) - PICHAÇÃO - NOTÍCIA EM JORNAL ENVOLVENDO MENORES COMO AGENTES DE CONDUTAS ILÍCITAS - AUTORIZAÇÃO DO JUIZ DA INFÂNCIA E DA JUVENTUDE - INEXISTÊNCIA - SANÇÃO ADMINISTRATIVA - LEI 8.069/90, ART. 247 - PRECEDENTES STJ. - É vedado aos órgãos de comunicação social a divulgação total, ou parcial, de atos ou fatos denominados infracionais atribuídos à criança ou adolescente, sem a devida autorização do MM. Juiz da Infância e da Juventude. - Sendo de conhecimento da imprensa a existência de representação da Curadora contra os menores, por danos ao patrimônio público, descabe a alegação de inocorrência de ato infracional a justificar a conduta do recorrente. - "A criança e o adolescente têm direito ao resguardo da imagem e intimidade. Vedado, por isso, aos órgãos de comunicação social narrar fatos, denominados infracionais, de modo a identificá-los" (REsp. 55.168/RJ, DJ de 9.10.1995). - Recurso especial não conhecido. STJ. RESP 130731 / SP ; RECURSO ESPECIAL 1997/0031486-3 Fonte DJ DATA:28/06/2004 PG:00215 Relator Min. FRANCISCO PEÇANHA MARTINS (1094) Data da Decisão 15/04/2004 Órgão Julgador T2 - SEGUNDA TURMA. (NLPM)

EMENTA: INFRACAO ADMINISTRATIVA. ART-247 DO ECA. DIVULGACAO DE FATO DELITUOSO. SERMAO DO SACERDOTE. COMO O SACERDOTE NAO DIVULGOU NO SEU SERMAO NEM TOTAL, NEM PARCIALMENTE O NOME, SOBRENOME OU APELIDO DO INFRATOR, NAO DISSE ONDE ELE RESIDIA, NAO FEZ QUALQUER ALUSAO A FAMILIA A QUE PERTENCE, NAO IDENTIFICOU A VITIMA, NAO TORNOU PUBLICO QUALQUER ATO OU DOCUMENTO DE PROCESSO ADMINISTRATIVO OU JUDICIAL RELATIVO À CRIANCA OU ADOLESCENTE, LIMITANDO-SE A REFERIR QUE TERIA ACONTECIDO NA COMUNIDADE ABUSO SEXUAL, COM FINALIDADE NITIDAMENTE EDUCATIVA, NAO SE REVESTE DE TIPICACAO SUA

CONDUTA. RECURSO PROVIDO, POR MAIORIA. (SEGREDO DE JUSTICA - 8 FLS) (APELAÇÃO CÍVEL Nº 70004781902, SÉTIMA CÂMARA CÍVEL, TRIBUNAL DE JUSTIÇA DO RS, RELATOR: DES. SÉRGIO FERNANDO DE VASCONCELLOS CHAVES, JULGADO EM 22/10/02)

MENOR. NOTÍCIA PUBLICADA EM JORNAL, identificando-o e dando-o como infrator. Violação de normas de proteção do menor. Caracterizada a prática da infração prevista no artigo 247, § 1º, da Lei n.º 8.069/90. Ofensa aos artigos 5º, inciso LX, da Constituição Federal, 143, parágrafo único, e 206 do ECA. Apelação improvida. (Apelação n.º 94.1689-1, de Paranavaí, TJPR, Relator: Des. Nasser de Melo, Revista Igualdade n.º 10, MP-PR)

MENORES. INFRAÇÃO ADMINISTRATIVA. DIVULGAÇÃO DE ATOS INFRACIONAIS PRATICADOS POR ADOLESCENTES. APELIDOS. FOTOGRAFIA. Não constitui infração administrativa a divulgação de apelidos de menores apontados como agentes de ato infracional, quando por si só não os identifica, por referir-se a proibição da norma sancionadora somente à divulgação dos nomes daqueles agentes. Jornal que publica fotografia de adolescentes nas mesmas condições, negligenciando quanto ao dever de preservar-lhes a identificação, comete a infração administrativa sancionada pelo § 1º do artigo 247, do ECA. A sanção do § 2º, do mencionado artigo, não objetiva eficacizar a pecuniária, mas agravar a punição, valoradas pelo julgador as circunstâncias de cometimento da infração. Recursos do Ministério Público e do sancionado improvidos. (Apelação Cível n.º 2-0/288, TJGO, Conselho Superior da Magistratura, 04.03.96, Rel. Des. João Canedo Machado) (grifos nossos)

ADMINISTRATIVO - ESTATUTO DA CRIANÇA E DO ADOLESCENTE (ECA) - PICHAÇÃO - NOTÍCIA EM JORNAL ENVOLVENDO MENORES COMO AGENTES DE CONDUTAS ILÍCITAS - AUTORIZAÇÃO DO JUIZ DA INFÂNCIA E DA JUVENTUDE - INEXISTÊNCIA - SANÇÃO ADMINISTRATIVA - LEI 8.069/90, ART. 247 - PRECEDENTES STJ. - É vedado aos órgãos de comunicação social a divulgação total, ou parcial, de atos ou fatos denominados infracionais atribuídos à criança ou adolescente, sem a devida autorização do MM. Juiz da Infância e da Juventude. - Sendo de conhecimento da imprensa a existência de representação da Curadora contra os menores, por danos ao patrimônio público, descabe a alegação de inocorrência de ato infracional a justificar a conduta do recorrente. - "A criança e o adolescente têm direito ao resguardo da imagem e intimidade. Vedado, por isso, aos órgãos de comunicação social narrar fatos, denominados infracionais, de modo a identificá-los". (REsp. 55.168/RJ, DJ de 9.10.1995). Resp 130731 – Segunda Turma – Min Francisco Peçanha Martins – 15-04-2004) (grifos nossos)

RECURSO ESPECIAL - ADMINISTRATIVO - EDITORA DE JORNAL – PUBLICAÇÃO DE NOME E FOTO DE MENOR SUSPEITO DE INFRAÇÃO - MAIORIDADE DO SUPOSTO INFRATOR ATESTADA EM DOCUMENTO OFICIAL - AFASTAMENTO DA PUNIÇÃO PREVISTA NO ART. 247 DO ECA. Do exame do artigo 247 do Estatuto da Criança e do Adolescente, conclui-se que a lei proíbe qualquer divulgação não autorizada, por meio de comunicação, de nome ou de fotografia de adolescente a que se atribua ato infracional. In casu, porém, a editora recorrida não pode ser punida por não ter observado a determinação contida no artigo 247 do ECA, uma vez que, ao publicar o nome e a foto do menor, baseou-se em documentos oficiais que atestavam ter o suposto infrator 18 anos de idade. Como bem salientou o Tribunal a quo, "seria exagero exigir do órgão de imprensa ao veicular suas reportagens, com fundamentos em dados do inquérito, duvidar dos registros policiais e partir em busca de documentos para confirmar o fato presumidamente já apurado". Recurso especial não provido. (STJ – Resp 246471 – Segunda Turma – Min Franciulli Netto – 17-02-2004)

Art. 248*. Deixar de apresentar à autoridade judiciária de seu domicílio, no prazo de cinco dias, com o fim de regularizar a guarda, adolescente trazido de outra comarca para a prestação de serviço doméstico, mesmo que autorizado pelos pais ou responsável:*

Pena - multa de três a vinte salários de referência, aplicando-se o dobro em caso de reincidência, independentemente das despesas de retorno do adolescente, se for o caso.

- Destaques importantes

O artigo 248 prevê a conduta de quem deixa de apresentar à autoridade judiciária de seu domicílio, no prazo de cinco dias, com o fim de regularizar a guarda, adolescente trazido de outra comarca para a prestação de serviço doméstico,[129] mesmo que autorizado pelos pais ou responsável. A autorização desses não afasta a necessidade de apresentação judicial do adolescente para o fim de ser regularizada sua guarda. A autorização dos pais ou responsável para a viagem do adolescente, seja a comarca contígua ou não, é desnecessária, a teor do disposto no artigo 83 do Estatuto.

A infração apenas estará consumada após cinco dias contados da chegada do adolescente. A autoridade judiciária competente para regularizar a guarda é a da Infância e Juventude da comarca de destino, sendo a competência territorial determinada nos termos do artigo 147, pelo local do domicílio da pessoa que contratou o adolescente para serviços domésticos.

Apenas pode praticar a infração administrativa do artigo 248 a pessoa que trouxe o adolescente de outra comarca para o fim específico de prestar serviço doméstico em seu domicílio, bem como a pessoa que se utiliza dessa prestação de serviço.

O ECA não prevê procedimento específico para o pedido de concessão de guarda para a prestação de serviços domésticos. Trata-se de guarda para atender situação peculiar, nos termos do artigo 33, parágrafo 1º, do ECA. O pedido obedecerá ao disposto no procedimento para colocação em família substituta, para onde remetemos o leitor.

Interessante a lição de Ida Maria Alledi de Oliveira[130]:

> *São, ainda, requisitos específicos a esta modalidade de guarda para atender a situação peculiar:*
>
> *a) indicação do serviço doméstico e do horário de sua execução pelo adolescente (art. 63, II e m, do Estatuto). O horário e as condições de trabalho deverão respeitar as vedações contidas no art. 67 do ECA, sendo proibido o trabalho naquelas hipóteses;*
>
> *b) indicação da escola de ensino regular a ser frequentada[131] pelo adolescente (nome do estabelecimento, endereço e*

129 Para se entender a possibilidade do trabalho pelo adolescente, remetemos o leitor para o capítulo referente ao direito à profissionalização e proteção ao trabalho.

130 CURY, Munir, ob cit, p. 799.

131 A reforma ortográfica vigente, aboliu o uso do trema.

garantia de acesso). A frequência[132] *à escola é obrigatória (art. 227, § 3º m, da CF e art. 63, I, do Estatuto), por se tratar o adolescente de pessoa em desenvolvimento (art. 69, I), e por configurar seu trabalho caráter educativo (art. 68, § 2º, in fine, do Estatuto).*

Art. 249*. Descumprir, dolosa ou culposamente, os deveres inerentes ao Poder Familiar ou decorrente de tutela ou guarda, bem assim determinação da autoridade judiciária ou Conselho Tutelar:*

Pena - multa de três a vinte salários de referência, aplicando-se o dobro em caso de reincidência.

- Destaques importantes

O artigo 249 tipifica a conduta de quem descumpre, dolosa ou culposamente, os deveres inerentes ao Poder Familiar ou decorrente de tutela ou guarda, bem assim determinação da autoridade judiciária ou Conselho Tutelar.

Logo, a infração administrativa somente pode ser praticada pelos pais, tutores ou guardiães:

ADMINISTRATIVO - ESTATUTO DA CRIANÇA E DO ADOLESCENTE - DESCUMPRIMENTO DE DETERMINAÇÃO DO CONSELHO TUTELAR – ILEGITIMIDADE PASSIVA DO SECRETÁRIO MUNICIPAL DE EDUCAÇÃO – REPRESENTAÇÃO FORMULADA COM BASE NO ART. 249 DO ECA - INÉPCIA - PRETENDIDA REFORMA - RECURSO ESPECIAL NÃO PROVIDO. 1. A Seção de Direito Público do STJ, ao interpretar o referido dispositivo, entende que a sua aplicação têm como destinatários os pais, tutores e guardiães quando descumprem determinação do juiz ou do Conselho Tutelar, não podendo a regra impositiva recair sobre quem não exerça tais poderes, como no caso particular dos autos, o Senhor Secretário Municipal. (STJ – Resp 847588 – Segunda Turma – Min Eliana Calmon – 18-09-2008)

Caso a conduta praticada de permitir o acesso de criança ou adolescente a local impróprio seja praticada por terceiro, como o dono do estabelecimento,

132 Idem.

não se trata de infração do artigo 249, mas sim a prevista no artigo 258. Nesse sentido:

> APELAÇÃO CÍVEL. ESTATUTO DA CRIANÇA E DO ADOLESCENTE. INFRAÇÃO ADMINISTRATIVA IMPUTADA A COMERCIANTE. COMPETÊNCIA DA CÂMARA CÍVEL ISOLADA. PRESENÇA DE MENORES EM BOATE, EM HORÁRIO NOTURNO PROIBIDO POR PORTARIA DE AUTORIDADE JUDICIÁRIA. PRETENDIDA INFRAÇÃO NO ART. 249 DA LEI N.º 8.069/90 NÃO CONFIGURADA. É competente a Câmara Cível Isolada no Tribunal de Justiça para julgar recurso interposto em processo por infração administrativa prevista no Estatuto da Criança e do Adolescente (Lei n.º 8.069/90). O comerciante, dono de casa de diversão, não responde pela infração prevista no art. 249 do ECA, posto que o sujeito ativo desta somente poderá ser o pai, tutor ou responsável pela guarda do menor. A presença de menores em boate, em horário noturno proibido por ato de autoridade judiciária, configura infração ao art. 258 do mesmo Estatuto, que no caso, não foi objeto de representação do Ministério Público. Apelo conhecido, mas improvido. Sentença confirmada. (Apelação Cível 36747-4/188, TJGO, Segunda Câmara Cível, 28.09.95, Rel. Des. Noé Gonçalves Ferreira)

Trata-se de hipótese diferenciada de infração administrativa, por nela não bastar a voluntariedade da conduta, mas a necessária presença de dolo ou culpa, conceitos mais utilizados na tipicidade penal.

Os deveres inerentes ao Poder Familiar estão elencados no artigo 22 do Estatuto, enquanto os inerentes à guarda, no art. 33:

> *Art. 22. Aos pais incumbe o dever de sustento, guarda e educação dos filhos menores, cabendo-lhes ainda, no interesse destes, a obrigação de cumprir e fazer cumprir as determinações judiciais.*
>
> *Art. 33. A guarda obriga a prestação de assistência material, moral e educacional à criança ou adolescente, conferindo a seu detentor o direito de opor-se a terceiros, inclusive aos pais.*

Os deveres inerentes à tutela encontram-se no Código Civil:

> *Art. 1.740. Incumbe ao tutor, quanto à pessoa do menor:*
>
> *I - dirigir-lhe a educação, defendê-lo e prestar-lhe alimentos, conforme os seus haveres e condição;*
>
> *II - reclamar do juiz que providencie, como houver por bem, quando o menor haja mister correção;*
>
> *III - adimplir os demais deveres que normalmente cabem aos pais, ouvida a opinião do menor, se este já contar doze anos de idade.*
>
> *Art. 1.741. Incumbe ao tutor, sob a inspeção do juiz, administrar os bens do tutelado, em proveito deste, cumprindo seus deveres com zelo e boa-fé.*

Quanto ao descumprimento de determinação de autoridade judiciária ou do Conselho Tutelar, destaca-se a determinação de autoridade judiciária pode se dar mediante alvará ou portaria, nos termos do artigo 149 do ECA, desde que não se trate de infração mais específica:

> *Art. 149. Compete à autoridade judiciária disciplinar, através de portaria, ou autorizar, mediante alvará:*
>
> *I - a entrada e permanência de criança ou adolescente, desacompanhado dos pais ou responsável, em:*
>
> *a) estádio, ginásio e campo desportivo;*
>
> *b) bailes ou promoções dançantes;*
>
> *c) boate ou congêneres;*
>
> *d) casa que explore comercialmente diversões eletrônicas;*
>
> *e) estúdios cinematográficos, de teatro, rádio e televisão.*
>
> *II - a participação de criança e adolescente em:*
>
> *a) espetáculos públicos e seus ensaios;*
>
> *b) certames de beleza.*
>
> *§ 1º Para os fins do disposto neste artigo, a autoridade judiciária levará em conta, dentre outros fatores:*
>
> *a) os princípios desta Lei;*
>
> *b) as peculiaridades locais;*
>
> *c) a existência de instalações adequadas;*
>
> *d) o tipo de frequência habitual ao local;*
>
> *e) a adequação do ambiente a eventual participação ou frequência*[133] *de crianças e adolescentes;*

133 Idem.

f) a natureza do espetáculo.

§ 2º As medidas adotadas na conformidade deste artigo deverão ser fundamentadas, caso a caso, vedadas as determinações de caráter geral.

Quanto às determinações do Conselho Tutelar, essas se darão com base no artigo 136 do ECA:

Art. 136. São atribuições do Conselho Tutelar:

I - atender as crianças e adolescentes nas hipóteses previstas nos arts. 98 e 105, aplicando as medidas previstas no art. 101, I a VII;

II - atender e aconselhar os pais ou responsável, aplicando as medidas previstas no art. 129, I a VII;

III - promover a execução de suas decisões, podendo para tanto:

a) requisitar serviços públicos nas áreas de saúde, educação, serviço social, previdência, trabalho e segurança;

b) representar junto à autoridade judiciária nos casos de descumprimento injustificado de suas deliberações.

IV - encaminhar ao Ministério Público notícia de fato que constitua infração administrativa ou penal contra os direitos da criança ou adolescente;

V - encaminhar à autoridade judiciária os casos de sua competência;

VI - providenciar a medida estabelecida pela autoridade judiciária, dentre as previstas no art. 101, de I a VI, para o adolescente autor de ato infracional;

VII - expedir notificações;

VIII - requisitar certidões de nascimento e de óbito de criança ou adolescente quando necessário;

IX - assessorar o Poder Executivo local na elaboração da proposta orçamentária para planos e programas de atendimento dos direitos da criança e do adolescente;

X - representar, em nome da pessoa e da família, contra a violação dos direitos previstos no art. 220, § 3º, inciso II, da Constituição Federal;

XI - representar ao Ministério Público para efeito das

ações de perda ou suspensão do Poder Familiar, após [sic] esgotadas as possibilidades de manutenção da criança ou do adolescente junto à família natural. (Redação dada pela Lei 12.010, de 2009) Vigência

Parágrafo único. Se, no exercício de suas atribuições, o Conselho Tutelar entender necessário o afastamento do convívio familiar, comunicará incontinenti o fato ao Ministério Público, prestando-lhe informações sobre os motivos de tal entendimento e as providências tomadas para a orientação, o apoio e a promoção social da família. (Incluído pela Lei 12.010, de 2009)

Vejamos julgado acerca de desobediência à determinação do Conselho Tutelar:

> ECA. INFRAÇÃO ADMINISTRATIVA. Admitido pelo representado o descumprimento da determinação do Conselho Tutelar, consistente na sua inclusão em programa de tratamento ao alcoolismo, resulta configurada a infração administrativa prevista no art. 249 do ECA, a impor a aplicação de apenação pecuniária. Não se pode olvidar que as medidas de proteção previstas pelo ECA a serem aplicadas aos pais visam precipuamente à preservação dos interesses e direitos dos menores que são, direta ou reflexamente, atingidos pela má-condução paterna. Apelo desprovido. (TJRS, Apelação Cível n° 70004437976, 7ª C. Civ., Relª Desª Maria Berenice Dias, j. 26/06/2002).

Caracteriza a infração administrativa em estudo a conduta dos pais que concordem que o filho menor de 18 anos pare os estudos. Nesse sentido:

> EMENTA: ECA. nulidade. infração administrativa. menor que abandona os estudos. omissão dos pais. em busca da efetividade processual, rejeita-se a preliminar de nulidade, quando os fatos foram descritos corretamente pelo ministério publico, faltando apenas a referência sobre a aplicação da multa prevista no artigo 249, do eca. e notória a omissão dos pais, que não cumpriram com seu dever, no momento em que concordaram que o filho pare de estudar, lesando o direito fundamental de educação, garantido pela constituição federal e conferido a todas as crianças e adolescentes (art.227). rejeitada a preliminar, ape-

lo improvido. (05fls) (apelação cível nº 70001547223, sétima câmara cível, Tribunal de Justiça do RS, Relator: Des. José Carlos Teixeira Giorgis, julgado em 08/11/00).

> ***Art. 250.*** *Hospedar criança ou adolescente desacompanhado dos pais ou responsável, ou sem autorização escrita desses ou da autoridade judiciária, em hotel, pensão, motel ou congênere: .*
>
> *Pena – multa.*
>
> *§ 1º Em caso de reincidência, sem prejuízo da pena de multa, a autoridade judiciária poderá determinar o fechamento do estabelecimento por até 15 (quinze) dias.*
>
> *§ 2º Se comprovada a reincidência em período inferior a 30 (trinta) dias, o estabelecimento será definitivamente fechado e terá sua licença cassada.*

- Destaques importantes

O artigo 250 tipifica a conduta do funcionário ou do proprietário que hospeda criança ou adolescente desacompanhado dos pais ou responsável, ou sem autorização escrita desses ou da autoridade judiciária, em hotel, pensão, motel ou congênere. Não se trata de punição pela simples entrada, mas sim pela hospedagem, ou seja, o ingresso em cômodo particular.

Além de prever o aumento da multa em caso de reincidência, disposição comum nas infrações administrativas previstas no ECA, o parágrafo 2º estabelece a possibilidade de fechamento definitivo do estabelecimento em caso de reincidência em período inferior a 30 dias.

A previsão visa garantir a proibição do artigo 82:

> *Art. 82. É proibida a hospedagem de criança ou adolescente em hotel, motel, pensão ou estabelecimento congênere, salvo se autorizado ou acompanhado pelos pais ou responsável.*

Vejamos alguns julgados acerca da referida infração:

APELAÇÃO CÍVEL. INFRAÇÃO ADMINISTRATIVA PREVISTA NO ART. 250 DO ECA. Tendo restado suficientemente claro nos autos que os demandados permitiram o ingresso de adolescente em motel de sua propriedade- desacompanhada dos pais ou responsáveis e sem autorização escrita destes-, mantém-se a condenação dos recorrentes à pena pecuniária de 20 salários-mínimos, valor este que observou- para sua fixação- a reiteração da conduta dos demandados. Apelo desprovido. (Apelação Cível Nº 70028132009, Oitava Câmara Cível, Tribunal de Justiça do RS, Relator: José Ataídes Siqueira Trindade, Julgado em 16/04/2009) grifo nosso

APELAÇÃO CÍVEL. ESTATUTO DA CRIANÇA E DO ADOLESCENTE. REPRESENTAÇÃO. INFRAÇÃO ADMINISTRATIVA. ART. 250 DO ECA. HOSPEDAGEM DE MENOR EM MOTEL. Incide em infração administrativa prevista no art. 250 do ECA aquele que hospeda em estabelecimento de sua propriedade menor desacompanhada dos pais ou responsável ou, ainda, sem autorização escrita destes, ou da autoridade judiciária, mormente a hospedagem se destinando a encontros sexuais. Possível a aplicação de multa em salários-mínimos, em face da extinção do salário de referência, observando-se os limites previstos no art. 250 do ECA. APELAÇÃO DESPROVIDA. (Apelação Cível Nº 70026975730, Sétima Câmara Cível, Tribunal de Justiça do RS, Relator: André Luiz Planella Villarinho, Julgado em 25/03/2009)

Art. 251*. Transportar criança ou adolescente, por qualquer meio, com inobservância do disposto nos arts. 83, 84 e 85 desta Lei:*

Pena - multa de três a vinte salários de referência, aplicando-se o dobro em caso de reincidência.

- Destaques importantes

O artigo 251 tipifica a conduta de quem transporta criança ou adolescente, por qualquer meio, sem observar as seguintes disposições:

Art. 83. Nenhuma criança poderá viajar para fora da comarca onde reside, desacompanhada dos pais ou responsável, sem expressa autorização judicial.

§ 1º A autorização não será exigida quando:

> *a) tratar-se de comarca contígua à da residência da criança, se na mesma unidade da Federação, ou incluída na mesma região metropolitana;*
>
> *b) a criança estiver acompanhada:*
>
> *1) de ascendente ou colateral maior, até o terceiro grau, comprovado documentalmente o parentesco;*
>
> *2) de pessoa maior, expressamente autorizada pelo pai, mãe ou responsável.*
>
> *§ 2º A autoridade judiciária poderá, a pedido dos pais ou responsável, conceder autorização válida por dois anos.*
>
> *Art. 84. Quando se tratar de viagem ao exterior, a autorização é dispensável, se a criança ou adolescente:*
>
> *I - estiver acompanhado de ambos os pais ou responsável;*
>
> *II - viajar na companhia de um dos pais, autorizado expressamente pelo outro através de documento com firma reconhecida.*
>
> *Art. 85. Sem prévia e expressa autorização judicial, nenhuma criança ou adolescente nascido em território nacional poderá sair do País em companhia de estrangeiro residente ou domiciliado no exterior.*

A infração estará consumada com o mero transporte, ainda que não se dê a chegada ao destino.

Assim, podem o pai ou a mãe figurar como sujeitos ativos dessa infração, desde que ausente a autorização do outro. A infração administrativa também será praticada por terceiro, inclusive por estrangeiro residente ou domiciliado no exterior. Cabe destacar que, em algumas situações, o transporte em desobediência aos citados artigos pode caracterizar conduta mais gravosa, fazendo com que o sujeito ativo responda por infração penal (como no caso de sequestro ou de crimes previstos no próprio Estatuto, como os artigos 238 e 239).

Também responde pela infração do artigo 251 a empresa que transporta criança acompanhada de adulto que apresentou apenas atestado de vacinação e, ainda, aquela que transportou criança sem exigência de documentação, ainda que comprovado posterior vínculo de filiação do adulto que se encontrava com ela. Nesse sentido:

A empresa de ônibus que transporta criança acompanhada de ascendente sem a prova documental do parentesco, valendo-se apenas de comprovante de vacinação, – documento não elencado na norma especial –, comete o ilícito administrativo previsto no art. 251 do ECA, porque consumada a infração com o transporte da criança, por qualquer meio, sem observância das prescrições dos arts. 83, 84 e 85 do ECA. (STJ – Resp 969976 – Segunda Turma – Min Castro Meira – 23/10/2007)

A empresa de ônibus que transporta criança acompanhada de ascendente sem a prova documental do parentesco - ainda que comprovado o vínculo materno após o desembarque ou na instrução do processo -, comete o ilícito administrativo previsto no art. 251 do ECA. (STJ – Resp 568807 – Min Castro Meira – Segunda Turma – 04/05/2006)

RECURSO ESPECIAL – AUTO DE INFRAÇÃO – TRANSPORTE DE CRIANÇA ACOMPANHADA DE PESSOA MAIOR SEM EXPRESSA AUTORIZAÇÃO DO PAIS OU RESPONSÁVEL – PRODUÇÃO DE PROVA TESTEMUNHAL – CERCEAMENTO DE DEFESA – INOCORRÊNCIA – VALOR DA MULTA. 1. Segundo o art. 83, § 1º, "b", item 2 da Lei 8.069/90, não se exige autorização judicial quando a criança, viajando para fora da comarca onde reside (exceto comarca contígua ou na mesma região metropolitana), estiver acompanhada de pessoa maior expressamente autorizada pelo pai, mãe ou responsável. 2. Quem transporta criança ou adolescente, por qualquer meio, sem observância dos arts. 83, 84 e 85 da Lei 8.069/90, está sujeita ao pagamento de multa de três a vinte salário de referência, nos termos do art. 251 do mesmo diploma legal. 3. A conduta tida por infracional consiste na permissão de que a criança viaje em desacordo com a lei e aperfeiçoa-se no momento do transporte, sendo totalmente desinfluente a produção de qualquer prova posterior, o que não fará desaparecer o ilícito. 4. Multa parcimoniosamente fixada em dez salários-mínimos que se mantém, pois sua redução poderá constituir-se em estímulo para que as empresas de transporte deixem de cumprir as normas de proteção à criança. 5. Recurso especial improvido. (STJ, REsp n° 649467, 2ª T., Rel. Min. Eliana Calmon, j. 06/12/2005, DJ 19/12/2005)

Art. 252. Deixar o responsável por diversão ou espetáculo público de afixar, em lugar visível e de fácil acesso, à entrada do local de exibição, informação destacada sobre a natureza da diversão ou espetáculo e a faixa etária especificada no certificado de classificação:

Pena - multa de três a vinte salários de referência, aplicando-se o dobro em caso de reincidência.

- Destaques importantes

O artigo 252 tipifica a conduta do responsável por diversão ou espetáculo público, que deixa de afixar, em lugar visível e de fácil acesso, à entrada do local de exibição, informação destacada sobre a natureza da diversão ou espetáculo e a faixa etária especificada no certificado de classificação.

É importante entender a diferença das disposições de classificações indicativas. Existem portarias específicas que dispõem acerca da classificação indicativa de programas televisivos, cinemas, DVD e congêneres e espetáculos públicos.

A classificação indicativa é um conjunto de informações sobre o conteúdo de obras audiovisuais e diversões públicas quanto à adequação de horário, local e faixa etária. É da Secretaria Nacional de Justiça (SNJ) e do Ministério da Justiça (MJ) a responsabilidade da classificação indicativa de programas de TV, filmes, espetáculos, jogos eletrônicos e de interpretação (RPG). Programas jornalísticos ou noticiários, esportivos, propagandas eleitorais e publicidade, espetáculos circenses, teatrais e *shows* musicais não são classificados pelo Ministério da Justiça e podem ser exibidos em qualquer horário. Os programas ao vivo poderão ser classificados se apresentarem inadequações, a partir de monitoramento ou denúncia.

O exercício da classificação indicativa, de forma objetiva, democrática e em corresponsabilidade com a família e a sociedade, implica outros deveres, entre eles o dever de divulgar a classificação com uma informação consistente e de caráter pedagógico, para que os pais realizem o controle da programação, bem como o dever de exibir o produto de acordo com a classificação, como meio legal capaz de garantir à pessoa e à família a possibilidade de se defenderem de produtos inadequados.

A classificação indicativa de exibições é prevista em cartilha divulgada pelo Ministério da Justiça - *Informação e Liberdade de Escolha* – e se dirige a famílias, proprietários de videolocadoras e administradores de cinemas. Tem como objetivo apresentar mais detalhes sobre a classificação indicativa, é exercida pela Secretaria Nacional de Justiça do Ministério da Justiça e visa proteger crianças e adolescentes de conteúdos audiovisuais inadequados.

A seguir, pode-se verificar o quadro de classificação indicativa previsto na cartilha mencionada:

Símbolo	Classificação Indicativa	Características	Horário de exibição
L	Livre	Não expõe crianças a conteúdos potencialmente prejudiciais	Exibição em qualquer horário
10	Não recomendado para menores de 10 anos	Conteúdo violento ou linguagem inapropriada para crianças, ainda que em menor intensidade	Exibição em qualquer horário
12	Não recomendado para menores de 12 anos	As cenas podem conter agressão física, consumo de drogas e insinuação sexual.	Exibição a partir das 20h
14	Não recomendado para menores de 14 anos	Conteúdos mais violentos e/ou de linguagem sexual mais acentuada	Exibição a partir das 21h
16	Não recomendado para menores de 16 anos	Conteúdos mais violentos ou com conteúdo sexual mais intenso, com cenas de tortura, suicídio, estupro ou nudez total.	Exibição a partir das 22h
18	Não recomendado para menores de 18 anos	Conteúdos violentos e sexuais extremos. Cenas de sexo, incesto ou atos repetidos de tortura, mutilação ou abuso sexual.	Exibição a partir das 23h

A própria cartilha esclarece que:

> *Classificação Indicativa não é censura e não substitui a decisão da família. A classificação é um processo democrático, com o direito à escolha garantido e preservado. O Ministério da Justiça não proíbe a transmissão de programas, a apresentação de espetáculos ou a exibição de filmes. Cabe ao Ministério informar sobre as faixas etárias e horárias às quais os programas não se recomendam. É o que estabelece a Constituição Federal, o Estatuto da Criança e do Adolescente e as Portarias do Ministério da Justiça.*

Dessa forma, a punição prevista no artigo 252 se dá pela omissão na comunicação da classificação indicativa em diversão ou espetáculo público. A portaria que dispõe acerca do processo de classificação indicativa de obras audiovisuais destinadas à televisão e congêneres é a Portaria nº 1.220, de 11 de julho de 2007.

Colacionamos alguns dispositivos importantes para a compreensão do tema, que se seguem:

> *Art. 2º. Compete ao Ministério da Justiça proceder à classificação indicativa de programas de televisão em geral.*
>
> *Art. 3º. A classificação indicativa possui natureza informativa e pedagógica, voltada para a promoção dos interesses de crianças e adolescentes, devendo ser exercida de forma democrática, possibilitando que todos os destinatários da recomendação possam participar do processo, e de modo objetivo, ensejando que a contradição de interesses e argumentos promovam a correção e o controle social dos atos praticados.*
>
> *Art. 4º. Cabe ao Departamento de Justiça, Classificação, Títulos e Qualificação, vinculado à Secretaria Nacional de Justiça do Ministério da Justiça – DEJUS/SNJ, exercer a classificação indicativa dos programas e obras audiovisuais regulados por esta Portaria.*
>
> *(...)*
>
> *Art. 13. Os programas televisivos sujeitos à classificação indicativa serão regularmente monitorados pelo DEJUS/SNJ no horário de proteção à criança e ao adolescente.*
>
> *Parágrafo único. Entende-se como horário de proteção à criança e ao adolescente o período compreendido entre 6 (seis) e 23 (vinte e três) horas.*
>
> *(...)*
>
> *Do Dever de Divulgar e Exibir a Classificação Indicativa*
>
> *Art. 16. A atividade de Classificação Indicativa exercida pelo Ministério da Justiça é meio legal capaz de garantir à pessoa e à família a possibilidade de receber as informações necessárias para se defender de diversões públicas inadequadas à criança e ao adolescente, nos termos da Constituição Federal e da Lei 8.069, de 1990 (Estatuto da Criança e Adolescente – ECA).*
>
> *Art. 20. As emissoras, as produtoras, os programadores de conteúdos audiovisuais ou seus responsáveis devem fornecer e veicular a informação correspondente à classificação indicativa, nos seguintes termos:*
>
> *I – ser fornecida e veiculada textualmente em português*

com tradução simultânea em

Linguagem Brasileira de Sinais – Libras, conforme as normas técnicas brasileiras de acessibilidade em comunicação na televisão (ANEXO I);

II – ser veiculada, durante cinco segundos, ininterruptos e sempre ao início de cada obra, preferencialmente no rodapé da tela (ANEXO I); e

III – ser veiculada na metade do tempo de duração de cada parte do programa, durante cinco segundos, em versão simplificada, correspondente ao símbolo identificador da categoria de classificação (ANEXO II).

Parágrafo único. É facultada a veiculação da tradução em Libras das categorias de classificação estabelecidas nos incisos I e II do art. 17.

Os critérios usados atualmente para a classificação referem-se a cenas de sexo, drogas e violência. O site do Ministério da Justiça[134] disponibiliza consultas públicas sobre a classificação de programas, notícias sobre portarias assinadas, políticas adotadas em outros países e uma busca por títulos com a respectiva classificação.

A portaria que prevê as normas relacionadas a espetáculos públicos é a Portaria nº 1.100/2006, que regulamenta o exercício da classificação indicativa de diversões públicas, especialmente obras audiovisuais destinadas a cinema, vídeo, DVD, jogos eletrônicos, jogos de RPG e congêneres. Tais segmentos de jogos eletrônicos e de RPG, de cinema, vídeo e DVD, bem como seus produtos e derivados, apresentam similaridades que permitem discipliná-los num mesmo ato regulamentar.

Segundo informações do site do Ministério da Justiça, no início de 2007 foi publicada a Portaria nº 264, de 9 de fevereiro de 2007, voltada para a Classificação Indicativa de obras audiovisuais destinadas à televisão e congêneres. Essa Portaria foi submetida a um intenso debate público, que levou à publicação da Portaria nº 1.220, de 11 de julho de 2007, que vige atualmente. Nas duas Portarias foram introduzidas modificações importantes, como a criação da faixa etária de 10 anos também para televisão, a exigência de informações de Classificação Indicativa antes e durante a exibição de obras audiovisuais, por intermédio de imagens e textos em Português e em Língua Brasileira de Sinais,

134 http://portal.mj.gov.br/ClassificacaoIndicativa/jsps/ConsultarObraForm.jsp

além do respeito aos fusos horários locais para a veiculação de programas. O debate público que levou à publicação da Portaria nº 1.220 trouxe o fim da análise prévia para programas televisivos e a isenção de Classificação Indicativa para publicidade, programas jornalísticos, esportivos ou eleitorais.

O cinema, para a classificação indicativa, Portaria nº 1.100/2006, é considerado espetáculo público. Menores de idade podem ingressar em espetáculos com classificação igual ou inferior à sua idade; menores de 10 anos só podem ingressar em espetáculos públicos acompanhados de um responsável, mesmo que a classificação seja "Livre"; menores de idade podem ingressar em espetáculos públicos com classificação superior à sua idade, desde que essa não ultrapasse a classificação "não recomendado para menores de 16 anos". Por isso, o menor deve estar acompanhado pelos pais ou um responsável autorizado. A autorização para acompanhamento em diversões públicas está disponível para impressão no site da classificação indicativa (www.mj.gov.br/classificação). O documento deve ser apresentado e é recolhido na entrada do espetáculo; não é permitido a menores de idade o ingresso em espetáculos classificados como "não recomendado para menores de 18 anos".

A análise e a classificação de obras destinadas a vídeo e DVD são as mesmas do cinema. No entanto, a classificação deve ser informada pelos produtores dos espetáculos públicos em cartazes, em materiais promocionais e nas bilheterias, de acordo com o Manual da Nova Classificação Indicativa, que fica disponível no site do Ministério da Justiça.

> ***Art. 253***. *Anunciar peças teatrais, filmes ou quaisquer representações ou espetáculos, sem indicar os limites de idade a que não se recomendem:*
>
> *Pena - multa de três a vinte salários de referência, duplicada em caso de reincidência, aplicável, separadamente, à casa de espetáculo e aos órgãos de divulgação ou publicidade.*

- Destaques importantes

O artigo 253 tipifica a conduta de quem anuncia peças teatrais, filmes ou quaisquer representações ou espetáculos sem indicar os limites de idade a que não se recomendam. Prevê o legislador sanção aplicável, de forma separada, à casa de espetáculo e aos órgãos de divulgação ou publicidade, de forma que estes também procurem cobrar a indicação classificativa para divulgá-las nos anúncios.

No que tange às casas de espetáculos, deve haver observância à Portaria nº 1.100/06, que mencionamos na análise do artigo anterior.

> *Art. 254. Transmitir, através de rádio ou televisão, espetáculo em horário diverso do autorizado ou sem aviso de sua classificação:*
>
> *Pena - multa de vinte a cem salários de referência; duplicada em caso de reincidência a autoridade judiciária poderá determinar a suspensão da programação da emissora por até dois dias.*

- Destaques importantes

O artigo 254 também segue a mesma linha dos dois anteriores, visando à máxima informação quanto aos espetáculos apropriados ou inapropriados à criança ou adolescente. O legislador tipificou a conduta de transmitir, por rádio ou televisão, espetáculo em horário diverso do autorizado ou sem aviso de sua classificação.

Enquanto o responsável por espetáculo público responde pelo artigo 252 se deixar de afixar a classificação indicativa, o responsável pelo espetáculo transmitido via rádio ou TV responde nos termos do artigo 254.

São tipificadas duas condutas:

a) transmitir o espetáculo em horário diverso do autorizado;
b) transmitir o espetáculo sem aviso de sua classificação.

A classificação indicativa e demais previsões acerca de programas televisivos e congêneres se regem pelo disposto na Portaria nº 1.220/2007. O responsável pela transmissão deve observá-las, de forma que os pais ou responsável possam ter conhecimento se o programa transmitido é apropriado ou não à idade de seu filho. Remetemos o leitor para a tabela indicativa prevista no estudo do artigo 252.

Transcrevemos trecho de julgado relacionado à ação civil pública intentada em face da Rede Globo quanto à novela Laços de Família:

> E M E N T A Processual Civil. Ação Civil Pública. Ministério Público. Legitimidade. Medida Cautelar. Liminar. Televisão. Restrições à sua programação. Novela "Laços de Família". Proteção das Crianças

e dos Adolescentes. I - O Ministério Público tem legitimidade para propor ação civil pública, visando à observância, pelas emissoras de televisão, dos interesses difusos protegidos pelos preceitos constantes do art. 221 da Lei Maior. II - A liberdade de produção e programação das emissoras de televisão não é absoluta e sofre restrições, entre outras, para observância do direito ao respeito da criança e dos adolescentes, constituindo dever da família, da sociedade e do Estado colocá-los a salvo de toda forma de negligência, discriminação, violência, crueldade e opressão. III - Medida liminar indeferida, porquanto não atendidos os pressupostos para a sua concessão. D E C I S Ã O: O Ministério Público do Estado do Rio de Janeiro ajuizou ação civil pública contra a TV GLOBO LTDA, com pedido de liminar, objetivando (fls. 62-63): "o imediato cumprimento do imperativo legal consubstanciado nos artigos 75 e 76 e parágrafo único da Lei Menorista, determinando-se à empresa-ré a obrigação de transmitir a novela LAÇOS DE FAMÍLIA no horário indicado pela Classificação Indicativa, ou seja, após às 21 horas com a classificação para maiores de 14 anos sob pena de multa diária, que requer seja fixada em valor correspondente a 20 salários-mínimos por cada dia de transmissão irregular da novela, revertendo o valor oportunamente ao Fundo gerido pelo Conselho Municipal dos Direitos da Criança e do Adolescente, nos termos do art. 213, parágrafos 2º e 3º e 214 do aludido Diploma legal. 2. Sejam revogados os eventuais alvarás de participação de crianças e de adolescentes na novela LAÇOS DE FAMÍLIA e determinado à empresa ré a proibição da utilização das imagens, já gravadas, de crianças e de adolescentes, diante da inadequação da classificação etária e do horário da transmissão do espetáculo em questão e da ausência de alvará; 3. Seja determinado à empresa-ré a obrigação de não desgravar os capítulos já veiculados e os que irão ao ar nos próximos dias e meses, apresentando-os imediatamente a este Juízo, como prova antecipada." Concedida a liminar pelo MM Juiz de Direito da 1ª Vara da Infância e da Juventude da Comarca do Rio de Janeiro (fl.66), agravou a ré, pleiteando, liminarmente, fosse concedido efeito suspensivo ao seu recurso. O ilustre Desembargador Relator do feito indeferiu a liminar, o que ensejou agravo regimental, desprovido, por unanimidade, pela 15º Câmara Cível do Tribunal de Justiça daquele Estado. Inconformada, TV GLOBO, antes da publicação do aresto e, em consequência[135], antes da manifestação de recurso especial requereu a presente cautelar, em que pleiteia seja concedida liminar para suspender os efeitos da decisão a ser recorrida até o julgamento do recurso especial a ser interposto, bem como o regular processamento deste, suplantando-se a retenção prevista no art. 542, § 3º, do Código de Processo Civil. Passo a decidir.

(...)

A empresa ré é a responsável pela gravação e a transmissão da novela denominada 'LAÇOS DE FAMÍLIA', no horário das 20:00 horas, de segunda-feira aos sábados. O Departamento de Classificação Indicativa do Ministério da Justiça classificou o referido espetáculo como 'não recomendado para menores de 14 anos: inadequado para antes das 21:00 horas. (Doc. 01) A referida classificação baseou-se na sinopse apresentada pela emissora ré, para o exame e a classificação por aquele órgão federal, cuja atribuição está prevista no art. 74 da Lei 8069/90 c/c Portaria nº 796/2000. (Doc. 02). Ocorre que a referida empresa recorreu da classificação recebida e assumiu 'compromisso' de adequar as cenas que forem necessárias rigorosamente dentro dos padrões do horário das 20:00 horas. (DOC. 03). Não obstante o acordo firmado com o Departamento de Classificação Indicativa, a requerida vem veiculando a novela LAÇOS DE FAMÍLIA com cenas com insinuações de sexo, desvirtuamento de valores éticos e conflitos psicológicos, antes das 21:00 horas, o que vem sendo alvo de reiteradas reclamações junto ao Ministério da Justiça e de Recomendação do Parquet ao Departamento de Classificação Indicativa. (Doc. 04). Em consonância ao exposto, verifica-se pela sinopse que a novela exibida pela empresa ré evidencia conteúdo impróprio e inadequado para menores de 14 anos, ou seja, para o público infanto-juvenil, tendo em conta, principalmente, as cenas de grande tensão, violência e flagrante desrespeito aos valores éticos e morais da sociedade e da família. A empresa, por outro lado, vem reiteradamente desrespeitando as normas preventivas da Lei 8.069/90, bem como as estabelecidas na Portaria nº 03/99, ensejando por parte do Ministério Público, Recomendação, diversas Representações por infração administrativa e Ações Civis Públicas. (Doc. 05) Acrescente-se que, apesar disto, a empresa ré persiste em sua caminhada pela ilegalidade, extrapolando limites da moral e do

135 A reforma ortográfica vigente aboliu o emprego do trema.

bom-senso. De efeito, em 15 de junho de 2000, a ré veiculou na novela LAÇOS DE FAMÍLIA, cenas de uma pequena criança participando de intensa discussão entre os personagens adultos e a referida criança, muito assustada, chorava o tempo todo pela mãe. (Doc. 06). O parecer psicológico elaborado pelo competente Núcleo de Psicologia deste Juízo conclui que 'a criança foi exposta a situação de abuso psicológico, fato que coloca em risco seu desenvolvimento sadio.'

(...)

Vale transcrever parte do parecer do consagrado Psiquiatra Infantil Haim Güspun (Assuntos de Família, S.P., Kairós Livraria Editora, 1984) mencionado no livro 'Estatuto da Criança e do Adolescente Comentado', pág. 222/223: '... a televisão vem exercendo, cada vez mais, marcante influência sobre a imaginação, fantasia e comportamento da criança. Suas atitudes são frequentemente[136] passíveis de modificação sob a influência de filmes, novelas, programas variados, desde que se apresentem com uma linha mais ou menos constante de valores e padrões de comportamento: amor - sexo - agressividade - medo -terror..., suscitando reações emocionais.' As crianças e os adolescentes, como pessoas em desenvolvimento, não pode conceber a violência como algo banal e tampouco despertar a sexualidade prematuramente a idade que despertariam naturalmente. Os programas destinados ao público infanto-juvenil e demais direcionados à população em geral devem não só ser educativos, como também respeitar os valores éticos e sociais da pessoa e da família. Pelo exposto, evidencia-se que a emissora-ré desrespeitou a classificação inicial do Ministério da Justiça e, posteriormente, descumpriu o 'acordo' firmado com aquele órgão, de adequar as cenas da novela à classificação livre, tentando ludibriar o Poder Público e o telespectador, em especial crianças que assistem a aquele espetáculo completamente inadequado para suas faixas etárias.

(...)

De ter-se em conta que a antecipação de tutela das obrigações de fazer e não fazer, previstas no Estatuto da Criança e do Adolescente, apresenta peculiaridades em relação à prevista do art. 273 do Código de processo Civil. Lembra o ilustre Desembargador LUIZ FUX, em excelente monografia que escreveu sobre o tema, que, no caso, desaparece a interdição à concessão de tutela de efeitos irreversíveis, bem

136 Aboliu-se o emprego do trema.

como o requisito da prova inequívoca, referindo-se o texto a "relevante fundamento da demanda" e "justificado ceio de inoperância do provimento final". (Tutela Antecipada e Locações, pág. 120).

(...)

Dessa linha de entendimento, não destoa o eminente e respeitado jurista Ives Gandra Martins: "A lei federal deve estabelecer os critérios aptos a impedir que os meios de comunicação deteriorem os valores familiares e individuais. Deve estabelecer mecanismos legais viáveis para que a família e a pessoa não sejam corroídas por programas ou programações de rádio e televisão imorais ou indignificantes. Em outras palavras, os programas imorais de rádio e televisão não podem ser indistintamente veiculados, a título de liberdade de imprensa. Sempre que atinjam a pessoa e a família estão, de rigor, proibidos em horários de fácil acesso principalmente pela juventude. Dizer que cabe aos pais desligar os aparelhos é algo que beira lamentável cinismo, pois, em um país onde os pais são obrigados a trabalhar fora e os filhos, muitas vezes, ficam sós em casa, tal expediente é impossível. E o jovem sempre é atraído pelo que lhe é vedado, nos programas de rádio e televisão. Coloco, inclusive, nesse campo, as novelas levadas ao ar em horários familiares, quase todas elas contaminadas pelo pouco apreço à educação da juventude e a valores. Estabelecer meios legais, para mim, é estabelecer meios viáveis de supressão de tais programas dos horários familiares, lançando-os para os horários dos notívagos e dos boêmios, mais propensos a uma vida livre e não familiar e que serão pouco prejudicados por mensagens desestabilizadoras da família, que a maioria deles não cultiva. (Comentários à Constituição do Brasil, Saraiva/1998, Vol. 8º, págs. 821-823). Em publicação intitulada "Os limites à liberdade de expressão na Constituição da República", o conceituado Professor Celso Ribeiro Bastos mostra que a própria Lei Maior estabelece restrições relativas à liberdade de imprensa, radiodifusão e televisão, não havendo confundir essas restrições com a censura política que o constituinte buscou eliminar. Essas restrições não têm nenhum caráter autoritário, arbitrário ou antidemocrático, mas, ao contrário, visam a fazer valer direitos fundamentais, o que resulta em prol do fortalecimento da democracia, pois trata-se [sic] de um respeito a direito alheio. A propósito diz que: "Há, no entanto, restrições que só atingem a comunicação massiva. Estas vêm dispostas no capítulo que trata da comunicação social, em especial nos arts. 220 e 221. O primeiro atribui competência para a lei federal: 'I - regular as diversões e espetáculos públicos, cabendo ao Poder Público informar sobre a natureza deles, as faixas etárias a que não se recomendem, locais e horários em que sua apresentação se mostre inadequada', e 'II - estabelecer os meios legais que garantam à pessoa e à família a possibilidade de se defenderem de programas ou programações de rádio e televisão que contrariem o disposto no art. 221, bem como da propaganda de produtos, práticas e serviços que possam ser nocivos à saúde e ao meio ambiente". E, citando Ruy Azambuja, assevera: "Não se confunde liberdade de expressão com liberdade pornográfica. Nem é possível admitir-se um 'vale-tudo' em matéria de moralidade e costumes. (...) Há princípios e direitos que a Constituição proclama, assegura, e que reclamam a intervenção do Estado, no interesse da sociedade, exercendo um necessário controle, não apenas de alerta, mas também, em determinados casos, de proibição de programações e espetáculos que contrariem princípios ou afetem direitos indisponíveis ou obrigações irrecusáveis." Com essas reflexões, presentes os textos infraconstitucionais colacionados, estou convencido, num primeiro exame, de que a requerente não tem a ampará-la a aparência do bom direito. De outra parte, não há como reconhecer, a seu favor, o outro pressuposto para a concessão da cautelar: o perigo de dano irreparável. Isso porque este há de ser visto, também, sob o ângulo da coletividade, representada pelo Ministério Público. Seja como for, mesmo que se admita possa ser atingida por danos, principalmente econômicos, com o indeferimento da medida, não há como afastá-los em detrimento de danos irreversíveis que poderão atingir a coletividade. Entre o interesse público e o privado, há de optar-se pelo primeiro. Posto isso, em conclusão, indefiro a liminar. Comuniquem-se ao Presidente da Décima Quinta Câmara Cível do Tribunal de Justiça do Estado do Rio de Janeiro, ao MM Juiz de Direito da 1ª Vara da Infância e da Juventude da Comarca da Capital daquele Estado e a Promotora de Justiça autora da ação civil pública e aos advogados da requerente. Publique-se. Intimem-se. Brasília, 29 de novembro de 2000 Publique-se. Intimem-se. Brasília, 29 de novembro de 2000 Ministro Antônio de Pádua Ribeiro.

> ***Art. 255***. *Exibir filme, trailer, peça, amostra ou congênere classificado pelo órgão competente como inadequado às crianças ou adolescentes admitidos ao espetáculo:*
>
> *Pena - multa de vinte a cem salários de referência; na reincidência, a autoridade poderá determinar a suspensão do espetáculo ou o fechamento do estabelecimento por até quinze dias.*

- Destaques importantes

O artigo 255 tipifica a conduta de responsável por estabelecimento em que será exibido filme, *trailer*, peça, amostra ou congênere classificado pelo órgão competente como inadequado às crianças ou adolescentes admitidos ao espetáculo.

Trata-se de desobediência ao respeito à condição peculiar de pessoa em desenvolvimento. Estabelece o artigo 71 do ECA:

> *Art. 71. A criança e o adolescente têm direito a informação, cultura, lazer, esportes, diversões, espetáculos e produtos e serviços que respeitem sua condição peculiar de pessoa em desenvolvimento.*

De forma distinta dos artigos anteriores, a conduta aqui prevista não é mera omissão em informar classificação indicativa, mas sim de exibir conteúdo inadequado às crianças ou adolescentes que frequentam o espetáculo. Cabe ao responsável pelo estabelecimento, vedar o ingresso de criança ou adolescente, nos casos em que o conteúdo exibido será inapropriado a eles. Ainda que os pais insistam ou se responsabilizem, o responsável pelo estabelecimento que permitir a exibição ao menor incidirá na infração administrativa do artigo 255. Além de ser responsabilizado, poderá responder pelo disposto no artigo 258 no que tange o acesso da criança ou adolescente.

É justamente para proibir o acesso de menores de 18 anos a conteúdos inapropriados que a Portaria nº 1.100/2006 dispõe que os pais podem autorizar, mediante a assinatura de um termo de responsabilidade, o acesso dos filhos a filmes e espetáculos com classificação indicativa superior à faixa etária, desde que acompanhados de um adulto. Nessa autorização, o pai também deverá atestar que tomou conhecimento da classificação indicativa realizada pelo Ministério da Justiça. No entanto, a regra não vale para filmes acima de 18 anos.

> ***Art. 256***. *Vender ou locar a criança ou adolescente fita de programação em vídeo, em desacordo com a classificação atribuída pelo órgão competente:*
>
> *Pena - multa de três a vinte salários de referência; em caso de reincidência, a autoridade judiciária poderá determinar o fechamento do estabelecimento por até quinze dias.*

- Destaques importantes

Como vimos, a classificação indicativa do Ministério da Justiça também se estende a programações em DVD. Logo, os proprietários e funcionários de videolocadoras não podem vender ou locar a criança ou adolescente fita ou DVD em desacordo com a classificação atribuída pelo Ministério da Justiça, sob pena de incorrerem em infração administrativa.

Por não estarmos diante de uma infração penal, a expressão "fita" pode comportar analogia para alcançar a venda ou locação de DVDs.

> ***Art. 257***. *Descumprir obrigação constante dos arts. 78 e 79 desta Lei:*
>
> *Pena - multa de três a vinte salários de referência, duplicando-se a pena em caso de reincidência, sem prejuízo de apreensão da revista ou publicação.*

- Destaques importantes

O artigo 257 tipifica a desobediência ao disposto nos artigos 78 e 79:

> *Art. 78. As revistas e publicações contendo material impróprio ou inadequado a crianças e adolescentes deverão ser comercializadas em embalagem lacrada, com a advertência de seu conteúdo.*
>
> *Parágrafo único. As editoras cuidarão para que as capas que contenham mensagens pornográficas ou obscenas sejam protegidas com embalagem opaca.*
>
> *Art. 79. As revistas e publicações destinadas ao público infanto-juvenil não poderão conter ilustrações, fotografias, legendas, crônicas ou anúncios de bebidas alcoólicas, tabaco, armas e munições, e deverão respeitar os valores éticos e sociais da pessoa e da família.*

O artigo 78 faz menção a revistas e publicações destinadas ao público adulto, estabelecendo que as mesmas não podem ser expostas de forma atentatória a crianças e adolescentes. Devem ser comercializadas em embalagem lacrada, com advertência de seu conteúdo. As próprias editoras, consoante dispõe o artigo, devem providenciar embalagem opaca para capas com conteúdo inapropriado, que não devem ser visualizadas por criança e adolescente.

É comum que crianças e adolescentes frequentem bancas de jornal para compra de revistas infantis, figurinhas e outros produtos. Também é comum que nesses locais se encontrem publicações com conteúdos pornográficos. Tais publicações devem estar embaladas de forma que se impeça a visualização da pornografia pela criança ou adolescente.

Tanto pode responder pela infração administrativa o responsável pelo estabelecimento quanto o responsável pela editora que não tenha providenciado a embalagem opaca de que trata o artigo 78.

Já o artigo 79 dispõe acerca das revistas e publicações que são direcionadas ao público infanto-juvenil, determinando que essas não podem conter ilustrações, fotografias, legendas, crônicas ou anúncios de bebidas alcoólicas, tabaco, armas e munições, e deverão respeitar os valores éticos e sociais da pessoa e da família.

Logo, o desrespeito tanto ao artigo 78, no que tange as publicações para adultos, quanto ao artigo 79, no que tange as publicações infanto-juvenis, ocasiona a prática de infração administrativa prevista no artigo 257.

> ***Art. 258****. Deixar o responsável pelo estabelecimento ou o empresário de observar o que dispõe esta Lei sobre o acesso de criança ou adolescente aos locais de diversão, ou sobre sua participação no espetáculo:*
>
> *Pena - multa de três a vinte salários de referência; em caso de reincidência, a autoridade judiciária poderá determinar o fechamento do estabelecimento por até quinze dias.*

- Destaques importantes

O artigo 258 tipifica a conduta do responsável por estabelecimento ou empresário que deixa de observar o que dispõe o ECA sobre o acesso de criança ou adolescente aos locais de diversão ou sua participação no espetáculo. A conduta é sancionada com multa que pode variar de três a 20 salários de referência, sendo possível, em caso de reincidência, o fechamento do estabelecimento por até 15 dias.

O ECA dispõe acerca dos direitos da criança e adolescente em relação à diversão em alguns dispositivos:

> *Art. 71. A criança e o adolescente têm direito a informação, cultura, lazer, esportes, diversões, espetáculos e produtos e serviços que respeitem sua condição peculiar de pessoa em desenvolvimento.*
>
> *Art. 74. O Poder Público, através do órgão competente, regulará as diversões e espetáculos públicos, informando sobre a natureza deles, as faixas etárias a que não se recomendem, locais e horários em que sua apresentação se mostre inadequada.*
>
> *Parágrafo único. Os responsáveis pelas diversões e espetáculos públicos deverão afixar, em lugar visível e de fácil acesso, à entrada do local de exibição, informação destacada sobre a natureza do espetáculo e a faixa etária especificada no certificado de classificação.*
>
> *Art. 75. Toda criança ou adolescente terá acesso às diversões e espetáculos públicos classificados como adequados à sua faixa etária.*
>
> *Parágrafo único. As crianças menores de dez anos somente poderão ingressar e permanecer nos locais de apresentação ou exibição quando acompanhadas dos pais ou responsável.*
>
> *Art. 76. As emissoras de rádio e televisão somente exibirão, no horário recomendado para o público infanto-juvenil, programas com finalidades educativas, artísticas, culturais e informativas.*
>
> *Parágrafo único. Nenhum espetáculo será apresentado ou anunciado sem aviso de sua classificação, antes de sua transmissão, apresentação ou exibição.*
>
> *Art. 77. Os proprietários, diretores, gerentes e funcionários de empresas que explorem a venda ou aluguel de fitas de programação em vídeo cuidarão para que não haja venda ou locação em desacordo com a classificação atribuída pelo órgão competente.*
>
> *Parágrafo único. As fitas a que alude este artigo deverão exibir, no invólucro, informação sobre a natureza da obra e a faixa etária a que se destinam.*

> *Art. 78. As revistas e publicações contendo material impróprio ou inadequado a crianças e adolescentes deverão ser comercializadas em embalagem lacrada, com a advertência de seu conteúdo.*
>
> *Parágrafo único. As editoras cuidarão para que as capas que contenham mensagens pornográficas ou obscenas sejam protegidas com embalagem opaca.*
>
> *Art. 79. As revistas e publicações destinadas ao público infanto-juvenil não poderão conter ilustrações, fotografias, legendas, crônicas ou anúncios de bebidas alcoólicas, tabaco, armas e munições, e deverão respeitar os valores éticos e sociais da pessoa e da família.*
>
> *Art. 80. Os responsáveis por estabelecimentos que explorem comercialmente bilhar, sinuca ou congênere ou por casas de jogos, assim entendidas as que realizem apostas, ainda que eventualmente, cuidarão para que não seja permitida a entrada e a permanência de crianças e adolescentes no local, afixando aviso para orientação do público.*

Já no que tange a autorização para entrada, permanência e participação de crianças e adolescente em determinados lugares e seus espetáculos, assim dispõe o artigo 149:

> *Art. 149. Compete à autoridade judiciária disciplinar, através de portaria, ou autorizar, mediante alvará:*
>
> *I - a entrada e permanência de criança ou adolescente, desacompanhado dos pais ou responsável, em:*
>
> *a) estádio, ginásio e campo desportivo;*
>
> *b) bailes ou promoções dançantes;*
>
> *c) boate ou congêneres;*
>
> *d) casa que explore comercialmente diversões eletrônicas;*
>
> *e) estúdios cinematográficos, de teatro, rádio e televisão.*
>
> *II - a participação de criança e adolescente em:*
>
> *a) espetáculos públicos e seus ensaios;*
>
> *b) certames de beleza.*
>
> *§ 1º Para os fins do disposto neste artigo, a autoridade judiciária levará em conta, dentre outros fatores:*
>
> *a) os princípios desta Lei;*

b) as peculiaridades locais;

c) a existência de instalações adequadas;

d) o tipo de frequência[137] *habitual ao local;*

e) a adequação do ambiente a eventual participação ou frequência[138] *de crianças e adolescentes;*

f) a natureza do espetáculo.

§ 2º As medidas adotadas na conformidade deste artigo deverão ser fundamentadas, caso a caso, vedadas as determinações de caráter geral.

O artigo 258, ao tipificar o desrespeito às disposições do ECA acerca do acesso de criança ou adolescente a locais de diversão e sua participação no espetáculo, acaba por ser bem mais específico que as demais infrações administrativas que estudamos. Enquanto as condutas anteriores diziam respeito a omissões em entradas de espetáculos, em anúncios e transmissões indevidas, o artigo 258 prevê especificamente a conduta do responsável ou empresário que permite a entrada do menor de 18 anos em locais inapropriados.

Responde pelo artigo 258 aquele que permite a participação de criança em espetáculo televisivo em descumprimento ao artigo 149 do ECA, sem autorização judicial:

> ADMINISTRATIVO. AUTO DE INFRAÇÃO. PARTICIPAÇÃO DE MENOR EM ESPETÁCULO PÚBLICO. PRÉVIA AUTORIZAÇÃO JUDICIAL. NECESSIDADE. APLICAÇÃO DO ART. 149, II, A, DO ECA. MULTA DO ART. 258 DO ECA. PRECEDENTES. 1. É pacífico o entendimento nesta Corte de que os programas televisivos têm natureza de espetáculo público, aplicando-se, portanto, o art. 149, II, a, do ECA, de modo que é necessário o alvará judicial para participação de menores, mesmo que acompanhados dos pais e/ou responsáveis, sob pena de incidir na infração capitulada no art. 258 do ECA. 2. Agravo regimental improvido. (STJ - AgRg no Ag 545737 / RJ – Rel Min Teori Albino – Primeira Turma – 08-03-2005)

No mesmo sentido, a Segunda Turma:

---

137 O emprego do trema foi abolido pela reforma ortográfica vigente.

138 Idem.

RECURSO ESPECIAL - AUTO DE INFRAÇÃO - ESTATUTO DA CRIANÇA E DO ADOLESCENTE - PARTICIPAÇÃO DE MENOR EM PROGRAMA DE TELEVISÃO - ALVARÁ JUDICIAL - NECESSIDADE - MULTA - ART. 258 DO ECA.1. O art. 149, I do ECA aplica-se às hipóteses em que a criança e/ou adolescente participam, na condição de espectadores, de evento público, sendo imprescindível a autorização judicial se desacompanhados dos pais e/ou responsáveis. 2. O art. 149, II do ECA, diferentemente, refere-se à criança e/ou adolescente na condição de participante do espetáculo, sendo necessário o alvará judicial mesmo que acompanhados dos pais e/ou responsáveis. 3. Os programas televisivos têm natureza de espetáculo público, enquadrando-se a situação na hipótese do inciso II do art. 149 do ECA. 4. Precedente a Primeira Turma desta Corte no REsp 399.278/RJ. 5. A autorização dos representantes legais não supre a falta de alvará judicial e rende ensejo à multa do art. 258 do ECA. 6. Recurso especial improvido. (STJ - REsp 471767 / SP – Min Eliana Calmon – Segunda Turma – 20-03-2003)

Vejamos alguns julgados acerca da prática da infração administrativa em estudo:

RECURSO ESPECIAL. CRIME CONTRA CRIANÇA E ADOLESCENTES. FILMAGEM DE CENAS ERÓTICAS OU PORNOGRÁFICAS. CORRUPÇÃO DE MENORES. ART. 240, PARÁGRAFO ÚNICO, DO ECA, E 1º DA Lei 2.252/54. VIOLAÇÃO AO ART. 59, DO CP. INOCORRÊNCIA. VIOLAÇÃO AOS ARTS. 68 E 71. AUSÊNCIA DE PREQUESTIONAMENTO. SÚMULAS 282 E 386 DO STF. “O crime previsto no artigo 1º da Lei n.º 2.252/54 é material, pois há resultado: a presença da corrupção, caracterizada nos termos da lei, pela conduta de facilitar: considerações.” Inocorrência de ofensa ao artigo 59 do Código Penal. Não se conhece do recurso no que tange à alegada contrariedade aos arts. 68 e 71 do Código Penal, porquanto tais questões não foram analisadas, ao menos implicitamente, pelo acórdão recorrido. Súmulas 282 e 356 do STF. Recurso conhecido parcialmente e nesta parte desprovido. (Resp 264233-RO, Rel. Min. José Arnaldo da Fonseca, julgado em 18/12/2003) ESTATUTO DA CRIANÇA E DO ADOLESCENTE - ECA. ART. 149, II. PARTI-

CIPAÇÃO DE MENOR EM PROGRAMAS TELEVISIVOS. AUTORIZAÇÃO JUDICIAL NECESSÁRIA. LAVRATURA DO AUTO DE INFRAÇÃO. ART. 194, § 2º. TEMPESTIVIDADE. JUSTIFICATIVA PELO RETARDAMENTO. 1. A participação de menor em programa de televisão está subordinada ao art. 149, II, "a", do Estatuto da Criança e do Adolescente. 2. É cediço na corte que. "1.O art. 149, I do ECA aplica-se às hipóteses em que a criança e/ou adolescente participam, na condição de espectadores, de evento público, sendo imprescindível a autorização judicial se desacompanhados dos pais e/ou responsáveis. 2. O art. 149, II do ECA, diferentemente, refere-se à criança e/ou adolescente na condição de participante do espetáculo, sendo necessário o alvará judicial mesmo que acompanhados dos pais e/ou responsáveis. 3. Os programas televisivos têm natureza de espetáculo público, enquadrando-se a situação na hipótese do inciso II do art. 149 do ECA. 4. Precedente a Primeira Turma desta Corte no REsp 399.278/RJ. 5. A autorização dos representantes legais não supre a falta de alvará judicial e rende ensejo à multa do art. 258 do ECA. (...) (RESP n.º 471767/SP, Rel. Min.ª Eliana Calmon, DJ de 26.05.2003) 3. Deveras, sob essa ótica, impende acrescentar que a lavratura imediata do auto é medida de interesse do menor e não do autuado que sequer tem legitimidade para essa alegação. 4. Ademais, o art. 194, § 2º, do ECA, dispõe que a lavratura do auto será, "sempre que possível", realizada em seguida à infração, sendo certo que, in casu, houve motivo justificador do retardamento, consoante asseverou o representante do Parquet Estadual porquanto "no caso vertente o programa televisivo foi exibido no dia 06 de abril de 2001, uma sexta-feira, após às 17:30 horas, fato que impediu a lavratura do auto de infração no mesmo dia. Ressalte-se que referido auto foi lavrado na segunda-feira subsequente, dia 9 de abril, não sendo aceitável a pecha de nulidade a ele atribuída pela Apelante, já que foi o mesmo lavrado de forma escorreita, consoante o que dispõe a norma legal em vigor." (fl. 71). 5. Recurso especial improvido. RESP 506260 / RJ ; RECURSO ESPECIAL 2003/0034752-7 Fonte DJ DATA:09/12/2003 PG:00223 Relator Min. LUIZ FUX .

AGRAVO REGIMENTAL EM AGRAVO DE INSTRUMENTO - PARTICIPAÇÃO DE MENORES EM PROGRAMA TELEVISIVO SEM PRÉVIA AUTORIZAÇÃO JUDICIAL - IMPOSIÇÃO DE PENA PECUNIÁRIA PREVISTA NO ART. 258 DO ECA PELO R. JUÍZO "A QUO" - ALEGADA NEGATIVA DE VIGÊNCIA AO ART. 149, I, "E", DO ECA - IMPOSSIBILIDADE DE PARTICIPAÇÃO SEM A ALUDIDA AUTORIZAÇÃO, EM CONFORMIDADE COM O DISPOSTO NO ARTIGO, II, "A", DO ECA - PRECEDENTES. A situação posta nos autos enquadra-se, perfeitamente, nos termos do art. 149, II, do ECA: refere-se à criança e/ou adolescente na condição de participante do espetáculo, pelo que se faz necessário o alvará judicial mesmo que acompanhado dos pais e/ou responsáveis. Precedentes. Agravo regimental a que se nega provimento. (STJ, AGA 480179, 2ª T., j. 02/10/2003, Rel. Min. FRANCIULLI NETTO, DJ DATA: 24/11/2003 pg. 258)

RECURSO ESPECIAL. PARTICIPAÇÃO DE MENORES EM PROGRAMA TELEVISIVO SEM PRÉVIA AUTORIZAÇÃO JUDICIAL. IMPOSIÇÃO DA PENA PECUNIÁRIA PREVISTA NO ART. 258 DO ECA PELO R. JUÍZO A QUO. ALEGADA NEGATIVA DE VIGÊNCIA AO ARTIGO 149, I, "E", DO ECA. AUSÊNCIA DE PREQUESTIONAMENTO. IMPOSSIBILIDADE DA PARTICIPAÇÃO SEM A ALUDIDA AUTORIZAÇÃO, EM CONFORMIDADE COM O DISPOSTO NO ARTIGO 149, II, "A", DO ECA. PRECEDENTES. Consoante se observa da atenta leitura dos fundamentos do v. acórdão do Tribunal a quo, que determinou o pagamento de pena pecuniária à recorrente por infração ao artigo 149, II, "a", do ECA, o dispositivo de lei federal invocado nas razões recursais (artigo 149, I, "e", do ECA), não foi objeto de análise pela Corte de origem. Incidência das Súmulas n. 282 e 356/STF, por ausência de prequestionamento. A participação de menores em programas televisivos, verdadeiros espetáculos públicos, impõe prévia autorização judicial (inciso II, "a", do artigo 149 do ECA), que não é suprida com a autorização dos pais ou responsáveis do menor. Precedentes. Recurso especial não conhecido. (STJ, RESP 482045 / SP, 2ª T., Min. FRANCIULLI NETTO, Data da Decisão 13/05/2003, DJ DATA: 23/06/2003 PG: 00343)

INFRAÇÃO ADMINISTRATIVA. Estabelecimento comercial (BAR). Acesso de adolescente. Autuação do proprietário pelo Comissário de Menores. Arts. 149, Inc. I, Alínea “d” e 258 do Estatuto da Criança e do Adolescente. Fato demonstrado de acordo com a prova carreada aos autos e não elidido pelo apelante. Pertinência da sanção. Recurso Desprovido. (Apelação n.º 96.1589-9, de Rolândia, TJPR, Relator: Des. Octávio Valeixo, Revista Igualdade n.º 15, MP-PR)

APELAÇÃO CÍVEL. ESTATUTO DA CRIANÇA E DO ADOLESCENTE. INFRAÇÃO ADMINISTRATIVA IMPUTADA A COMERCIANTE. COMPETÊNCIA DA CÂMARA CÍVEL ISOLADA. PRESENÇA DE MENORES EM BOATE, EM HORÁRIO NOTURNO PROIBIDO POR PORTARIA DE AUTORIDADE JUDICIÁRIA. PRETENDIDA INFRAÇÃO NO ART. 249 DA LEI N.º 8.069/90 NÃO CONFIGURADA. É competente a Câmara Cível Isolada no Tribunal de Justiça para julgar recurso interposto em processo por infração administrativa prevista no Estatuto da Criança e do Adolescente (Lei n.º 8.069/90). O comerciante, dono de casa de diversão, não responde pela infração prevista no art. 249 do ECA, posto que o sujeito ativo desta somente poderá ser o pai, tutor ou responsável pela guarda do menor. A presença de menores em boate, em horário noturno proibido por ato de autoridade judiciária, configura infração ao art. 258 do mesmo Estatuto, que no caso, não foi objeto de representação do Ministério Público. Apelo conhecido, mas improvido. Sentença confirmada. (Apelação Cível 36747-4/188, TJGO, Segunda Câmara Cível, 28.09.95, Rel. Des. Noé Gonçalves Ferreira)

“2. Ao permitir que menores de 18 anos tivessem acesso aos jogos Counter Strike e GTA, o responsável pelo estabelecimento em questão deixou de observar o disposto no art. 75 da Lei 8.069/90, o que configura a infração administrativa descrita no art. 258 da referida norma.” (STJ – Resp 861517 – Rel Min Mauro Campbell Marques – Segunda Turma – 10- 02-2009)

No seguinte julgado, a Primeira Turma do STJ admitiu a responsabilização da pessoa jurídica pela infração administrativa:

MINISTÉRIO PÚBLICO ESTADUAL. REPRESENTAÇÃO. SANÇÃO ADMINISTRATIVA. DANCETERIA. PRESENÇA DE MENORES. ARTIGO 258, DO ESTATUTO DA CRIANÇA E DO ADOLESCENTE. PESSOA JURÍDICA. POSSIBILIDADE. PRECEDENTE. I - Com o objetivo de aplicação da sanção administrativa determinada pelo artigo 258, do Estatuto da Criança e do Adolescente - ECA, o Ministério Público do Estado de Santa Catarina ajuizou representação contra a ora recorrida em razão de ter permitido o ingresso de menores em seu estabelecimento em situação irregular. II - Reformando a decisão de acolhimento do pedido, o Tribunal a quo decidiu pela ilegitimidade passiva por cuidar-se de pessoa jurídica, declarando a insubsistência da representação e do auto de infração que a instruiu. III - Possibilidade de responsabilização da pessoa jurídica, forte no precedente da Primeira Turma, REsp nº 679.912/SC, Rel. Min. LUIZ FUX, DJ de 28/09/06 sob o entendimento de que, "(...) o artigo 258 do ECA, embora logicamente expresse que a conduta infracional há de ser perpetrada mediante ato de pessoa física, até porque somente esta é dotada de vontade, expressamente condiciona tal conduta à pessoa jurídica, quando exige para sua configuração a qualidade de 'responsável pelo estabelecimento ou empresário', não fazendo qualquer restrição ao sancionamento da pessoa fictícia envolvida (...)". IV - Recurso provido com o retorno dos autos ao Tribunal a quo, afastando-se a ilegitimidade declarada, para análise do mérito do recurso de apelação interposto pela DANCETERIA CSP LTDA. (STJ - REsp 937748 / SC – Rel Min Francisco Falcão – Primeira Turma – 19-06-2007)

Art. 258-A. *Deixar a autoridade competente de providenciar a instalação e operacionalização dos cadastros previstos no art. 50 e no § 11 do art. 101 desta Lei:*

Pena - multa de R$ 1.000,00 (mil reais) a R$ 3.000,00 (três mil reais). *Vigência*

Parágrafo único. Incorre nas mesmas penas a autoridade que deixa de efetuar o cadastramento de crianças e de adolescentes em condições de serem adotadas, de pessoas ou casais habilitados à adoção e de crianças e adolescentes em regime de acolhimento institucional ou familiar.

- Destaques importantes

O artigo 258-A foi incluído pela Lei 12.010/2009, que dispõe acerca do aperfeiçoamento da sistemática de proteção ao direito à convivência familiar. A referida Lei modificou o disposto no artigo 50 do ECA, incluindo vários parágrafos para melhor disciplinar os cadastros de adoção.

O artigo 101 dispõe sobre as medidas protetivas. Seu parágrafo 11 foi incluído pela Lei 12.010/2009 e assim dispõe:

> *§ 11. A autoridade judiciária manterá, em cada comarca ou foro regional, um cadastro contendo informações atualizadas sobre as crianças e adolescentes em regime de acolhimento familiar e institucional sob sua responsabilidade, com informações pormenorizadas sobre a situação jurídica de cada um, bem como as providências tomadas para sua reintegração familiar ou colocação em família substituta, em qualquer das modalidades previstas no art. 28 desta Lei.*

A autoridade competente para manter o cadastro de famílias habilitadas a adotar e de crianças e adolescentes disponíveis para adoção é a autoridade judiciária. O artigo 50 dispõe acerca da obrigatoriedade, em cada comarca, de tais cadastros. O artigo 101, por sua vez, determina a obrigatoriedade de cadastro de todas as crianças e adolescentes que se acham no cumprimento de medida protetiva de acolhimento institucional ou familiar, assim como as providências tomadas para sua reintegração familiar ou colocação em família substituta.

Caso a autoridade judiciária deixe de manter os respectivos cadastros, incidirá na infração administrativa do artigo 258-A, sancionada com multa de R$1.000,00 a R$3.000,00. Nessa nova modalidade de infração administrativa, o legislador abandonou o critério de fixação da multa em salários de referência.

O parágrafo único do artigo 258-A prevê forma equiparada. Ainda que a autoridade competente mantenha os cadastros de adoção e de crianças e adolescentes acolhidos familiar ou institucionalmente, pratica a infração quando deixa de realizar o cadastramento de adoções e, ainda, de crianças e adolescentes em medida protetiva de acolhimento familiar ou institucional.

> ***Art. 258-B.*** *Deixar o médico, enfermeiro ou dirigente de estabelecimento de atenção à saúde de gestante de efetuar imediato encaminhamento à autoridade judiciária de caso de*

> *que tenha conhecimento de mãe ou gestante interessada em entregar seu filho para adoção:*
>
> *Pena - multa de R$ 1.000,00 (mil reais) a R$ 3.000,00 (três mil reais).*
>
> *Parágrafo único. Incorre na mesma pena o funcionário de programa oficial ou comunitário destinado à garantia do direito à convivência familiar que deixa de efetuar a comunicação referida no caput deste artigo.*

- Destaques importantes

O artigo 258-B tipifica a conduta do médico, enfermeiro ou dirigente de estabelecimento de atenção à saúde da gestante que deixa de efetuar imediato encaminhamento à autoridade judiciária quando tiver conhecimento de mãe ou gestante interessada em entregar seu filho para adoção. Traz, ainda, forma equiparada no parágrafo único, prevendo a conduta do funcionário de programa oficial ou comunitário destinado à garantia do direito à convivência familiar que não efetua essa comunicação.

Mais uma vez, temos, aqui, um reflexo das alterações trazidas na rede de proteção ao direito à convivência familiar, de responsabilidade da Lei 12.010/2009, que também incluiu o artigo 258-B no ECA.

A Lei 12.010/2009 incluiu dispositivos relacionados à manifestação da gestante e da mãe de entregar seu filho para adoção, passando a dispor:

> *Art. 8º É assegurado à gestante, através do Sistema Único de Saúde, o atendimento pré e perinatal.*
>
> *(...)*
>
> *§ 4º Incumbe ao Poder Público proporcionar assistência psicológica à gestante e à mãe, no período pré e pós-natal, inclusive como forma de prevenir ou minorar as consequências do estado puerperal.*
>
> *§ 5º A assistência referida no § 4º deste artigo deverá ser também prestada a gestantes ou mães que manifestem interesse em entregar seus filhos para adoção.*
>
> *Art. 13. Os casos de suspeita ou confirmação de maus-tratos contra criança ou adolescente serão obrigatoriamente comunicados ao Conselho Tutelar da respectiva localidade, sem prejuízo de outras providências legais.*

Parágrafo único. As gestantes ou mães que manifestem interesse em entregar seus filhos para adoção serão obrigatoriamente encaminhadas à Justiça da Infância e da Juventude.

O artigo 258-B visa dar efetividade ao disposto no parágrafo único do artigo 13, que estabelece a obrigatoriedade de encaminhamento à Justiça da Infância e Juventude de mães que manifestem interesse em entregar seus filhos para adoção.

APLICAÇÃO EM CONCURSO

01 - As infrações administrativas previstas no ECA configuram condutas contrárias a preceitos normativos que estabelecem uma ingerência do Estado na vida das pessoas físicas ou jurídicas, com vistas à proteção dos direitos das crianças e dos adolescentes, apregoando sanções de cunho administrativo, ou seja, restritivas de direitos, mas não restritivas de liberdade. No que tange a essas infrações e ao respectivo procedimento de apuração, assinale a opção correta. CESPE - 2012 - TJ-CE - Juiz

a) Colhida a prova oral, devem manifestar-se sucessivamente o MP e o procurador do requerido, pelo prazo de cinco dias e, após dez dias, a autoridade judiciária deve proferir sentença.

b) Constitui infração administrativa a conduta de vender, fornecer, ainda que gratuitamente, ou entregar, de qualquer forma, a criança ou adolescente fogos de estampido ou de artifício, excetuando-se os que, pelo seu reduzido potencial, sejam incapazes de provocar qualquer dano físico em caso de utilização indevida.

c) O procedimento para imposição de penalidade administrativa por infração às normas de proteção à criança e ao adolescente deve iniciar-se por representação do MP ou do conselho tutelar, ou por auto de infração elaborado por servidor efetivo ou voluntário credenciado e assinado, se possível, por duas testemunhas.

d) O requerido terá prazo de quinze dias para apresentação de defesa, contados da data da intimação.

e) Não sendo apresentada a defesa no prazo legal, a autoridade judiciária dará vista dos autos do MP, por cinco dias, e decidirá em dez dias.

Gabarito: C

Artigo 194

02 - Como estratégia para prevenir violação de direito da criança e do adolescente, bem como responsabilizar os violadores, o Estatuto da Criança e do Adolescente tipificou como : FCC - 2011 - MPE-CE - Promotor de Justiça

a) crime exibir filme classificado pelo órgão competente como inadequado às crianças e adolescentes admitidos ao espetáculo.

b) crime deixar o médico responsável por estabelecimento de atenção à saúde de comunicar à autoridade os casos de que tenha conhecimento envolvendo suspeita de maus tratos contra criança.

c) infração administrativa deixar a autoridade competente de efetuar a inclusão de crianças em condições de serem adotadas no respectivo cadastro.

d) infração administrativa deixar a autoridade policial de comunicar a apreensão da criança ou adolescente à família do apreendido.

e) infração administrativa a venda de fogos de estampido ou de artifício a criança ou adolescente.

Gabarito: C

Artigo 258 A

03 - O procedimento de apuração de infração administrativa previsto no ECA pode ser iniciado: MPE-SP - 2005 - MPE-SP - Promotor de Justiça

a) exclusivamente por representação do Ministério Público.

b) por representação do Ministério Público ou do Conselho Tutelar.

c) por representação do Ministério Público ou portaria judicial.

d) por representação do Ministério Público, ou do Conselho Tutelar, ou portaria judicial.

e) por representação do Ministério Público, ou do Conselho Tutelar, ou auto de infração elaborado por servidor efetivo ou credenciado.

Gabarito: E

Artigos 191 e 194

Editora
LETRAMENTO